W9-AGE-011

A SPANISH READER

Abriendo puertas:

Antología de literatura en español   Tomo II

nextext

Cover illustration: Andrea Ventura

Printed in the United States of America

ISBN 0-618-22207-3

1 2 3 4 5 6 7 — DCI — 06 05 04 03 02

Contenido

*Esta fábula medieval enseña que, en las relaciones
humanas, hay que entrar con el pie derecho: la primera
impresión es la que cuenta. La moraleja de su autor es,
"Si al comienzo no muestras quién eres,/nunca podrás
después cuando quisieres". El viejo consejero Patronio le
refiere al conde esta historia de un mozo que se quiso
casar con una mujer que era "la más fuerte y más
brava cosa del mundo", temida por todos. El joven
encuentra la manera de hacerse conocer en la noche
de bodas, a fin de forjar un matrimonio provechoso y
feliz. El carácter fuerte de los dos novios los hará tal
para cual.*

*Lazarillo de Tormes relata su vida en esta primera
novela picaresca: sus aventuras de mozo al servicio de
varios amos. Estos amos representan una galería de
tipos humanos: el astuto ciego, el mezquino clérigo, y el
orgulloso escudero. Al fin de la historia, Lazarillo se
encuentra ya casado, pero no deja de observar los
móviles ruines de la conducta humana, sin excluir la
suya. Sobrevivir nunca le es fácil. Lo hace a base de su
ingenio y sus mañas, aunque siempre con un tono
risueño de inocencia, a pesar de las bajezas que relata.*

A lo largo del libro, las palabras de vocabulario aparecen en negrita y llevan notas a pie de página. Las palabras y frases especializadas o técnicas aparecen sin negrita y llevan notas a pie de página.

Gabriel Téllez ▶

El burlador de Sevilla y convidado de piedra

TIRSO DE MOLINA (GABRIEL TÉLLEZ)

En el Siglo de Oro floreció el teatro, con escritores insignes como Lope de Vega y Calderón de la Barca, considerados los más altos valores del género dramático español. Fray Gabriel Téllez (¿1580?–¿1648?), conocido en el mundo de las letras por el seudónimo Tirso de Molina, es confesado discípulo de Lope.

Se ordenó sacerdote en 1621, y vivió en Alcalá, Madrid, Toledo, Sevilla, Tarragona, Salamanca y Soria. Fue enviado a Santo Domingo donde vivió dos años. Se asoció en Madrid con Lope de Vega y Francisco de Quevedo. Inquieto ante la crítica presente en sus obras frente a la laxitud moral y política de la clase noble, el Consejo de Castilla lo desterró de Madrid. Calificando sus comedias de "profanas y de malos incentivos y ejemplos", le ordenó a abandonar su labor de escritor. No obstante, hoy se conocen de él unas 80 piezas teatrales.

Poeta de fina sensibilidad, algo culterano a veces, Tirso destaca por la compleja psicología de sus personajes. En este sentido puede compararse con William Shakespeare. Por sus muchos viajes y residencias, su trato frecuente con gente de la corte, y su labor como confesor, Tirso tuvo ocasión de conocer la naturaleza humana, y más de una conciencia, de hombre y de mujer. Ha sido alabado por la picante soltura del lenguaje de sus diálogos, por la objetividad de sus detalles dramáticos, y por el brío cómico de sus escenas.

La obra maestra de Tirso de Molina, pieza ejemplar del género de la poesía dramática, es El burlador de Sevilla y convidado de piedra (1630), en que el poeta da vida a uno de los personajes más perdurables de la literatura universal: don Juan Tenorio, tipo legendario casi a la par con don Quijote. No se encuentran en el mundo de las artes antecedentes de la figura de Don Juan, pero sí muchos descendientes.

Personajes

Don Diego Tenorio, *viejo*

Don Juan Tenorio, *su hijo*

Catalinón, *lacayo*

El Rey de Nápoles

El Duque Octavio

Don Pedro Tenorio

El Marqués de la Mota

Don Gonzalo de Ulloa, *Comendador de Calatrava*

El Rey de Castilla, *Alfonso XI*

Doña Ana de Ulloa

Fabio, *criado*

Isabela, *duquesa*

Tisbea, *pescadora*

Belisa, *villana*

Anfriso, *pescador*

Coridón, *pescador*

Gaseno, *labrador*

Batricio, *labrador*

Ripio, *criado*

Aminta, *villana*

Acto primero

(Salen **Don Juan Tenorio** *y* **Isabela**, *duquesa.)*

Isabela. Duque Octavio, por aquí
podrás salir más seguro.

Don Juan. Duquesa, de nuevo os juro
de cumplir el dulce sí.[1]

Isabela. ¿Mis glorias[2] serán verdades,
promesas y ofrecimientos,
regalos y cumplimientos,
voluntades y amistades?

Don Juan. Sí, mi bien.

Isabela. Quiero sacar
una luz.

Don Juan. Pues ¿para qué?

Isabela. Para que el alma dé fe
del bien que llego a gozar.

Don Juan. Mataréte[3] la luz yo.

Isabela. ¡Ah, cielo! ¿Quién eres, hombre?

Don Juan. ¿Quién soy? Un hombre sin nombre.

Isabela. ¿Que no eres el duque?

---

[1] dulce sí—promesa de matrimonio.

[2] mis glorias—mi felicidad.

[3] mataréte—te apagaré.

Don Juan. No.

Isabela. ¡Ah de palacio![4]

Don Juan. Detente;
dame, duquesa, la mano.

Isabela. No me detengas, villano.[5]
¡Ah del rey! ¡Soldados, gente!

(*Sale el* **Rey de Nápoles**[6] *con una vela en un candelero.*)

Rey. ¿Qué es esto?

Isabela. (*Aparte.*) (¡El rey! ¡Ay triste!)

Rey. ¿Quién eres?

Don Juan. ¿Quién ha de ser?
Un hombre y una mujer.

Rey. (*Aparte.*) (Esto en prudencia consiste.[7])

¡Ah de mi guarda! Prendé[8]
a este hombre.

Isabela. ¡Ay, perdido honor! (*Vase* **Isabela.**)   Honor

(*Salen* **Don Pedro Tenorio**, *embajador de España,*
y **Guarda.**)

---

[4] ¡Ah de palacio!—¡Socorro, gente del palacio!

[5] villano—ruin; indigno.

[6] Rey de Nápoles—Nápoles, en Italia, estuvo bajo el dominio español desde 1502 hasta 1707.

[7] Esto en prudencia consiste—Debo obrar con prudencia en esto.

[8] Prendé—prended.

Don Pedro. ¡En tu cuarto, gran señor,
voces! ¿Quién la causa fue?

Rey. Don Pedro Tenorio, a vos
esta prisión os encargo.
Siendo corto, andad vos largo;[9]
mirad quién son estos dos.
Y con secreto ha de ser,
que algún mal suceso creo,
porque si yo aquí lo veo
no me queda más que ver. *(Vase.)*

Don Pedro. Prendelde.[10]

Don Juan. ¿Quién ha de osar?[11]
Bien puedo perder la vida,
mas ha de ir tan bien vendida
que a alguno le ha de pesar.

Don Pedro. ¡Matalde!

Don Juan. ¿Quién os engaña?
Resuelto en morir estoy,
porque caballero soy
del embajador de España.
Llegue; que solo ha de ser
quien me rinda.[12]

Don Pedro. Apartad;
a ese cuarto os retirad
todos con esa mujer. *(Vanse.)*

---

[9] Siendo corto, andad vos largo—Hacedlo pronto, pero sin omitir detalle.

[10] Prendelde—Prendedle; Agarradle.

[11] **osar**—atreverse.

[12] rinda—derrote; venza.

Ya estamos solos los dos;
muestra aquí tu esfuerzo y **brío**.[13]

Don Juan. Aunque tengo esfuerzo, tío,
no le tengo para vos.

Don Pedro. ¡Di quién eres!

Don Juan. Ya lo digo: ↓ Rima
tu sobrino.

Don Pedro. (*Aparte.*) (¡Ay, corazón,
que temo alguna traición!)
¿Qué es lo que has hecho, enemigo?
¿Cómo estás de aquesa suerte?[14]
Dime presto[15] lo que ha sido.
¡Desobediente, atrevido!
Estoy por darte la muerte.
Acaba.

Don Juan. Tío y señor,
mozo soy y mozo fuiste;
y pues que de amor supiste,
tenga disculpa mi amor.   Excusa = amor
Y pues a decir me obligas
la verdad, oye y diréla:
yo engañé y gocé a[16] Isabela,   Admits it
la duquesa . . .

Don Pedro. No prosigas;
tente.[17] ¿Cómo la engañaste?
Habla **quedo**[18] o cierra el labio.

---

[13] **brío**—espíritu; ánimo; pujanza.
[14] aquesa suerte—esa manera.
[15] presto—pronto.
[16] gocé a—hice el amor con.
[17] tente—detente; espera.
[18] **quedo**—en voz baja.

Don Juan. Fingí[19] ser el duque Octavio....

Don Pedro. No digas más, calla, baste.
(*Aparte.*) (Perdido soy si el rey sabe
este caso. ¿Qué he de hacer?
Industria[20] me ha de valer
en un negocio tan grave.)
Di, vil: ¿no bastó emprender
con ira y con fuerza extraña
tan gran traición en España
con otra noble mujer,
sino en Nápoles también
y en el palacio real,
con mujer tan principal?
¡Castíguete el cielo, amén!
Tu padre desde Castilla
a Nápoles te envió,
y en sus márgenes[21] te dio
tierra la espumosa orilla
del mar de Italia, atendiendo[22]
que el haberte recebido
pagaras agradecido,
¡y estás su honor ofendiendo,
y en tan principal mujer!
Pero en aquesta ocasión
nos daña la dilación;[23]
mira qué quieres hacer.

Don Juan. No quiero daros disculpa;
que la habré de dar **siniestra**.[24]

---

[19] **Fingí**—aparenté; simulé.
[20] Industria—astucia; sagacidad.
[21] márgenes (m./f.)—orillas.
[22] atendiendo—esperando.
[23] dilación—demora; tardanza.
[24] **siniestra**—aviesa; malintencionada.

Mi sangre es, señor, la vuestra;
sacalda, y pague la culpa.
A esos pies estoy rendido,
y ésta es mi espada, señor.

Don Pedro. Álzate[25] y muestra valor,
que esa humildad me ha vencido.
¿Atreveráste a bajar
por ese balcón?

Don Juan. Sí atrevo,
que alas en tu favor llevo.[26]

Don Pedro. Pues yo te quiero ayudar.
Vete a Sicilia o Milán,
donde vivas **encubierto**.[27]

Don Juan. Luego me iré.

Don Pedro. ¿Cierto?

Don Juan. Cierto.

Don Pedro. Mis cartas te avisarán
en qué para este suceso
triste que causado has.

Don Juan. (*Aparte.*) (Para mí alegre, dirás.)
Que tuve culpa, confieso.

Don Pedro. Esa **mocedad**[28] te engaña.
Baja, pues, ese balcón.

---

[25] **Álzate**—levántate.
[26] **alas en tu favor llevo**—con tu favor llevo alas.
[27] **encubierto**—escondido.
[28] **mocedad**—juventud.

Don Juan. (*Aparte.*) (Con tan justa pretensión[29]
gozoso me parto a España.)

(*Vase* **Don Juan** *y entra el* **Rey.**)

Don Pedro. Ya ejecuté, gran señor,
tu justicia justa y recta
en el hombre . . .

Rey. ¿Murió?

Don Pedro. Escapóse
de las cuchillas soberbias.

Rey. ¿De qué forma?

Mentira de DP

Don Pedro. Desta forma:
aun no lo mandaste apenas,
cuando, sin dar más disculpa,
la espada en la mano aprieta,
revuelve la capa al brazo,
y con gallarda presteza,
ofendiendo a los soldados
y buscando su defensa,
viendo vecina la muerte,
por el balcón de la huerta
se arroja desesperado.
Siguióle con diligencia
tu gente; cuando salieron
por esa vecina puerta,
le hallaron **agonizando**[30]
como enroscada culebra.
Levantóse, y al decir
los soldados: «¡Muera, muera!»,

---

[29] pretensión—intención.

[30] **agonizando**—muriendo.

bañado de sangre el rostro,
con tan heroica presteza
se fue que quedé confuso.
La mujer, que es Isabela,
—que para admirarte[31] nombro—
retirada en esa pieza,
dice que es el duque Octavio
que, con engaño y cautela,[32]
la gozó.

Rey. ¿Qué dices?

Don Pedro. Digo
lo que ella propia confiesa.

Rey. ¡Ah, pobre honor! Si eres alma
del hombre, ¿por qué te dejan
en la mujer inconstante,
si es la misma ligereza?[33]
¡Hola!

(*Sale un* **Criado.**)

Criado. ¡Gran señor!

Rey. Traed
delante de mi presencia
esa mujer.

Don Pedro. Ya la guardia
viene, gran señor, con ella.

(*Trae la* **Guarda** *a* **Isabela.**)

---

[31] admirarte—sorprenderte; asombrarte.

[32] cautela—astucia; maña; engaño.

[33] ligereza—inconstancia en el amor; liviandad; levedad.

Isabela. (*Aparte.*) (¿Con qué ojos veré al rey?[34])

Rey. Idos, y guardad la puerta
de esa cuadra.[35] —Di, mujer,
¿qué rigor, qué **airada**[36] estrella
te incitó que en mi palacio,
con hermosura y soberbia,
profanases sus umbrales?

Isabela. Señor . . .

Rey. Calla, que la lengua
no podrá **dorar**[37] el yerro[38]
que has cometido en mi ofensa.
¿Aquél era el duque Octavio?

Isabela. Señor . . .

Rey. ¡Que no importan fuerzas,
guardas, criados, **murallas**,[39]
fortalecidas almenas[40]
para amor, que la de un niño[41]
hasta los muros penetra!
—Don Pedro Tenorio, **al punto**[42]
a esa mujer llevad **presa**[43]
a una torre, y con secreto
haced que al duque le prendan,

---

[34] ¿Con qué ojos veré al rey?—¿Cómo podré aparecer delante del rey?

[35] cuadra—sala o pieza amplia.

[36] **airada**—enojada; iracunda.

[37] **dorar**—cubrir de oro; aquí, mitigar; atenuar.

[38] yerro—falta; error.

[39] **murallas**—muros; especialmente de un palacio o fortaleza.

[40] almenas—bloques de piedra que a intervalos coronan los muros de una fortaleza.

[41] la de un niño—la fuerza de un niño; alusión a Cupido.

[42] **al punto**—inmediatamente.

[43] **presa**—prisionera.

que quiero hacer que le cumpla ↲ Punishment for Duque
la palabra o la promesa.

Isabela. Gran señor, volvedme el rostro.

Rey. Ofensa a mi espalda hecha
es justicia y es razón
castigalla[44] a espaldas vueltas. *(Vase el* **Rey.***)*

Don Pedro. Vamos, duquesa.

Isabela. Mi culpa
no hay disculpa que la venza;[45]
mas no será el yerro tanto
si el duque Octavio lo **enmienda**.[46]

(Vanse, y salen el **Duque Octavio** *y* **Ripio,** *su criado.)*

Ripio. ¿Tan de mañana, señor,
te levantas?

Octavio. No hay **sosiego**[47]
que pueda apagar el fuego
que enciende en mi alma amor,
porque, como al fin es niño,
no **apetece**[48] cama blanda,
entre regalada holanda,[49]
cubierta de blanco **armiño**.[50]

---

[44] castigalla—castigarla.
[45] venza—elimine; borre; deshaga.
[46] **enmienda**—corrige; subsana.
[47] **sosiego**—calma; tranquilidad.
[48] **apetece**—desea.
[49] regalada holanda—cómoda sábana.
[50] **armiño**—mamífero cuya piel se vuelve blanca en invierno; es muy preciada.

Acuéstase, no sosiega;
siempre quiere **madrugar**[51]
por levantarse a jugar;
que, al fin, como niño, juega.

Pensamientos de Isabela
me tienen, amigo, en calma,[52]
que como vive en el alma,
anda el cuerpo siempre en pena,
guardando ausente y presente
el castillo del honor.

Ripio. Perdóname, que tu amor
es amor impertinente.

Octavio. ¿Qué dices, necio?

Ripio. Esto digo:
impertinencia es amar
como amas. ¿Quies[53] escuchar?

Octavio. Ea, prosigue.

Ripio. Ya prosigo.
¿Quiérete Isabela a ti?

Octavio. ¿Eso, necio, has de dudar?

Ripio. No, mas quiero preguntar:
¿y tú, no la quieres?

Octavio. Sí.

---

[51] **madrugar**—levantarse temprano.
[52] en calma—sin fuerzas para nada, aparte de pensar en Isabela.
[53] Quies—quieres.

Ripio. Pues ¿no seré **majadero**,[54] ~~Criado~~
    y de solar[55] conocido,
    si pierdo yo mi sentido
    por quien me quiere y la quiero?
      Si ella a ti no te quisiera,
    fuera bien el porfialla,[56]
    regalalla y adoralla,
    y aguardar que se rindiera;[57]
      mas si los dos os queréis
    con una mesma igualdad,
    dime: ¿hay más dificultad
    de que luego os desposéis?[58]

Octavio. Eso fuera, necio, a ser[59]
    de lacayo[60] o lavandera
    la boda.

Ripio. Pues, ¿es quienquiera
    una lavandriz[61] mujer,
      lavando y fregatrizando,[62]
    defendiendo y ofendiendo,
    los paños suyos tendiendo,
    regalando y **remendando**?[63]
      Dando dije, porque al dar
    no hay cosa que se le iguale;
    y si no,[64] a Isabela dale,
    a ver si sabe tomar.

---

[54] **majadero**—necio y obstinado.
[55] solar (m.)—linaje; alcurnia.
[56] porfialla—porfiarla; cortejarla con insistencia.
[57] se rindiera—cediera; dijera que sí; diera su consentimiento.
[58] os desposéis—os caséis.
[59] a ser—de ser; si fuera.
[60] lacayo—criado de librea, o uniforme.
[61] lavandríz—lavandera.
[62] fregatrizando—fregando; lavando.
[63] **remendando**—reparando; cosiendo.
[64] si no—si no lo crees.

(*Sale un* **Criado**.)

Criado. El embajador de España
   en este punto **se apea**[65]
   en el **zaguán**,[66] y desea,
   con ira y **fiereza**[67] extraña,
      hablarte; y si no entendí
   yo mal, entiendo es prisión.

Octavio. ¿Prisión? Pues ¿por qué ocasión?
   Decid que entre.

(*Entra* **Don Pedro Tenorio**, *con* **Guardas**.)

Don Pedro. Quien así
      con tanto descuido duerme,
   limpia tiene la conciencia.

Octavio. Cuando viene vuexcelencia[68]
   a honrarme y favorecerme,
      no es justo que duerma yo;
   velaré[69] toda mi vida.
   ¿A qué y por qué es la venida?

Don Pedro. Porque aquí el rey me envió.

Octavio. Si el rey, mi señor, se acuerda
   de mí en aquesta[70] ocasión,
      será justicia y razón
   que por él la vida pierda.

---

[65] **se apea**—se baja de su caballo; desmonta.

[66] **zaguán** (m.)—entrada; vestíbulo.

[67] **fiereza**—ferocidad.

[68] vuexcelencia—vuestra excelencia.

[69] **velaré**—estaré despierto.

[70] aquesta—esta.

Decidme, señor, ¿qué **dicha**[71]
o qué estrella me ha guiado,
que de mí el rey se ha acordado?

Don Pedro. Fue, duque, vuestra **desdicha**.[72]
Embajador del rey soy;
dél os traigo una embajada.[73]

Octavio. Marqués, no me inquieta nada.
Decid, que aguardando estoy.

Don Pedro. A prenderos me ha enviado
el rey; no os alborotéis.[74]

Octavio.
¡Vos por el rey me prendéis!
Pues ¿en qué he sido culpado?

Don Pedro. Mejor lo sabéis que yo;
mas, por si acaso me engaño,
escuchad el desengaño,
y a lo que el rey me envió.
Cuando los negros gigantes,
plegando funestos toldos,
ya del crepúsculo huyen,[75]
tropezando unos con otros,
estando yo con **su alteza**[76]
tratando ciertos negocios

---

[71] **dicha**—buena ventura; buena fortuna; felicidad.

[72] **desdicha**—infortunio; mala suerte.

[73] embajada—mensaje sobre algo importante.

[74] no os alborotéis—no os alteréis; no os sublevéis.

[75] Cuando . . . huyen—Cuando la oscuridad de la noche huye de la incipiente luz del día; es una descripción barroca del amanecer.

[76] **su alteza**—el rey.

Resumen

—porque antípodas del sol[77]
son siempre los poderosos—,
voces de mujer oímos,
cuyos ecos, menos roncos
por los artesones[78] sacros,
nos repitieron «¡socorro!»
A las voces y al ruido
acudió,[79] duque, el rey propio.
Halló a Isabela en los brazos
de algún hombre poderoso;
mas quien al cielo[80] se atreve,
sin duda es gigante o monstruo.[81]
Mandó el rey que los prendiera;
quedé con el hombre solo;
llegué y quise desarmalle;
pero pienso que el demonio
en él tomó forma humana,
pues que, vuelto en humo y polvo,
se arrojó por los balcones
entre los pies de esos **olmos**[82]
que coronan del palacio
los chapiteles[83] hermosos.
Hice prender la duquesa,
y en la presencia de todos
dice que es el duque Octavio
el que con mano de esposo
la gozó.

---

[77] antípodas del sol—del lado opuesto del sol; quiere decir al estilo barroco que los poderosos, los que tienen la responsabilidad de gobernar, se ven obligados a desvelarse para ocuparse de los asuntos del gobierno día y noche.

[78] artesones (m.)—adornos que se ponen en los techos y bóvedas.

[79] **acudió**—respondió; vino.

[80] al cielo—a Isabela; ella es "el cielo".

[81] gigante o monstruo—alusión al mito griego en que unos gigantes trataron de escalar el monte de Olimpo para destronar a Zeus y los demás dioses.

[82] **olmos**—árboles; los olmos dan buena sombra.

[83] chapitel(es) (m.)—parte superior de una columna, en forma de cono o pirámide.

Octavio. ¿Qué dices?

Don Pedro. Digo
    lo que al mundo es ya **notorio**[84]
    y que tan claro se sabe:
    que Isabela por mil modos . . .

Octavio. Dejadme; no me digáis
    tan gran traición de Isabela.
    Mas si fue su amor cautela,
    proseguid; ¿por qué calláis?
    Mas si veneno me dais
    que a un firme corazón toca,
    y así a decir me provoca
    que imita a la **comadreja**,[85]
    que concibe por la oreja
    para parir[86] por la boca.
       ¿Será verdad que Isabela,
    alma, se olvidó de mí
    para darme muerte? Sí,
    que el bien suena y el mal vuela.[87]
    Ya el **pecho**[88] nada recela[89]
    juzgando si son antojos;[90]
    que, por darme más enojos,
    al entendimiento entró
    y por la oreja escuchó
    lo que acreditan los ojos.

---

[84] **notorio**—bien sabido.

[85] **comadreja**—mamífero nocturno, que come ratones y otros animales pequeños; también come los huevos de las aves y les mata las crías; el origen de la superstición referida es *Las metamorfosis* de Ovidio.

[86] parir—dar a luz; echar al mundo.

[87] el bien suena y el mal vuela—las malas noticas se llegan a saber más pronto que las buenas.

[88] **pecho**—corazón; los sentimientos.

[89] recela—teme; sospecha; duda.

[90] antojos—conclusiones prematuras.

Señor marqués, ¿es posible
que Isabela me ha engañado,
y que mi amor ha burlado?
¡Parece cosa imposible!
¡Oh, mujer! ¡Ley tan terrible
de honor, a quien[91] me provoco
a emprender![92] Mas ya no toco
en tu honor esta cautela.
¿Anoche con Isabela
hombre en palacio? Estoy loco.

Don Pedro. Como es verdad que en los vientos
hay aves, en el mar peces,
que participan a veces
de todos cuatro elementos;[93]
como en la gloria hay contentos,
lealtad en el buen amigo,
traición en el enemigo,
en la noche escuridad[94]
y en el día claridad,
así es verdad lo que digo.

Octavio. Marqués, yo os quiero creer.
Ya no hay cosa que me espante;[95]
que la mujer más constante
es, en efeto,[96] mujer.
No me queda más que ver,
pues es **patente**[97] mi agravio.

---

[91] a quien—a que.

[92] emprender—iniciar; aquí, tomar el camino con resolución de llegar a cumplir con la ley de honor.

[93] todos cuatro elementos—aire, agua, fuego y tierra, según las creencias de aquellos tiempos.

[94] escuridad—oscuridad.

[95] espante—sorprenda.

[96] en efeto—en efecto; en realidad.

[97] **patente**—manifiesto; claro; evidente.

Don Pedro. Pues que sois prudente y sabio,
elegid el mejor medio.

Octavio. Ausentarme es mi remedio.

Don Pedro. Pues sea presto, duque Octavio.

Octavio. Embarcarme quiero a España,
y darle a mis males fin.

Don Pedro. Por la puerta del jardín,
duque, esta prisión se engaña.

Octavio. ¡Ah, **veleta**![98] ¡Débil caña![99]
A más furor me provoco
y extrañas provincias toco,
huyendo desta cautela.
¡Patria, adiós! ¿Con Isabela
hombre en palacio? ¡Estoy loco!

(*Vanse, y sale* **Tisbea** *pescadora, con una caña de pescar en la mano.*)

Tisbea. Yo, de cuantas el mar
pies de jazmín y rosa
en sus riberas besa
con fugitivas olas,
sola de amor exenta,
como en ventura sola,
tirana me reservo
de sus prisiones locas,
aquí donde el sol pisa
soñolientas las ondas,

*Océano = su vida
(intro de Tisbea)*

---

[98] **veleta**—pieza de metal que, impulsada por el viento, gira sobre un eje, indicando así la dirección del viento; Octavio aplica el término a Isabela, aludiendo a su supuesta inconstancia.

[99] Débil caña—otra metáfora empleada por Octavio para expresar la supuesta ligereza de Isabela, o de las mujeres en general.

alegrando zafiros
las que espantaba sombras.[100]
Por la menuda arena
—unas veces aljófar,[101]
y átomos otras veces
del sol que así la adora—
oyendo de las aves
las quejas amorosas,
y los combates dulces
del agua entre las rocas;
ya con la sutil[102] caña
que al débil peso dobla
del necio pececillo
que el mar salado azota;
o ya con la atarraya[103]
que en sus moradas[104] hondas
prenden cuantos habitan
aposentos[105] de conchas,
segura me entretengo;
que en libertad se goza
el alma que amor áspid[106]
no le ofende ponzoña. [107]
En pequeñuelo **esquife**[108]
y en compañía de otras,

---

[100] aquí . . . sombras—otro pasaje barroco; léase "aquí donde el sol brilla sobre las olas todavía soñolientas, los reflejos azules que produce, alegran con su luz la oscuridad de la noche, ahuyentada por el sol".

[101] aljófar (m.)—perla de figura irregular, o cosa parecida al aljófar, como las gotas de rocío, por ejemplo, o, como aquí, la arena de la playa.

[102] sutil—delgada.

[103] atarraya—red para pescar.

[104] moradas—residencias.

[105] aposentos—habitaciones.

[106] amor áspid—amor como el áspid, especie de serpiente, cuya mordida introduce veneno en la víctima.

[107] ponzoña—veneno.

[108] esquife (m.)—barco pequeño.

tal vez[109] al mar le peino
la cabeza espumosa;
y cuando más perdidas
querellas[110] de amor forman,
como de todos río,
envidia soy de todas.
¡Dichosa yo mil veces,
amor, pues me perdonas,
si ya, por ser humilde,
no desprecias mi **choza**![111]
Obeliscos[112] de paja
mi edificio coronan,
nidos, si no hay **cigarras**,[113]
a tortolillas[114] locas.
Mi honor[115] conservo en pajas,
como fruta sabrosa,
vidrio guardado en ellas
para que no se rompa.
De cuantos pescadores
con fuego Tarragona[116]
de piratas defiende
en la argentada[117] costa,
desprecio soy y encanto;
a sus suspiros, sorda,   *Ritmo*
a sus ruegos, terrible,
a sus promesas, roca.

---

[109] tal vez—a veces.

[110] querellas—conflictos; riñas.

[111] **choza**—casa humilde y pobre.

[112] **Obeliscos**—pilares altos y delgados, que muchas veces sirven de monumentos.

[113] **cigarras**—insectos alados, que producen un ruido estridente.

[114] tortolillas—tórtolas, especie de palomas.

[115] honor (m.)—honestidad y recato, en las mujeres; castidad; virginidad.

[116] Tarragona—ciudad y provincia de España, situadas en la costa del Mediterráneo.

[117] argentada—plateada.

Anfriso, a quien el cielo
con mano poderosa,
prodigio en cuerpo y alma,
dotó[118] de gracias todas,
medido en las palabras,
liberal en las obras,
sufrido en los desdenes,
modesto en las **congojas**, [119]
mis pajizos umbrales,
que heladas noches **ronda**,[120]
a pesar de los tiempos,
las mañanas remoza;[121]
pues con los ramos verdes
que de los olmos corta,
mis pajas amanecen
ceñidas de **lisonjas**.[122]
Ya con vigüelas[123] dulces
y sutiles zampoñas[124]
músicas me **consagra**;[125]
y todo no me importa,
porque en tirano imperio
vivo, de amor señora;[126]
que hallo gusto en sus penas
y en sus infiernos gloria.
Todas por él[127] se mueren,
y yo, todas las horas
le mato con desdenes:

---

[118] dotó—otorgó; dio.

[119] **congojas**—aflicciones; penas profundas.

[120] **ronda**—anda vigilando o espiando.

[121] remoza—rejuvenece; renueva.

[122] **lisonjas**—elogios; alabanzas.

[123] vigüelas—vihuelas; guitarras.

[124] zampoñas—instrumentos rústicos, como flautas.

[125] **consagra**—hace sagrada; dedica o destina a un fin superior.

[126] de amor señora—dominadora del amor; superior al amor, no sujeta a él.

[127] por él—por el amor.

de amor condición propia,
querer donde **aborrecen**,[128]
despreciar donde adoran;
que si le alegran, muere,
y vive si le oprobian.[129]
En tan alegre día,
segura de lisonjas,
mis juveniles años
amor no los **malogra**;[130]
que en edad tan florida,
amor, no es suerte poca
no ver entre estas redes
las tuyas amorosas.
Pero, necio discurso
que mi ejercicio estorbas,
en él no me diviertas[131]
en cosa que no importa.
Quiero entregar la caña
al viento, y a la boca
del pececillo el cebo.[132]
Pero al agua se arrojan
dos hombres de una **nave**,[133]
antes que el mar la **sorba**,[134]
que sobre el agua viene
y en un **escollo**[135] aborda.[136]
Como hermoso pavón,[137]

---

[128] **aborrecen**—odian.

[129] oprobian—infaman; deshonran con palabras; vilipendian.

[130] **malogra**—frustra; lleva a infeliz término.

[131] diviertas—desvíes; distraigas.

[132] cebo—gusano u otra comida que el pescador pone en el anzuelo para atraer los peces.

[133] **nave** (f.)—barco.

[134] **sorba**—trague; chupe.

[135] **escollo**—piedra grande sumergida en el mar, que llega casi a la superficie.

[136] aborda—choca; atraca.

[137] pavón—pavo real.

hace las velas cola,
adonde los pilotos
todos los ojos pongan.
Las olas va **escarbando**,[138]
y ya su orgullo y pompa
casi la desvanece.[139]
Agua un costado toma . . .
Hundióse y dejó al viento
la gavia[140] que la escoja
para morada suya;
que un loco en gavias mora.[141]
    (*Dentro:* «¡Que me ahogo!»)
Un hombre al otro aguarda
que dice que se ahoga.
¡Gallarda cortesía!
En los hombros le toma;
Anquises le hace Eneas,[142]
si el mar está hecho Troya.
Ya, nadando, las aguas
con valentía corta,
y en la playa no veo
quien le ampare y socorra.
Daré voces: «¡Tirseo,
Anfriso, Alfredo, hola!»
Pescadores me miran,
¡plega a Dios[143] que me oigan!
Mas milagrosamente
ya tierra los dos toman,
sin aliento el que nada,
con vida el que le estorba.

---

[138] **escarbando**—removiendo.

[139] desvanece—hace desaparecer.

[140] gavia—vela del mastelero, en un barco velero; también, jaula para locos.

[141] mora—vive.

[142] Anquises le hace Eneas—se refiere a un episodio narrado por Virgilio en la *Eneida*: ardiendo Troya, Eneas salvó a su padre, Anquises, sacándolo sobre los hombros.

[143] plega a Dios—ojalá.

(Saca en brazos **Catalinón** *a* **Don Juan**, *mojados.*)

Catalinón. ¡Válgame la Cananea,[144]
    y qué salado está el mar!
    Aquí puede bien andar
    el que salvarse desea,
        que allá dentro es **desatino**,[145]
    donde la muerte **se fragua**;[146]
    donde Dios juntó tanta agua,
    no juntara tanto vino.
        Agua salada, ¡extremada
    cosa para quien no pesca!
    Si es mala **aun**[147] el agua fresca,
    ¿qué será el agua salada?
        ¡Oh, quién hallara una fragua
    de vino, aunque algo encendido!
    Si del agua que he bebido
    escapo yo, no más agua.
        Desde hoy abernuncio[148] della,
    que la devoción me quita
    tanto que agua bendita
    no pienso ver, por no vella.
        ¡Ah, señor! Helado y frío
    está. ¿Si estará ya muerto?
    Del mar fue este desconcierto,[149]
    y mío este **desvarío**.[150]
        ¡Mal haya aquel que primero
    pinos[151] en la mar sembró,[152]

---

[144] ¡Válgame la Cananea!—juramento de origen oscuro que alude a una mujer bíblica, natural de la tierra de Canaán.

[145] **desatino**—disparate; locura.

[146] **se fragua**—se forja; adquiere forma o realidad.

[147] **aun**—hasta.

[148] abernuncio—abrenuncio; renuncio.

[149] desconcierto—desorden; descomposición.

[150] **desvarío**—locura; sinrazón.

[151] pinos—barcos de madera.

[152] sembró—colocó; puso.

y que sus **rumbos**[153] midió
con quebradizo[154] madero!
　　¡Maldito sea el vil sastre
que cosió el mar que dibuja
con astronómica aguja,[155]
causa de tanto desastre!
　　¡Maldito sea Jasón,[156]
y Tifis[157] maldito sea!
Muerto está; no hay quien lo crea.
¡Mísero Catalinón!
　　¿Qué he de hacer?

Tisbea. Hombre, ¿qué tienes
en desventuras iguales?

Catalinón. Pescadora, muchos males,
y falta de muchos bienes.
　　Veo, por librarme a mí,
sin vida a mi señor. Mira
si es verdad.

Tisbea. No, que aun[158] respira.

Catalinón. ¿Por dónde? ¿Por aquí?

Tisbea. Sí;
pues ¿por dónde?

Catalinón. Bien podía
respirar por otra parte.

---

[153] **rumbos**—rutas; direcciones.

[154] quebradizo—frágil.

[155] astonómica aguja—brújula.

[156] Jasón—héroe mitológico de Grecia en la Antigüedad; salió a buscar el vellocino de oro para recuperar el reino de su padre, acompañado de 50 jóvenes guerreros, llamados argonautas, porque su nave se llamaba *Argos*.

[157] Tifis—el piloto de la nave *Argos*.

[158] aun—aún; todavía.

Tisbea. Necio estás.

Catalinón. Quiero besarte
las manos de nieve fría.

Tisbea. Ve a llamar los pescadores
que en aquella choza están.

Catalinón. Y si los llamo, ¿vernán?[159]

Tisbea. Vendrán presto; no lo ignores.
¿Quién es este caballero?

Catalinón. Es hijo aqueste señor
del camarero mayor
del rey, por quien ser espero
antes de seis días conde[160]
en Sevilla donde va
y adonde su alteza está,
si a mi amistad corresponde.

Tisbea. ¿Cómo se llama?

Catalinón. Don Juan
Tenorio.

Tisbea. Llama mi gente.

Catalinón. Ya voy. (*Vase.*)

(*Coge en el regazo* **Tisbea** *a* **Don Juan.**)

---

[159] ¿vernán?—¿vendrán?

[160] conde—título nobiliario, o capataz, o capitán de los gitanos; ambigüedad deliberada de Tirso.

Tisbea. Mancebo[161] excelente,
gallardo, noble y galán.
Volved en vos, caballero.

Don Juan. ¿Dónde estoy?

Tisbea. Ya podéis ver;
en brazos de una mujer.

Don Juan. Vivo en vos, si en el mar muero.
Ya perdí todo el recelo
que me pudiera anegar,[162]
pues del infierno del mar
salgo a vuestro claro cielo.
Un espantoso huracán
dio con mi nave al través
para arrojarme a esos pies
que abrigo y puerto me dan.
Y en vuestro divino oriente[163]
renazco, y no hay que espantar,
pues veis que hay de amar a mar
una letra solamente.

Tisbea. Muy grande aliento tenéis
para venir sin aliento,
y tras de tanto tormento
mucho tormento ofrecéis.
Pero si es tormento el mar
y son sus ondas crueles,
la fuerza de los cordeles[164]
pienso que os hace hablar.

---

[161] **Mancebo**—joven.

[162] anegar—ahogar.

[163] oriente—brillo especial de las perlas; juventud.

[164] cordeles (m.)—cuerdas; se refiere a los cordeles con que se ataba a los prisioneros sometidos a tormento para obligarlos a confesar sus delitos o sus herejías.

Sin duda que habéis bebido
del mar la oración pasada,
pues, por ser de agua salada,
con tan grande sal ha sido.
    Mucho habláis cuando no habláis,
y cuando muerto venís
mucho al parecer sentís;
¡plega a Dios que no mintáis!
    Parecéis caballo griego[165]
que el mar a mis pies desagua,
pues venís formado de agua
y estáis preñado[166] de fuego.[167]
    Y si mojado abrasáis,[168]
estando **enjuto**,[169] ¿qué haréis?
Mucho fuego prometéis;
¡plega a Dios que no mintáis!

Don Juan. A Dios, zagala,[170] pluguiera
que en el agua me anegara
para que **cuerdo**[171] acabara
y loco en vos no muriera;
    que el mar pudiera anegarme
entre sus olas de plata
que sus límites desata,
mas no pudiera abrasarme.
    Gran parte del sol mostráis,
pues que el sol os da licencia,
pues sólo con la apariencia,
siendo de nieve, abrasáis.

---

[165] caballo griego—alusión al caballo troyano.
[166] preñado—lleno.
[167] fuego—pasión amorosa.
[168] abrasáis—quemáis.
[169] **enjuto**—seco.
[170] zagala—muchacha soltera.
[171] **cuerdo**—racional; que está en su juicio.

Tisbea. Por más helado que estáis,
tanto fuego en vos tenéis
que en este mío os ardéis.
¡plega a Dios que no mintáis!

(*Salen* **Catalinón, Coridón** *y* **Anfriso,** *pescadores.*)

Catalinón. Ya vienen todos aquí.

Tisbea. Y ya está tu dueño vivo.

Don Juan. Con tu presencia recibo
el aliento que perdí.

Coridón. ¿Qué nos mandas?

Tisbea. Coridón,
Anfriso, amigos . . .

Coridón. Todos
buscamos por varios modos
esta dichosa ocasión.
     Di qué nos mandas, Tisbea,
que por labios de clavel
no lo habrás mandado a aquel
que idolatrarte desea,
     apenas, cuando al momento,
sin cesar, en llano o sierra,
surque [172]el mar, tale[173] la tierra,
pise el fuego, y pare el viento.

Tisbea. (*Aparte.*) (¡Oh, qué mal me parecían
estas lisonjas ayer,

---

[172] surque—parta.
[173] tale—arrase; limpie de árboles.

y hoy echo en ellas de ver
que sus labios no mentían!)
    Estando, amigos, pescando
sobre este peñasco, vi
hundirse una nave allí,
y entre las olas nadando
    dos hombres; y compasiva
di voces, y nadie oyó;
y en tanta aflición, llegó
libre de la furia esquiva[174]
    del mar, sin vida a la arena,
déste en los hombros cargado,
un hidalgo ya anegado,
y envuelta en tan triste pena
a llamaros envié.

Anfriso. Pues aquí todos estamos,
    manda que tu gusto hagamos,
    lo que pensado no fue.

Tisbea. Que a mi choza los llevemos
    quiero, donde, agradecidos,
    reparemos sus vestidos,
    y allí los regalaremos;
        que mi padre gusta mucho
    desta debida piedad.

Catalinón. ¡Extremada es su beldad!

Don Juan. Escucha aparte.

Catalinón. Ya escucho.

Don Juan. Si te pregunta quién soy,
    di que no sabes.

---

[174] esquiva—áspera; intratable; huraña.

Catalinón. ¡A mí!...
¿Quieres advertirme a mí
lo que he de hacer?

Don Juan. Muerto voy
por la hermosa pescadora.
Esta noche he de gozalla.

Catalinón. ¿De qué suerte?

Don Juan. Ven y calla.

Coridón. Anfriso, dentro de un hora
los pescadores prevén[175]
que canten y bailen.

Anfriso. Vamos,
y esta noche nos hagamos
rajas[176] y palos también.

Don Juan. Muerto soy.

Tisbea. ¿Cómo, si andáis?

Don Juan. Ando en pena, como veis.

Tisbea. Mucho habláis.

Don Juan. Mucho entendéis.

Tisbea. ¡Plega a Dios que no mintáis! (*Vanse.*)

(*Salen* **Don Gonzalo de Ulloa** *y el* **Rey Don Alfonso
de Castilla**.)

---

[175] los pescadores prevén—avisa a los pescadores.

[176] nos hagamos rajas—hagámonos rajas; hagámonos pedazos; esforcémonos a
más no poder.

Rey. ¿Cómo os ha sucedido en la embajada,
comendador mayor?

Don Gonzalo. Hallé en Lisboa
al rey don Juan, tu primo, previniendo[177]
treinta naves de armada.[178]

Rey. ¿Y para dónde?

Don Gonzalo. Para Goa[179] me dijo, mas yo entiendo
que a otra empresa más fácil apercibe.[180]
A Ceuta o Tánger pienso que pretende[181]
cercar[182] este verano.

Rey. Dios le ayude,
y premie el celo[183] de aumentar su gloria.
¿Qué es lo que concertasteis?

Don Gonzalo. Señor, pide
a Serpa y Mora, y Olivencia y Toro;
y por eso te vuelve[184] a Villaverde,
al Almendral, a Mértola y Herrera
entre Castilla y Portugal.

Rey. Al punto
se firmen los conciertos, don Gonzalo.
Mas decidme primero cómo ha ido
en el camino, que vendréis cansado
y alcanzado[185] también.

---

[177] previniendo—preparando.

[178] armada—fuerza naval.

[179] Goa—colonia portuguesa en India desde 1510 hasta 1962.

[180] apercibe—prepara.

[181] pretende—piensa.

[182] **cercar**—rodear; sitiar.

[183] celo—ánimo de cumplir con un deber o de llevar a cabo una empresa.

[184] vuelve—devuelve; se trata de un canje de pueblos.

[185] alcanzado—necesitado; escaso de fondos.

Don Gonzalo. Para serviros,
nunca, señor, me canso.

Rey. ¿Es buena tierra
Lisboa?

Don Gonzalo. La mayor ciudad de España;[186]
y si mandas que diga lo que he visto
de lo exterior y célebre, en un punto
en tu presencia te pondré un retrato.[187]

Rey. Yo gustaré de oíllo. Dadme silla.

Don Gonzalo. Es Lisboa una otava[188] maravilla.
De las entrañas de España,
que son las tierras de Cuenca,
nace el caudaloso Tajo,
que media España atraviesa.
Entra en el mar Oceano,
en las sagradas riberas
de esta ciudad, por la parte
del sur; mas antes que pierda
su curso y su claro nombre,
hace un puerto entre dos sierras,
donde están de todo el **orbe**[189]
barcas, naves, carabelas.
Hay galeras y saetías[190]
tantas, que desde la tierra
parece una gran ciudad
adonde Neptuno[191] reina.

---

[186] ciudad de España—Portugal estuvo bajo el dominio español desde 1580 hasta 1640.

[187] retrato—descripción.

[188] otava—octava.

[189] **orbe** (m.)—tierra; globo.

[190] saetías—barcos de tres palos y una sola cubierta.

[191] Neptuno—dios romano del mar.

A la parte del **poniente**[192]
guardan del puerto dos fuerzas
de *Cascaes* y *San Gian*,[193]
las más fuertes de la tierra.
Está, desta gran ciudad,
poco más de media legua
Belén, convento del santo[194]
conocido por la piedra
y por el león de guarda,
donde los reyes y reinas
católicos y cristianos
tienen sus casas perpetuas.
Luego esta máquina insigne,[195]
desde Alcántara comienza
una gran legua a tenderse
al convento de Jabregas.
En medio está el valle hermoso
coronado de tres cuestas
que quedara corto Apeles[196]
cuando pintarlas quisiera;
porque, miradas de lejos,
parecen piñas de perlas
que están pendientes del cielo,
en cuya grandeza inmensa
se ven diez Romas cifradas[197]
en conventos y en iglesias,
en edificios y calles,
en solares y encomiendas,

---

[192] **poniente** (m.)—oeste; donde se pone el sol.

[193] *Cascaes* y *San Gian*—fortalezas al oeste de Lisboa.

[194] santo—San Jerónimo; tradujo la Biblia al latín, dando al mundo católico la Vulgata; hacía penitencia hiriéndose en el pecho con una piedra, y se hizo amigo de un león sacándole una espina de la pata.

[195] máquina insigne—cosa famosa; aquí, el río Tajo.

[196] Apeles—famoso pintor griego del siglo IV a. de J.C.

[197] cifradas—compendiadas; concentradas; contenidas.

en las letras y en las armas,
en la justicia tan recta,
y en una *Misericordia*[198]
que está honrando su ribera,
y pudiera honrar a España
y aun enseñar a tenerla.[199]
Y en lo que yo más alabo
desta máquina soberbia,
es que del mismo castillo
en distancia de seis leguas,
se ven sesenta lugares
que llega el mar a sus puertas,
uno de los cuales es
el convento de Odivelas,
en el cual vi por mis ojos
seiscientas y treinta celdas, y
entre monjas y **beatas**[200]
pasan de mil y doscientas.
Tiene desde allí Lisboa,
en distancia muy pequeña,
mil y ciento y treinta quintas,
que en nuestra provincia Bética[201]
llaman **cortijos**,[202] y todas
con sus huertos y alamedas.
En medio de la ciudad
hay una plaza soberbia
que se llama del *Rucío*,
grande, hermosa y bien dispuesta,
que habrá cien años y aun más
que el mar bañaba su arena,

---

[198] *Misericordia*—hospital.

[199] tenerla—tener misericordia.

[200] **beatas**—mujeres religiosas, devotas, pero no monjas.

[201] Bética—nombre romano de Andalucía.

[202] **cortijos**—terrenos en el campo, con casa.

y ahora della a la mar
hay treinta mil casas hechas;
que, perdiendo el mar su curso,
se tendió a partes diversas.
Tiene una calle que llaman
rua Nova o calle Nueva,
donde se cifra el Oriente
en grandezas y riquezas;
tanto, que el rey me contó
que hay un mercader en ella
que, por no poder contarlo,
mide el dinero a fanegas.[203]
El terrero,[204] donde tiene
Portugal su casa regia,[205]
o tiene infinitos **navíos**,[206]
varados[207] siempre en la tierra,
de sólo cebada y trigo
de Francia y Ingalaterra.
Pues el palacio real,
que el Tajo sus manos besa,
es edifico de Ulises,[208]
que basta para grandeza,
de quien toma la ciudad
nombre en la latina lengua,
llamándose Ulisibona,[209]
cuyas armas son la esfera,
por pedestal de las **llagas**[210]

---

[203] fanegas—porciones de aproximadamente 55 litros.

[204] terrero—especie de plaza pública.

[205] casa regia—casa real; palacio.

[206] **navíos**—naves; barcos.

[207] varados—en la playa, para cargar y descargar.

[208] Ulises—nombre latino del héroe legendario griego Odiseo; según una leyenda apócrifa, fundador de la ciudad de Lisboa.

[209] Ulisibona—según los peritos en la materia, esta etimología de "Lisboa" es falsa.

[210] **llagas**—heridas.

que en la batalla sangrienta
al rey don Alfonso Enríquez
dio la majestad inmensa.
Tiene en su gran tarazana[211]
diversas naves, y entre ellas,
las naves de la conquista,
tan grandes que, de la tierra
miradas, juzgan los hombres
que tocan en las estrellas.
Y lo que desta ciudad
te cuento por excelencia
es que, estando sus vecinos
comiendo, desde las mesas
ven los copos[212] del pescado
que junto a sus puertas pescan,
que, **bullendo**[213] entre las redes,
vienen a entrarse por ellas;
y sobre todo, el llegar
cada tarde a su ribera
más de mil barcos cargados
de mercancías diversas,
y de sustento ordinario:
pan, aceite, vino y leña,
frutas de infinita suerte,
nieve de Sierra de Estrella
que por las calles a gritos,
puestas sobre las cabezas,
las venden. Mas, ¿qué me canso?[214]
Porque es contar las estrellas
querer contar una parte
de la ciudad **opulenta**.[215]

---

[211] tarazana—atarazana; aquí, arsenal en que se reparan barcos, no el arsenal
donde se almacenan armas.

[212] copos—grupos de peces blancos.

[213] **bullendo**—moviéndose agitadamente.

[214] ¿qué me canso?—¿por qué me canso?; ¿por qué entro en tantos detalles?

[215] **opulenta**—rica de sobra.

Ciento y treinta mil vecinos
tiene, gran señor, por cuenta,
y por no cansarte más,
un rey que tus manos besa.

Rey. Más estimo, don Gonzalo,
escuchar de vuestra lengua
esa relación sucinta
que haber visto su grandeza.
¿Tenéis hijos?

Don Gonzalo. Gran señor,
una hija hermosa y bella,
en cuyo rostro divino
se **esmeró**[216] naturaleza.

Rey. Pues yo os la quiero casar
de mi mano.

Don Gonzalo. Como sea
tu gusto, digo, señor,
que yo lo **aceto**[217] por ella.
Pero ¿quién es el esposo?

Rey. Aunque no está en esta tierra,
es de Sevilla, y se llama
don Juan Tenorio.

Don Gonzalo. Las **nuevas**[218]
voy a llevar a doña Ana.

Rey. Id en buen hora, y volved,
Gonzalo, con la respuesta.

---

[216] **se esmeró**—puso mucho cuidado.

[217] aceto—acepto.

[218] **nuevas**—noticias.

(*Vanse, y salen* **Don Juan Tenorio** *y* **Catalinón**.)

Don Juan. Esas dos **yeguas**[219] prevén,
pues acomodadas[220] son.

Catalinón. Aunque soy Catalinón,
soy, señor, hombre de bien;
que no se dijo por mí,
«Catalinón es el hombre»;
que sabes que aquese nombre
me asienta[221] al revés a mí.

Don Juan. Mientras que los pescadores
van de **regocijo**[222] y fiesta,
tú las dos yeguas apresta,[223]
que de sus pies voladores
sólo nuestro engaño fío.[224]

Catalinón. Al fin, ¿pretendes gozar
a Tisbea?

Don Juan. Si burlar
es hábito antiguo mío,
¿qué me preguntas, sabiendo
mi condición?

Excusa

Catalinón. Ya sé que eres
castigo de las mujeres.

---

[219] **yeguas**—hembras del caballo.
[220] acomodadas—apropiadas.
[221] asienta—sienta; cuadra.
[222] **regocijo**—alegría.
[223] apresta—prepara.
[224] fío—confío; tengo confianza.

Don Juan. Por Tisbea estoy muriendo,
que es buena moza.[225]

Catalinón. ¡Buen pago
a su hospedaje deseas!

Don Juan. Necio, lo mismo hizo Eneas[226]
con la reina de Cartago.

Catalinón. Los que fingís y engañáis
las mujeres desa suerte
lo pagaréis con la muerte.

Don Juan. ¡Qué largo me lo fiáis![227]
Catalinón con razón
te llaman.[228]

Catalinón. Tus pareceres
sigue, que en burlar mujeres
quiero ser Catalinón.
Ya viene la **desdichada.**[229]

Don Juan. Vete, y las yeguas prevén.

Catalinón. ¡Pobre mujer! Harto bien[230]
te pagamos la posada.

(*Vase* **Catalinón,** *y sale* **Tisbea.**)

---

[225] buena moza—bonita.

[226] Eneas—héroe troyano, aludido arriba; Dido, reina legendaria de Cartago, se suicidó después que fue abandonada por Eneas.

[227] ¡Qué largo me lo fiáis!—frase que don Juan repite varias veces, respondiendo a los que le advierten que tendrá que pagar sus culpas cuando muera.

[228] Catalinón con razón te llaman—al parecer, el nombre "Catalinón" significaba cobarde.

[229] **desdichada**—infeliz.

[230] Harto bien—muy bien (dicho con sarcasmo).

Tisbea. El rato que sin ti estoy,
estoy ajena de mí.

Don Juan. Por lo que finges ansí,
ningún crédito te doy.

Tisbea. ¿Por qué?

Don Juan. Porque si me amaras,
mi alma favorecieras.

Tisbea. Tuya soy.

Don Juan. Pues di, ¿qué esperas,
o en qué, señora, **reparas?**[231]

Tisbea. Reparo en que fue castigo
de amor el que he hallado en ti.

Don Juan. Si vivo, mi bien, en ti,
a cualquier cosa me obligo.
Aunque yo sepa perder
en tu servicio la vida,
la diera por bien perdida,
y te prometo de ser
tu esposo.

Tisbea. Soy desigual
a tu ser.[232]   *Clases*

Don Juan. Amor es rey   *Resp*
que iguala con justa ley
la seda con el sayal.[233]

---

[231] **reparas**—te fijas; te detienes.

[232] Soy desigual a tu ser—Soy de una clase social inferior a la tuya.

[233] sayal (m.)—tela de lana tosca.

Tisbea. Casi te quiero creer,
mas sois los hombres traidores.

Don Juan. ¿Posible es, mi bien, que ignores
mi amoroso **proceder**?[234]
Hoy prendes con tus cabellos
mi alma.

Tisbea. Yo a ti me allano,[235]
bajo la palabra y mano
de esposo.

Don Juan. Juro, ojos bellos,
que mirando me matáis,
de ser vuestro esposo.

Tisbea. Advierte,
mi bien, que hay Dios y que hay muerte.   *Amenaza #2*

Don Juan. ¡Qué largo me lo fiáis!
Y mientras Dios me dé vida,
yo vuestro esclavo seré.
Ésta es mi mano y mi fe.

Tisbea. No seré en pagarte esquiva.

Don Juan. Ya en mí mismo no sosiego.

Tisbea. Ven, y será la cabaña
del amor que me acompaña
tálamo[236] de nuestro fuego.
Entre estas cañas te esconde
hasta que tenga lugar.

---

[234] **proceder** (m.)—modo de actuar.

[235] me allano—me conformo.

[236] tálamo—cámara de los desposados; lecho conyugal.

Don Juan. ¿Por dónde tengo de entrar?

Tisbea. Ven y te diré por dónde.

Don Juan. Gloria al alma, mi bien, dais.

Tisbea. Esa voluntad te obligue,
y si no, Dios te castigue.

Don Juan. ¡Qué largo me lo fiáis!   #3

(*Vanse, y salen* **Coridón, Anfriso, Belisa** *y* **Músicos.**)

Coridón. Ea, llamad a Tisbea,
y los zagales llamad
para que en la soledad
el huésped la corte vea.

Anfriso. ¡Tisbea, Usindra, Atandria!
No vi cosa más crüel.
¡Triste y mísero de aquel
que en su fuego es salamandria[237]
        Antes que el baile empecemos,
a Tisbea prevengamos.

Belisa. Vamos a llamarla.

Coridón. Vamos.

Belisa. A su cabaña lleguemos.

Coridón. ¿No ves que estará ocupada
con los huéspedes dichosos,
de quien hay mil envidiosos?

---

[237] salamandria—salamanquesa, por salamandra; anfibio que era, en leyendas, el espíritu elemental del fuego.

Anfriso. Siempre es Tisbea envidiada.

Belisa. Cantad algo mientras viene,
porque queremos bailar.

Anfriso. ¿Cómo podrá descansar
cuidado que celos tiene?

(*Cantan.*) *A pescar salió la niña*   *Canción*
tendiendo redes,
y en lugar de peces
las almas prende.

(*Sale* **Tisbea.**)

Tisbea. ¡Fuego, fuego, que me quemo,
que mi cabaña se abrasa!
Repicad[238] a fuego, amigos;
que ya dan mis ojos agua.
Mi pobre edificio queda
hecho otra Troya en las llamas;
que después que faltan Troyas
quiere amor quemar cabañas.
Mas si amor abrasa penas
con gran ira y fuerza extraña,
mal podrán de su rigor
reservarse humildes pajas.
¡Fuego, zagales, fuego, agua, agua!
¡Amor, clemencia, que se abrasa el alma!
¡Ay, choza, vil instrumento
de mi deshonra y mi infamia!
¡Cueva de ladrones fiera
que mis agravios ampara!
Rayos de ardientes estrellas
en tus cabelleras caigan,

---

[238] Repicad—haced sonar las campanas.

porque abrasadas estén,
si del viento mal peinadas.
¡Ah, falso huésped, que dejas
una mujer deshonrada!
Nube que del mar salió
para anegar mis entrañas.
¡Fuego, fuego, zagales, agua, agua!
¡Amor, clemencia, que se abrasa el alma!
Yo soy la que hacía siempre
de los hombres burla tanta;
que siempre las que hacen burla
vienen a quedar burladas.
Engañóme el caballero
debajo de fe y palabra
de marido, y profanó
mi **honestidad**[239] y mi cama.
Gozóme al fin, y yo propia
le di a su rigor las alas
en dos yeguas que crié,
con que me burló y se escapa.
Seguilde todos, seguilde.
Mas no importa que se vaya,
que en la presencia del rey
tengo de pedir venganza.
¡Fuego, fuego, zagales, agua, agua!
¡Amor, clemencia, que se abrasa el alma!

(*Vase* **Tisbea**.)

Coridón. Seguid al vil caballero.

Anfriso. ¡Triste del que pena y calla!
Mas ¡vive el cielo, que en él
me he de vengar desta ingrata!

---

[239] **honestidad**—castidad; virginidad; honra.

Vamos tras ella nosotros,
porque va desesperada,
y podrá ser que ella vaya
buscando mayor **desgracia**.[240]

Coridón. Tal fin la **soberbia**[241] tiene.
Su locura y confianza
paró en esto.

(*Dice* **Tisbea** *dentro:* ¡Fuego, fuego!)

Anfriso. Al mar se arroja.

Coridón. Tisbea, ¡detente y para!

Tisbea. ¡Fuego, fuego, zagales, agua, agua!
¡Amor, clemencia, que se abrasa el alma!

---

[240] **desgracia**—infortunio; mala suerte.
[241] **soberbia**—orgullo; arrogancia.

Acto segundo

(*Salen el* **Rey Don Alfonso** *y* **Don Diego Tenorio**, *de barba.*)

Rey. ¿Qué me dices?

Don Diego. Señor, la verdad digo.
    Por esta carta estoy del caso cierto,
    que es de tu embajador y de mi hermano.
    Halláronle en la cuadra del rey mismo
    con una hermosa dama de palacio.

Rey. ¿Qué calidad?[242]

Don Diego. Señor, es la duquesa
    Isabela.

Rey. ¿Isabela?

Don Diego. Por lo menos . . .

Rey. ¡Atrevimiento **temerario**![243] ¿Y dónde
    ahora está?

Don Diego. Señor, a vuestra alteza
    no he de encubrille la verdad; anoche
    a Sevilla llegó con un criado.

Rey. Ya conocéis, Tenorio, que os estimo,
    y al rey[244] informaré del caso luego,
    casando a ese rapaz[245] con Isabela,

---

[242] ¿Qué calidad?—¿De qué clase social?

[243] **temerario**—imprudente; arriesgado.

[244] al rey—al rey de Nápoles.

[245] rapaz—muchacho; pero también, se aplica al hombre inclinado a robar.

volviendo a su sosiego al duque Octavio
que inocente padece; y luego al punto
haced que don Juan salga **desterrado**.[246]   *Exile*

Don Diego. ¿Adónde, mi señor?

Rey. Mi enojo vea
en el destierro de Sevilla; salga
a Lebrija esta noche, y agradezca
sólo al merecimiento de su padre . . .
Pero decid, don Diego, ¿qué diremos
a Gonzalo de Ulloa, sin que erremos?
Caséle con su hija, y no sé cómo
lo puedo ahora remediar.

Don Diego. Pues mira,
gran señor, qué mandas que yo haga
que esté bien al honor de esta señora,   → *Ana*
hija de un padre tal.

Rey. Un medio tomo
con que absolvello del enojo entiendo:
mayordomo[247] mayor pretendo hacello.

(*Sale un* **Criado**.)

Criado. Un caballero llega de camino,
y dice, Señor, que es el duque Octavio.

Rey. ¿El duque Octavio?

Criado. Sí, señor.

---

[246] **desterrado**—expulsado de su tierra; exiliado.

[247] **mayordomo**—empleado encargado del gobierno económico de una
casa o hacienda.

Rey. Sin duda
que supo de don Juan el desatino,
y que viene, <u>incitado a la venganza</u>,
a pedir que le otorgue **desafío**.[248]

Don Diego. Gran señor, en tus heroicas manos
está mi vida, que mi vida propia
es la vida de un hijo inobediente;
que, aunque mozo, gallardo y valeroso,
y le llaman los mozos de su tiempo
el Héctor[249] de Sevilla, porque ha hecho
tantas y tan extrañas mocedades,
la razón puede mucho. No permitas
el desafío si es posible.

Rey. Basta;
ya os entiendo, Tenorio: <u>honor de padre</u>.
Entre el duque.

Honor

Don Diego. Señor, dame esas plantas.[250]
¿Cómo podré pagar mercedes[251] tantas?

(*Sale el Duque* **Octavio**, *de camino*.)

Octavio. A esos pies, gran señor, un **peregrino**,[252]
mísero y desterrado, ofrece el labio,
juzgando por más fácil el camino
en vuestra gran presencia.

Rey. Duque Octavio . . .

---

[248] **desafío**—reto a duelo.

[249] Héctor—héroe de la mitología griega, hijo de Príamo y Hécuba, reyes legendarios de Troya; gran guerrero en la defensa de Troya contra el ejército griego, fue muerto por Aquiles.

[250] dame esas plantas—déjame besarte los pies.

[251] mercedes—bondades; obsequios.

[252] **peregrino**—viajero; especialmente, el que se dirige a un lugar santo.

Octavio. Huyendo vengo el fiero desatino
de una mujer, el no pensado agravio
de un caballero que la causa ha sido
de que así a vuestros pies haya venido.

Rey. Ya, duque Octavio, sé vuestra inocencia.
Yo al rey escribiré que os **restituya**[253]
en vuestro estado, puesto que[254] el ausencia
que hicisteis algún daño os atribuya.
Yo os casaré en Sevilla con licencia
y también con perdón y gracia suya;
que puesto que Isabela un ángel sea,
mirando la que os doy, ha de ser fea.
  Comendador[255] mayor de Calatrava[256]
es Gonzalo de Ulloa, un caballero
a quien el moro por temor alaba,
que siempre es el cobarde lisonjero.
Éste tiene una hija en quien bastaba
en **dote**[257] la virtud, que considero,
después de la beldad, que es maravilla;
y es sol de las estrellas de Sevilla.
  Ésta quiero que sea vuestra esposa.

Octavio. Cuando este viaje le emprendiera
a sólo eso, mi suerte era dichosa,
sabiendo yo que vuestro gusto fuera.

Rey. Hospedaréis al duque, sin que cosa
en su regalo falte.

---

[253] **restituya**—coloque de nuevo; vuelva a poner en el sitio o cargo de antes.

[254] **puesto que**—aunque.

[255] Comendador—en algunas órdenes militares, rango superior al de caballero.

[256] Calatrava—orden militar y religiosa, fundada en el siglo XII para combatir a los moros.

[257] **dote** (f.)—bienes que lleva una mujer a su matrimonio.

Octavio. Quien espera
en vos, señor, saldrá de premios lleno.
Primero Alfonso sois, siendo el onceno.[258]

(*Vanse el* **Rey** *y* **Don Diego**, *y sale* **Ripio**.)

Ripio. ¿Qué ha sucedido?

Octavio. Que he dado
el trabajo recebido,
conforme me ha sucedido,
desde hoy por bien empleado.
　　Hablé al rey, vióme y honróme.
César con el César fui,
pues vi, peleé y vencí;
y hace que esposa tome
　　de su mano, y se prefiere
a desenojar al rey
en la fulminada[259] ley.

Ripio. Con razón en nombre adquiere
　　de generoso en Castilla.
Al fin, ¿te llegó a ofrecer
mujer?

Octavio. Sí, amigo, mujer
de Sevilla; que Sevilla
　　da, si averiguallo quieres,
porque de oíllo te asombres,
si fuertes y airosos hombres,
también gallardas mujeres.

---

[258] Primero Alfonso sois, siendo el onceno—aunque sois Alfonso Onceno, sois el primero, el mejor, de todos los Alfonsos.

[259] fulminada—dictada; impuesta; expedida.

[260] asconde—esconde.

Un manto tapado, un brío,
donde un puro sol se asconde,[260]
si no es en Sevilla, ¿adónde
se admite? El contento mío
    es tal que ya me consuela
en mi mal.

(*Salen* **Don Juan** *y* **Catalinón**.)

Catalinón. Señor, detente,
que aquí está el duque, inocente
Sagitario[261] de Isabela,
    aunque mejor le diré
Capricornio.[262]

Don Juan. Disimula.[263]

Catalinón. (*Aparte.*) (Cuando le vende le **adula**.[264])

Don Juan. Como a Nápoles dejé
    por enviarme a llamar
con tanta priesa mi rey,
y como su gusto es ley,
no tuve, Octavio, lugar[265]
    de despedirme de vos
de ningún modo.

---

[261] Sagitario—constelación zodiacal; se alude aquí al mito griego de Quirón, un centauro sabio, bondadoso e inmortal, pero, adolorido por una herida, cedió su inmortalidad a Prometeo, y murió; Zeus entonces lo convirtió en la constelación Sagitario, que se representa como un centauro con arco y flecha.

[262] Capricornio—constelación zodiacal, asociada en la mitología griega con Pan, el dios de la fertilidad, quien se representaba como mitad cabra; de ahí, la alusión al duque como cornudo.

[263] Disimula—Finge; Hazte el desentendido.

[264] **adula**—lisonjea; alaba; elogia.

[265] lugar—tiempo; oportunidad.

Octavio. Por eso,
don Juan, amigo os confieso,
que hoy nos juntamos los dos
    en Sevilla.

Don Juan. ¡Quién pensara,
duque, que en Sevilla os viera
para que en ella os sirviera
como yo lo deseaba!
¿Vos Puzol,[266] vos la ribera
dejáis? Mas aunque es lugar
Nápoles tan excelente,
por Sevilla solamente
se puede, amigo, dejar.

Octavio. Si en Nápoles os oyera,
y no en la parte que estoy,
del crédito que ahora os doy
sospecho que me riera.
    Mas llegándola a habitar,
es, por lo mucho que alcanza,
corta cualquiera alabanza
que a Sevilla queréis dar.
        ¿Quién es el que viene allí?

Don Juan. El que viene es el marqués
de la Mota. Descortés
es fuerza ser.

Octavio. Si de mí
    algo hubiereis menester,[267]
aquí espada y brazo está.

---

[266] Puzol—Pozzuoli, puerto italiano cerca de Nápoles.
[267] menester (m.)—necesidad.

Catalinón. (*Aparte.*) (Y si importa, gozará
   en su nombre otra mujer,
   que tiene buena opinión.)

Don Juan. De vos estoy satisfecho.

Catalinón. Si fuere de algún provecho,
   señores, Catalinón,
      vuarcedes[268] continuamente
   me hallarán para servillos.

Ripio. ¿Y dónde?

Catalinón. En los Pajarillos,
   tabernáculo[269] excelente.

(*Vanse* **Octavio** *y* **Ripio,** *y sale el* **Marqués de la Mota.**)

Mota. Todo hoy os ando buscando,
   y no os he podido hallar.
   ¿Vos, don Juan, en el lugar,
   y vuestro amigo penando
      en vuestra ausencia?

Don Juan. ¡Por Dios,
   amigo, que me debéis
   esa merced que me hacéis!

Catalinón. (*Aparte.*) (Como no le entreguéis vos
      moza o cosa que lo valga,
   bien podéis fiaros dél;
   que en cuanto en esto es crüel,
   tiene condición hidalga.[270])

---

[268] vuarcedes—vuestras mercedes.

[269] tabernáculo—taberna; se trata de un juego de palabras.

[270] condición hidalga—carácter de hidalgo; generoso y noble; la frase, aquí, es sarcástica.

Don Juan. ¿Qué hay de Sevilla?

Mota. Está ya
toda esta corte mudada.

Don Juan. ¿Mujeres?

Mota. Cosa juzgada.

Don Juan. ¿Inés?

Mota. A Vejel[271] se va.

Don Juan. Buen lugar para vivir
la que tan dama nació.

Mota. El tiempo la desterró
a Vejel.

Don Juan. Irá a morir.
¿Costanza?

Mota. Es lástima vella
lampiña[272] de frente y ceja.
Llámale el portugués vieja,
y ella imagina que bella.

Don Juan. Sí, que *velha* en portugués
suena vieja en castellano.
¿Y Teodora?

Mota. Este verano
se escapó del mal francés[273]

---

[271] Vejel—juego de palabras: "Vejel", pueblo cerca de Sevilla, por "vejez".

[272] lampiña—falta de pelo; con poco pelo.

[273] mal francés—sífilis; enfermedad venérea.

por un río de sudores,[274]
y está tan tierna y reciente
que anteayer me arrojó un diente
envuelto entre muchas flores.

Don Juan. ¿Julia, la del Candilejo?[275]

Mota. Ya con sus afeites[276] lucha.

Don Juan. ¿Véndese siempre por trucha?[277]   *Juego de palabras con prostitutas*

Mota. Ya se da por abadejo.[278]

Don Juan. El barrio de Cantarranas,[279]
¿tiene buena población?

Mota. Ranas[280] las más dellas son.

Don Juan. ¿Y viven las dos hermanas?

Mota. Y la mona de Tolú[281]
de su madre Celestina[282]
que les enseña dotrina.[283]

Don Juan. ¡Oh vieja de Bercebú![284]
¿Cómo la mayor está?

---

[274] río de sudores—baño caliente que hace sudar; tratamiento para la sífilis.

[275] Candilejo—una calle de Sevilla.

[276] afeites (m.)—maquillaje.

[277] trucha—cortesana; prostituta; literalmente, tipo de pez.

[278] abadejo—cortesana; prostituta; literalmente, otro tipo de pez.

[279] Cantarranas—barrio de prostíbulos; distrito frecuentado por prostitutas.

[280] Ranas—prostitutas.

[281] Tolú—puerto colombiano, famoso por sus monos, o changos.

[282] Celestina—protagonista de una conocida obra literaria española, *La Celestina*; alcahueta de oficio, su nombre llegó a ser sinónimo de las mujeres de su oficio, la alcahuetería.

[283] dotrina—doctrina; instrucción en un oficio.

[284] Bercebú—Belcebú; Lucifer; el diablo.

Mota. Blanca, sin blanca[285] ninguna.
Tiene un santo a quien ayuna.[286]

Don Juan. ¿Agora en **vigilias**[287] da?

Mota. Es firme y santa mujer.

Don Juan. ¿Y esotra?

Mota. Mejor principio
tiene; no desecha ripio.[288]

Don Juan. Buen albañir[289] quiere ser.
Marqués, ¿qué hay de perros muertos?[290]

Mota. Yo y don Pedro de Esquivel
dimos anoche un cruel,
y esta noche tengo ciertos
otros dos.

Don Juan. Iré con vos,
que también recorreré
cierto nido que dejé
en güevos para los dos.
¿Qué hay de terrero?[291]

---

[285] blanca—moneda antigua.

[286] Tiene un santo a quien ayuna—Tiene un novio que no la mantiene.

[287] **vigilias**—días de vigilia; días en que los católicos se abstienen de comer carne.

[288] no desecha ripio—no descarta residuo; no pierde ocasión.

[289] albañir—albañil; obrero que emplea piedra o ladrillos en la construcción de edificios.

[290] perros muertos—engaños que consistían en abusar de las prostitutas, dejándolas sin pago.

[291] terrero—espacio vacío delante de un edificio; terreno donde los galanes cortejan a las mujeres.

Mota. No muero
en terrero, que en-terrado
me tiene mayor cuidado.

Don Juan. ¿Cómo?

Mota. Un imposible quiero.

Don Juan. Pues ¿no os corresponde?

Mota. Sí,
me favorece y estima.

Don Juan. ¿Quién es?

Mota. Doña Ana, mi prima,   *Irónica*
que es recién llegada aquí.

Don Juan. Pues ¿dónde ha estado?

Mota. En Lisboa,
con su padre en la embajada.

Don Juan. ¿Es hermosa?

Mota. Es extremada,
porque en doña Ana de Ulloa
se extremó naturaleza.

Don Juan. ¿Tan bella es esa mujer?
¡Vive Dios que la he de ver!

Mota. Veréis la mayor belleza
que los ojos del rey ven.

Don Juan. Casaos, pues es extremada.

Ironía **Mota.** El rey la tiene casada,
y no se sabe con quién.

Don Juan. ¿No os favorece?

Mota. Y me escribe.

Catalinón. (*Aparte.*) (No prosigas, que te engaña
el gran burlador de España.)

Don Juan. Quien tan satisfecho vive
de su amor, ¿desdichas teme?
Sacalda, solicitalda,
escribilda y engañalda,
y el mundo se abrase y queme.

Mota. Agora estoy aguardando
la postrer[292] resolución.

Don Juan. Pues no perdáis la ocasión,
aquí os estoy aguardando.

Mota. Ya vuelvo.

(*Vanse el* **Marqués** *y el* **Criado**.)

Catalinón. Señor Cuadrado,[293]
o señor Redondo, adiós.

---

[292] postrer—última.
[293] Señor Cuadrado o señor Redondo—Señor Gordo.

Criado. Adiós.

Don Juan. Pues solos los dos,
  amigo, habemos[294] quedado,
   síguele el paso al marqués,
  que en el palacio se entró.

(*Vase* **Catalinón.**)
(*Habla por una reja una* **Mujer.**)

Mujer. Ce,[295] ¿a quién digo?

Don Juan. ¿Quién llamó?

Mujer. Pues sois prudente y cortés
   y su amigo, dalde luego
  al marqués este papel.
  Mirad que consiste en él
  de una señora el sosiego.

Don Juan. Digo que se lo daré;
  soy su amigo y caballero.

Mujer. Basta, señor forastero.
  Adiós. (*Vase.*)

Don Juan. Ya la voz se fue.
  ¿No parece encantamento
  esto que agora ha pasado?
  A mí el papel ha llegado
  por la estafeta[296] del viento.
   Sin duda que es de la dama
  que el marqués me ha encarecido;[297]

---

[294] habemos—hemos.

[295] Ce—interjección con que se pide atención a una persona.

[296] estafeta—correo.

[297] encarecido—alabado; recomendado.

venturoso en esto he sido.
Sevilla a voces me llama
el Burlador, y el mayor
gusto que en mí puede haber
es burlar una mujer
y dejalla sin honor.

¡Vive Dios, que le he de abrir,
pues salí de la plazuela!
Mas, ¿si hubiese otra cautela?
Gana me da de reír.

Ya está abierto el tal papel,
y que es suyo es cosa llana,
porque aquí firma doña Ana.
Dice así: «Mi padre infiel
en secreto me ha casado
sin poderme resistir;
no sé si podré vivir,
porque la muerte me ha dado.

Si estimas, como es razón,
mi amor y mi voluntad,
y si tu amor fue verdad,
muéstralo en esta ocasión.

Porque veas que te estimo,
ven esta noche a la puerta,
que estará a las once abierta,
donde tu esperanza, primo,
goces, y el fin de tu amor.
Traerás, mi gloria, por señas
de Leonorilla[298] y las dueñas,
una capa de color.

Mi amor todo de ti fío,
y adiós.» —¡Desdichado amante!
¿Hay suceso semejante?
Ya de la burla me río.

---

[298] Leonorilla—sirvienta de doña Ana.

Gozaréla, ¡vive Dios!,
con el engaño y cautela
que en Nápoles a Isabela.

(*Sale* **Catalinón.**)

Catalinón. Ya el marqués viene.

Don Juan. Los dos
aquesta noche tenemos que hacer.

Catalinón. ¿Hay engaño nuevo?

Don Juan. Extremado.

Catalinón. No lo apruebo.
Tú pretendes que escapemos
una vez, señor, burlados;
que el que vive de burlar
burlado habrá de escapar,
pagando tantos pecados
de una vez.

Don Juan. ¿Predicador[299]
te vuelves, impertinente?

Catalinón. La razón hace al valiente.

Don Juan. Y al cobarde hace el temor.
El que se pone a servir
voluntad no ha de tener,
y todo ha de ser hacer,
y nada ha de ser decir.

---

[299] Predicador—orador que pronuncia sermones.

Sirviendo, jugando estás,
y si quieres ganar luego,
haz siempre, porque en el juego
quien más hace gana más.

Catalinón. Y también quien hace y dice
pierde por la mayor parte.

Don Juan. Esta vez quiero avisarte,
porque otra vez no te avise.

Catalinón. Digo que de aquí adelante
lo que me mandas haré,
y a tu lado forzaré
un tigre y un elefante.
Guárdese de mí un prior;[300]
que si me mandas que calle
y le fuerce, he de forzalle
sin réplica, mi señor.

Don Juan. Calla, que viene el marqués.

Catalinón. Pues, ¿ha de ser el forzado?

(*Sale el* **Marqués de la Mota**.)

Don Juan. Para vos, marqués, me han dado
un recaudo[301] harto cortés
por esa reja, sin ver
el que me lo daba allí;
sólo en la voz conocí
que me lo daba mujer.

---

[300] prior (m.)—prelado; superior de un convento.
[301] recaudo—recado; mensaje.

Dícete al fin que a las doce
vayas secreto a la puerta,
(que estará a las once abierta),
donde tu esperanza goce
    la posesión de tu amor;
y que llevases por señas
de Leonorilla y las dueñas
una capa de color.

Mota. ¿Qué dices?

Don Juan. Que este recaudo
de una ventana me dieron,
sin ver quién.

Mota. Con él pusieron
sosiego en tanto cuidado.
    ¡Ay, amigo! Sólo en ti
mi esperanza renaciera.
Dame esos pies.

Don Juan. Considera
que no está tu prima en mí.
    Eres tú quien ha de ser
quien la tiene de gozar,
¿y me llegas a abrazar
los pies?

Mota. Es tal el placer,
    que me ha sacado de mí.
¡Oh, sol, apresura el paso!

Don Juan. Ya el sol camina al **ocaso.**[302]

---

[302] **ocaso**—puesta del sol; anochecer.

Mota. Vamos, amigos, de aquí,
      y de noche nos pondremos.
  ¡Loco voy!

Don Juan. (*Aparte.*) (Bien se conoce;
  mas yo bien sé que a las doce
  harás mayores extremos.)

Mota. ¡Ay, prima del alma, prima,
  que quieres premiar[303] mi fe!

Catalinón. (*Aparte.*) (¡Vive Cristo, que no dé
  una blanca por su prima!)

(*Vase el* **Marqués** *y sale* **Don Diego.**)

Don Diego. ¿Don Juan?

Catalinón. Tu padre te llama.

Don Juan. ¿Qué manda vueseñoría?[304]

Don Diego. Verte más cuerdo quería,
  más bueno y con mejor fama.
      ¿Es posible que procuras[305]
  todas las horas mi muerte?

Don Juan. ¿Por qué vienes desa suerte?

Don Diego. Por tu trato y tus locuras.
      Al fin el rey me ha mandado
  que te eche de la ciudad,
  porque está de una maldad
  con justa causa indignado.

---

[303] premiar—remunerar; galardonar; compensar.

[304] vueseñoría—vuestra señoría; título de respeto.

[305] procuras—buscas; solicitas.

Que, aunque me lo has encubierto,
ya en Sevilla el rey lo sabe,
cuyo[306] delito es tan grave
que a decírtelo no acierto.
  ¿En el palacio real
traición, y con un amigo?
Traidor, Dios te dé el castigo
que pide delito igual.
  Mira que, aunque al parecer
Dios te consiente y aguarda,
su castigo no se tarda,
y que castigo ha de haber
  para los que profanáis
su nombre, que es jüez fuerte
Dios en la muerte.

Don Juan. ¿En la muerte?
 ¿Tan largo me lo fiáis?
  De aquí allá hay gran jornada.

Don Diego. Breve te ha de parecer.

Don Juan. Y la que tengo de hacer,
pues a su alteza le agrada,
  agora, ¿es larga también?

Don Diego. Hasta que el injusto agravio
satisfaga el duque Octavio,
y **apaciguados**[307] estén
  en Nápoles de Isabela
los sucesos que has causado,
  en Lebrija retirado
por tu traición y cautela,

---

[306] cuyo—el cual.

[307] **apaciguados**—calmados; tranquilizados.

quiere el rey que estés agora,
pena a tu maldad ligera.

Catalinón. (*Aparte.*) (Si el caso también supiera
de la pobre pescadora,
más se enojara el buen viejo.)

Don Diego. Pues no te vence castigo
con cuanto hago y cuanto digo,
a Dios tu castigo dejo. (*Vase.*)

Catalinón. Fuése el viejo enternecido.[308]

Don Juan. Luego las lágrimas copia,[309]
condición de viejo propia.
Vamos, pues ha anochecido,
a buscar al marqués.

Catalinón. Vamos,
y al fin gozarás su dama.

Don Juan. Ha de ser burla de fama.

Catalinón. Ruego al cielo que salgamos
della en paz.

Don Juan. ¡Catalinón
en fin!

Catalinón. Y tú, señor, eres
langosta[310] de las mujeres,
y con público pregón,[311]

---

[308] enternecido—emocionado.

[309] copia—acopia; reúne; acumula.

[310] langosta—plaga; peste.

[311] pregón (m.)—aviso a voces; anuncio público.

porque de ti se guardara
cuando a noticia viniera
de la que doncella[312] fuera,
fuera bien se pregonara:
    «Guárdense todos de un hombre
que a las mujeres engaña,
y es el burlador de España.»

Don Juan. Tú me has dado gentil[313] nombre.

(*Sale el* **Marqués**, *de noche, con* **Músicos**, *y pasea
el tablado, y se entran cantando.*)

Músicos. *El que un bien gozar espera,*   *Canción*
    cuanto espera, desespera.

Don Juan. ¿Qué es esto?

Catalinón. Música es.

Mota. Parece que habla conmigo
    el poeta. —¿Quién va?

Don Juan. Amigo.

Mota. ¿Es don Juan?

Don Juan. ¿Es el marqués?

Mota. ¿Quién puede ser sino yo?

---

[312] doncella—señorita.

[313] gentil—brioso o galán; pero también notable o descomunal, cuando se
dice con ironía.

Don Juan. Luego que la capa vi,
que érades[314] vos conocí.

Mota. Cantad, pues don Juan llegó.

Músicos. (*Cantan.*) *El que un bien gozar espera,*
cuanto espera, desespera.

Don Juan. ¿Qué casa es la que miráis?

Mota. De don Gonzalo de Ulloa.

Don Juan. ¿Dónde iremos?

Mota. A Lisboa.

Don Juan. ¿Cómo, si en Sevilla estáis?

Mota. Pues ¿aqueso os maravilla?
¿No vive, con gusto igual,
lo peor de Portugal
en lo mejor de Castilla?

Don Juan. ¿Dónde viven?

Mota. En la calle
de la Sierpe, donde ves
a Adán[315] vuelto en portugués; [316]
que en aqueste amargo valle
con bocados[317] solicitan
Mil Evas que, aunque dorados,

---

[314] érades—erais.

[315] Adán—cualquier hombre.

[316] portugués—amoroso, como los portugueses.

[317] bocados—porciones de la fruta prohibida; las mujeres que se ofrecen por dinero.

en efeto, son bocados
con que el dinero nos quitan.

Catalinón. Ir de noche no quisiera
por esa calle cruel,
pues lo que de día es miel
entonces lo dan en cera.[318]
Una noche, por mi mal,
la vi sobre mí **vertida**,[319]
y hallé que era corrompida
la cera de Portugal.

Don Juan. Mientras a la calle vais,
yo dar un perro[320] quisiera.

Mota. Pues cerca de aquí me espera
un **bravo**.[321]

Don Juan. Si me dejáis,
señor marqués, vos veréis
cómo de mí no se escapa.

Mota. Vamos, y poneos mi capa,
para que mejor lo deis.

Don Juan. Bien habéis dicho. Venid,
y me enseñaréis la casa.

Mota. Mientras el suceso pasa,
la voz y el habla fingid.
¿Veis aquella celosía?[322]

---

[318] cera—excremento y otros desperdicios que se arrojaban a la calle.

[319] **vertida**—vaciada; tirada.

[320] perro—perro muerto; véase la nota Nº. 290, página 66.

[321] **bravo**—valentón; matón.

[322] celosía—enrejado que se pone en las ventanas.

Don Juan. Ya la veo.

Mota. Pues llegad
 y decid: «Beatriz», y entrad.

Don Juan. ¿Qué mujer?[323]

Mota. Rosada y fría.

Catalinón. Será mujer cantimplora.[324]

Mota. En Gradas[325] os aguardamos.

Don Juan. Adiós, marqués.

Catalinón. ¿Dónde vamos?

Don Juan. Calla, necio, calla agora;
 adonde la burla mía
  ejecute.

Catalinón. No se escapa
 nadie de ti.

Don Juan. El **trueque**[326] adoro.

Catalinón. Echaste la capa al toro.[327]

Don Juan. No, el toro me echó la capa.[328]

---

[323] ¿Qué mujer?—¿Qué clase de mujer?

[324] cantimplora—vasija para enfriar agua, de barro rosado.

[325] Gradas—acera elevada delante de la catedral de Sevilla.

[326] **trueque**—cambio; acto de trocar una cosa por otra.

[327] Echaste la capa al toro—Te lo arriesgaste todo.

[328] el toro me echó la capa—el cornudo (el marqués) me ayudó, prestándome su capa.

(*Vanse* **Don Juan** *y* **Catalinón**.)

Mota. La mujer ha de pensar
que soy él.

Músicos. ¡Qué gentil perro!

Mota. Esto es acertar por yerro.

Músicos. Todo este mundo es errar.
(*Cantan.*) *El que un bien gozar espera,*
cuanto espera, desespera.

(*Vanse, y dice* **Doña Ana** *dentro:*)

Ana. ¡Falso, no eres el marqués;
que me has engañado!

Don Juan. (*Dentro.*) Digo
que lo soy.

Ana. (*Dentro.*) ¡Fiero enemigo,
mientes, mientes!

(*Sale* **Don Gonzalo** *con la espada desnuda.*)

Don Gonzalo. La voz es
de doña Ana la que siento.

Ana. (*Dentro.*) ¿No hay quien mate este traidor,
homicida[329] de mi honor?

---

[329] **homicida**—asesino.

Don Gonzalo. ¿Hay tan grande atrevimiento?
   Muerto honor, dijo; ¡ay de mí!,
   y es su lengua tan liviana
   que aquí sirve de campana.

Ana. (*Dentro.*) Matalde.

(*Salen* **Don Juan** *y* **Catalinón**, *con las espadas desnudas.*)

Don Juan. ¿Quién está aquí?

Don Gonzalo. La barbacana[330] caída
   de la torre de mi honor
   echaste en tierra, traidor,
   donde era alcaide[331] la vida.

Don Juan. Déjame pasar.

Don Gonzalo. ¿Pasar?
   Por la punta desta espada.

Don Juan. Morirás.

Don Gonzalo. No importa nada.

Don Juan. Mira que te he de matar.

Don Gonzalo. ¡Muere, traidor!

Don Juan. Desta suerte
   muero.

---

[330] barbacana—construcción militar avanzada, para la defensa de un castillo.
[331] alcaide (m.)—el encargado de una fortaleza.

Catalinón. Si escapo de aquesta,
no más burlas, no más fiesta.

Don Gonzalo. ¡Ay, que me has dado la muerte!

Don Juan. Tú la vida te quitaste.

Don Gonzalo. ¿De qué la vida servía?

Don Juan. Huyamos.

(*Vanse* **Don Juan** *y* **Catalinón**.)

Don Gonzalo. La sangre fría
con el furor aumentaste.
Muerto soy; no hay bien que aguarde.
Seguiráte mi furor . . .
que es traidor, y el que es traidor
es traidor porque es cobarde.

(*Entran muerto a* **Don Gonzalo**, *y salen el* **Marqués de
la Mota** *y* **Músicos**.)

Mota. Presto las doce darán,
y mucho don Juan se tarda;
¡fiera prisión del que aguarda!

(*Salen* **Don Juan** *y* **Catalinón**.)

Don Juan. ¿Es el marqués?

Mota. ¿Es don Juan?

Don Juan. Yo soy; tomad vuestra capa.

Mota. ¿Y el perro?

Don Juan. Funesto[332] ha sido.
   Al fin, marqués, muerto ha habido.

Catalinón. Señor, del muerto te escapa.[333]

Mota. ¿Burlaste, amigo? ¿Qué haré?

Catalinón. (*Aparte.*) (También vos sois el burlado.)

Don Juan. Cara la burla ha costado.

Mota. Yo, don Juan, lo pagaré,
      porque estará la mujer
   quejosa de mí.

Don Juan. Las doce
   darán.

Mota. Como[334] mi bien goce,
   nunca llegue a amanecer.

Don Juan. Adiós, marqués.

Catalinón. Muy buen lance[335]
   el desdichado hallará.

Don Juan. Huyamos.

Catalinón. Señor, no habrá
   aguilita que me alcance. (*Vanse.*)

---

[332] Funesto—aciago; triste.
[333] te escapa—escápate.
[334] Como—con tal que.
[335] lance (m.)—suceso notable; ocasión crítica.

Mota. Vosotros os podéis ir
todos a casa, que yo
he de ir solo.

Criados. Dios crió
las noches para dormir.

(*Vanse, y queda el* **Marqués de la Mota.**)

    (*Dentro.*) ¿Vióse desdicha mayor,
      y vióse mayor desgracia?

Mota. ¡Válgame Dios! Voces siento
en la plaza del Alcázar.
¿Qué puede ser a estas horas?
Un yelo el pecho me arraiga.
Desde aquí parece todo
una Troya que se abrasa,
porque tantas luces juntas
hacen gigantes de llamas.
Un grande escuadrón de hachas[336]
se acerca a mí. ¿Por qué anda
el fuego **emulando**[337] estrellas,
dividiéndose en escuadras?
Quiero saber la ocasión.

(*Salen* **Don Diego Tenorio** *y la* **Guarda** *con hachas.*)

Don Diego. ¿Qué gente?

Mota. Gente que aguarda
saber de aqueste rüido
el alboroto y la causa.

---

[336] hachas—mechas encendidas.
[337] **emulando**—imitando.

Don Diego. Prendeldo.

Mota. ¿Prenderme a mí?

Don Diego. Volved la espada a la vaina,
que la mayor valentía
es no tratar de las armas.

Mota. ¿Cómo al marqués de la Mota
hablan ansí?

Don Diego. Dad la espada,
que el rey os manda prender.

Mota. ¡Vive Dios!

(*Salen el* **Rey** *y* **Acompañamiento.**)

Rey. En toda España
no ha de caber, ni tampoco
en Italia, si va a Italia.

Don Diego. Señor, aquí está el marqués.

Mota. ¿Vuestra alteza a mí me manda
prender?

Rey. Llevalde y ponelde
la cabeza en una escarpia.[338]
—¿En mi presencia te pones?

Mota. ¡Ah, glorias de amor tiranas,
siempre en el pasar ligeras,
como en el vivir pesadas!

---

[338] escarpia—clavo con cabeza acodillada, o sea, en forma de L.

Bien dijo un sabio que había
entre la boca y la taza
peligro;[339] mas el enojo
del rey me **admira**[340] y espanta.
No sé por lo que voy preso.

Don Diego. ¿Quién mejor sabrá la causa
que vueseñoría?

Mota. ¿Yo?

Don Diego. Vamos.

Mota. Confusión extraña.

Rey. Fulmínesele el proceso[341]
al marqués luego, y mañana
le cortarán la cabeza.
Y al comendador, con cuanta
solenidad y grandeza
se da a las personas sacras
y reales, el entierro
se haga; en bronce y piedras varias
un sepulcro con un bulto[342]
le ofrezcan, donde en mosaicas
labores, góticas letras
den lenguas a sus venganzas.
Y entierro, bulto y sepulcro
quiero que a mi costa se haga.
—¿Dónde doña Ana se fue?

---

[339] entre la boca y la taza peligro—el peligro surge cuando uno menos lo
espera; la forma más frecuente de este refrán es: "entre el plato y la boca,
se pierde la sopa".

[340] **admira**—asombra.

[341] Fulmínesele el proceso—Que se dé la orden para su juicio.

[342] bulto—busto o estatua.

Don Diego. Fuése al sagrado, doña Ana,
de mi señora la reina.

Rey. Ha de sentir esta falta
Castilla; tal capitán
ha de llorar Calatrava. (*Vanse todos.*)

(*Salen* **Batricio**, *desposado con* **Aminta**; **Gaseno**, *viejo;*
Belisa; *y* **Pastores** *músicos.*)

Canción

(*Cantan.*) *Lindo sale el sol de abril*
con trébol[343] *y torongil,*[344]
      y aunque le sirva de estrella,
Aminta sale más bella.

Batricio. Sobre esta alfombra florida,
adonde en campos de escarcha
el sol sin aliento marcha
con su luz recién nacida,
os sentad,[345] pues nos convida
al tálamo el sitio hermoso.

Aminta. Cantalde a mi dulce esposo
favores **de mil en mil**.[346]

(*Cantan.*) *Lindo sale el sol de abril*
con trébol y torongil;
      y aunque le sirva de estrella,
Aminta sale más bella.

---

[343] *trébol* (m.)—planta con hojas de tres en tres, y flores blancas o moradas.
[344] *torongil* (m.)—toronjil; planta cuyas hojas se usan como remedio tónico.
[345] **os sentad**—sentaos.
[346] **de mil en mil**—en grupos de mil cada uno.

Gaseno. Muy bien lo habéis solfeado;[347]
no hay más sones en los kiries.[348]

Batricio. Cuando con sus labios tiries[349]
vuelve en púrpura los labios
saldrán, aunque vergonzosos,
afrentando el sol de abril.

Aminta. Batricio, yo lo agradezco;
falso y lisonjero estás;
mas si tus rayos me das,
por ti ser luna merezco.
Tú eres el sol por quien crezco
después de salir **menguante**,[350]
para que el alba[351] te cante
la salva[352] en tono sutil.

(*Cantan.*) *Lindo sale el sol de abril*
con trébol y torongil.

(*Sale* **Catalinón**, *de camino.*)

Catalinón. Señores, el desposorio[353]
huéspedes ha de tener.

Gaseno. A todo el mundo ha de ser
este contento notorio.
¿Quién viene?

---

[347] solfeado—cantado.

[348] kiries (m.)—kirieleisón, invocación con que se llama a Dios al principio de la misa, pidiéndole misericordia.

[349] tiries—tirios, de Tiro, ciudad de Fenicia; se refiere al color de los labios.

[350] **menguante**—reducida; se refiere a esa fase de la luna.

[351] alba—aurora; amanecer.

[352] salva—saludo; bienvenida.

[353] desposorio—boda.

Catalinón. Don Juan Tenorio.

Gaseno. ¿El viejo?

Catalinón. No ese don Juan.

Belisa. Será su hijo galán.

Batricio. (*Aparte.*) (Téngolo por mal **agüero**,[354]
   que galán y caballero
   quitan gusto y celos dan.)
      Pues ¿quién noticia les dio
   de mis bodas?

Catalinón. De camino
   pasa a Lebrija.

Batricio. Imagino
   que el demonio le envió;
   mas ¿de qué me aflijo[355] yo?
   Vengan a mis dulces bodas
   del mundo las gentes todas.
   Mas, con todo, un caballero
   en mis bodas, ¡mal agüero!

Gaseno. Venga el Coloso de Rodas,[356]
   venga el Papa, el Preste Juan[357]
   y don Alonso el Onceno
   con su corte; que en Gaseno
   ánimo y valor verán.
      Montes en casa hay de pan,

---

[354] **agüero**—señal; indicio; presagio.

[355] me aflijo—me preocupo; me pongo triste.

[356] Coloso de Rodas—gigantesca estatua de bronce, de más de 100 pies de altura, en la bahía de Rodas, isla griega; una de las siete maravillas de la Antigüedad.

[357] Preste Juan—personaje mítico medieval, que gobernaba un supuesto reino cristiano situado en Asia o tal vez en Etiopía, en África.

Guadalquivides[358] de vino,
Babilonias de tocino,[359]
y entre ejércitos cobardes
de aves, para que las lardes,[360]
el pollo y el palomino.
    Venga tan gran caballero
a ser hoy en Dos Hermanas
honra destas viejas canas.

Belisa. El hijo del camarero mayor . . .

Batricio. (*Aparte.*) (Todo es mal agüero
para mí, pues le han de dar
junto a mi esposa lugar.
Aún no gozo, y ya los cielos
me están condenando a celos.
Amor, sufrir y callar.)

(*Sale* **Don Juan Tenorio.**)

Don Juan. Pasando acaso he sabido
que hay bodas en el lugar
y dellas quise gozar,
pues tan venturoso he sido.

Gaseno. Vueseñoría ha venido
a honrallas y engrandecellas.

Batricio. (*Aparte.*) (Yo, que soy el dueño dellas,
digo entre mí que vengáis
en hora mala.)

---

[358] Guadalquivides—Guadalquivires; el Guadalquivir es el río que atraviesa
Sevilla; por lo tanto, "Guadalquivides de vino" equivale a "ríos de vino"; nótese
también el juego de palabras: "vid", la planta que da la uva.

[359] Babilonias de tocino—torres de tocino; la Babilonia antigua era una ciudad
opulenta, con edificios altos para aquella época.

[360] lardes—lardees; untes con lardo o grasa.

Gaseno. ¿No dais
   lugar a este caballero?

Don Juan. Con vuestra licencia quiero
   sentarme aquí. (*Siéntase junto a la novia.*)

Batricio. Si os sentáis
      delante de mí, señor,
   seréis de aquesa manera
   el novio.

Don Juan. Cuando lo fuera,[361]
   no escogiera lo peor.

Gaseno. ¡Que es el novio!

Don Juan. De mi error
   y ignorancia perdón pido.

Catalinón. (*Aparte.*) (¡Desventurado marido!)

Don Juan. (*Aparte.*) (Corrido[362] está.)

Catalinón. (*Aparte.*) (No lo ignoro;
   mas si tiene de ser toro,
   ¿qué mucho que esté corrido?
   No daré por su mujer
   ni por su honor un cornado.[363])

---

[361] Cuando lo fuera—si lo fuera.

[362] Corrido—avergonzado.

[363] cornado—moneda antigua de cobre; juego de palabras con "cornudo",
hombre cuya esposa le es infiel.

¡Desdichado tú, que has dado
en manos de Lucifer![364])

Don Juan. ¿Posible es que vengo a ser,
señora, tan venturoso?
Envidia tengo al esposo.

Aminta. Parecéisme lisonjero.

Batricio. Bien dije que es mal agüero
en bodas un poderoso.

Gaseno. Ea, vamos a almorzar,
porque pueda descansar
un rato su señoría.
(*Tómale* **Don Juan** *la mano a la novia.*)

Don Juan. ¿Por qué la escondéis?

Aminta. Es mía.

Gaseno. Vamos.

Belisa. Volved a cantar.

Don Juan. ¿Qué dices tú?

Catalinón. ¿Yo? Que temo
muerte vil destos villanos.

Don Juan. Buenos ojos, blancas manos,
en ellos me abraso y quemo.

---

[364] Lucifer—el diablo.

Catalinón. ¡Almagrar[365] y echar a extremo![366]
Con ésta cuatro serán.

Don Juan. Ven, que mirándome están.

Batricio. ¿En mis bodas caballero?
¡Mal agüero!

Gaseno. Cantad.

Batricio. Muero.

Catalinón. Canten, que ellos llorarán.

(Vanse todos, con que da fin el Segundo Acto.)

---

[365] Almagrar—teñir de almagre, óxido rojo de hierro; también, señalar o infamar con alguna marca; y, entre rufianes, herir o lastimar de suerte que corra sangre; eufemismo por desflorar.

[366] echar a extremo—mandar el ganado a su invernadero; equivale aquí a "descartar", "abandonar", después de "almagrar".

Acto tercero

(*Sale* **Batricio**, *pensativo*.)

Batricio. Celos, reloj de cuidados,
que a todas las horas dais
tormentos con que matáis,
aunque dais desconcertados;[367]
    celos, del vivir desprecios,
con que ignorancias hacéis,
pues todo lo que tenéis
de ricos, tenéis de necios,
    dejadme de atormentar,
pues es cosa tan sabida
que, cuando amor me da vida,
la muerte me queréis dar.
    ¿Qué me queréis, caballero,
que me atormentáis ansí?
Bien dije cuando le vi
en mis bodas, «¡Mal agüero!»
    ¿No es bueno que se sentó
a cenar con mi mujer,
y a mí en el plato meter
la mano no me dejó?
    Pues cada vez que quería
metella la desviaba,
diciendo a cuanto tomaba,
    «¡Grosería, grosería!»
    Pues llegándome a quejar
a algunos, me respondían

Batricio = labrador

---

[367] desconcertados—sin concierto ni orden; los tormentos vienen a cualquier hora.

y con risa me decían:
«No tenéis de qué os quejar;
      eso no es cosa que importe;
no tenéis de qué temer;
callad, que debe de ser
uso de allá de la corte.»
      ¡Buen uso, trato extremado!
¡Más no se usara en Sodoma![368]
Que otro con la novia coma,
y que ayune el desposado!
      Pues el otro bellacón[369]
a cuanto comer quería,
«¿Esto no come?», decía;
«No tenéis, señor, razón»;
      y de delante al momento
me lo quitaba. Corrido
estó;[370] bien sé yo que ha sido
culebra[371] y no casamiento.
      Ya no se puede sufrir
ni entre cristianos pasar;
y acabando de cenar
con los dos, ¿mas que a dormir
      se ha de ir también, si **porfía**,[372]
con nosotros, y ha de ser,
el llegar yo a mi mujer,
«Grosería, grosería»?
      Ya viene, no me resisto.
Aquí me quiero esconder;
pero ya no puede ser,
que imagino que me ha visto.

---

[368] Sodoma—antigua ciudad de Palestina, tan corrompida que Dios la destruyó.

[369] bellacón—gran bellaco; hombre ruin.

[370] estó—estoy.

[371] culebra—bronca en una reunión; tomadura de pelo o broma pesada, especialmente a un novato.

[372] **porfía**—insiste.

(*Sale* **Don Juan Tenorio**.)

Don Juan. Batricio . . .

Batricio. Su señoría,
 ¿qué manda?

Don Juan. Haceros saber . . .

Batricio. (*Aparte.*) (¿Mas que ha de venir a ser
 alguna desdicha mía?)

Don Juan. que ha[373] muchos días, Batricio,
 que a Aminta el alma le di, y he gozado . . .

Batricio. ¿Su honor?

Don Juan. Sí.

Batricio. (*Aparte.*) (Manifiesto y claro indicio
  de lo que he llegado a ver;
 que si bien no le quisiera,
 nunca a su casa viniera.
 Al fin, al fin es mujer.)

Don Juan. Al fin, Aminta, celosa,
 o quizá desesperada
 de verse de mí olvidada
 y de ajeno dueño esposa,
  esta carta me escribió
 enviándome a llamar,
 y yo prometí gozar
 lo que el alma prometió.

---

[373] ha—hace.

Esto pasa de esta suerte.
Dad a vuestra vida un medio;
que le daré sin remedio
a quien lo impida, la muerte.

Batricio. Si tú en mi elección lo pones,
tu gusto pretendo hacer,
que el _honor_ y la mujer
son malos en opiniones.[374]
La mujer en opinión
siempre más pierde que gana,
que son como la campana,
que se estima por el son.
Y así es cosa averiguada
que opinión viene a perder
cuando cualquiera mujer
suena a campana quebrada.
No quiero, pues me reduces
el bien que mi amor ordena,
mujer entre mala y buena,
que es moneda entre dos luces.[375]
Gózala, señor, mil años;
que yo quiero resistir
desengaños y morir,
y no vivir con engaños. (_Vase._)

Don Juan. Con el honor le vencí,
porque siempre los villanos
tienen su honor en las manos,
y siempre miran por sí.
Que por tantas falsedades
es bien que se entienda y crea
que el honor se fue al aldea,[376]
huyendo de las ciudades.

---

[374] opiniones—reputación; fama pública.

[375] entre dos luces—de valor dudoso.

[376] al aldea—a la aldea.

Pero antes de hacer el daño
le pretendo reparar;
a su padre voy a hablar
para autorizar mi engaño.
    Bien lo supe negociar;
gozarla esta noche espero.
La noche camina, y quiero
su viejo padre llamar.
    Estrellas que me **alumbráis**,[377]
dadme en este engaño suerte,
si el **galardón**[378] en la muerte
tan largo me lo guardáis. (*Vase.*)

(*Salen* **Aminta** *y* **Belisa**.)

Belisa. Mira que vendrá tu esposo;
    entra a desnudarte, Aminta.

Aminta. De estas infelices bodas
    no sé qué siento, Belisa.
    Todo hoy mi Batricio ha estado
    bañado en melancolía,
    todo en confusión y celos.
    ¡Mirad qué grande desdicha!
    Di, ¿qué caballero es éste
    que de mi esposo me priva?
        La desvergüenza en España
    se ha hecho caballería.
    Déjame, que estoy sin seso;[379]
    déjame, que estoy corrida.
    ¡Mal hubiese el caballero
    que mis contentos me priva!

---

[377] **alumbráis**—dais luz.

[378] **galardón** (m.)—premio; remuneración; pago.

[379] seso—cerebro; juicio; sensatez.

Belisa. Calla, que pienso que viene;
que nadie en la casa pisa
de un desposado, tan recio.

Aminta. Queda adiós, Belisa mía.

Belisa. Desenójale en los brazos.

Aminta. ¡Plega a los cielos que sirvan
mis suspiros de **requiebros**,[380]
mis lágrimas de caricias! (*Vanse.*)

(*Salen* **Don Juan, Catalinón** *y* **Gaseno.**)

Don Juan. Gaseno, quedad con Dios.

Gaseno. Acompañaros querría,
por dalle de esta ventura
el parabién[381] a mi hija.

Don Juan. Tiempo mañana nos queda.

Gaseno. Bien decís; el alma mía
en la muchacha os ofrezco. (*Vase.*)

Don Juan. Mi esposa, decid. —Ensilla,
Catalinón.

Catalinón. ¿Para cuándo?

Don Juan.
Para el alba; que de risa
muerta, ha de salir mañana
de este engaño.

---

[380] **requiebros**—piropos.

[381] parabién (m.)—felicitación; buenos deseos.

Catalinón. Allá en Lebrija,
señor, nos está aguardando
otra boda. Por tu vida,
que despaches[382] presto en ésta.

Don Juan. La burla más escogida
de todas ha de ser ésta.

Catalinón. Que saliésemos querría
de todas bien.

Don Juan. Si es mi padre
el dueño de la justicia,
y es la privanza[383] del rey,
¿qué temes?

Catalinón. De los que privan
suele Dios tomar venganza,   *Amenaza #6?*
si **delitos**[384] no castigan;
y se suelen en el juego
perder también los que miran.
Yo he sido mirón[385] del tuyo,
y por mirón no querría
que me cogiese algún rayo
y me trocase[386] en ceniza.

Don Juan. Vete, ensilla; que mañana
he de dormir en Sevilla.

Catalinón. ¿En Sevilla?

Don Juan. Sí.

---

[382] despaches—concluyas.

[383] es la privanza—goza más que ningún otro del favor y de la confianza.

[384] **delitos**—infracciones penales; actos ilegales.

[385] mirón—observador; testigo; cómplice.

[386] trocase—cambiase; convirtiese.

Catalinón. ¿Qué dices?
Mira lo que has hecho, y mira
que hasta la muerte, señor,
es corta la mayor vida,
y que hay tras la muerte infierno.

Don Juan. Si tan largo me lo fías,
vengan engaños.

Catalinón. Señor . . .

Don Juan. Vete, que ya me amohínas[387]
con tus temores extraños.

Catalinón. Fuerza al turco, fuerza al scita,[388]
al persa, y al garamante,[389]
al gallego, al troglodita,[390]
al alemán y al japón,[391]
al sastre con la agujita
de oro en la mano, imitando
contino[392] a la *Blanca niña*.[393] (*Vase.*)

Don Juan. La noche en negro silencio
se extiende, y ya las cabrillas[394]
entre racimos de estrellas
el polo más alto pisan.
Yo quiero poner mi engaño

---

[387] amohínas—molestas.

[388] scita (m.)—escita; habitante de Escitia, una región de Asia al norte del mar Negro.

[389] garamante (m.)—habitante de la Libia, en el norte de África.

[390] troglodita (m.)—miembro de un pueblo que vive en cuevas.

[391] japón (m.)—japonés.

[392] contino—de continuo.

[393] *Blanca niña*—título de una canción popular, de una niña que bordaba.

[394] cabrillas—las siete estrellas más importantes de la constelación de las Pléyades; su posición en el cielo indica que se hace tarde.

por obra.[395] El amor me guía
a mi inclinación, de quien
no hay hombre que se resista.
Quiero llegar a la cama.
¡Aminta!

(*Sale* **Aminta** *como que está acostada.*)

Aminta. ¿Quién llama a Aminta?
¿Es mi Batricio?

Don Juan. No soy
tu Batricio.

Aminta. Pues ¿quién?

Don Juan. Mira
de espacio, Aminta, quién soy.

Aminta. ¡Ay de mí! ¡Yo soy perdida!
¿En mi aposento[396] a estas horas?

Don Juan. Éstas son las horas mías.

Aminta. Volveos, que daré voces.
No excedáis la cortesía
que a mi Batricio se debe.
Ved que hay romanas Emilias[397]
en Dos Hermanas también,
y hay Lucrecias[398] vengativas.

---

[395] poner mi engaño por obra—llevar a cabo el engaño que tengo pensado.

[396] aposento—recámara; dormitorio; alcoba.

[397] romanas Emilias—mujeres valientes; se alude a Emilia, mujer notable por su valor, esposa del romano Escipión el Africano (235–183 a. de J.C.).

[398] Lucrecias—mujeres que piden venganza, y que prefieren la muerte a la deshonra; Lucrecia, matrona romana del siglo VI a. de J.C., se suicidó después de ser ultrajada por el hijo del rey etrusco, Sexto Tarquino.

Don Juan. Escúchame dos palabras,
y esconde de las mejillas
en el corazón la grana,[399]
por ti más preciosa y rica.

Aminta. Vete, que vendrá mi esposo.

Don Juan. Yo lo soy. ¿De qué te admiras?

Aminta. ¿Desde cuándo?

Don Juan. Desde agora.

Aminta. ¿Quién lo ha tratado?

Don Juan. Mi dicha.

Aminta. ¿Y quién nos casó?

Don Juan. Tus ojos.

Aminta. ¿Con qué poder?

Don Juan. Con la vista.

Aminta. ¿Sábelo Batricio?

Don Juan. Sí,
que te olvida.

Aminta. ¿Que me olvida?

Don Juan. Sí, que yo te adoro.

Aminta. ¿Cómo?

---

[399] grana—cochinilla, colorante rojo.

Don Juan. Con mis dos brazos.

Aminta. Desvía.[400]

Don Juan. ¿Cómo puedo, si es verdad
que muero?

Aminta. ¡Qué gran mentira!

Don Juan. Aminta, escucha y sabrás,
si quieres que te lo diga,
la verdad; que las mujeres
sois de verdades amigas.
Yo soy noble caballero,
cabeza de la familia
de los Tenorios, antiguos
ganadores de Sevilla.
Mi padre, después del rey,
se reverencia y estima,
y en la corte, de sus labios
pende[401] la muerte o la vida.
Corriendo el camino acaso,
llegué a verte, que amor guía
tal vez las cosas de suerte
que él mismo dellas se olvida.
Vite, adoréte, abraséme
tanto, que tu amor me anima
a que contigo me case;
mira qué acción tan precisa.
Y aunque lo mormure[402] el reino,
y aunque el rey lo contradiga,
y aunque mi padre enojado
con amenazas lo impida,

Closes

---

[400] Desvía—Deja eso; Olvídate de eso.

[401] pende—depende.

[402] mormure—murmure; chismee; comente.

tu esposo tengo de ser.
¿Qué dices?

Aminta. No sé qué diga,
que se encubren tus verdades
con retóricas mentiras.
Porque si estoy desposada,
como es cosa conocida,
con Batricio, el matrimonio
no se absuelve[403] aunque él desista.

Don Juan. En no siendo consumado,
por engaño o por malicia
puede anularse.

Aminta. En Batricio
todo fue verdad sencilla.

Don Juan. Ahora bien: dame esa mano,
y esta voluntad confirma
con ella.

Aminta. ¿Que no me engañas?

Don Juan. Mío el engaño sería.

Aminta. Pues jura que complirás[404]
la palabra prometida.

Don Juan. Juro a esta mano, señora,
infierno de nieve fría,
de cumplirte la palabra.

---

[403] no se absuelve—no se anula.
[404] complirás—cumplirás.

Aminta. Jura a Dios que te maldiga
si no la cumples.

Don Juan. Si acaso
la palabra y la fe mía
te faltare, ruego a Dios
que a traición y **alevosía**[405]
me dé muerte un hombre . . .
(*Aparte.*) (muerto, que vivo, ¡Dios no permita!)

relig

Aminta. Pues con ese juramento
soy tu esposa.

Don Juan. El alma mía
entre los brazos te ofrezco.

Aminta. Tuya es el alma y la vida.

Don Juan. ¡Ay, Aminta de mis ojos!
Mañana sobre virillas[406]
de tersa[407] plata estrellada
con clavos de oro de Tíbar[408]
pondrás los hermosos pies,
y en prisión de gargantillas
la alabastrina[409] garganta,
y los dedos en **sortijas**,[410]
en cuyo engaste[411] parezcan
transparentes perlas finas.

---

[405] **alevosía**—deslealtad; traición.

[406] virillas—adorno del calzado.

[407] tersa—resplandeciente.

[408] Tíbar—Costa de Oro, en el África.

[409] alabastrina—blanca y fina.

[410] **sortijas**—anillos.

[411] engaste—montura de una sortija.

Aminta. A tu voluntad, esposo,
la mía desde hoy se inclina;
tuya soy.

Don Juan. (*Aparte.*) (¡Qué mal conoces
al *Burlador de Sevilla*!) (*Vanse.*)

(*Salen* **Isabela** y **Fabio**, *de camino.*)

Isabela. ¡Que me robase el dueño,
la prenda que estimaba y más quería!
¡Oh riguroso empeño
de la verdad! ¡Oh máscara del día!
¡Noche al fin, **tenebrosa**[412]
antípoda del sol, del sueño esposa!

Fabio. ¿De qué sirve, Isabela,
la tristeza en el alma y en los ojos,
si amor todo es cautela,
y en campos de desdenes causa enojos,
si el que se ríe agora
en breve espacio desventuras llora?
    El mar está alterado
y en grave temporal:[413] riesgo se corre.
El abrigo han tomado
las **galeras**,[414] duquesa,
de la torre que esta playa corona.

Isabela. ¿Dónde estamos ahora?

Fabio. En Tarragona.
    De aquí a poco espacio
daremos en Valencia, ciudad bella,

---

[412] **tenebrosa**—oscura.

[413] temporal (m.)—tormenta; tempestad.

[414] **galeras**—barcos mercantes equipados con velas y remos.

del mismo sol palacio.
Divertiráste algunos días en ella,
y después a Sevilla
irás a ver la octava maravilla.
   Que si a Octavio perdiste,
más galán es don Juan, y de Tenorio
solar. ¿De qué estás triste?
Conde dicen que es ya don Juan Tenorio;
el rey con él te casa,
y el padre es la privanza de su casa.

Isabela. No nace mi tristeza
de ser esposa de don Juan, que el mundo
conoce su nobleza;
en la esparcida voz[415] mi agravio fundo,
que esta opinión perdida
es de llorar mientras tuviere vida.

Fabio. Allí una pescadora
tiernamente suspira y se lamenta,
y dulcemente llora.
Acá viene, sin duda, y verte intenta.
Mientras llamo tu gente,
lamentaréis las dos más dulcemente.

(*Vase* **Fabio** *y sale* **Tisbea.**)

Tisbea. Robusto mar de España,[416]
ondas de fuego, fugitivas ondas,
Troya de mi cabaña,
que ya el fuego por mares y por ondas
en sus abismos fragua,
y el mar forma por las llamas agua.

---

[415] esparcida voz—difundida noticia.
[416] mar de España—el mar Mediterráneo.

> ¡Maldito el leño[417] sea
> que a tu amargo cristal[418] halló carrera,[419]
> **antojo**[420] de Medea,[421]
> tu cáñamo[422] primero o primer lino,[423]
> aspado[424] de los vientos
> para telas[425] de engaños e instrumentos!

Isabela. ¿Por qué del mar te quejas
tan tiernamente, hermosa pescadora?

Tisbea. Al mar formo mil quejas.
¡Dichosa vos, que en su tormento,
agora dél os estáis riendo!

Isabela. También quejas del mar estoy haciendo.
¿De dónde sois?

Tisbea. De aquellas
cabañas que miráis del viento heridas
tan vitorioso[426] entre ellas,
cuyas pobres paredes desparcidas[427]
van en pedazos graves,[428]
dando en mil **grietas**[429] nidos a las aves.

---

[417] leño—barco.

[418] cristal—agua.

[419] carrera—camino; ruta.

[420] **antojo**—capricho.

[421] Medea—hechicera de la mitología griega; su antojo fue embarcarse con Jasón en el Argos, después de haberle facilitado el vellocino de oro.

[422] cáñamo—planta cuyas fibras se utilizan para el tejido de cuerdas y telas bastas.

[423] lino—vela.

[424] aspado—desplegado.

[425] telas—redes; intrigas.

[426] vitorioso—victorioso.

[427] desparcidas—esparcidas; dispersas.

[428] graves—pesados.

[429] **grietas**—rendijas; hendiduras.

En sus pajas me dieron
corazón de fortísimo diamante;
mas las obras[430] me hicieron,
deste monstruo[431] que ves tan arrogante,
ablandarme de suerte
que al sol la cera es más robusta y fuerte.
    ¿Sois vos la Europa[432] hermosa,
que esos toros[433] os llevan?

Isabela. A Sevilla
    llévanme a ser esposa
    contra mi voluntad.

Tisbea. Si mi mancilla[434]
    a lástima os provoca,
    y si **injurias**[435] del mar os tienen loca,
        en vuestra compañía
    para serviros como humilde esclava
    me llevad; que querría,
    si el dolor o la **afrenta**[436] no se acaba,
    pedir al rey justicia
    de un engaño crüel, de una malicia.
        Del agua derrotado,
    a esta tierra llegó don Juan Tenorio,
    difunto[437] y anegado;
    amparéle, hospedéle en tan notorio
    peligro, y el vil güésped[438]

---

[430] obras—restos del barco de don Juan.

[431] monstruo—el mar.

[432] Europa—en la mitología griega, mujer raptada por Zeus, quien se había transformado en toro.

[433] toros—bueyes; unos bueyes habían tirado hasta la playa la lancha en que llegó Isabela.

[434] mancilla—deshonra.

[435] injurias—agravios; insultos.

[436] afrenta—ofensa.

[437] difunto—muerto.

[438] güésped—huésped.

víbora[439] fue a mi planta en tierno césped.
   Con palabra de esposo,
la que[440] de esta costa burla hacía
se rindió[441] al engañoso.
¡Mal haya la mujer que en hombres <u>fía</u>![442]
Fuése al fin, y dejóme;
mira si es justo que venganza tome.

Isabela. ¡Calla, mujer maldita!
   Vete de mi presencia, que me has muerto.
Mas si el dolor te incita,
no tienes culpa tú; prosigue el cuento.

Tisbea. La dicha fuera mía.[443]

Isabela. ¡Mal haya la mujer que en hombres fía!
   ¿Quién tiene de ir contigo?

Tisbea. Un pescador, Anfriso; un pobre padre
de mis males testigo.

Isabela. (*Aparte.*)
   (No hay <u>venganza</u> que a mi mal tanto le cuadre.[444])
Ven en mi compañía.

Tisbea. ¡Mal haya la mujer que en hombres fía! (*Vanse.*)

(*Salen* **Don Juan** *y* **Catalinón.**)

Catalinón. <u>Todo en mal estado está.</u>

---

[439] **víbora**—serpiente venenosa.

[440] la que—Tisbea misma.

[441] **se rindió**—se entregó.

[442] ¡Mal haya la mujer que en hombres fía!—¡Pobre de la mujer que cree en la palabra de los hombres!

[443] La dicha fuera mía—Ojalá que fuera puro cuento mi relato.

[444] cuadre—convenga; venga bien.

Don Juan. ¿Cómo?

Catalinón. Que Octavio ha sabido
    la traición de Italia ya,
    y el de la Mota, ofendido
    de ti, justas quejas da;
    y dice que fue el recaudo
    que de su prima le diste
    fingido y disimulado,
    y con su capa emprendiste
    la traición que le ha infamado.
       Dicen que viene Isabela
    a que seas su marido,
    y dicen . . .

[margen manuscrito: Todo el mundo sabe...]

Don Juan. ¡Calla!

Catalinón. Una muela
    en la boca me has rompido.

Don Juan. Hablador, ¿quién te revela
    tantos disparates juntos?

Catalinón. ¡Disparate, disparate!
    Verdades son.

Don Juan. No pregunto
    si lo son. Cuando me mate
    Otavio,[445] ¿estoy yo difunto?
       ¿No tengo manos también?
    ¿Dónde me tienes **posada**?[446]

Catalinón. En la calle, oculta.

Don Juan. Bien.

---

[445] Cuando me mate Otavio—Aunque Octavio quisiera matarme.

[446] **posada**—hospedaje; alojamiento.

Catalinón. La iglesia es tierra sagrada.

Don Juan. Di que de día me den
en ella la muerte. ¿Viste
el novio de Dos Hermanas?

Catalinón. También le vi ansiado[447] y triste.

Don Juan. Aminta, estas dos semanas,
no ha de caer en el chiste.[448]

Catalinón. Tan bien engañada está
que se llama doña Aminta.

Don Juan. ¡Graciosa burla será!

Catalinón. Graciosa burla y sucinta,[449]
mas siempre la llorará.

(*Descúbrese un sepulcro de* **Don Gonzalo de Ulloa.**)

Don Juan. ¿Qué sepulcro es éste?

Catalinón. Aquí
don Gonzalo está enterrado.

Don Juan. Éste es al que muerte di.
¡Gran sepulcro le han labrado![450]

Catalinón. Ordenólo el rey ansí.
¿Cómo dice este letrero?[451]

---

[447] ansiado—inquieto; apesadumbrado.

[448] no ha de caer en el chiste—no se habrá dado cuenta del engaño.

[449] **sucinta**—breve.

[450] labrado—construido.

[451] letrero—inscripción.

Don Juan. «Aquí aguarda del Señor
el más leal caballero
la venganza de un traidor.»
Del mote[452] reírme quiero.
    ¿Y habéisos vos de vengar,
buen viejo, barbas de piedra?

Catalinón. No se las podrás pelar,
que en barbas muy fuertes medra.[453]

Don Juan. Aquesta noche a cenar
    os aguardo en mi posada.
Allí el desafío haremos,
si la venganza os agrada;
aunque mal reñir podremos,
si es de piedra vuestra espada.

Catalinón. Ya, señor, ha anochecido;
vámonos a recoger.

Don Juan. Larga esta venganza ha sido.
Si es que vos la habéis de hacer,
importa no estar dormido,
    que si a la muerte aguardáis
la venganza, la esperanza
agora es bien que perdáis,
pues vuestro enojo y venganza
tan largo me lo fiáis.

(*Vanse, y ponen la mesa dos* **Criados.**)

Criado I. Quiero apercibir[454] la cena,
que vendrá a cenar don Juan.

---

452 mote (m.)—sobrenombre, especialmente si es irónico o mordaz.
453 medra—mejora de posición.
454 apercibir—preparar.

Criado 2. Puestas las mesas están.
    ¡Qué flema[455] tiene si empieza!
       Ya tarda como solía[456]
    mi señor; no me contenta;
    la bebida se calienta
    y la comida se enfría.
       Mas ¿quién a don Juan ordena
    esta desorden?

(*Entran* **Don Juan** *y* **Catalinón.**)

Don Juan. ¿Cerraste?

Catalinón. Ya cerré como mandaste.

Don Juan. ¡Hola! Tráiganme la cena.

Criado 2. Ya está aquí.

Don Juan. Catalinón,
    siéntate.

Catalinón. Yo soy amigo
    de cenar de espacio.

Don Juan. Digo
    que te sientes.

Catalinón. La razón
    haré.[457]

---

[455] flema—cachaza; lentitud.
[456] solía—tenía por costumbre.
[457] La razón haré—Haré lo que dices.

Criado 1. También es camino [458]
éste, si come con él.

Don Juan. Siéntate. (*Un golpe dentro.*)

Catalinón. Golpe es aquél.

Don Juan. Que llamaron imagino;
mira quién es.

Criado 1. Voy volando.

Catalinón. ¿Si es la justicia, señor?

Don Juan. Sea,[459] no tengas temor.

(*Vuelve el* **Criado** *huyendo.*)

¿Quién es? ¿De qué estás temblando?

Catalinón. De algún mal da testimonio.

Don Juan. Mal mi **cólera**[460] resisto.
Habla, responde, ¿qué has visto?
¿Asombróte algún demonio?
—Ve tú, y mira aquella puerta.
¡Presto, acaba!

Catalinón. ¿Yo?

Don Juan. Tú, pues.
Acaba, menea los pies.

---

[458] camino—viaje; los criados normalmente no comían con su amo, pero de viaje sí.

[459] sea—aunque sea; no importa.

[460] **cólera**—ira; enojo.

Catalinón. A mi agüela hallaron muerta
      como racimo colgada,
  y desde entonces se suena
  que anda siempre su alma en pena.
  Tanto golpe no me agrada.

Don Juan. Acaba.

Catalinón. Señor, si sabes
  que soy un Catalinón . . .

Don Juan. Acaba.

Catalinón. ¡Fuerte ocasión!

Don Juan. ¿No vas?

Catalinón. ¿Quién tiene las llaves
  de la puerta?

Criado 2. Con la aldaba[461]
  está cerrada no más.

Don Juan. ¿Qué tienes? ¿Por qué no vas?

Catalinón. Hoy Catalinón acaba.
      ¿Mas si las forzadas[462] vienen
  a vengarse de los dos?

(*Llega* **Catalinón** *a la puerta, y viene corriendo; cae
y levántase.*)

Don Juan. ¿Qué es eso?

---

[461] aldaba—tranca.

[462] las forzadas—las mujeres engañadas.

Catalinón. ¡Válgame Dios!
¡Que me matan, que me tienen!

Don Juan. ¿Quién te tiene, quién te mata?
¿Qué has visto?

Catalinón. Señor, yo allí
vide[463] cuando... luego fui...
¿Quién me ase,[464] quién me arrebata?[465]
Llegué, cuando después ciego . . .
cuando vile, ¡juro a Dios! . . .
Habló y dijo: «¿Quién sois vos?» . . .
Respondió . . . respondí luego . . .
topé y vide . . .

Don Juan. ¿A quién?

Catalinón. No sé.

Don Juan. ¡Cómo el vino desatina![466]
Dame la vela, gallina,
y yo a quien llama veré.

(*Toma* **Don Juan** *la vela y llega a la puerta. Sale al encuentro*
Don Gonzalo, *en la forma que estaba en el sepulcro, y*
Don Juan *se retira atrás turbado, empuñando la espada, y*
en la otra la vela, y **Don Gonzalo** *va hacia él con pasos*
menudos, y al compás **Don Juan,** *retirándose hasta estar en*
medio del teatro.)

Don Juan. ¿Quién va?

Don Gonzalo. Yo soy.

---

[463] vide—vi.

[464] ase—agarra.

[465] arrebata—tira; jala.

[466] desatina—hace perder el juicio.

Don Juan. ¿Quién sois vos?

Don Gonzalo. Soy el caballero honrado
   que a cenar has convidado.

Don Juan. Cena habrá para los dos,
      y si vienen más contigo,
   para todos cena habrá.
   Ya puesta la mesa está.
   Siéntate.

Catalinón. ¡Dios sea conmigo!
   ¡San Panuncio,[467] San Antón![468]   *ficticios*
   Pues ¿los muertos comen? Di.
   Por señas dice que sí.

Don Juan. Siéntate, Catalinón.

Catalinón. No, señor; yo lo recibo
   por cenado.

Don Juan. Es desconcierto.
   ¿Qué temor tienes a un muerto?
   ¿Qué hicieras estando vivo?
      ¡Necio y villano temor!

Catalinón. Cena con tu convidado;
   que yo, señor, ya he cenado.

Don Juan. ¿He de enojarme?

Catalinón. Señor,
   ¡vive Dios que güelo mal!

---

[467] San Panuncio—santo ficticio.
[468] San Antón—santo ficticio.

Don Juan. Llega, que aguardando estoy.

Catalinón. Yo pienso que muerto soy,
y está muerto mi arrabal.[469]
(*Tiemblan los* **Criados**.)

Don Juan. Y vosotros, ¿qué decís?
¿Qué hacéis? ¡Necio temblar!

Catalinón. Nunca quisiera cenar
con gente de otro país.
    ¿Yo, señor, con convidado
de piedra?

Don Juan. ¡Necio temer!
Si es piedra, ¿qué te ha de hacer?

Catalinón. Dejarme descalabrado.[470]

Don Juan. Háblale con cortesía.

Catalinón. ¿Está bueno? ¿Es buena tierra
la otra vida? ¿Es llano o sierra?
¿Prémiase allá la poesía?

Criado 1. A todo dice que sí
con la cabeza.

Catalinón. ¿Hay allá
muchas tabernas? Sí habrá,
si Noé[471] reside allí.

Don Juan. ¡Hola! Dadnos de beber.

---

[469] arrabal (m.)—barrio periférico de una ciudad; aquí trasero.

[470] descalabrado—malherido; maltrecho.

[471] Noé—personaje bíblico, muy conocido por la historia del arca de Noé; era aficionado al vino.

Catalinón. Señor muerto, ¿allá se bebe
con nieve? (*Baja la cabeza.*)
Así que hay nieve:
buen país.

Don Juan. Si oír cantar
queréis, cantarán. (*Baja la cabeza.*)

Criado 2. Sí, dijo.

Don Juan. Cantad.

Catalinón. Tiene el seor[472] muerto
buen gusto.

Criado 1. Es noble, por cierto,
y amigo de regocijo.[473]
(*Cantan dentro.*) *Si de mi amor aguardáis,*
señora, de aquesta suerte
el galardón en la muerte,
¡qué largo me lo fiáis!

Catalinón. O es sin duda veraniego[474]
el seor muerto, o debe ser
hombre de poco comer.
Temblando al plato me llego.
Poco beben por allá;
yo beberé por los dos.
Brindis[475] de piedra, ¡por Dios!
Menos temor tengo ya.

(*Cantan.*) *Si ese plazo me convida*
para que gozaros pueda,

---

[472] seor—señor.

[473] regocijo—alegría; diversión; esparcimiento.

[474] veraniego—sin apetito, por el calor del verano.

[475] Brindis—acción de beber a la salud de alguien.

pues larga vida me queda,
dejad que pase la vida.
    Si de mi amor aguardáis,
señora, de aquesta suerte
el galardón en la muerte,
¡qué largo me lo fiáis!

Catalinón. ¿Con cuál de tantas mujeres
como has burlado, señor,
hablan?

Don Juan. De todas me río,
amigo, en esta ocasión.
En Nápoles a Isabela . . .

Catalinón. Ésa, señor, ya no es hoy
burlada, porque se casa
contigo, como es razón.
Burlaste a la pescadora
que del mar te redimió,
pagándole el hospedaje
en moneda de rigor.
Burlaste a doña Ana . . .

Don Juan. Calla,
que hay parte[476] aquí que lastó[477]
por ella, y vengarse aguarda.

Catalinón. Hombre es de mucho valor,
que él es piedra; tú eres carne.
No es buena resolución.

(**Don Gonzalo** *hace señas que se quite la mesa y queden solos.*)

---

[476] parte (f.)—persona.
[477] lastó—pagó por el honor de ella; en este caso, con la vida, y don Juan le
debe su venganza.

Don Juan. ¡Hola! Quitad esa mesa;
que hace señas que los dos
nos quedemos, y se vayan
los demás.

Catalinón. ¡Malo, por Dios!
No te quedes, porque hay muerto
que mata de un mojicón[478]
a un gigante.

Don Juan. Salíos todos.
¡A ser yo Catalinón. . . ![479]
Vete, que viene.

(*Vanse, y quedan los dos solos, y* **Don Gonzalo** *hace señas que* **Don Juan** *cierre la puerta.*)

La puerta
ya está cerrada. Ya estoy
aguardando. Di, ¿qué quieres,
sombra o fantasma o visión?
Si andas en pena, o si aguardas
alguna satisfación
para tu remedio, dilo;
que mi palabra te doy
de hacer lo que me ordenares.

Don Gonzalo. (*Hablando paso,[480] como cosa del otro mundo.*)
¿Cumplirásme una palabra
como caballero?

Don Juan. Honor
tengo, y las palabras cumplo,
porque caballero soy.

---

[478] mojicón (m.)—pan mojado; puñetazo en la cara.

[479] A ser yo Catalinón—Si yo fuera Catalinón.

[480] paso—pausadamente.

Don Gonzalo. Dame esa mano; no temas.

Don Juan. ¿Eso dices? ¿Yo, temor?
Si fueras el mismo infierno,
la mano te diera yo. (*Dale la mano.*)

Don Gonzalo. Bajo esta palabra y mano
mañana a las diez estoy
para cenar aguardando.
¿Irás?

Don Juan. Empresa mayor
entendí que me pedías.
Mañana tu güésped soy.
¿Dónde he de ir?

Don Gonzalo. A mi capilla.

Don Juan. ¿Iré solo?

Don Gonzalo. No, los dos;[481]
y cúmpleme la palabra
como la he cumplido yo.

Don Juan. Digo que la cumpliré,
que soy Tenorio.

Don Gonzalo. Yo soy
Ulloa.

Don Juan. Yo iré sin falta.

Don Gonzalo. Yo lo creo. Adiós. (*Va a la puerta.*)

---

[481] los dos—don Juan y Catalinón.

Don Juan. Adiós.

Aguarda, iréte alumbrando.

Don Gonzalo. No alumbres, que en gracia estoy.

(*Vase muy poco a poco, mirando a* **Don Juan,** *y* **Don Juan**
a él, hasta que desaparece, y queda **Don Juan** *con **pavor**.*[482])

Don Juan. ¡Válgame Dios! Todo el cuerpo
se ha bañado de un sudor,
y dentro de las entrañas
se me yela el corazón.
Cuando me tomó la mano,
de suerte me la apretó
que un infierno parecía;
jamás vide tal calor.
Un aliento respiraba,
organizando la voz,
tan frío que parecía
infernal respiración.
Pero todas son ideas
que da a la imaginación
el temor, y temer muertos
es más villano temor;
que si un cuerpo noble, vivo,
con potencias y razón
y con alma no se teme,
¿quién cuerpos muertos temió?
Mañana iré a la capilla
donde convidado soy,
porque se admire y espante
Sevilla de mi valor. (*Vase.*)

(*Salen el* **Rey** *y* **Don Diego Tenorio** *y* **Acompañamiento.**)

---

[482] **pavor** (m.)—gran miedo.

Rey. ¿Llegó al fin Isabela?

Don Diego. Y disgustada.

Rey. Pues ¿no ha tomado bien el casamiento?

Don Diego. Siente, señor, el nombre de infamada.

Rey. De otra causa procede su tormento.
¿Dónde está?

Don Diego. En el convento está alojada[483]
de las Descalzas.

Rey. Salga del convento
luego al punto, que quiero que en palacio
asista con la reina más de espacio.

Don Diego. Si ha de ser con don Juan el desposorio,
manda, señor, que tu presencia vea.

Rey. Véame, y galán salga, que notorio
quiero que este placer al mundo sea.
Conde será desde hoy don Juan Tenorio
de Lebrija; él la mande y la posea,
que si Isabela a un duque corresponde,
ya que ha perdido un duque, gane un conde.

Don Diego. Todos por la merced tus pies besamos.

Rey. Merecéis mi favor tan dignamente,
que si aquí los servicios ponderamos,[484]
me quedo atrás con el favor presente.
Paréceme, don Diego, que hoy hagamos
las bodas de doña Ana juntamente.

---

[483] alojada—hospedada.

[484] ponderamos—pesamos; comparamos.

Don Diego. ¿Con Octavio?

Rey. No es bien que el duque Octavio
sea el restaurador de aqueste agravio.
    Doña Ana con la reina me ha pedido
que perdone al marqués, porque doña Ana,
ya que el padre murió, quiere marido;
porque si le perdió, con él le gana.
Iréis con poca gente y sin rüido
luego a hablalle a la fuerza[485] de Triana;
por su satisfación y por su **abono**[486]
de su agraviada prima, le perdono.

Don Diego. Ya he visto lo que tanto deseaba.

Rey. Que esta noche han de ser, podéis decille,
los desposorios.

Don Diego. Todo en bien se acaba.
    Fácil será al marqués el persuadille,
que de su prima amartelado[487] estaba.

Rey. También podéis a Octavio prevenille.[488]
Desdichado es el duque con mujeres;
son todas opinión y pareceres.
    Hanme dicho que está muy enojado
con don Juan.

Don Diego. No me espanto, si ha sabido
de don Juan el delito averiguado,[489]
que la causa de tanto daño ha sido.
El duque viene.

---

[485] fuerza—castillo fuerte.

[486] **abono**—pago; crédito.

[487] amartelado—enamorado.

[488] prevenille—prevenirle; avisarle.

[489] averiguado—descubierto; comprobado.

Rey. No dejéis mi lado,
    que en el delito sois comprehendido.[490]

(*Sale el* **Duque Octavio.**)

Octavio. Los pies, invicto[491] rey, me dé tu alteza.

Rey. Alzad, duque, y cubrid vuestra cabeza.
    ¿Qué pedís?

Octavio. Vengo a pediros,
    postrado[492] ante vuestras plantas,
    una merced, cosa justa,
    digna de serme **otorgada**.[493]

Rey. Duque, como justa sea,
    digo que os doy mi palabra
    de otorgárosla. Pedid.

Octavio. Ya sabes, señor, por cartas
    de tu embajador, y el mundo
    por la lengua de la fama
    sabe, que don Juan Tenorio,
    con española arrogancia,
    en Nápoles una noche,
    para mí noche tan mala,
    con mi nombre profanó
    el sagrado[494] de una dama.

Rey. No pases más adelante;
    ya supe vuestra desgracia.
    En efeto, ¿qué pedís?

---

[490] comprehendido—comprendido; involucrado; incluido como parte.

[491] invicto—jamás conquistado; invencible.

[492] **postrado**—tendido; en el suelo.

[493] **otorgada**—concedida.

[494] sagrado—sitio seguro; aposento; figuradamente, virginidad.

Humor

Octavio. Licencia que en la campaña
defienda como es traidor.[495]

Don Diego. ¡Eso no! Su sangre clara
es tan honrada . . .

Rey. ¡Don Diego!

Don Diego. Señor.

Octavio. ¿Quién eres que hablas
en la presencia del rey
de esa suerte?

Don Diego. Soy quien calla
porque me lo manda el rey;
que si no, con esta espada
te respondiera.

Octavio. Eres viejo.

Don Diego. Ya he sido mozo en Italia,
a vuestro pesar, un tiempo;
ya conocieron mi espada
en Nápoles y en Milán.

Octavio. Tienes ya la sangre helada.
No vale «fui» sino «soy.»

Don Diego. Pues fui y soy. (*Empuña.*[496])

Rey. Tened, basta,
bueno está. Callad, don Diego;
que a mi persona se guarda

---

[495] como es traidor—que es traidor.

[496] *Empuña*—Echa mano a la espada; Toma la espada en la mano.

poco respeto. Y vos, duque,
después que las bodas se hagan,
más de espacio hablaréis.
Gentilhombre[497] de mi cámara[498]
es don Juan, y hechura mía,
y de aqueste tronco[499] rama.
Mirad por él.

Octavio. Yo lo haré,
gran señor, como lo mandas.

Rey. Venid conmigo, don Diego.

Don Diego. (*Aparte.*) (¡Ay, hijo, qué mal me pagas el
amor que te he tenido!)

Rey. Duque.

Octavio. Gran señor.

Rey. Mañana
vuestras bodas se han de hacer.

Octavio. Háganse, pues tú lo mandas.

(*Vanse el* **Rey** *y* **Don Diego,** *y salen* **Gaseno** *y* **Aminta.**)

Gaseno. Este señor nos dirá
dónde está don Juan Tenorio.
—Señor, ¿si está por acá
un don Juan a quien notorio
ya su apellido será?

---

[497] Gentilhombre—noble que servía en la casa real; ayudante de cámara.

[498] cámara—sala de recepción del palacio real.

[499] aqueste tronco—este tronco, esta estirpe, este linaje; se refiere a
don Diego.

Octavio. Don Juan Tenorio diréis.

Aminta. Sí, señor; ese don Juan.

Octavio. Aquí está. ¿Qué lo queréis?

Aminta. Es mi esposo ese galán.

Octavio. ¿Cómo?

Aminta. Pues ¿no lo sabéis,
siendo del **alcázar**[500] vos?

Octavio. No me ha dicho don Juan nada.

Gaseno. ¿Es posible?

Octavio. Sí, por Dios.

Gaseno. Doña Aminta es muy honrada.
Cuando se casen los dos,
que cristiana vieja[501] es
hasta los güesos, y tiene
de la hacienda el interés,
a su valor le conviene
más bien que un conde, un marqués.
Casóse don Juan con ella,
y quitósela a Batricio.

Aminta. Decid como fue[502] doncella
a su poder.

---

[500] **alcázar** (m.)—castillo construido por los musulmanes.

[501] cristiana vieja—cristiana original, no conversa.

[502] fue—aunque habla en tercera persona, Aminta se refiere a sí misma.

Gaseno. No es jüicio
esto, ni aquesta querella.[503]

Octavio. (*Aparte.*) (Ésta es burla de don Juan,
y para venganza mía
éstos diciéndola están.)
¿Qué pedís, al fin?

Gaseno. Querría,
porque los días se van,
que se hiciese el casamiento,
o querellarme ante el rey.

Octavio. Digo que es justo ese intento.

Gaseno. Y razón y justa ley.

Octavio. (*Aparte.*) (Medida a mi pensamiento
ha venido la ocasión.)
En el alcázar tenéis
bodas.

Aminta. ¿Si las mías son?

Octavio. Quiero, para que acertemos,
valerme de una invención.
Venid donde os vestiréis,
señora, a lo cortesano,
y a un cuarto del rey saldréis
conmigo.

Aminta. Vos de la mano
a don Juan me llevaréis.

Octavio. Que desta suerte es cautela.

---

[503] querella—disputa; pleito.

Gaseno. El arbitrio[504] me consuela.

Octavio. (*Aparte.*) (Éstos venganza me dan
de aqueste traidor don Juan
y el agravio de Isabela.) (*Vanse.*)

(*Salen* **Don Juan** *y* **Catalinón.**)

Catalinón. ¿Cómo el rey te recibió?

Don Juan. Con más amor que mi padre.

Catalinón. ¿Viste a Isabela?

Don Juan. También.

Catalinón. ¿Recibióte bien?

Don Juan. El rostro
bañado de leche y sangre,[505]
como la rosa que al alba
revienta la verde cárcel.[506]

Catalinón. Al fin, ¿esta noche son
las bodas?

Don Juan. Sin falta.

Catalinón. Si antes
hubieran sido, no hubieras,
señor, engañado a tantas;
pero tú tomas esposa,
señor, con cargas[507] muy grandes.

---

[504] arbitrio—juicio; voluntad; decisión.

[505] bañado de leche y sangre—blanco y rosado.

[506] revienta la verde cárcel—brota del capullo.

[507] cargas—responsabilidades; culpas.

Don Juan. Di, ¿comienzas a ser necio?

Catalinón. Y podrás muy bien casarte
mañana, que hoy es mal día.

Don Juan. Pues ¿qué día es hoy?

Catalinón. Es martes.[508]

Martes

Don Juan. Mil **embusteros**[509] y locos
dan en esos disparates.
Sólo aquél llamo mal día,
aciago[510] y detestable,
en que no tengo dineros;
que lo demás es donaire.[511]

Catalinón. Vamos, si te has de vestir,
que te aguardan, y ya es tarde.

Don Juan. Otro negocio tenemos
que hacer, aunque nos aguarden.

Catalinón. ¿Cuál es?

Don Juan. Cenar con el muerto.

Catalinón. ¡Necedad de necedades!

Estupidez de estupidece

Don Juan. ¿No ves que di mi palabra?

Catalinón. Y cuando se la quebrantes,
¿qué importa? ¿Ha de pedirte

---

[508] **martes**—mal día para una boda, según el refrán que reza: "en martes, ni te cases ni te embarques".

[509] **embusteros**—mentirosos.

[510] **aciago**—funesto; desafortunado.

[511] donaire—broma; gracia.

una figura de jaspe[512]
la palabra?

Don Juan. Podrá el muerto
llamarme a voces infame.

Catalinón. Ya está cerrada la iglesia.

Don Juan. Llama.

Catalinón. ¿Qué importa que llame?
¿Quién tiene de abrir, que están
durmiendo los **sacristanes**?[513]

Don Juan. Llama a ese **postigo**.[514]

Catalinón. Abierto
está.

Don Juan. Pues entra.

Catalinón. Entre un fraile
con su hisopo[515] y estola.[516]

Don Juan. Sígueme y calla.

Catalinón. ¿Que calle?

Don Juan. Sí.

---

[512] jaspe (m.)—variedad de calcedonia, una de las variedades de cuarzo, mineral.

[513] **sacristanes** (m.)—ayudantes en una iglesia, quienes se ocupan del cuidado de los artículos religiosos y de la limpieza de la iglesia misma.

[514] **postigo**—puerta pequeña que forma parte de una puerta grande.

[515] hisopo—planta o instrumento para esparcir agua bendita.

[516] estola—tira larga de tela que los sacerdotes llevan pendiente del cuello.

Catalinón. Dios en paz
    destos convites me saque.

(Entran por una puerta y salen por otra.)

    ¡Qué escura que está la iglesia,
    señor, para ser tan grande!
    ¡Ay de mí! ¡Tenme,[517] señor,
    porque de la capa me asen!

*(Sale **Don Gonzalo** como de antes, y encuéntrase con ellos.)*

Don Juan. ¿Quién va?

Don Gonzalo. Yo soy.

Catalinón. ¡Muerto estoy!

Don Gonzalo. El muerto soy; no te espantes.
    No entendí[518] que me cumplieras
    la palabra, según haces
    de todos burla.

Shot @ DJ

Don Juan. ¿Me tienes
    en opinión de cobarde?

Don Gonzalo. Sí, que aquella noche huiste
    de mí cuando me mataste.

Don Juan. Huí de ser conocido;
    mas ya me tienes delante.
    Di presto lo que me quieres.

Don Gonzalo. Quiero a cenar convidarte.

---

[517] Tenme—sostenme.

[518] No entendí—no pensé; no creí.

Catalinón. Aquí excusamos la cena,
que toda ha de ser **fiambre**,[519]
pues no parece[520] cocina.

Don Juan. Cenemos.

Don Gonzalo. Para cenar
es menester que levantes
esa tumba.

Don Juan. Y si te importa,
levantaré esos pilares.

Don Gonzalo. Valiente estás.

Don Juan. Tengo brío
y corazón en las carnes.

Catalinón. Mesa de Guinea[521] es ésta.
Pues ¿no hay por allá quien lave?

Don Gonzalo. Siéntate.

Don Juan. ¿Adónde?

Catalinón. Con sillas
vienen ya dos negros pajes.
(*Entran dos **enlutados**[522] con dos sillas.*)
¿También acá se usan lutos
y bayeticas[523] de Flandes?

---

[519] **fiambre** (m.)—carne curada, que se come fría.
[520] parece—aparece.
[521] de Guinea—negra.
[522] *enlutados*—vestidos de luto, de duelo.
[523] bayeticas—trozos de bayeta, tela de lana con algo de pelo.

Don Gonzalo. Siéntate tú.

Catalinón. Yo, señor,
he merendado[524] esta tarde.

Don Gonzalo. No repliques.

Catalinón. No replico.
(*Aparte.*) (¡Dios en paz desto me saque!)
¿Qué plato es éste, señor?

Don Gonzalo. Este plato es de **alacranes**[525]
y víboras.

Catalinón. ¡Gentil plato!

Don Gonzalo. Éstos son nuestros **manjares.**[526]
¿No comes tú?

Don Juan. Comeré,
si me dieses áspid[527] y áspides
cuantos el infierno tiene.

Don Gonzalo. También quiero que te canten.

Catalinón. ¿Qué vino beben acá?

Don Gonzalo. Pruébalo.

Catalinón. **Hiel**[528] y vinagre
es este vino.

---

[524] merendado—comido algo.

[525] **alacranes** (m.)—escorpiones.

[526] **manjares** (m.)—platos de comida.

[527] áspid (m.)—serpiente venenosa.

[528] **Hiel** (f.)—bilis; secreción digestiva del hígado, de color amarillo y sabor agrio.

Don Gonzalo. Este vino
exprimen[529] nuestros lagares.[530]

(*Cantan.*) *Adviertan los que de Dios*
juzgan los castigos grandes,
que no hay plazo que no llegue
ni deuda que no se pague.

Catalinón. ¡Malo es esto, vive Cristo!,
que he entendido este **romance**,[531]
y que con nosotros habla.

Don Juan. Un yelo el pecho me parte.

(*Cantan.*) *Mientras en el mundo viva,*
no es justo que diga nadie,
«¡Qué largo me lo fiáis!,»
siendo tan breve el cobrarse.

Catalinón. ¿De qué es este guisadillo?[532]

Don Gonzalo. De uñas.

Catalinón. De uñas de sastre[533]
será, si es guisado de uñas.

Don Juan. Ya he cenado; haz que levanten
la mesa.

---

[529] exprimen—comprimen para extraer el jugo de la uva.

[530] lagares (m.)—aparatos o recintos donde pisan o prensan uvas para hacer vino.

[531] **romance** (m.)—poema; versos.

[532] guisadillo—guisado, normalmente carne con cebolla y patatas.

[533] uñas de sastre—por la supuesta abundancia de sastres en el infierno; se creía que los sastres eran avaros.

Don Gonzalo. Dame esa mano;
no temas, la mano dame.

Don Juan. ¿Eso dices? ¿Yo, temor?
¡Que me abraso! ¡No me abrases
con tu fuego!

Don Gonzalo. Éste es poco
para el fuego que buscaste.
Las maravillas de Dios
son, don Juan, investigables,[534]
y así quiere que tus culpas
a manos de un muerto pagues;
y si pagas desta suerte,
ésta es justicia de Dios:
«Quien tal hace, que tal pague.»

Don Juan.
¡Que me abraso! ¡No me aprietes!
Con la **daga**[535] he de matarte.
Mas ¡ay! que me canso en vano
de tirar golpes al aire.
A tu hija no ofendí,
que vio mis engaños antes.

Don Gonzalo. No importa, que ya pusiste
tu intento.

Don Juan. Deja que llame
quien me confiese y absuelva.

Don Gonzalo. No hay lugar; ya acuerdas tarde.

---

[534] investigables—errata en el texto de Tirso; léase "ininvestigables";
impenetrables; indescifrables.

[535] **daga**—puñal.

Don Juan. ¡Que me quemo! ¡Que me abraso!
   ¡Muerto soy! (*Cae muerto.*)

[margin handwritten: Irónica abrazo]

Catalinón. No hay quien se escape,
   que aquí tengo de morir
   también por acompañarte.

Don Gonzalo. Ésta es justicia de Dios:
   «Quien tal hace, que tal pague.»

(*Húndese*[536] *el sepulcro con* **Don Juan** *y* **Don Gonzalo**,
con mucho ruido, y sale **Catalinón** *arrastrando.*)

Catalinón. ¡Válgame Dios! ¿Qué es aquesto?
   Toda la capilla se arde,
   y con el muerto he quedado
   para que le vele y guarde.
   Arrastrando como pueda,
   iré a avisar a su padre.
   ¡San Jorge, San *Agnus Dei*,[537]
   sacadme en paz a la calle! (*Vase.*)

(*Salen el* **Rey**, **Don Diego** *y* **Acompañamiento**.)

Don Diego. Ya el marqués, señor, espera
   besar vuestros pies reales.

Rey. Entre luego, y avisad
   al conde, porque no aguarde.

(*Salen* **Batricio** *y* **Gaseno**.)

---

[536] *Húndese*—se hunde; va bajando.

[537] *Agnus Dei*—oración de la misa, que se reza antes de la comunión;
Agnus Dei significa "Cordero de Dios", Jesucristo.

Batricio. ¿Dónde, señor, se permite
   desenvolturas[538] tan grandes,
   que tus criados afrenten
   a los hombres miserables?

Rey. ¿Qué dices?

Batricio. Don Juan Tenorio,
   alevoso y detestable,
   la noche del casamiento,
   antes que le consumase,
   a mi mujer me quitó;
   testigos tengo delante.

(*Salen* **Tisbea** *y* **Isabela** *y* **Acompañamiento.**)

Tisbea. Si vuestra alteza, señor,
   de don Juan Tenorio no hace
   justicia, a Dios y a los hombres,
   mientras viva, he de quejarme.
   Derrotado le echó el mar;
   dile vida y hospedaje,
   y pagóme esta amistad
   con mentirme y engañarme
   con nombre de mi marido.

Rey. ¿Qué dices?

Isabela. Dice verdades.

(*Salen* **Aminta** *y el* **Duque Octavio.**)

Aminta. ¿Adónde mi esposo está?

Rey. ¿Quién es?

---

[538] desenvolturas—libertades; ligerezas.

Aminta. Pues ¿aún no lo sabe?
El señor don Juan Tenorio,
con quien vengo a desposarme,
porque me debe el honor,
y es noble y no ha de negarme.
Manda que nos desposemos.

(*Sale el* **Marqués de la Mota**.)

Mota. Pues es tiempo, gran señor,
que a luz verdades se saquen,
sabrás que don Juan Tenorio
la culpa que me imputaste[539]
tuvo él, pues como amigo,
pudo el crüel engañarme;
de que tengo dos testigos.

Rey. ¿Hay desvergüenza tan grande?
Prendelde y matalde luego.

Don Diego. En premio de mis servicios
haz que le prendan y pague
sus culpas, porque del cielo
rayos contra mí no bajen,
si es mi hijo tan malo.

Rey. ¡Esto mis privados[540] hacen!

(*Sale* **Catalinón**.)

Catalinón. Señores, todos oíd
el suceso más notable
que en el mundo ha sucedido,

---

[539] imputaste—echaste.
[540] privados—personas de más confianza.

y en oyéndome, matadme.
Don Juan, del comendador
haciendo burla, una tarde,
después de haberle quitado
las dos **prendas**[541] que más valen,
tirando al bulto de piedra
la barba por ultrajarle,[542]
a cenar le convidó.
¡Nunca fuera a convidarle!
Fue el bulto, y convidóle;
y agora, porque no os canse,
acabando de cenar,
entre mil **presagios**[543] graves,
de la mano le tomó,
y le aprieta hasta quitalle
la vida, diciendo: «Dios
me manda que así te mate,
castigando tus delitos.
Quien tal hace, que tal pague.»

Rey. ¿Qué dices?

Catalinón. Lo que es verdad,
diciendo antes que acabase,
que a doña Ana no debía
honor, que lo oyeron antes
del engaño.

Mota. Por las nuevas
mil albricias[544] pienso darte.

---

[541] **prendas**—cualidades o virtudes; las dos que más valen son el honor y la vida.

[542] ultrajarle—insultarle; maltratarle.

[543] **presagios**—agüeros; indicios de lo que se aproxima.

[544] albricias—parabienes; buenos deseos; regalos a los que traen buenas noticias.

Rey. ¡Justo castigo del cielo!
Y agora es bien que se casen
todos, pues la causa es muerta,
vida de tantos desastres.

Octavio. Pues ha **enviudado**[545] Isabela,
quiero con ella casarme.

Mota. Yo con mi prima.

Batricio. Y nosotros con las nuestras, porque acabe
El convidado de piedra.

Rey. Y el sepulcro se traslade[546]
en San Francisco en Madrid,
para memoria más grande.

---

[545] **enviudado**—quedado viuda; sin marido.

[546] se traslade—se cambie de sitio; sea llevado o transportado.

PREGUNTAS

1. Describe detalladamente los móviles de Don Juan. Discute la dualidad de su personalidad: su disposición a jugarlo todo sin importarle los riesgos, y, por otro lado, su humanidad y su avidez por la vida. Don Juan desafía las normas, las leyes y la moral de la sociedad, pero ¿qué concepto mantiene él del honor de un caballero? Basa tus comentarios en citas textuales.

2. ¿Cómo interpretas tú el dicho característico de Don Juan, "Tan largo me lo fiáis"? ¿Qué te parece esta frase en boca del protagonista, castigado al fin por la justicia divina? Discute el papel de Don Gonzalo en el desenlace.

3. Cita algunas manifestaciones de crítica social en esta obra. ¿Cómo ves tú a los personajes femeninos?

4. *El burlador de Sevilla y convidado de piedra* es, propiamente dicho, un poema dramático. ¿En qué consiste la estructura de la obra, y cuál es el efecto estético de esta estructura? Aporta ejemplos del texto para apoyar tus afirmaciones.

5. El mito de Don Juan, representado por primera vez por Tirso de Molina, ha servido de modelo a muchos otros artistas: a José Zorrilla, a Lord Byron, a Mozart, y a Molière, entre otros. ¿A qué se debe, en tu opinión, la popularidad de Don Juan?

Federico García Lorca ▶

La casa de Bernarda Alba

DRAMA DE MUJERES EN LOS PUEBLOS DE ESPAÑA

FEDERICO GARCÍA LORCA

A semejanza de otras obras de teatro lorquianas, La casa de
Bernarda Alba *(1936) presenta protagonistas femeninas que
llevan dentro una frustración arraigada en una pasión irreprimible.
Aquella pasión salvará obstáculos, arrasará convenciones, y
desembocará en tragedia. A diferencia de las fuerzas telúricas que
rigen el resto del teatro lorquiano—por ejemplo,* Bodas de sangre
y Yerma—*, fuerzas sociales rigen el destino de las hijas de
Bernarda, sobre todo, las presunciones de clase social. La soberbia
de esta madre la impulsa a la hipocresía y al despotismo. En* La
casa de Bernarda Alba, *Lorca deja de lado lo místico y lo
simbólico, elementos que infunden sus otras obras. También se
diferencia por el uso preponderante de la prosa; se suprime casi
del todo la poesía que ha caracterizado sus obras teatrales hasta
este momento.*

Lorca presenta un escenario de fondo doble: se sienten fuera campanadas, voces, cantos, movimiento; se encierra dentro, bajo el mando de Bernarda, un ambiente que agobia y ahoga. Por fuera, hay vida; por dentro, sólo hay sofocación y rencor.

Personajes

Bernarda, *60 años*

Maria Josefa (madre de Bernarda), *80 años*

Angustias (hija de Bernarda), *39 años*

Magdalena (hija de Bernarda), *30 años*

Amelia (hija de Bernarda), *27 años*

Martirio (hija de Bernarda), *24 años*

Adela (hija de Bernarda), *20 años*

Criada, *50 años*

La Poncia (criada), *60 años*

Prudencia, *50 años*

Mendiga

Mujeres de luto

Mujer 1ª

Mujer 2ª

Mujer 3ª

Mujer 4ª

Muchacha

El poeta advierte que estos tres actos tienen la intención de un documental fotográfico.

Acto primero

Habitación blanquísima del interior de la casa de **Bernarda**. *Muros gruesos. Puertas en arco con cortinas de yute[1] rematadas[2] con madroños[3] y volantes.[4] Sillas de anea.[5] Cuadros con paisajes inverosímiles[6] de ninfas, o reyes de leyenda. Es verano. Un gran silencio umbroso[7] se extiende por la escena. Al levantarse el telón está la escena sola. Se oyen doblar[8] las campanas.*

(Sale la **Criada 1ª**.*)*

Criada. Ya tengo el **doble**[9] de esas campanas metido entre las **sienes**.[10]

Poncia. (*Sale comiendo chorizo y pan.*) Llevan ya más de dos horas de gori-gori.[11] Han venido curas de todos

---

[1] *yute* (m.)—materia textil que se obtiene de los tallos de una planta tropical.

[2] *rematadas*—acabadas.

[3] *madroños*—borlitas de adorno de forma parecida a la del fruto del arbusto llamado madroño; el fruto es redondo, verrugoso, rojo y dulce.

[4] *volantes* (m.)—adornos de tela plegada, rizada o fruncida.

[5] *anea*—espadaña; planta parecida a una caña, de espiga compacta, cuyas hojas sirven para hacer asientos de sillas.

[6] *inverosímiles*—poco creíbles; improbables.

[7] *umbroso*—sombrío.

[8] *doblar*—tocar; sonar.

[9] *doble* (m.)—toque; sonido.

[10] *sienes* (f.)—concavidades en el cráneo a los dos lados de la cara a nivel de los ojos.

[11] gori-gori (m.)—palabra onomatopéyica que se refiere al murmullo de las personas en la iglesia que rezan los responsos.

los pueblos. La iglesia está hermosa. En el primer responso[12] **se desmayó**[13] la Magdalena.

Criada. Ésa es la que se queda más sola.

Poncia. Era a la única que quería el padre. ¡Ay! Gracias a Dios que estamos solas un poquito. Yo he venido a comer.

Criada. ¡Si te viera Bernarda!

Poncia. ¡Quisiera que ahora, como no come ella, que todas nos muriéramos de hambre! ¡Mandona! ¡Dominanta! ¡Pero **se fastidia**![14] Le he abierto la orza[15] de chorizos.

Criada. (*Con tristeza, ansiosa.*) ¿Por qué no me das para mi niña, Poncia?

Poncia. Entra y llévate también un puñado de garbanzos. ¡Hoy no se dará cuenta!

Voz. (*Dentro.*) ¡Bernarda!

Poncia. La vieja. ¿Está bien encerrada?

Criada. Con dos vueltas de llave.

Poncia. Pero debes poner también la **tranca**.[16] Tiene unos dedos como cinco ganzúas.[17]

---

[12] responso—oración por un muerto.

[13] **se desmayó**—perdió la conciencia.

[14] **se fastidia**—se molesta; se enfada.

[15] orza—tinaja; vasija pequeña.

[16] **tranca**—aldaba; tabla con que se asegura una puerta.

[17] ganzúas—herramientas que, a falta de llave, sirven para abrir una cerradura.

Voz. ¡Bernarda!

Poncia. (*A voces.*) ¡Ya viene! (*A la* **Criada**.) Limpia bien todo. Si Bernarda no ve relucientes las cosas me arrancará los pocos pelos que me quedan.

Criada. ¡Qué mujer!

Poncia. Tirana de todos los que la rodean. Es capaz de sentarse encima de tu corazón y ver cómo te mueres durante un año sin que se le cierre esa sonrisa fría que lleva en su maldita cara. ¡Limpia, limpia ese vidriado![18]

Criada. Sangre en las manos tengo de fregarlo todo.

Poncia. Ella, la más **aseada**,[19] ella, la más decente, ella, la más alta. ¡Buen descanso ganó su pobre marido!

(*Cesan las campanas.*)

Criada. ¿Han venido todos sus parientes?

Poncia. Los de ella. La gente de él la odia. Vinieron a verlo muerto y le hicieron la cruz.

Criada. ¿Hay bastantes sillas?

Poncia. Sobran. Que se sienten en el suelo. Desde que murió el padre de Bernarda no han vuelto a entrar las gentes bajo estos techos. Ella no quiere que la vean en su dominio. ¡Maldita sea!

Criada. Contigo se portó bien.

---

[18] vidriado—objetos de vidrio.

[19] **aseada**—limpia.

Poncia. Treinta años lavando sus sábanas, treinta años comiendo sus **sobras**,[20] noches en vela cuando tose, días enteros mirando por la **rendija**[21] para espiar a los vecinos y llevarle el cuento; vida sin secretos una con otra, y sin embargo, ¡maldita sea!, ¡mal dolor de clavo le pinche en los ojos!

Criada. ¡Mujer!

Poncia. Pero yo soy buena perra: ladro cuando me lo dicen y muerdo los talones de los que piden **limosna**[22] cuando ella me **azuza**;[23] mis hijos trabajan en sus tierras y ya están los dos casados, pero un día **me hartaré**.[24]

Criada. Y ese día . . .

Poncia. Ese día me encerraré con ella en un cuarto y le estaré **escupiendo**[25] un año entero. «Bernarda, por esto, por aquello, por lo otro», hasta ponerla como un **lagarto**[26] **machacado**[27] por los niños, que es lo que es ella y toda su parentela. Claro es que no le envidio la vida. Le quedan cinco mujeres, cinco hijas feas, que quitando Angustias, la mayor, que es la hija del primer marido y tiene dineros, las demás, mucha **puntilla**[28] bordada, muchas camisas de hilo, pero pan y uvas por toda herencia.

P's revenge

BA's marido

---

[20] **sobras**—residuos; lo restante; lo que queda.

[21] **rendija**—hendidura.

[22] **limosna**—dinero regalado por caridad a los pobres.

[23] **azuza**—incita.

[24] **me hartaré**—me cansaré; se me acabará la paciencia.

[25] **escupiendo**—echando saliva por la boca a modo de insulto.

[26] **lagarto**—reptil saurio de cuerpo largo, de cuatro patas pequeñas y piel cubierta de laminillas escamosas.

[27] **machacado**—quebrantado a golpes.

[28] puntilla—encaje muy delgado que sirve como adorno.

Criada. ¡Ya quisiera tener yo lo que ellas!

Poncia. Nosotras tenemos nuestras manos y un hoyo[29] en la tierra de la verdad.

Criada. Ésa es la única tierra que nos dejan a los que no tenemos nada.

Poncia. (*En la alacena.*) Este cristal tiene unas motas.[30]

Criada. Ni con jabón ni con bayeta[31] se le quitan.

(*Suenan las campanas.*)

Iglesia

Poncia. El último responso. Me voy a oírlo. A mí me gusta mucho cómo canta el **párroco.**[32] En el «Pater Noster» subió, subió, subió la voz que parecía un cántaro llenándose de agua poco a poco. ¡Claro es que al final dio un gallo, pero da gloria oírlo! Ahora que nadie como el antiguo sacristán Tronchapinos. En la misa de mi madre, que esté en gloria, cantó. **Retumbaban**[33] las paredes y cuando decía amén era como si un lobo hubiese entrado en la iglesia. (*Imitándolo.*) ¡Améééén! (*Se echa a toser.*)

Criada. Te vas a hacer el gaznate[34] polvo.

Poncia. ¡Otra cosa hacía polvo yo! (*Sale riendo.*)

(*La* **Criada** *limpia. Suenan las campanas.*)

---

[29] hoyo—agujero; hueco; concavidad.

[30] motas—partículas de hilo o de otra cosa ajena, que se pegan a un objeto.

[31] bayeta—trapo para limpiar.

[32] **párroco**—cura de una parroquia, territorio al que sirve una iglesia determinada.

[33] **Retumbaban**—resonaban mucho; hacían estruendo.

[34] gaznate (m.)—parte del cuerpo, donde están las cuerdas vocales.

Criada. (*Llevando el canto.*) Tin, tin, tan. Tin, tin, tan. ¡Dios lo haya perdonado!

Mendiga. (*Con una niña*) ¡Alabado[35] sea Dios!

Criada. Tin, tin, tan. ¡Que nos espere muchos años! Tin, tin, tan.

Mendiga. (*Fuerte, con cierta irritación.*) ¡Alabado sea Dios!

Criada. (*Irritada.*) ¡Por siempre!

Mendiga. Vengo por las sobras.

(*Cesan las campanas.*)

Criada. Por la puerta se va a la calle. Las sobras de hoy son para mí.

Mendiga. Mujer, tú tienes quien te gane. Mi niña y yo estamos solas.

Criada. También están solos los perros y viven.

Mendiga. Siempre me las dan.

Criada. Fuera de aquí. ¿Quién os dijo que entrarais? Ya me habéis dejado los pies señalados. (*Se van, limpia.*) Suelos **barnizados**[36] con aceite, **alacenas**,[37] pedestales, camas de acero, para que traguemos quina[38] las que vivimos en las **chozas**[39] de tierra con

---

[35] Alabado—elogiado; celebrado con palabras.

[36] **barnizados**—pulidos; abrillantados como con barniz, o con laca.

[37] **alacenas**—huecos en la pared de una cocina, con estantería, que sirven para almacenar útiles y comida.

[38] quina—corteza del quino, muy usada en la medicina, de un sabor muy agrio.

[39] **chozas**—casas humildes y pobres.

un plato y una cuchara. Ojalá que un día no quedáramos ni uno para contarlo. (*Vuelven a sonar las campanas.*) Sí, sí, ¡vengan **clamores**![40], ¡venga caja con filos dorados y toallas de seda para llevarla!, ¡que lo mismo estarás tú que estaré yo! Fastídiate, Antonio María Benavides, **tieso**[41] con tu traje de paño y tus botas enterizas.[42] ¡Fastídiate! ¡Ya no volverás a levantarme las **enaguas**[43] detrás de la puerta de tu corral! (*Por el fondo, de dos en dos, empiezan a entrar* **Mujeres de luto**,[44] *con pañuelos grandes, faldas y* **abanicos**[45] *negros. Entran lentamente hasta llenar la escena. La* **Criada**, *rompiendo a gritar.*) ¡Ay Antonio María Benavides, que ya no verás estas paredes, ni comerás el pan de esta casa! Yo fui la que más te quiso de las que te sirvieron. (*Tirándose del cabello.*) ¿Y he de vivir yo después de haberte **marchado**?[46] ¿Y he de vivir?

(*Terminan de entrar las doscientas* **Mujeres** *y aparecen* **Bernarda** *y sus cinco* **Hijas**. **Bernarda** *viene apoyada en un bastón.*)

Bernarda. (*A la* **Criada**.) ¡Silencio!

Criada. (*Llorando.*) ¡Bernarda!

Bernarda. Menos gritos y más obras. Debías haber **procurado**[47] que todo esto estuviera más limpio

---

[40] **clamores**—gritos lastimosos.

[41] **tieso**—rígido.

[42] enterizas—de una sola pieza.

[43] **enaguas**—faldas interiores usadas debajo de las faldas exteriores.

[44] **luto**—vestidura negra que se lleva en señal de duelo por un muerto.

[45] *abanicos*—instrumentos plegables de forma semicircular que sirven para mover el aire y refrescarse del calor.

[46] **marchado**—ido.

[47] **procurado**—esforzado por; hecho esfuerzo de.

para recibir al **duelo**.[48] Vete. No es éste tu lugar. (*La* **Criada** *se va sollozando.*) Los pobres son como los animales. Parece como si estuvieran hechos de otras sustancias.

Mujer 1ª. Los pobres sienten también sus penas.

Arg.

Bernarda. Pero las olvidan delante de un plato de garbanzos.

Muchacha 1ª. (*Con timidez.*) Comer es necesario para vivir.

Bernarda. A tu edad no se habla delante de las personas mayores.

Mujer 1ª. Niña, cállate.

Bernarda. No he dejado que nadie me dé lecciones. Sentarse. (*Se sientan. Pausa. Fuerte.*) Magdalena, no llores. Si quieres llorar te metes debajo de la cama. ¿Me has oído?

Mujer 2ª. (*A* **Bernarda**.) ¿Habéis empezado los trabajos en la era?[49]

Bernarda. Ayer.

Mujer 3ª. Cae el sol como **plomo**.[50]

Mujer 1ª. Hace años no he conocido calor igual.

(*Pausa. Se abanican todas.*)

---

[48] **duelo**—reunión de parientes y amigos que asisten a los funerales de alguien.

[49] **era**—espacio descubierto y llano en una granja, donde se trillan las mieses y se separa el grano de la paja.

[50] **plomo**—metal pesado maleable, de color gris.

Bernarda. ¿Está hecha la limonada?

Poncia. Sí, Bernarda. (*Sale con una gran* **bandeja**[51] *llena de jarritas blancas, que distribuye.*)

Bernarda. Dale a los hombres.

Poncia. La están tomando en el patio.

Bernarda. Que salgan por donde han entrado. No quiero que pasen por aquí.

Muchacha. (*A* **Angustias.**) Pepe el Romano estaba con los hombres del duelo.

Angustias. Allí estaba.

Bernarda. Estaba su madre. Ella ha visto a su madre. A Pepe no lo ha visto ni ella ni yo.

Muchacha. Me pareció . . .

Bernarda. Quien sí estaba era el viudo de Darajalí. Muy cerca de tu tía. A ése lo vimos todas.

Mujer 2ª. (*Aparte y en baja voz.*) ¡Mala, más que mala!

Mujer 3ª. (*Aparte y en baja voz.*) ¡Lengua de cuchillo!

Bernarda. Las mujeres en la iglesia no deben mirar más hombre que al **oficiante**,[52] y a ése porque tiene faldas. Volver la cabeza es buscar el calor de la **pana**.[53]

---

[51] **bandeja**—charola; pieza plana con bordes, que se usa para servir comida.

[52] **oficiante**—el que oficia en las iglesias, en la misa, por ejemplo.

[53] **pana**—tela gruesa parecida al terciopelo, de la que se fabrican trajes de hombre.

Mujer 1ª. (*En voz baja.*) ¡Vieja lagarta recocida!⁵⁴

Poncia. (*Entre dientes.*) ¡Sarmentosa⁵⁵ por calentura de varón!

Bernarda. (*Dando un golpe de bastón en el suelo.*) Alabado sea Dios.

Todas. (*Santiguándose.*) Sea por siempre bendito y alabado.

Bernarda. Descansa en paz con la santa compaña⁵⁶ de **cabecera.**⁵⁷

Todas. ¡Descansa en paz!

Bernarda. Con el ángel san Miguel y su espada justiciera.

Todas. ¡Descansa en paz!

Bernarda. Con la llave que todo lo abre y la mano que todo lo cierra.

Todas. ¡Descansa en paz!

Bernarda. Con los **bienaventurados**⁵⁸ y las lucecitas del campo.

Todas. ¡Descansa en paz!

---

⁵⁴ **recocida**—vuelta a cocer; muy cocida; muy experimentada.

⁵⁵ **Sarmentosa**—que se extiende como los tallos de una vid en busca del sol.

⁵⁶ **compaña**—uso familiar por "compañía", o sea, presencia de una persona al lado de otra para que no esté sola.

⁵⁷ **cabecera**—parte de la cama donde se ponen las almohadas.

⁵⁸ **bienaventurados**—que gozan eternamente de la visión de Dios en el cielo.

Bernarda. Con nuestra santa caridad
y las almas de tierra y mar.

Todas. ¡Descansa en paz!

Bernarda. Concede el reposo a tu siervo Antonio María
Benavides y dale la corona de tu santa gloria.

Todas. Amén.

Bernarda. (*Se pone de pie y canta.*) «Requiem aeternam
dona eis, Domine.»[59]

Todas. (*De pie y cantando al modo gregoriano.*)
«Et lux perpetua luceat eis.»[60] (***Se santiguan.***)[61]

Mujer 1ª. Salud para rogar por su alma.
(*Van **desfilando**.*)[62]

Mujer 3ª. No te faltará la hogaza[63] de pan caliente.

Mujer 2ª. Ni el techo para tus hijas. (*Van desfilando
todas por delante de **Bernarda** y saliendo.*)

(*Sale **Angustias** por otra puerta, la que da al patio.*)

Mujer 4ª. El mismo lujo de tu casamiento lo sigas
disfrutando.

Poncia. (*Entrando con una bolsa.*) De parte de los
hombres esta bolsa de dineros para responsos.

---

[59] *Requiem aeternam dona eis, Domine*—Que Dios te conceda descanso eterno
(frase latina).

[60] *Et lux perpetua luceat eis*—Y que Su perpetua luz te ilumine (frase latina).

[61] **Se santiguan**—se hacen la señal de la cruz.

[62] **desfilando**—marchando en fila; saliendo una tras otra.

[63] hogaza—pan grande.

Bernarda. Dales las gracias y échales una copa de aguardiente.[64]

Muchacha. (*A* **Magdalena**.) Magdalena.

Bernarda. (*A sus* **Hijas**. *A* **Magdalena**, *que inicia el llanto*.) Chissssss.[65] (*Salen todas. Golpea con el bastón. A las que se han ido.*) ¡Andar a vuestras cuevas a criticar todo lo que habéis visto! Ojalá tardéis muchos años en volver a pasar el arco de mi puerta.

Poncia. No tendrás queja ninguna. Ha venido todo el pueblo.

Bernarda. Sí; para llenar mi casa con el sudor de sus refajos[66] y el **veneno**[67] de sus lenguas.

Amelia. ¡Madre, no hable usted así!

Bernarda. Es así como se tiene que hablar en este maldito pueblo sin río, pueblo de **pozos**,[68] donde siempre se bebe el agua con el miedo de que esté envenenada.

Poncia. ¡Cómo han puesto la solería![69]

Bernarda. Igual que si hubiese pasado por ella una **manada**[70] de cabras. (*La* **Poncia** *limpia el suelo*.) Niña, dame un abanico.

---

[64] aguardiente (m.)—bebida alcohólica que se obtiene por destilación.

[65] Chis—sonido utilizado para hacer callar a las personas.

[66] refajos—faldas utilizadas por las mujeres unas veces como prenda interior y otras encima de las enaguas.

[67] **veneno**—sustancia que, introducida en el organismo, causa la muerte; figuradamente, algo que puede hacer un daño o a la salud o a la moral.

[68] **pozos**—excavaciones verticales hechas en la tierra a fin de encontrar una vena de agua.

[69] solería—suelo.

[70] **manada**—conjunto de animales, como vacas, ovejas o cabras.

Adela. Tome usted. (*Le da un abanico redondo con flores rojas y verdes.*)

Bernarda. (*Arrojando el abanico al suelo.*) ¿Es éste el abanico que se da a una viuda? Dame uno negro y aprende a respetar el luto de tu padre.

Martirio. Tome usted el mío.

Bernarda. ¿Y tú?

Martirio. Yo no tengo calor.

Bernarda. Pues busca otro, que te hará falta. En ocho años que dure el luto no ha de entrar en esta casa el viento de la calle. Haceros cuenta[71] que hemos tapiado[72] con **ladrillos**[73] puertas y ventanas. Así pasó en casa de mi padre y en casa de mi abuelo. Mientras, podéis empezar a **bordar**[74] el **ajuar**.[75] En el arca tengo veinte piezas de hilo con el que podréis cortar sábanas y embozos.[76] Magdalena puede bordarlas.

Magdalena. Lo mismo me da.

Adela. (*Agria.*) Si no quieres bordarlas, irán sin bordados. Así las tuyas lucirán más.

---

[71] Haceros cuenta—considerad; pensad.

[72] tapiado—cerrado; cegado.

[73] **ladrillos**—bloques de arcilla en forma de prisma utilizados en la construcción.

[74] **bordar**—adornar con puntos de costura una tela.

[75] **ajuar** (m.)—conjunto de muebles, alhajas y ropa que aporta la mujer al matrimonio cuando se casa, típicamente sábanas, fundas, manteles, y demás.

[76] embozos—tiras de tela con que se adornan por dentro los bordes de una capa.

Magdalena. Ni las mías ni las vuestras. Sé que ya no me voy a casar. Prefiero llevar sacos al **molino**.[77] Todo menos estar sentada días y días dentro de esta sala oscura.

Bernarda. Eso tiene ser mujer.

Magdalena. Malditas sean las mujeres.

Bernarda. Aquí se hace lo que yo mando. Ya no puedes ir con el cuento a tu padre. **Hilo**[78] y **aguja**[79] para las **hembras**.[80] Látigo y mula para el **varón**.[81] Eso tiene la gente que nace con posibles.

B on life gender

(*Sale* **Adela**.)

Voz. Bernarda, ¡déjame salir!

Bernarda. (*En voz alta.*) ¡Dejadla ya!

(*Sale la* **Criada 1ª**.)

Criada. Me ha costado mucho **sujetarla**.[82] A pesar de sus ochenta años, tu madre es fuerte como un **roble**.[83]

Bernarda. Tiene a quién parecérsele. Mi abuela fue igual.

Criada. Tuve durante el duelo que taparle varias veces la boca con un **costal**[84] vacío porque quería llamarte

---

[77] **molino**—edificio donde se encuentra una máquina para moler el trigo.

[78] **Hilo**—tejido de lino; hebra o filamento de que está hecho el tejido.

[79] **aguja**—barrita típicamente de metal, que se usa para coser, bordar, o tejer.

[80] **hembras**—mujeres.

[81] **varón**—hombre.

[82] **sujetarla**—retenerla; tenerla sin libertad de movimiento.

[83] **roble** (m.)—árbol fuerte, de madera dura, que da por fruto bellotas.

[84] **costal** (m.)—saco grande de tela ordinaria que sirve para transportar harina.

Cómico

para que le dieras agua de **fregar**[85] siquiera para beber y carne de perro, que es lo que ella dice que le das.

Martirio. ¡Tiene mala intención!

Bernarda. (*A la* **Criada.**) Déjala que **se desahogue**[86] en el patio.

Criada. Ha sacado del **cofre**[87] sus anillos y los **pendientes**[88] de **amatistas**[89], se los ha puesto y me ha dicho que se quiere casar.

(*Las* **Hijas** *ríen.*)

Bernarda. Ve con ella y ten cuidado que no se acerque al pozo.

Criada. No tengas miedo que se tire.

Bernarda. No es por eso. Pero desde aquel sitio las vecinas pueden verla desde su ventana.

(*Sale la* **Criada.**)

Martirio. Nos vamos a cambiar la ropa.

Bernarda. Sí; pero no el pañuelo de la cabeza. (*Entra* **Adela.**) ¿Y Angustias?

Adela. (*Con retintín.*)[90] La he visto asomada a la rendija del portón. Los hombres se acababan de ir.

---

[85] **fregar**—lavar; limpiar (los pisos, o los platos, por ejemplo).

[86] **se desahogue**—se alivie en sus aflicciones o penas.

[87] **cofre** (m.)—arca; estuche; caja con cerradura.

[88] **pendientes** (m.)—aretes colgantes.

[89] **amatistas**—piedras semipreciosas de color purpúreo.

[90] *retintín*—entonación irónica o maliciosa.

Bernarda. ¿Y tú a qué fuiste, también al portón?

Adela. Me llegué a ver si habían puesto las gallinas.

Bernarda. ¡Pero el duelo de los hombres habría salido ya!

Adela. (*Con intención.*) Todavía estaba un grupo parado por fuera.

Bernarda. (*Furiosa.*) ¡Angustias! ¡Angustias!

Angustias. (*Entrando.*) ¿Qué manda usted?

Bernarda. ¿Qué mirabas y a quién?

Angustias. A nadie.

Bernarda. ¿Es decente que una mujer de tu clase vaya con el **anzuelo**[91] detrás de un hombre el día de la misa de su padre? ¡Contesta! ¿A quién mirabas?

(*Pausa.*)

Angustias. Yo . . .

Bernarda. ¡Tú!

Angustias. ¡A nadie!

Bernarda. (*Avanzando con el bastón.*) ¡Suave! ¡Dulzarrona![92] (*Le da.*)[93]

---

[91] **anzuelo**—ganchito o arponcillo de metal que sirve para pescar.

[92] ¡Dulzarrona!—¡Hipócrita!; epíteto despectivo, queriendo decir que su actitud puede ser dulce pero es desagradable, demasiado dulce; encubre algo.

[93] *Le da*—le golpea.

*Poncia—
peacekeeper* **Poncia.** (*Corriendo.*) ¡Bernarda, cálmate! (*La sujeta.*)

(**Angustias** *llora.*)

Bernarda. ¡Fuera de aquí todas! (*Salen.*)

Poncia. Ella lo ha hecho sin dar alcance a[94] lo que hacía, que está francamente mal. ¡Ya me chocó a mí verla **escabullirse**[95] hacia el patio! Luego estuvo detrás de una ventana oyendo la conversación que traían los hombres, que, como siempre, no se puede oír.

Bernarda. ¡A eso vienen a los duelos! (*Con curiosidad.*) ¿De qué hablaban?

Chismes **Poncia.** Hablaban de Paca la Roseta. Anoche ataron a su marido a un pesebre[96] y a ella se la llevaron a la grupa[97] del caballo hasta lo alto del **olivar.**[98]

Bernarda. ¿Y ella?

Poncia. Ella, tan conforme. Dicen que iba con los pechos fuera y Maximiliano la llevaba **cogida**[99] como si tocara la guitarra. ¡Un horror!

Bernarda. ¿Y qué pasó?

Poncia. Lo que tenía que pasar. Volvieron casi de día. Paca la Roseta traía el pelo suelto y una corona de flores en la cabeza.

---

[94] dar alcance a—darse cuenta de.

[95] **escabullirse**—salirse a escondidas, esperando no ser vista.

[96] pesebre (m.)—especie de cajón, típicamente de madera, donde comen los animales.

[97] grupa—parte de atrás del lomo de un caballo.

[98] **olivar** (m.)—conjunto de olivos, árboles que dan aceitunas.

[99] **cogida**—agarrada; tenida.

Bernarda. Es la única mujer mala que tenemos en el pueblo.

Poncia. Porque no es de aquí. Es de muy lejos. Y los que fueron con ella son también hijos de **forasteros**.[100] Los hombres de aquí no son capaces de eso.

Bernarda. No; pero les gusta verlo y comentarlo y se chupan los dedos de que esto ocurra.

Poncia. Contaban muchas cosas más.

Bernarda. (*Mirando a un lado y otro con cierto temor.*) ¿Cuáles?

Poncia. Me da vergüenza referirlas.

Bernarda. Y mi hija las oyó.

Poncia. ¡Claro!

Bernarda. Ésa sale a sus tías; blancas y untosas[101] que ponían ojos de **carnero**[102] al **piropo**[103] de cualquier barberillo.[104] ¡Cuánto hay que sufrir y luchar para hacer que las personas sean decentes y no tiren al monte[105] demasiado!

Poncia. ¡Es que tus hijas están ya en edad de merecer![106] Demasiada poca guerra[107] te dan. Angustias ya debe tener mucho más de los treinta.

---

[100] **forasteros**—extraños; gente fuereña.

[101] untosas—disimuladas; ladinas; astutas; pícaras.

[102] **carnero**—el macho de la oveja.

[103] **piropo**—lisonja; requiebro; elogio; alabanza.

[104] barberillo—barbero insignificante.

[105] no tiren al monte—no respondan a instintos o tendencias salvajes.

[106] edad de merecer—edad de conseguir novio.

[107] guerra—oposición; problemas.

Bernarda. Treinta y nueve justos.

Poncia. Figúrate. Y no ha tenido nunca novio . . .

Novios

Bernarda. (*Furiosa.*) ¡No! ¡No ha tenido novio ninguna ni les hace falta! Pueden pasarse muy bien.

Poncia. No he querido ofenderte.

Bernarda. No hay en cien leguas a la redonda quien se pueda acercar a ellas. Los hombres de aquí no son de su clase. ¿Es que quieres que las entregue a cualquier gañán?[108]

Poncia. Debías haberte ido a otro pueblo.

Bernarda. Eso, ¡a venderlas!

Poncia. No, Bernarda; a cambiar . . . ¡Claro que en otros sitios ellas resultan las pobres!

Bernarda. ¡Calla esa lengua atormentadora!

P-B

Poncia. Contigo no se puede hablar. Tenemos o no tenemos confianza.

Bernarda. No tenemos. Me sirves y te pago. ¡Nada más!

Criada 1ª. (*Entrando.*) Ahí está don Arturo, que viene a arreglar las particiones.[109]

---

[108] gañán—mozo de labranza; empleado de una granja.

[109] arreglar las particiones—repartir entre algunas personas una hacienda o herencia.

Bernarda. Vamos. (*A la* **Criada**.) Tú empieza a blanquear[110] el patio. (*A la* **Poncia**.) Y tú ve guardando en el arca[111] grande toda la ropa del muerto.

Poncia. Algunas cosas las podríamos dar . . .[112]

Bernarda. Nada. ¡Ni un botón! ¡Ni el pañuelo con que le hemos tapado la cara! (*Sale lentamente apoyada en el bastón, y al salir, vuelve la cabeza y mira a sus* **Criadas**.)

(*Las* **Criadas** *salen. Entran* **Amelia** *y* **Martirio**.)

Amelia. ¿Has tomado la medicina?

Martirio. ¡Para lo que me va a servir!

Amelia. Pero la has tomado.

Martirio. Ya hago las cosas sin fe pero como un reloj.

Amelia. Desde que vino el médico nuevo estás más animada.

Martirio. Yo me siento lo mismo.

Amelia. ¿Te fijaste? Adelaida no estuvo en el duelo.

Martirio. Ya lo sabía. Su novio no la deja salir ni al tranco de la calle. Antes era alegre. Ahora ni polvos se echa en la cara.

Amelia. Ya no sabe una si es mejor tener novio o no.

---

[110] **blanquear**—hacer blanco; pintar de blanco.
[111] **arca**—cofre; caja generalmente de madera.
[112] **dar**—regalar a los pobres.

Martirio. Es lo mismo.

Amelia. De todo tiene la culpa esta crítica que no nos deja vivir. Adelaida habrá pasado mal rato.

Martirio. Le tiene miedo a nuestra madre. Es la única que conoce la historia de su padre y el origen de sus tierras. Siempre que viene le tira puñaladas[113] con el asunto. Su padre mató en Cuba al marido de su primera mujer para casarse con ella, luego aquí la abandonó y se fue con otra que tenía una hija y luego tuvo relaciones con esta muchacha, la madre de Adelaida, y casó con ella después de haber muerto loca la segunda mujer.

Amelia. Y ese **infame**,[114] ¿por qué no está en la cárcel?

Martirio. Porque los hombres se tapan unos a otros las cosas de esta **índole**[115] y nadie es capaz de **delatar**.[116]

Amelia. Pero Adelaida no tiene culpa de esto.

Martirio. No, pero las cosas se repiten. Yo veo que todo es una terrible repetición. Y ella tiene el mismo **sino**[117] de su madre y de su abuela, mujeres las dos del que la engendró.

Amelia. ¡Qué cosa más grande!

---

[113] **puñaladas**—heridas hechas con puñal; el puñal aquí es la lengua de Bernarda.

[114] **infame**—hombre vil, ruin.

[115] **índole**—clase; especie; tipo.

[116] **delatar**—informar a las autoridades sobre un delito de otro.

[117] **sino**—destino; hado.

Martirio. Es preferible no ver a un hombre nunca. Desde niña les tuve miedo. Los veía en el corral uncir[118] los bueyes y levantar los costales de trigo entre voces y zapatazos y siempre tuve miedo de crecer por temor de encontrarme de pronto abrazada por ellos. Dios me ha hecho débil y fea y los ha apartado definitivamente de mí.

Amelia. ¡Eso no digas! Enrique Humanes estuvo detrás de ti y le gustabas.

Martirio. ¡Invenciones de la gente! Una noche estuve en camisa detrás de la ventana hasta que fue de día porque me avisó con la hija de su gañán que iba a venir y no vino. Fue todo cosa de **lenguas.**[119] Luego se casó con otra que tenía más que yo.

Amelia. Y fea como un demonio.

Martirio. ¡Qué les importa a ellos la fealdad! A ellos les importa la tierra, las yuntas[120] y una perra **sumisa**[121] que les dé de comer.

Amelia. ¡Ay! (*Entra* **Magdalena.**)

Magdalena. ¿Qué hacéis?

Martirio. Aquí.

Amelia. ¿Y tú?

---

[118] uncir—atar al yugo.

[119] **lenguas**—murmuraciones en perjuicio de las personas; ataques al buen nombre.

[120] yunta(s)—par de bueyes que sirven, bajo el yugo, en la labor del campo.

[121] **sumisa**—obediente; subyugada.

Magdalena. Vengo de correr las cámaras.[122] Por andar un poco. De ver los cuadros[123] bordados en cañamazo[124] de nuestra abuela, el perrito de lanas y el negro luchando con el león que tanto nos gustaba de niñas. Aquélla era una época más alegre. Una boda duraba diez días y no se usaban las malas lenguas. Hoy hay más finura, las novias se ponen velo blanco como en las poblaciones y se bebe vino de botella, pero nos pudrimos[125] por **el qué dirán.**[126]

Martirio. ¡Sabe Dios lo que entonces pasaría!

Amelia. (*A* **Magdalena.**) Llevas desabrochados[127] los cordones de un zapato.

Magdalena. ¡Qué más da!

Amelia. Te los vas a pisar y te vas a caer.

Magdalena. ¡Una menos!

Martirio. ¿Y Adela?

Magdalena. ¡Ah! Se ha puesto el traje verde que se hizo para **estrenar**[128] el día de su cumpleaños, se ha ido al corral, y ha comenzado a voces: «¡Gallinas, gallinas, miradme!» ¡Me he tenido que reír!

Amelia. ¡Si la hubiera visto madre!

---

[122] cámaras—habitaciones.

[123] cuadros—telas sostenidas por un bastidor y colgadas en la pared; en ellos están las pinturas aludidas.

[124] cañamazo—tela de tejido ralo dispuesta para bordar en ella con seda o lana de colores.

[125] nos pudrimos—nos corrompimos; nos consumimos.

[126] **el qué dirán**—lo que pueda decir la gente acerca de uno.

[127] desabrochados—sin atar.

[128] **estrenar**—usar por primera vez.

Magdalena. ¡Pobrecilla! Es la más joven de nosotras y tiene ilusión. ¡Daría algo por verla feliz!

(*Pausa.* **Angustias** *cruza la escena con unas toallas en la mano.*)

Angustias. ¿Qué hora es?

Martirio. Ya deben ser las doce.

Angustias. ¿Tanto?

Amelia. Estarán al caer.[129]

(*Sale* **Angustias**.)

Magdalena. (*Con intención.*) ¿Sabéis ya la cosa . . . ? (*Señalando a* **Angustias**.)

Amelia. No.

Magdalena. ¡Vamos!

Martirio. ¡No sé a qué cosa te refieres . . . !

Magdalena. ¡Mejor que yo lo sabéis las dos, siempre cabeza con cabeza como dos ovejitas, pero sin desahogaros con nadie! ¡Lo de Pepe el Romano!

Martirio. ¡Ah!

Magdalena. (*Remedándola.*)[130] ¡Ah! Ya se comenta por el pueblo. Pepe el Romano viene a casarse con

---

[129] Estarán al caer—Deben ser casi (las doce).

[130] *Remedándola*—Imitándola.

Angustias. Anoche estuvo **rondando**[131] la casa y creo que pronto va a mandar un emisario.

Martirio. Yo me alegro. Es buen hombre.

Amelia. Yo también. Angustias tiene buenas condiciones.[132]

Magdalena. Ninguna de las dos os alegráis.

Martirio. ¡Magdalena! ¡Mujer!

Magdalena. Si viniera por el tipo de Angustias, por Angustias como mujer, yo me alegraría; pero viene por el dinero. Aunque Angustias es nuestra hermana, aquí estamos en familia y reconocemos que está vieja, enfermiza y que siempre ha sido la que ha tenido menos méritos de todas nosotras. Porque si con veinte años parecía un palo vestido, ¡qué será ahora que tiene cuarenta!

P" motive (handwritten)

Martirio. No hables así. La suerte viene a quien menos la aguarda.

Amelia. ¡Después de todo dice la verdad! ¡Angustias tiene el dinero de su padre, es la única rica de la casa y por eso ahora que nuestro padre ha muerto y ya se harán particiones vienen por ella!

Magdalena. Pepe el Romano tiene veinticinco años y es el mejor tipo de todos estos **contornos;**[133] lo natural sería que te pretendiera[134] a ti, Amelia, o a

---

[131] **rondando**—dando vueltas alrededor.

[132] buenas condiciones—buen genio; aptitudes o posición favorables; buenas circunstancias.

[133] **contornos**—región.

[134] pretendiera—cortejara con la pretensión de casarse.

nuestra Adela, que tiene veinte años, pero no que venga a buscar lo más oscuro de esta casa, a una mujer que, como su padre, habla con la nariz.

Martirio. ¡Puede que a él le guste!

Magdalena. ¡Nunca he podido resistir tu hipocresía!

Martirio. ¡Dios nos valga![135]

(*Entra* **Adela**.)

Magdalena. ¿Te han visto ya las gallinas?

Adela. ¿Y qué querías que hiciera?

Amelia. ¡Si te ve nuestra madre te **arrastra**[136] del pelo!

Adela. Tenía mucha ilusión con el vestido. Pensaba ponérmelo el día que vamos a comer **sandías**[137] a la noria.[138] No hubiera habido otro igual.

Martirio. ¡Es un vestido precioso!

Adela. Y me está muy bien. Es lo que mejor ha cortado Magdalena.

Magdalena. ¿Y las gallinas qué te han dicho?

---

[135] ¡Dios nos valga!—exclamación sarcástica, sugiriendo extrañeza.

[136] **arrastra**—lleva por el suelo tirando.

[137] **sandías**—frutos grandes y redondos, de color verde por fuera y pulpo rojo por dentro, con muchas pepitas.

[138] noria—máquina para subir agua de un pozo, que consiste en una gran rueda plana conectada a una palanca de la que tira un caballo o un mulo.

Adela. Regalarme unas cuantas **pulgas**[139] que me han **acribillado**[140] las piernas. (*Ríen.*)

Martirio. Lo que puedes hacer es **teñirlo de**[141] negro.

Magdalena. ¡Lo mejor que puede hacer es regalárselo a Angustias para su boda con Pepe el Romano!

Adela. (*Con emoción contenida.*) ¡Pero Pepe el Romano . . . !

Amelia. ¿No lo has oído decir?

Adela. No.

Magdalena. ¡Pues ya lo sabes!

Adela. ¡Pero si no puede ser!

Magdalena. ¡El dinero lo puede todo!

Adela. ¿Por eso ha salido detrás del duelo y estuvo mirando por el portón? (*Pausa.*) Y ese hombre es capaz de . . .

Magdalena. Es capaz de todo.

(*Pausa.*)

Martirio. ¿Qué piensas, Adela?

Adela. Pienso que este luto me ha cogido en la peor época de mi vida para pasarlo.

---

[139] **pulgas**—insectos saltadores que se nutren chupando la sangre de las personas o de los animales.

[140] **acribillado**—hecho una criba; lleno de picaduras.

[141] **teñirlo de**—cambiarle el color a.

Magdalena. Ya te acostumbrarás.

Adela. (*Rompiendo a llorar con ira.*) ¡No, no me acostumbraré! Yo no quiero estar encerrada. ¡No quiero que se me pongan las carnes como a vosotras! ¡No quiero perder mi blancura[142] en estas habitaciones! ¡Mañana me pondré mi vestido verde y me echaré a pasear por la calle! ¡Yo quiero salir!

Verde

(*Entra la* **Criada 1ª.**)

Magdalena. (*Autoritaria.*) ¡Adela!

Criada 1ª. ¡La pobre! ¡Cuánto ha sentido a su padre! (*Sale.*)

Martirio. ¡Calla!

Amelia. Lo que sea de una será de todas.

(**Adela** *se calma.*)

Magdalena. Ha estado a punto de oírte la criada.

Criada. (*Apareciendo.*) Pepe el Romano viene por lo alto de la calle.

(**Amelia,** **Martirio** *y* **Magdalena** *corren presurosas.*)

Magdalena. ¡Vamos a verlo! (*Salen rápidas.*)

Criada. (*A* **Adela.**) ¿Tú no vas?

Adela. No me importa.

---

[142] blancura—lozanía; juventud.

Criada. Como dará la vuelta a la esquina, desde la ventana de tu cuarto se verá mejor. (*Sale la* **Criada**.)

(**Adela** *queda en escena dudando; después de un instante se va también rápida hacia su habitación. Salen* **Bernarda** *y la* **Poncia**.)

Bernarda. ¡Malditas particiones!

Poncia. ¡Cuánto dinero le queda a Angustias!

Bernarda. Sí.

Poncia. Y a las otras bastante menos.

Bernarda. Ya me lo has dicho tres veces y no te he querido replicar. Bastante menos, mucho menos. No me lo recuerdes más.

(*Sale* **Angustias** *muy compuesta de cara.*)[143]

Bernarda. ¡Angustias!

Angustias. Madre.

Bernarda. ¿Pero has tenido valor de echarte polvos en la cara? ¿Has tenido valor de lavarte la cara el día de la misa de tu padre?[144]

Angustias. No era mi padre. El mío murió hace tiempo. ¿Es que ya no lo recuerda usted?

---

[143] *compuesta de cara*—maquillada con polvos.

[144] *¿Has tenido valor de lavarte la cara el día de la misa de tu padre?*—se refiere a la práctica de no bañarse en señal de duelo.

Bernarda. ¡Más debes a este hombre, padre de tus hermanas, que al tuyo! Gracias a este hombre tienes colmada tu fortuna.

Angustias. ¡Eso lo teníamos que ver!

Bernarda. ¡Aunque fuera por decencia! Por respeto.

Angustias. Madre, déjeme usted salir.

Bernarda. ¿Salir? Después de que te hayas quitado esos polvos de la cara, ¡suavona! ¡Yeyo![145] ¡Espejo de tus tías! (*Le quita violentamente con su pañuelo los polvos.*) ¡Ahora vete!

Poncia. ¡Bernarda, no seas tan inquisitiva!

Bernarda. Aunque mi madre esté loca, yo estoy con mis cinco sentidos y sé perfectamente lo que hago.

(*Entran todas.*)

Magdalena. ¿Qué pasa?

Bernarda. No pasa nada.

Magdalena. (*A* **Angustias**.) Si es que discutís por las particiones, tú que eres la más rica te puedes quedar con todo.

Angustias. ¡Guárdate la lengua en la madriguera![146]

---

[145] ¡suavona! ¡Yeyo!—epítetos insultantes que sugieren blandura, debilidad de carácter, sumisión.

[146] madriguera—cueva pequeña, estrecha y profunda que habitan algunos animales; lugar donde se oculta la gente de mal vivir; figuradamente, boca.

Bernarda. (_Golpeando con el bastón en el suelo._)
¡No os hagáis ilusiones de que vais a poder
conmigo! ¡Hasta que salga de esta casa con los pies
adelante mandaré en lo mío y en lo vuestro!

(_Se oyen unas voces y entra en escena_ **María Josefa**, _la madre
de_ **Bernarda**, _viejísima, ataviada_[147] _con flores en la cabeza y
en el pecho._)

María Josefa. Bernarda, ¿dónde está mi mantilla?
Nada de lo que tengo quiero que sea para vosotras:
ni mis anillos ni mi traje negro de moaré.[148] Porque
ninguna de vosotras se va a casar. ¡Ninguna!
Bernarda, ¡dame mi gargantilla[149] de perlas!

Bernarda. (_A la_ **Criada**.) ¿Por qué la habéis dejado
entrar?

Criada. (_Temblando._) ¡Se me escapó!

María Josefa. Me escapé porque me quiero casar,
porque quiero casarme con un varón hermoso de la
orilla del mar, ya que aquí los hombres huyen de
las mujeres.

Bernarda. ¡Calle usted, madre!

María Josefa. No, no callo. No quiero ver a estas
mujeres solteras rabiando por[150] la boda,
haciéndose polvo[151] el corazón, y yo me quiero ir a
mi pueblo. ¡Bernarda, yo quiero un varón para
casarme y para tener alegría!

---

[147] _ataviada_—decorada.

[148] moaré—muaré; tela fuerte de seda tejida de manera que emite reflejos.

[149] gargantilla—collar corto que ciñe el cuello.

[150] rabiando por—deseando con vehemencia; impacientándose por.

[151] haciéndose polvo—destruyéndose.

Bernarda. ¡Encerradla!

María Josefa. ¡Déjame salir, Bernarda!

(*La* **Criada** *coge a* **María Josefa.**)

Bernarda. ¡Ayudarla vosotras!
  (*Todas arrastran a la Vieja.*)

María Josefa. ¡Quiero irme de aquí, Bernarda! A
  casarme a la orilla del mar, a la orilla del mar.

(*Telón rápido.*)

Acto segundo

Habitación blanca del interior de la casa de **Bernarda.** *Las puertas de la izquierda dan a los dormitorios. Las* **Hijas de Bernarda** *están sentadas en sillas bajas cosiendo.* **Magdalena** *borda. Con ellas está la* **Poncia.**

Angustias. Ya he cortado la tercera sábana.

Martirio. Le corresponde a Amelia.

Magdalena. Angustias, ¿pongo también las iniciales de Pepe?

Angustias. (*Seca.*) No.

Magdalena. (*A voces.*) Adela, ¿no vienes?

Amelia. Estará echada en la cama.

Poncia. Ésta tiene algo. La encuentro sin sosiego, temblona, asustada, como si tuviera una **lagartija**[152] entre los pechos.

Martirio. No tiene ni más ni menos que lo que tenemos todas.

Magdalena. Todas menos Angustias.

Angustias. Yo me encuentro bien, y al que le duela, que **reviente.**[153]

---

[152] **lagartija**—reptil saurio de tamaño pequeño, piel escamosa, cuerpo alargado y color verde.
[153] **reviente**—haga explosión; estalle; muera violentamente.

Magdalena. Desde luego hay que reconocer que lo mejor que has tenido siempre ha sido el talle y la delicadeza.

Angustias. Afortunadamente pronto voy a salir de este infierno.

Magdalena. ¡A lo mejor no sales!

Martirio. ¡Dejar esa conversación!

Angustias. Y además ¡más vale onza en el arca que ojos negros en la cara![154]

Dinero y belleza

Magdalena. Por un oído me entra y por otro me sale.

Amelia. (*A la* **Poncia.**) Abre la puerta del patio a ver si nos entra un poco el fresco.

(*La* **Poncia** *lo hace.*)

Martirio. Esta noche pasada no me podía quedar dormida del calor.

Amelia. ¡Yo tampoco!

Magdalena. Yo me levanté a refrescarme. Había un nublo[155] negro de tormenta y hasta cayeron algunas gotas.

Poncia. Era la una de la madrugada y salía fuego de la tierra. También me levanté yo. Todavía estaba Angustias con Pepe en la ventana.

---

[154] ¡más vale onza en el arca que ojos negros en la cara!—¡más vale tener dinero guardado que ser bonita!
[155] nublo—nublado.

Magdalena. (*Con ironía.*) ¿Tan tarde? ¿A qué hora
se fue?

Angustias. Magdalena, ¿a qué preguntas si lo viste?

Amelia. Se iría a eso de la una y media.

Angustias. Sí. ¿Tú por qué lo sabes?

Amelia. Lo sentí toser y oí los pasos de su jaca.

Poncia. ¡Pero si yo lo sentí marchar a eso de
las cuatro!

Angustias. ¡No sería él!

Poncia. ¡Estoy segura!

Amelia. ¡A mí también me pareció!

Magdalena. ¡Qué cosa más rara!

(*Pausa.*)

Poncia. Oye, Angustias. ¿Qué fue lo que te dijo la
primera vez que se acercó a tu ventana?

Angustias. Nada, ¡qué me iba a decir! Cosas
de conversación.

Martirio. Verdaderamente es raro que dos personas
que no se conocen se vean de pronto en una **reja**[156]
y ya novios.

---

[156] **reja**—red formada por barras de hierro, que cubre una puerta o una
ventana para seguridad o adorno.

Angustias. Pues a mí no me **chocó.**[157]

Amelia. A mí me daría no sé qué.

Angustias. No, porque cuando un hombre se acerca a una reja ya sabe por los que van y vienen, llevan y traen, que se le va a decir que sí.

Martirio. Bueno; pero él te lo tendría que decir.

Angustias. ¡Claro!

Amelia. (*Curiosa.*) ¿Y cómo te lo dijo?

Angustias. Pues nada: «Ya sabes que ando detrás de ti, necesito una mujer buena, **modosa,**[158] ¡y ésa eres tú si me das la conformidad!».[159]

Amelia. ¡A mí me da vergüenza de estas cosas!

Angustias. ¡Y a mí, pero hay que pasarlas!

Poncia. ¿Y habló más?

Angustias. Sí; siempre habló él.

Martirio. ¿Y tú?

Angustias. Yo no hubiera podido. Casi se me salía el corazón por la boca. Era la primera vez que estaba sola de noche con un hombre.

Magdalena. Y un hombre tan guapo.

---

[157] **chocó**—causó extrañeza.

[158] **modosa**—que tiene buenos modales.

[159] la conformidad—el sí; tu consentimiento.

Angustias. ¡No tiene mal **tipo**![160]

Poncia. Esas cosas pasan entre personas ya un poco instruidas que hablan y dicen y mueven la mano . . . La primera vez que mi marido Evaristo el Colorín vino a mi ventana . . . ¡Ja, ja, ja!

Amelia. ¿Qué pasó?

Poncia. Era muy oscuro. Lo vi acercarse y al llegar me dijo: «Buenas noches». «Buenas noches», le dije yo, y nos quedamos callados más de media hora. Me corría el sudor por todo el cuerpo. Entonces Evaristo se acercó, se acercó que se quería meter por los hierros, y dijo con voz muy baja: «¡Ven que te **tiente**!»[161]. (*Ríen todas.*)

(**Amelia** *se levanta corriendo y espía por una puerta.*)

Amelia. ¡Ay! ¡Creí que llegaba nuestra madre!

Magdalena. ¡Buenas nos hubiera puesto![162]

(*Siguen riendo.*)

Amelia. Chissss . . . ¡Que nos van a oír!

Poncia. Luego se portó bien. En vez de darle por otra cosa le dio por criar colorines[163] hasta que se murió. A vosotras que sois solteras, os conviene saber de todos modos que el hombre a los quince días de boda deja la cama por la mesa y luego la mesa por

---

[160] **tipo**—aspecto; figura; talle.

[161] **tiente**—toque.

[162] ¡Buenas nos hubiera puesto!—¡Cómo nos hubiera regañado!

[163] colorines—jilgueros; especie de ave muy común en España, de colores vivos y canto melodioso.

la tabernilla.[164] Y la que no se conforma se pudre llorando en un rincón.

Amelia. Tú te conformaste.

Poncia. ¡Yo pude con él!

Martirio. ¿Es verdad que le pegaste algunas veces?

Poncia. Sí, y por poco lo dejo **tuerto**.[165]

Magdalena. ¡Así debían ser todas las mujeres!

Poncia. Yo tengo la escuela de tu madre. Un día me dijo no sé qué cosa y le maté todos los colorines con la mano del almirez.[166] (*Ríen.*)

Magdalena. Adela, ¡niña! No te pierdas esto.

Amelia. Adela.

(*Pausa.*)

Magdalena. ¡Voy a ver! (*Entra.*)

Poncia. ¡Esa niña está **mala**![167]

Martirio. Claro, ¡no duerme apenas!

Poncia. ¿Pues qué hace?

Martirio. ¡Yo qué sé lo que hace!

---

[164] tabernilla—bar; casino.
[165] **tuerto**—que tiene sólo un ojo sano.
[166] almirez (m.)—mortero de metal en que se muele algo.
[167] **mala**—enferma.

Poncia. Mejor lo sabrás tú que yo, que duermes pared por medio.

Angustias. La envidia la come.

Amelia. No exageres.

Angustias. Se lo noto en los ojos. Se le está poniendo mirar de loca.

Martirio. No habléis de locos. Aquí es el único sitio donde no se puede pronunciar esta palabra.

(*Sale* **Magdalena** *con* **Adela**.)

Magdalena. Pues ¿no estabas dormida?

Adela. Tengo mal cuerpo.[168]

Martirio. (*Con intención.*) ¿Es que no has dormido bien esta noche?

Adela. Sí.

Martirio. ¿Entonces?

Adela. (*Fuerte.*) ¡Déjame ya! ¡Durmiendo o **velando**[169] no tienes por qué meterte en lo mío! ¡Yo hago con mi cuerpo lo que me parece!

Martirio. ¡Sólo es interés por ti!

---

[168] mal cuerpo—indisposición pasajera.
[169] **velando**—quedándome despierta, sin poder dormir.

Adela. Interés o **inquisición**.[170] ¿No estabais cosiendo? ¡Pues seguir! ¡Quisiera ser invisible, pasar por las habitaciones sin que me preguntarais dónde voy!

Criada. (*Entra.*) Bernarda os llama. Está el hombre de los encajes. (*Salen.*)

(*Al salir,* **Martirio** *mira fijamente a* **Adela.**)

Adela. ¡No me mires más! Si quieres te daré mis ojos, que son frescos, y mis espaldas, para que te compongas la **joroba**[171] que tienes, pero vuelve la cabeza cuando yo pase.

Poncia. Adela, ¡que es tu hermana y además la que más te quiere!

Adela. Me sigue a todos lados. A veces se asoma a mi cuarto para ver si duermo. No me deja respirar. Y siempre: «¡Qué lástima de cara!» «¡qué lástima de cuerpo que no va a ser para nadie!». ¡Y eso no! ¡Mi cuerpo será de quien yo quiera!

Poncia. (*Con intención y en voz baja.*) De Pepe el Romano ¿no es eso?

Adela. (*Sobrecogida.*) ¿Qué dices?

Poncia. ¡Lo que digo, Adela!

Adela. ¡Calla!

Poncia. (*Alto.*) ¿Crees que no me he fijado?

Adela. ¡Baja la voz!

---

[170] **inquisición**—examen minucioso.
[171] **joroba**—concorva en la espalda.

Poncia. ¡Mata esos pensamientos!

Adela. ¿Qué sabes tú?

Poncia. Las viejas vemos a través de las paredes. ¿Dónde vas de noche cuando te levantas?

Adela. ¡Ciega debías estar!

Poncia. Con la cabeza y las manos llenas de ojos cuando se trata de lo que se trata. Por mucho que pienso no sé lo que te propones. ¿Por qué te pusiste casi desnuda con la luz encendida y la ventana abierta al pasar Pepe el segundo día que vino a hablar con tu hermana?

Adela. ¡Eso no es verdad!

Poncia. ¡No seas como los niños chicos! Deja en paz a tu hermana, y si Pepe el Romano te gusta, **te aguantas.**[172] (**Adela** *llora*.) Además, ¿quién dice que no te puedes casar con él? Tu hermana Angustias es una enferma. Ésa no resiste el primer **parto**.[173] Es estrecha de cintura, vieja, y con mi conocimiento te digo que se morirá. Entonces Pepe hará lo que hacen todos los viudos de esta tierra: se casará con la más joven, la más hermosa, y ésa eres tú. Alimenta esa esperanza, olvídalo, lo que quieras, pero no vayas contra la ley de Dios.

Adela. ¡Calla!

Poncia. ¡No callo!

---

[172] **te aguantas**—te contienes; te callas.
[173] **parto**—acción y proceso de dar a luz.

Adela. Métete en tus cosas, ¡oledora!,[174] ¡**pérfida!**[175]

Poncia. ¡Sombra tuya he de ser!

Adela. En vez de limpiar la casa y acostarte para
rezar a tus muertos, buscas como una vieja
marrana[176] asuntos de hombres y mujeres para
babosear en ellos.[177]

Poncia. ¡Velo![178], para que las gentes no **escupan**[179] al
pasar por esta puerta.

Adela. ¡Qué cariño tan grande te ha entrado de pronto
por mi hermana!

Poncia. No os tengo ley[180] a ninguna, pero quiero vivir
en casa decente. ¡No quiero mancharme de vieja!

Adela. Es inútil tu consejo. Ya es tarde. No por
encima de ti que eres una criada; por encima de
mi madre saltaría para apagarme este fuego que
tengo levantado por piernas y boca. ¿Qué puedes
decir de mí? ¿Que me encierro en mi cuarto y no
abro la puerta? ¿Que no duermo? ¡Soy más lista
que tú! Mira a ver si puedes agarrar la **liebre**[181]
con tus manos.

---

[174] ¡oledora!—que exhala olor o lo percibe; entrometida; metiche.

[175] ¡**pérfida!**—desleal; traidora.

[176] marrana—puerca; cerda; que tiene mala conducta.

[177] babosear en ellos—llenarlos de babas, de saliva.

[178] ¡Velo!—¡Vigilo!; ¡Estoy en guardia!

[179] **escupan**—arrojen saliva por la boca a modo de insulto.

[180] ley (f.)—lealtad; fidelidad; amor.

[181] **liebre** (f.)—especie de conejo, de piernas largas y fuertes, que corre
rápido para escaparse de las fieras que la quieren apresar; Adela se refiere a
sí misma.

Poncia. No **me desafíes**.[182] ¡Adela, no me desafíes!
Porque yo puedo dar voces, encender luces y hacer
que toquen las campanas.

Adela. Trae cuatro mil bengalas[183] amarillas y ponlas
en las bardas[184] del corral. Nadie podrá evitar que
suceda lo que tiene que suceder.

Poncia. ¡Tanto te gusta ese hombre!

Adela. ¡Tanto! Mirando sus ojos me parece que bebo
su sangre lentamente.

Poncia. Yo no te puedo oír.

Adela. ¡Pues me oirás! Te he tenido miedo. ¡Pero ya
<u>soy más fuerte que tú</u>!

(*Entra* **Angustias**.)

Angustias. ¡Siempre discutiendo!

Poncia. Claro. **Se empeña**[185] que con el calor que hace
vaya a traerle no sé qué cosa de la tienda.

Angustias. ¿Me compraste el bote de esencia?[186]

Poncia. El más caro. Y los polvos. En la mesa de tu
cuarto los he puesto.

(*Sale* **Angustias**.)

---

[182] **me desafíes**—me provoques a combate; te enfrentes a lo que te mando.

[183] bengalas—fuegos artificiales, pirotécnicos.

[184] bardas—cubiertas de ramaje, que se ponen sobre las tapias de los corrales como defensa.

[185] **Se empeña**—insiste.

[186] esencia—perfume.

Adela. ¡Y chitón![187]

Poncia. ¡Lo veremos!

(*Entran* **Martirio, Amelia** *y* **Magdalena.**)

Magdalena. (*A* **Adela.**) ¿Has visto los encajes?

Amelia. Los de Angustias para sus sábanas de novia
son preciosos.

Adela. (*A* **Martirio,** *que trae unos encajes.*) ¿Y éstos?

Martirio. Son para mí. Para una camisa.

Adela. (*Con sarcasmo.*) ¡Se necesita buen humor!

Martirio. (*Con intención.*) Para verlos yo. No necesito
lucirme[188] ante nadie.

Poncia. Nadie le ve a una en camisa.

Martirio. (*Con intención y mirando a* **Adela.**)
¡A veces! Pero me encanta la ropa interior. Si fuera
rica la tendría de **holanda.**[189] Es uno de los pocos
gustos que me quedan.

Poncia. Estos encajes son preciosos para las gorras de
niño, para manteruelos de cristianar.[190] Yo nunca
pude usarlos en los míos. A ver si ahora Angustias

---

[187] **chitón**—palabra onomatopéyica con que se advierte a una persona que
guarde silencio.
[188] **lucirme**—vestirme con esmero; adornarme.
[189] **holanda**—tela muy fina.
[190] manteruelos de cristianar—parte de la vestidura de los niños en la
ceremonia del bautizo.

los usa en los suyos. Como le dé por tener **crías**,[191] vais a estar cosiendo mañana y tarde.

Magdalena. Yo no pienso dar una puntada.[192]

Amelia. Y mucho menos cuidar niños **ajenos**.[193] Mira tú cómo están las vecinas del callejón, sacrificadas por cuatro **monigotes**.[194]

Poncia. Ésas están mejor que vosotras. ¡**Siquiera**[195] allí se ríe y se oyen **porrazos**![196]

Martirio. Pues vete a servir con ellas.

Poncia. No. ¡Ya me ha tocado en suerte este convento!

(*Se oyen unos campanillos lejanos como a través de varios muros.*)

Magdalena. Son los hombres que vuelven al trabajo.

Poncia. Hace un minuto dieron las tres.

Martirio. ¡Con este sol!

♀

Adela. (*Sentándose.*) ¡Ay, quién pudiera[197] salir también a los campos!

Clase

Magdalena. (*Sentándose.*) ¡Cada clase[198] tiene que hacer lo suyo!

---

[191] **crías**—niños, o animales pequeños, mientras crecen.

[192] dar una puntada—bordar un solo punto.

[193] **ajenos**—no de uno; no propios.

[194] **monigotes**—muñecos; figuras ridículas.

[195] **Siquiera**—por lo menos.

[196] **porrazos**—golpes dados con una porra, o un palo.

[197] ¡Ay, quién pudiera!—¡Ay, cuánto quisiera yo!

[198] clase (f.)—se refiere a clase social.

Martirio. (*Sentándose.*) ¡Así es!

Amelia. (*Sentándose.*) ¡Ay!

Poncia. No hay alegría como la de los campos en esta época. Ayer de mañana llegaron los **segadores**.[199] Cuarenta o cincuenta buenos mozos.

Magdalena. ¿De dónde son este año?

Poncia. De muy lejos. Vinieron de los montes. ¡Alegres! ¡Como árboles quemados! ¡Dando voces y arrojando piedras! Anoche llegó al pueblo una mujer vestida de **lentejuelas**[200] y que bailaba con un acordeón, y quince de ellos la contrataron para llevársela al olivar. Yo los vi de lejos. El que la contrataba era un muchacho de ojos verdes, apretado[201] como una gavilla[202] de trigo.

Amelia. ¿Es eso cierto?

Adela. ¡Pero es posible!

Poncia. Hace años vino otra de éstas y yo misma di dinero a mi hijo mayor para que fuera. Los hombres necesitan estas cosas.

Adela. Se les perdona todo.

Amelia. Nacer mujer es el mayor castigo.

Magdalena. Y ni nuestros ojos siquiera nos pertenecen.

---

[199] **segadores**—los que siegan, o cortan las mieses o hierbas con hoz o guadaña.

[200] **lentejuelas**—laminillas redondas de metal que se cosen a la ropa por adorno.

[201] apretado—ceñido; bien formado.

[202] gavilla—porción de sarmientos, mieses o cañas, atada, formando un lío.

(*Se oye un canto lejano que se va acercando.*)

Poncia. Son ellos. Traen unos cantos preciosos.

Amelia. Ahora salen a segar.

Coro.

> Ya salen los segadores
> en busca de las espigas;
> se llevan los corazones
> de las muchachas que miran.

(*Se oyen* **panderos**[203] *y carrañacas.*[204] *Pausa. Todas oyen en un silencio traspasado por el sol.*)

Amelia. ¡Y no les importa el calor!

Martirio. Siegan entre **llamaradas.**[205]

Adela. Me gustaría poder segar para ir y venir. Así se olvida lo que nos muerde.

Martirio. ¿Qué tienes tú que olvidar?

Adela. Cada una sabe sus cosas.

Martirio. (*Profunda.*) ¡Cada una!

Poncia. ¡Callar! ¡Callar!

---

[203] **panderos**—instrumentos musicales de percusión hechos de cuero estirado sobre aros, y provistos de sonajas.

[204] *carrañaca(s)*—instrumento musical; chapa rayada que suena al rascarla con un palito.

[205] **llamaradas**—llamas repentinas que se apagan pronto.

Coro. (*Muy lejano.*)

> Abrir puertas y ventanas
> las que vivís en el pueblo.
> El segador pide rosas
> para adornar su sombrero.

Poncia. ¡Qué canto!

Martirio. (*Con nostalgia.*)

> Abrir puertas y ventanas
> las que vivís en el pueblo . . .

Adela. (*Con pasión.*)

> El segador pide rosas
> para adornar su sombrero.

(*Se va alejando el cantar.*)

Poncia. Ahora dan la vuelta a la esquina.

Adela. Vamos a verlos por la ventana de mi cuarto.

Poncia. Tened cuidado con no entreabrirla mucho, porque son capaces de dar un empujón para ver quién mira.

(*Se van las tres.* **Martirio** *queda sentada en la silla baja con la cabeza entre las manos.*)

Amelia. (*Acercándose.*) ¿Qué te pasa?

Martirio. Me sienta mal el calor.

Amelia. ¿No es más que eso?

Martirio. Estoy deseando que llegue noviembre, los días de lluvia, la **escarcha**,[206] todo lo que no sea este verano interminable.

Amelia. Ya pasará y volverá otra vez.

Martirio. ¡Claro! (*Pausa.*) ¿A qué hora te dormiste anoche?

Amelia. No sé. Yo duermo como un tronco. ¿Por qué?

Martirio. Por nada, pero me pareció oír gente en el corral.

Amelia. ¿Sí?

Martirio. Muy tarde.

Amelia. ¿Y no tuviste miedo?

Martirio. No. Ya lo he oído otras noches.

Amelia. Debíamos tener cuidado. ¿No serían los gañanes?

Martirio. Los gañanes llegan a las seis.

Amelia. Quizá una mulilla sin **desbravar**.[207]

Martirio. (*Entre dientes y llena de segunda intención.*) Eso ¡eso!, una mulilla sin desbravar.

Amelia. ¡Hay que **prevenir**![208]

---

[206] **escarcha**—rocío de la noche congelado por el frío.

[207] **desbravar**—domar (un animal salvaje); amansar.

[208] **prevenir**—advertir; aconsejar; avisar.

Martirio. ¡No, no! No digas nada, puede ser un barrunto[209] mío.

Amelia. Quizá. (*Pausa.* **Amelia** *inicia el mutis.*)

Martirio. ¡Amelia!

Amelia. (*En la puerta.*) ¿Qué?

(*Pausa.*)

Martirio. Nada.

(*Pausa.*)

Amelia. ¿Por qué me llamaste?

(*Pausa.*)

Martirio. Se me escapó. Fue sin darme cuenta.

(*Pausa.*)

Amelia. Acuéstate un poco.

Angustias. (*Entrando furiosa en escena, de modo que haya un gran contraste con los silencios anteriores.*) ¿Dónde está el retrato de Pepe que tenía yo debajo de mi almohada? ¿Quién de vosotras lo tiene?

Martirio. Ninguna.

Amelia. Ni que Pepe fuera un san Bartolomé de plata.[210]

---

[209] **barrunto**—conjetura; sospecha.
[210] san Bartolomé de plata—lámina de San Bartolomé en marco de plata.

(*Entran* **Poncia, Magdalena** y **Adela.**)

Angustias. ¿Dónde está el retrato?

Adela. ¿Qué retrato?

Angustias. Una de vosotras me lo ha escondido.

Magdalena. ¿Tienes la desvergüenza de decir esto?

Angustias. Estaba en mi cuarto y no está.

La luna

Martirio. ¿Y no se habrá escapado a medianoche al corral? A Pepe le gusta andar con la luna.[211]

Angustias. ¡No me gastes bromas! Cuando venga se lo contaré.

Poncia. ¡Eso no! ¡porque aparecerá! (*Mirando a* **Adela.**)

Angustias. ¡Me gustaría saber cuál de vosotras lo tiene!

Adela. (*Mirando a* **Martirio.**) ¡Alguna! ¡Todas menos yo!

Martirio. (*Con intención.*) ¡Desde luego!

Ruido

Bernarda. (*Entrando con su bastón.*)
¡Qué escándalo es éste en mi casa y con el silencio del peso del calor! Estarán las vecinas con el oído pegado a los **tabiques.**[212]

---

[211] andar con la luna—figuradamente, ser inconstante; la luna es el orbe que cambia cada mes en su viaje alrededor de la tierra, en contraste con la constancia del sol; Pepe el Romano, hombre inconstante por sus relaciones con las dos hermanas, ronda la casa de noche, como la luna.

[212] **tabiques** (m.)—paredes delgadas que sirven como separación entre habitaciones.

Angustias. Me han quitado el retrato de mi novio.

Bernarda. (*Fiera.*) ¿Quién?, ¿quién?

Angustias. ¡Éstas!

Bernarda. ¿Cuál de vosotras? (*Silencio.*) ¡Contestarme! (*Silencio. A* **Poncia**.) Registra los cuartos, mira por las camas. Esto tiene[213] no ataros más cortas. ¡Pero me vais a soñar! (*A* **Angustias**.) ¿Estás segura?

Angustias. Sí.

Bernarda. ¿Lo has buscado bien?

Angustias. Sí, madre.

(*Todas están de pie en medio de un embarazoso silencio.*)

Bernarda. Me hacéis al final de mi vida beber el veneno más amargo que una madre puede resistir. (*A* **Poncia**.) ¿No lo encuentras?

(*Sale* **Poncia**.)

Poncia. Aquí está.

Bernarda. ¿Dónde lo has encontrado?

Poncia. Estaba . . .

Bernarda. Dilo sin temor.

Poncia. (*Extrañada.*) Entre las sábanas de la cama de Martirio.

---

[213] Esto tiene—Esto pasa por.

Bernarda. (*A* **Martirio.**) ¿Es verdad?

Martirio. ¡Es verdad!

Bernarda. (*Avanzando y golpeándola con el bastón.*) Mala
puñalada te den, ¡**mosca muerta**![214] ¡Sembradura[215]
de vidrios!

Martirio. (*Fiera.*) ¡No me pegue usted, madre!

Bernarda. ¡Todo lo que quiera!

Martirio. ¡Si yo la dejo! ¿Lo oye? ¡**Retírese**[216] usted!

Poncia. ¡No faltes a tu madre!

Angustias. (*Cogiendo a* **Bernarda.**) Déjela, ¡por favor!

Bernarda. Ni lágrimas te quedan en esos ojos.

Martirio. No voy a llorar para darle gusto.

Bernarda. ¿Por qué has cogido el retrato?

Martirio. ¿Es que yo no puedo gastar una broma a mi
hermana? ¡Para qué otra cosa lo iba a querer!

Adela. (*Saltando llena de celos.*) No ha sido broma, que
tú no has gustado jamás de juegos. Ha sido otra
cosa que te reventaba en el pecho por querer salir.
Dilo ya claramente.

Martirio. ¡Calla y no me hagas hablar, que si hablo se van
a juntar las paredes unas con otras de vergüenza!

---

[214] ¡**mosca muerta!**—¡hipócrita!

[215] Sembradura—acción y efecto de esparcir la semilla para el cultivo.

[216] **Retírese**—aléjese de mí; apártese.

Adela. ¡La mala lengua no tiene fin para inventar!

Bernarda. ¡Adela!

Magdalena. Estáis locas.

Amelia. Y nos apedreáis con malos pensamientos.

Martirio. ¡Otras hacen cosas más malas!

Adela. Hasta que se pongan **en cueros**[217] de una vez y se las lleve el río.

Bernarda. ¡Perversa!

Angustias. Yo no tengo la culpa de que Pepe el Romano se haya fijado en mí.

Adela. ¡Por tus dineros!

Angustias. ¡Madre!

Bernarda. ¡Silencio!

Martirio. Por tus marjales[218] y tus **arboledas.**[219]

Magdalena. ¡Eso es lo justo!

Bernarda. ¡Silencio digo! Yo veía la tormenta venir, pero no creía que **estallara**[220] tan pronto. ¡Ay qué pedrisco[221] de odio habéis echado sobre mi corazón!

---

[217] **en cueros**—desnudas; sin ropa.

[218] marjales (m.)—terrenos bajos sin necesidad de riego por su abundancia de agua.

[219] **arboledas**—terrenos poblados de árboles

[220] **estallara**—hiciera explosión; reventara.

[221] pedrisco—granizo grueso que cae de las nubes; o bien, multitud de piedras arrojadas.

Pero todavía no soy anciana y tengo cinco cadenas para vosotras y esta casa levantada por mi padre para que ni las hierbas se enteren de mi desolación. ¡Fuera de aquí! (*Salen.* **Bernarda** *se sienta desolada. La* **Poncia** *está de pie* **arrimada a**[222] *los muros.* **Bernarda** *reacciona, da un golpe en el suelo y dice:*) ¡Tendré que sentarles la mano! Bernarda: ¡acuérdate que ésta es tu obligación!

Poncia. ¿Puedo hablar?

Bernarda. Habla. Siento que hayas oído. Nunca está bien una extraña en el centro de la familia.

Poncia. Lo visto, visto está.

Bernarda. Angustias tiene que casarse en seguida.

Poncia. Claro; hay que retirarla de aquí.

Bernarda. No a ella. ¡A él!

Poncia. Claro, ¡a él hay que alejarlo de aquí! Piensas bien.

Bernarda. No pienso. Hay cosas que no se pueden ni se deben pensar. Yo ordeno.

Poncia. ¿Y tú crees que él querrá marcharse?

Bernarda. (*Levantándose.*) ¿Qué imagina tu cabeza?

Poncia. Él, claro, ¡se casará con Angustias!

---

[222] **arrimada a**—apoyada en.

Bernarda. Habla, te conozco demasiado para saber que ya me tienes preparada la **cuchilla.**[223]

Poncia. Nunca pensé que se llamara asesinato al **aviso.**[224]

Bernarda. ¿Me tienes que prevenir algo?

Poncia. Yo no acuso, Bernarda: yo sólo te digo: abre los ojos y verás.

Bernarda. ¿Y verás qué?

Poncia. Siempre has sido lista. Has visto lo malo de las gentes a cien leguas; muchas veces creí que adivinabas los pensamientos. Pero los hijos son los hijos. Ahora estás ciega.

Bernarda. ¿Te refieres a Martirio?

Poncia. Bueno, a Martirio . . . (*Con curiosidad.*) ¿Por qué habrá escondido el retrato?

Bernarda. (*Queriendo ocultar a su hija.*) Después de todo, ella dice que ha sido una broma. ¿Qué otra cosa puede ser?

Poncia. (*Con sorna.*) ¿Tú lo crees así?

Bernarda. (*Enérgica.*) No lo creo. ¡Es así!

Poncia. Basta. Se trata de lo tuyo. Pero si fuera la vecina de enfrente, ¿qué sería?

Bernarda. Ya empiezas a sacar la punta del cuchillo.

---

[223] **cuchilla**—cuchillo grande; hoja de cualquier arma blanca.
[224] **aviso**—advertencia; consejo.

Poncia. (*Siempre con crueldad.*) No, Bernarda: aquí pasa
una cosa muy grande. Yo no te quiero echar la
culpa, pero tú no has dejado a tus hijas libres.
Martirio es enamoradiza, digas tú lo que quieras.

Engaño

¿Por qué no la dejaste casar con Enrique Humanes?
¿Por qué el mismo día que iba a venir a la ventana
le mandaste **recado**[225] que no viniera?

Clase

Bernarda. (*Fuerte.*) ¡Y lo haría mil veces! ¡Mi sangre no
se junta con la de los Humanes mientras yo viva!
Su padre fue gañán.

Poncia. ¡Y así te va a ti con esos **humos!**[226]

Bernarda. Los tengo porque puedo tenerlos. Y tú no los
tienes porque sabes muy bien cuál es tu origen.

Poncia. (*Con odio.*) ¡No me lo recuerdes! Estoy ya vieja.
Siempre agradecí tu protección.

Bernarda. (*Crecida.*) ¡No lo parece!

Poncia. (*Con odio envuelto en suavidad.*) A Martirio se le
olvidará esto.

Bernarda. Y si no lo olvida peor para ella. No creo que
ésta sea «la cosa muy grande» que aquí pasa. Aquí
no pasa nada. ¡Eso quisieras tú! Y si pasara algún
día, estáte segura que no traspasaría las paredes.

Poncia. ¡Eso no lo sé yo! En el pueblo hay gentes que
leen también de lejos los pensamientos escondidos.

---

[225] **recado**—mensaje que de palabra da o envía una persona a otra.

[226] **humos**—vanidad; altivez.

Bernarda. ¡Cómo gozarías de vernos a mí y a mis hijas camino del lupanar![227]

Poncia. ¡Nadie puede conocer su fin!

Bernarda. ¡Yo sí sé mi fin! ¡Y el de mis hijas! El lupanar se queda para alguna mujer ya difunta . . .

Poncia. (*Fiera.*) ¡Bernarda, respeta la memoria de mi madre!

Bernarda. ¡No me persigas tú con tus malos pensamientos!

(*Pausa.*)

Poncia. Mejor será que no me meta en nada.

Bernarda. Eso es lo que debías hacer. Obrar y callar a todo es la obligación de los que viven a sueldo.

Poncia. Pero no se puede. ¿A ti no te parece que Pepe estaría mejor casado con Martirio o . . . ¡sí!, o con Adela?

Bernarda. No me parece.

Poncia. (*Con intención.*) Adela. ¡Ésa es la verdadera novia del Romano!

Bernarda. Las cosas no son nunca a gusto nuestro.

Poncia. Pero les cuesta mucho trabajo desviarse de la verdadera inclinación. A mí me parece mal que Pepe esté con Angustias y a las gentes, y hasta al aire. ¡Quién sabe si se saldrán con la suya!

---

[227] lupanar (m.)—prostíbulo.

Bernarda. ¡Ya estamos otra vez! . . . **Te deslizas**[228] para llenarme de malos sueños. Y no quiero entenderte, porque si llegara al alcance de[229] todo lo que dices te tendría que **arañar.**[230]

Poncia. ¡No llegará la sangre al río!

Bernarda. ¡Afortunadamente mis hijas me respetan y jamás torcieron[231] mi voluntad!

Poncia. ¡Eso sí! Pero en cuanto las dejes sueltas se te subirán al tejado.

Bernarda. ¡Ya las bajaré tirándoles cantos![232]

Poncia. ¡Desde luego eres la más valiente!

Bernarda. ¡Siempre gasté sabrosa pimienta!

Poncia. ¡Pero lo que son las cosas! A su edad ¡hay que ver el entusiasmo de Angustias con su novio! ¡Y él también parece muy picado! Ayer me contó mi hijo mayor que a las cuatro y media de la madrugada, que pasó por la calle con la yunta, estaban hablando todavía.

Bernarda. ¡A las cuatro y media!

Angustias. (*Saliendo.*) ¡Mentira!

Poncia. Eso me contaron.

---

[228] **Te deslizas**—te evades; te escurres.

[229] llegara al alcance de—entendiera; comprendiera.

[230] **arañar**—rasgar con las uñas.

[231] torcieron—mudaron; se desviaron de.

[232] cantos—trozos de piedra; piedras redondas por desgaste; morrillos.

Bernarda. (*A* **Angustias**.) ¡Habla!

Angustias. Pepe lleva más de una semana marchándose
a la una. Que Dios me mate si miento.

Martirio. (*Saliendo.*) Yo también lo sentí marcharse
a las cuatro.

Bernarda. ¿Pero lo viste con tus ojos?

Martirio. No quise asomarme. ¿No habláis ahora por
la ventana del callejón?

Angustias. Yo hablo por la ventana de mi dormitorio.

(*Aparece* **Adela** en la puerta.)

Martirio. Entonces . . .

Bernarda. ¿Qué es lo que pasa aquí?

Poncia. ¡Cuida de enterarte! Pero, desde luego, Pepe
estaba a las cuatro de la madrugada en una reja de
tu casa.

Bernarda. ¿Lo sabes seguro?

Poncia. Seguro no se sabe nada en esta vida.

Adela. Madre, no oiga usted a quien nos quiere perder
a todas.

Bernarda. ¡Ya sabré enterarme! Si las gentes del pueblo
quieren levantar falsos testimonios, se encontrarán
con mi **pedernal**.[233] No se hable de este asunto. Hay

---

[233] **pedernal** (m.)—suma dureza.

a veces una ola de **fango**[234] que levantan los demás para perdernos.

Martirio. A mí no me gusta mentir.

Poncia. Y algo habrá.

Bernarda. No habrá nada. Nací para tener los ojos abiertos. Ahora vigilaré sin cerrarlos ya hasta que me muera.

Angustias. Yo tengo derecho de enterarme.

Bernarda. Tú no tienes derecho más que a obedecer. Nadie me traiga ni me lleve. (*A la* **Poncia.**) Y tú te metes en los asuntos de tu casa. ¡Aquí no se vuelve a dar un paso que yo no sienta!

Criada. (*Entrando.*) ¡En lo alto de la calle hay un gran **gentío**,[235] y todos los vecinos están en sus puertas!

Bernarda. (*A la* **Poncia.**) ¡Corre a enterarte de lo que pasa! (*Las* **Mujeres** *corren para salir.*) ¿Dónde vais? Siempre os supe mujeres ventaneras y rompedoras de su luto. ¡Vosotras, al patio!

(*Salen y sale* **Bernarda.** *Se oyen rumores lejanos. Entran* **Martirio** *y* **Adela**, *que se quedan escuchando y sin atreverse a dar un paso más de la puerta de salida.*)

Martirio. Agradece a la **casualidad**[236] que no desaté mi lengua.

Adela. También hubiera hablado yo.

---

[234] **fango**—lodo.

[235] **gentío**—cantidad grande de gente.

[236] **casualidad**—suceso imprevisto cuya causa se desconoce.

Martirio. ¿Y qué ibas a decir? ¡Querer no es hacer!

Adela. Hace la que puede y la que se adelanta. Tú querías, pero no has podido.

Martirio. No seguirás mucho tiempo.

Adela. ¡Lo tendré todo!

Martirio. Yo romperé tus abrazos.

Adela. (*Suplicante.*) ¡Martirio, déjame!

Martirio. ¡De ninguna!

Adela. ¡Él me quiere para su casa!

Martirio. ¡He visto cómo te abrazaba!

Adela. Yo no quería. He ido como arrastrada por una maroma.[237]

Martirio. ¡Primero muerta!

(*Se asoman* **Magdalena** *y* **Angustias**. *Se siente crecer el tumulto.*)

Poncia. (*Entrando con* **Bernarda**.) ¡Bernarda!

Bernarda. ¿Qué ocurre?

Poncia. La hija de la Librada, la soltera, tuvo un hijo no se sabe con quién.

Adela. ¿Un hijo?

---

[237] maroma—cuerda gruesa de esparto; soga.

Poncia. Y para ocultar su vergüenza lo mató y lo metió debajo de unas piedras, pero unos perros con más corazón que muchas criaturas,[238] lo sacaron y como llevados por la mano de Dios lo han puesto en el tranco de su puerta. Ahora la quieren matar. La traen arrastrando por la calle abajo, y por las trochas[239] y los terrenos del olivar vienen los hombres corriendo, dando unas voces que **estremecen**[240] los campos.

Bernarda. Sí, que vengan todos con **varas**[241] de olivo y **mangos**[242] de **azadones**,[243] que vengan todos para matarla.

Adela. ¡No, no, para matarla, no!

Martirio. Sí, y vamos a salir también nosotras.

Bernarda. Y que pague la que pisotea su decencia.

(*Fuera se oye un grito de mujer y un gran rumor.*)

Adela. ¡Que la dejen escapar! ¡No salgáis vosotras!

Martirio. (*Mirando a* **Adela**.) ¡Que pague lo que debe!

---

[238] criaturas—personas humanas.

[239] trochas—veredas angostas; caminos abiertos en las malezas.

[240] **estremecen**—hacen temblar.

[241] **varas**—ramos largos y delgados, sin hojas; o bien, bastones de mando.

[242] **mangos**—partes largas y estrechas de las herramientas por donde se agarran con las manos al usarlas.

[243] **azadones**—instrumentos de labranza; consisten en una pala de hierro y un mango que forma ángulo oblicuo con ella, para remover la tierra.

Bernarda. (*Bajo el arco.*) ¡Acabar con ella antes que lleguen los guardias! ¡**Carbón**[244] **ardiendo**[245] en el sitio de su **pecado**![246]

Adela. (*Cogiéndose el vientre.*) ¡No! ¡No!

Bernarda. ¡Matadla! ¡Matadla!

(*Telón.*)

---

[244] **Carbón**—sustancia sólida, negra y combustible.

[245] **ardiendo**—encendido; que quema; que abrasa.

[246] **pecado**—transgresión contra los preceptos de la iglesia; acción que se aparta de lo recto y lo justo, que falta a lo debido.

Acto tercero

Cuatro paredes blancas ligeramente azuladas del patio interior de la casa de **Bernarda**. *Es de noche. El decorado ha de ser de una perfecta simplicidad. Las puertas, iluminadas por la luz de los interiores, dan un tenue* **fulgor**[247] *a la escena.*

En el centro, una mesa con un quinqué,[248] *donde están comiendo* **Bernarda** *y sus* **Hijas**. *La* **Poncia** *las sirve.* **Prudencia** *está sentada aparte.*

Al levantarse el telón hay un gran silencio, interrumpido por el ruido de platos y cubiertos.

Prudencia. Ya me voy. Os he hecho una visita larga. (*Se levanta.*)

Bernarda. Espérate, mujer. No nos vemos nunca.

Prudencia. ¿Han dado el último **toque**[249] para el rosario?[250]

Poncia. Todavía no. (**Prudencia** *se sienta.*)

Bernarda. ¿Y tu marido cómo sigue?

Prudencia. Igual.

Bernarda. Tampoco lo vemos.

---

[247] **fulgor**—resplandor; brillo propio.

[248] *quinqué*—lámpara, generalmente alimentada con petróleo, que consta de depósito, mecha, tubo de cristal, y a menudo pantalla también.

[249] **toque** (m.)—tañido de las campanas de la iglesia.

[250] rosario—serie de oraciones que rezan los católicos, utilizando una sarta de cuentas, muchas veces en un acto de devoción colectiva, convocado por el repique de campanas.

Prudencia. Ya sabes sus costumbres. Desde que se peleó con sus hermanos por la herencia no ha salido por la puerta de la calle. Pone una escalera y salta las tapias del corral.

Bernarda. Es un verdadero hombre. ¿Y con tu hija . . . ?

Prudencia. No la ha perdonado.

Bernarda. Hace bien.

Prudencia. No sé qué te diga. Yo sufro por esto.

Bernarda. Una hija que desobedece deja de ser hija para convertirse en enemiga.

Prudencia. Yo dejo que el agua corra. No me queda más consuelo que refugiarme en la iglesia, pero como me estoy quedando sin vista tendré que dejar de venir para que no jueguen con una los chiquillos. (*Se oye un gran golpe como dado en los muros.*) ¿Qué es eso?

Bernarda. El caballo garañón,[251] que está encerrado y da **coces**[252] contra el muro. (*A voces.*) ¡**Trabadlo**[253] y que salga al corral! (*En voz baja.*) Debe tener calor.

Prudencia. ¿Vais a echarle las **potras**[254] nuevas?

Bernarda. Al amanecer.

Prudencia. Has sabido acrecentar tu ganado.

---

[251] garañón—macho destinado a la procreación.

[252] **coces** (f.)—patadas.

[253] **Trabadlo**—atadlo; prendedlo; agarradlo.

[254] **potras**—yeguas jóvenes.

Bernarda. A fuerza de dinero y **sinsabores**.[255]

Poncia. (*Interviniendo.*) ¡Pero tiene la mejor **manada**[256] de estos contornos! Es una lástima que esté bajo de precio.

Bernarda. ¿Quieres un poco de queso y miel?

Prudencia. Estoy **desganada**.[257]

(*Se oye otra vez el golpe.*)

Poncia. ¡Por Dios!

Prudencia. ¡Me ha retemblado dentro del pecho!

Bernarda. (*Levantándose furiosa.*) ¿Hay que decir las cosas dos veces? ¡Echadlo que **se revuelque**[258] en los montones de paja! (*Pausa, y como hablando con los gañanes.*) Pues encerrad las potras en la **cuadra**,[259] pero dejadlo libre, no sea que nos eche abajo las paredes. (*Se dirige a la mesa y se sienta otra vez.*) ¡Ay qué vida!

Prudencia. Bregando[260] como un hombre.

Bernarda. Así es. (**Adela** *se levanta de la mesa.*) ¿Dónde vas?

Adela. A beber agua.

---

[255] **sinsabores** (m.)—pesares; desazones; pesadumbres; disgustos.

[256] **manada**—grupo de animales, como vacas, caballos, cabras, etc.

[257] **desganada**—sin ganas; sin apetito.

[258] **se revuelque**—se derribe y dé vueltas por el suelo.

[259] **cuadra**—caballeriza; sitio destinado para caballos.

[260] **Bregando**—luchando; ajetreándose; yendo y viniendo de una parte a otra.

Bernarda. (*En alta voz.*) Trae un jarro de agua fresca. (*A* **Adela.**) Puedes sentarte. (**Adela** *se sienta.*)

Prudencia. Y Angustias, ¿cuándo se casa?

Bernarda. Vienen a pedirla[261] dentro de tres días.

Prudencia. ¡Estarás contenta!

Angustias. ¡Claro!

Amelia. (*A* **Magdalena.**) Ya has derramado la sal.

Magdalena. Peor suerte que tienes no vas a tener.

Amelia. Siempre trae mala sombra.

Bernarda. ¡Vamos!

Prudencia. (*A* **Angustias.**) ¿Te ha regalado ya el anillo?

Angustias. Mírelo usted. (*Se lo alarga.*)

Prudencia. Es precioso. Tres perlas. En mi tiempo las perlas significaban lágrimas.

Angustias. Pero ya las cosas han cambiado.

Adela. Yo creo que no. Las cosas significan siempre lo mismo. Los anillos de pedida deben ser de diamantes.

Prudencia. Es más propio.

---

[261] pedirla—se refiere a la tradición de pedirle al padre la mano de la novia; faltando éste, se pedirá a Bernarda la mano de Angustias.

Bernarda. Con perlas o sin ellas, las cosas son como una se las propone.

Martirio. O como Dios dispone.

Prudencia. Los muebles me han dicho que son preciosos.

Bernarda. Dieciséis mil reales[262] he gastado.

Poncia. (*Interviniendo.*) Lo mejor es el armario de luna.[263]

Prudencia. Nunca vi un mueble de éstos.

Bernarda. Nosotras tuvimos arca.

Prudencia. Lo preciso es que todo sea para bien.

Adela. Que nunca se sabe.

Bernarda. No hay motivo para que no lo sea. (*Se oyen lejanísimas unas campanas.*)

Prudencia. El último toque. (*A* **Angustias.**) Ya vendré a que me enseñes la ropa.

Angustias. Cuando usted quiera.

Prudencia. Buenas noches nos dé Dios.

Bernarda. Adiós, Prudencia.

Las cinco (*a la vez*) Vaya usted con Dios.

---

[262] reales (m.)—antiguas monedas españolas.
[263] luna—cristal; espejo.

(*Pausa. Sale* **Prudencia**.)

Bernarda. Ya hemos comido. (*Se levantan.*)

Adela. Voy a llegarme hasta el portón para **estirar las piernas**[264] y tomar un poco el fresco.

(**Magdalena** *se sienta en una silla baja retrepada*[265] *contra la pared.*)

Amelia. Yo voy contigo.

Martirio. Y yo.

Adela. (*Con odio contenido.*) No me voy a perder.

Amelia. La noche quiere compaña. (*Salen.*)

(**Bernarda** *se sienta y* **Angustias** *está arreglando la mesa.*)

Bernarda. Ya te he dicho que quiero que hables con tu hermana Martirio. Lo que pasó del retrato fue una broma y lo debes olvidar.

Angustias. Usted sabe que ella no me quiere.

Bernarda. Cada uno sabe lo que piensa por dentro. Yo no me meto en los corazones, pero quiero buena **fachada**[266] y armonía familiar. ¿Lo entiendes?

Angustias. Sí.

Bernarda. Pues ya está.

---

[264] **estirar las piernas**—caminar.
[265] *retrepada*—echada hacia atrás; inclinada.
[266] **fachada**—aspecto exterior; apariencia desde fuera.

Magdalena. (*Casi dormida.*) Además ¡si te vas a ir antes de nada! (*Se duerme.*)

Angustias. ¡Tarde me parece!

Bernarda. ¿A qué hora terminaste anoche de hablar?

Angustias. A las doce y media.

Bernarda. ¿Qué cuenta Pepe?

Angustias. Yo lo encuentro distraído. Me habla siempre como pensando en otra cosa. Si le pregunto qué le pasa, me contesta: «Los hombres tenemos nuestras preocupaciones.»

Bernarda. No le debes preguntar. Y cuando te cases, menos. Habla si él habla y míralo cuando te mire. Así no tendrás disgustos.

Angustias. Yo creo, madre, que él me oculta muchas cosas.

Bernarda. No procures descubrirlas, no le preguntes y, desde luego, que no te vea llorar jamás.

Angustias. Debía estar contenta y no lo estoy.

Bernarda. Eso es lo mismo.

Angustias. Muchas noches miro a Pepe con mucha fijeza y se me borra a través de los hierros, como si lo tapara una nube de polvo de las que levantan los **rebaños.**[267]

---

[267] **rebaños**—hatos grandes de ovejas; manadas de ovejas.

Bernarda. Eso son cosas de debilidad.

Angustias. ¡Ojalá!

Bernarda. ¿Viene esta noche?

Angustias. No. Fue con su madre a la capital.

Bernarda. Así nos acostaremos antes. ¡Magdalena!

Angustias. Está dormida.

(*Entran* **Adela**, **Martirio** *y* **Amelia**.)

Amelia. ¡Qué noche más oscura!

Adela. No se ve a dos pasos de distancia.

Martirio. Una <u>buena noche para ladrones</u>, para el que *FS*
necesite escondrijo.

Adela. El caballo garañón estaba en el centro del
corral, ¡blanco! Doble de grande. Llenando todo
lo oscuro.

*Garañón
(Pepe)*

Amelia. Es verdad. Daba miedo. ¡Parecía una
<u>aparición</u>!

Adela. Tiene el cielo unas estrellas como puños.

Martirio. Ésta se puso a mirarlas de modo que se iba a
tronchar[268] el cuello.

Adela. ¿Es que no te gustan a ti?

---

[268] **tronchar**—partir o romper con violencia.

Martirio. A mí las cosas de tejas arriba[269] no me importan nada. Con lo que pasa dentro de las habitaciones tengo bastante.

Adela. Así te va a ti.

Bernarda. A ella le va en lo suyo como a ti en lo tuyo.

Angustias. Buenas noches.

Adela. ¿Ya te acuestas?

Angustias. Sí, esta noche no viene Pepe. (*Sale.*)

Adela. Madre, ¿por qué cuando se corre una estrella o luce un relámpago se dice:
> Santa Bárbara bendita,
> que en el cielo estás escrita
> con papel y agua bendita?

Bernarda. Los antiguos sabían muchas cosas que hemos olvidado.

Amelia. Yo cierro los ojos para no verlas.

Adela. Yo, no. A mí me gusta ver correr lleno de lumbre lo que está quieto y quieto años enteros.

Martirio. Pero estas cosas nada tienen que ver con nosotros.

Bernarda. Y es mejor no pensar en ellas.

Adela. ¡Qué noche más hermosa! Me gustaría quedarme hasta muy tarde para disfrutar el fresco del campo.

---

[269] de tejas arriba—de puertas afuera.

Bernarda. Pero hay que acostarse. ¡Magdalena!

Amelia. Está en el primer sueño.

Bernarda. ¡Magdalena!

Magdalena. (*Disgustada.*) ¡Dejarme en paz!

Bernarda. ¡A la cama!

Magdalena. (*Levantándose malhumorada.*) ¡No la dejáis a una tranquila! (*Se va refunfuñando.*)[270]

Amelia. Buenas noches. (*Se va.*)

Bernarda. Andar vosotras también.

Martirio. ¿Cómo es que esta noche no vino el novio de Angustias?

Bernarda. Fue de viaje.

Martirio. (*Mirando a* **Adela**.) ¡Ah!

Adela. Hasta mañana. (*Sale.*)

(**Martirio** *bebe agua y sale lentamente, mirando hacia la puerta del corral. Sale la* **Poncia**.)

Poncia. ¿Estás todavía aquí?

Bernarda. Disfrutando este silencio y sin lograr ver por parte alguna «la cosa tan grande» que aquí pasa, según tú.

---

[270] *refunfuñando*—emitiendo sonidos confusos o palabras mal articuladas; murmurando entre dientes en señal de desagrado o enojo.

Poncia. Bernarda, dejemos esa conversación.

Bernarda. En esta casa no hay un sí ni un no. Mi vigilancia lo puede todo.

Poncia. No pasa nada por fuera. Eso es verdad. Tus hijas están y viven como metidas en alacenas. Pero ni tú ni nadie puede vigilar por el interior de los pechos.

Bernarda. Mis hijas tienen la respiración tranquila.

Poncia. Esto te importa a ti que eres su madre. A mí, con servir tu casa tengo bastante.

Bernarda. Ahora te has vuelto callada.

Poncia. Me estoy en mi sitio, y en paz.

Bernarda. Lo que pasa es que no tienes nada que decir. Si en esta casa hubiera hierbas, ya te encargarías de traer a pastar las ovejas del vecindario.

Poncia. Yo tapo más de lo que te figuras.

Bernarda. ¿Sigue tu hijo viendo a Pepe a las cuatro de la mañana? ¿Siguen diciendo todavía la mala letanía[271] de esta casa?

Poncia. No dicen nada.

Bernarda. Porque no pueden. Porque no hay carne donde morder. ¡A la vigilia de mis ojos se debe esto!

---

[271] **letanía**—plegaria formada por una serie de invocaciones y súplicas, cada una de las cuales es dicha o cantada por uno y repetida, contestada o completada por otro; figuradamente, enumeración larga y cansada de cosas, como chismes o murmuraciones.

Poncia. Bernarda, yo no quiero hablar porque temo tus intenciones. Pero no estés segura.

Bernarda. ¡Segurísima!

Poncia. ¡A lo mejor de pronto cae un **rayo**![272]
A lo mejor de pronto, un golpe de sangre te para el corazón.

Bernarda. Aquí no pasará nada. Ya estoy alerta contra tus suposiciones.[273]

Poncia. Pues mejor para ti.

Bernarda. ¡No faltaba más!

Criada. (*Entrando.*) Ya terminé de fregar los platos. ¿Manda usted algo, Bernarda?

Bernarda. (*Levantándose.*) Nada. Yo voy a descansar.

Poncia. ¿A qué hora quiere que la llame?

Bernarda. A ninguna. Esta noche voy a dormir bien. (*Se va.*)

Poncia. Cuando una no puede con el mar lo más fácil es volver las espaldas para no verlo.

Criada. Es tan orgullosa que ella misma se pone una venda en los ojos.

Poncia. Yo no puedo hacer nada. Quise **atajar**[274] las cosas, pero ya me asustan demasiado. ¿Tú ves este

---

[272] **rayo**—relámpago.

[273] suposiciones—invenciones.

[274] **atajar**—interrumpir el curso de algún suceso.

silencio? Pues hay una tormenta en cada cuarto. El día que estallen nos barrerán[275] a todas. Yo he dicho lo que tenía que decir.

Criada. Bernarda cree que nadie puede con ella y no sabe la fuerza que tiene un hombre entre mujeres solas.

Poncia. No es toda la culpa de Pepe el Romano. Es verdad que el año pasado anduvo detrás de Adela y ésta estaba loca por él, pero ella debió estarse en su sitio y no provocarlo. Un hombre es un hombre.

Criada. Hay quien cree que habló muchas noches con Adela.

Poncia. Es verdad. (*En voz baja.*) Y otras cosas.

Criada. No sé lo que va a pasar aquí.

Poncia. A mí me gustaría cruzar el mar y dejar esta casa de guerra.

Criada. Bernarda está aligerando la boda y es posible que nada pase.

Poncia. Las cosas se han puesto ya demasiado maduras. Adela está decidida a lo que sea y las demás vigilan sin descanso.

Criada. ¿Y Martirio también . . . ?

Poncia. Ésa es la peor. Es un pozo de veneno. Ve que el Romano no es para ella y hundiría[276] el mundo si estuviera en su mano.

---

[275] nos barrerán—se nos llevarán; nos harán desaparecer.
[276] hundiría—metería debajo de la tierra o del agua; sumergiría o derrumbaría.

Criada. ¡Es que son malas!

Poncia. Son mujeres sin hombre, nada más. En estas cuestiones se olvida hasta la sangre. ¡Chisssss! (*Escucha.*)

Criada. ¿Qué pasa?

Poncia. (*Se levanta.*) Están ladrando los perros.

Criada. Debe haber pasado alguien por el portón.

(*Sale* **Adela** *en enaguas blancas y corpiño.*)[277]

Poncia. ¿No te habías acostado?

Adela. Voy a beber agua. (*Bebe en un vaso de la mesa.*)

Poncia. Yo te suponía dormida.

Adela. Me despertó la sed. ¿Y vosotras no descansáis?

Criada. Ahora.

(*Sale* **Adela.**)

Poncia. Vámonos.

Criada. Ganado tenemos el sueño. Bernarda no me deja descanso en todo el día.

Poncia. Llévate la luz.

Criada. Los perros están como locos.

---

[277] *corpiño*—prenda de ropa interior que se ciñe al cuerpo desde el busto hasta la cintura, generalmente atada con cordones.

Poncia. No nos van a dejar dormir. (*Salen.*)

(*La escena queda casi a oscuras. Sale* **María Josefa** *con una oveja en los brazos.*)

María Josefa.
Ovejita, niño mío,
vámonos a la orilla del mar;
la hormiguita estará en su puerta,
yo te daré la teta[278] y el pan.
Bernarda, cara de leoparda,
Magdalena, cara de hiena.
Ovejita.
Meee, meeee.
Vamos a los ramos del portal de Belén.

(*Ríe.*)

Ni tú ni yo queremos dormir.
La puerta sola se abrirá
y en la playa nos meteremos
en una choza de coral.
Bernarda, cara de leoparda,
Magdalena, cara de hiena.
Ovejita.
Mee, meee.
¡Vamos a los ramos del portal de Belén!
(*Se va cantando.*)

(*Entra* **Adela**. *Mira a un lado y otro con* **sigilo**[279] *y desaparece por la puerta del corral. Sale* **Martirio** *por otra puerta y queda en angustioso* **acecho**[280] *en el centro de la escena. También va*

---

[278] te daré la teta—te daré el pecho; te daré de lactar, de mamar.

[279] **sigilo**—secreto; silencio; disimulo.

[280] **en** (*angustioso*) **acecho**—escondida en espera del paso de una persona, para sorprenderla.

en enaguas. Se cubre con un pequeño mantón negro de talle.[281]
Sale por enfrente de ella **María Josefa**.)

Martirio. Abuela, ¿dónde va usted?

María Josefa. ¿Vas a abrirme la puerta? ¿Quién eres tú?

Martirio. ¿Cómo está aquí?

María Josefa. Me escapé. ¿Tú quién eres?

Martirio. Vaya a acostarse.

María Josefa. Tú eres Martirio. Ya te veo. Martirio: cara de Martirio. ¿Y cuándo vas a tener un niño? Yo he tenido éste.

Martirio. ¿Dónde cogió esa oveja?

María Josefa. Ya sé que es una oveja. Pero ¿por qué una oveja no va a ser un niño? Mejor es tener una oveja que no tener nada. Bernarda, cara de leoparda. Magdalena, cara de hiena.

Martirio. No dé voces.

María Josefa. Es verdad. Está todo muy oscuro. Como tengo el pelo blanco crees que no puedo tener crías, y sí, crías y crías y crías. Este niño tendrá el pelo blanco y tendrá otro niño y éste otro, y todos con el pelo de nieve, seremos como las olas, una y otra y otra. Luego nos sentaremos todos y todos tendremos el cabello blanco y seremos espuma. ¿Por qué aquí no hay espumas? Aquí no hay más que mantos de luto.

---

[281] **mantón negro de talle**—pañuelo que se echa para taparse desde el cuello a la cintura; aquí, por pudor.

Martirio. Calle, calle.

María Josefa. Cuando mi vecina tenía un niño yo le llevaba chocolate y luego ella me lo traía a mí y así siempre, siempre, siempre. Tú tendrás el pelo blanco, pero no vendrán las vecinas. Yo tengo que marcharme, pero tengo miedo de que los perros me muerdan. ¿Me acompañarás tú a salir del campo? Yo no quiero campo. Yo quiero casas, pero casas abiertas y las vecinas acostadas en sus camas con sus niños chiquititos y los hombres fuera sentados en sus sillas. Pepe el Romano es un gigante. Todas lo queréis. Pero él os va a devorar porque vosotras sois granos de trigo. No granos de trigo, no. ¡Ranas sin lengua!

Martirio. (*Enérgica.*) Vamos. Váyase a la cama. (*La empuja.*)

María Josefa. Sí, pero luego tú me abrirás ¿verdad?

Martirio. De seguro.

Maria Josefa. (*Llorando.*)
Ovejita, niño mío,
vámonos a la orilla del mar;
la hormiguita estará en su puerta,
yo te daré la teta y el pan.

(*Sale.* **Martirio** *cierra la puerta por donde ha salido* **María Josefa** *y se dirige a la puerta del corral. Allí vacila, pero avanza dos pasos más.*)

Martirio. (*En voz baja.*) Adela. (*Pausa. Avanza hasta la misma puerta. En voz alta.*) ¡Adela!

(*Aparece* **Adela**. *Viene un poco despeinada.*)

Adela. ¿Por qué me buscas?

Martirio. ¡Deja a ese hombre!

Adela. ¿Quién eres tú para decírmelo?

Martirio. No es ése el sitio de una mujer honrada.

Adela. ¡Con qué ganas te has quedado de ocuparlo!

Martirio. (*En voz más alta.*) Ha llegado el momento de que yo hable. Esto no puede seguir.

Adela. Esto no es más que el comienzo. He tenido fuerza para adelantarme. El **brío**[282] y el mérito que tú no tienes. He visto la muerte debajo de estos techos y he salido a buscar lo que era mío, lo que me pertenecía.

Martirio. Ese hombre sin alma vino por otra. Tú te has **atravesado**.[283]

Adela. Vino por el dinero, pero sus ojos los puso siempre en mí.

Martirio. Yo no permitiré que **lo arrebates**.[284] Él se casará con Angustias.

Adela. Sabes mejor que yo que no la quiere.

Martirio. Lo sé.

Adela. Sabes, porque lo has visto, que me quiere a mí.

---

[282] **brío**—espíritu de resolución; vigor; fuerza.

[283] **atravesado**—puesto entremedio.

[284] **lo arrebates**—te lo lleves; lo arranques.

Martirio. (*Desesperada.*) Sí.

Adela. (*Acercándose.*) Me quiere a mí, me quiere a mí.

Martirio. Clávame un cuchillo si es tu gusto, pero no me lo digas más.

Adela. Por eso procuras que no vaya con él. No te importa que abrace a la que no quiere; a mí, tampoco. Ya puede estar cien años con Angustias, pero que me abrace a mí se te hace terrible, porque tú lo quieres también, ¡lo quieres!

Martirio. (*Dramática.*) ¡Sí! Déjame decirlo con la cabeza fuera de los **embozos.**[285] ¡Sí! Déjame que el pecho se me rompa como una **granada**[286] de amargura. ¡Lo quiero!

Adela. (*En un arranque y abrazándola.*) Martirio, Martirio, yo no tengo la culpa.

Martirio. ¡No me abraces! No quieras ablandar mis ojos. Mi sangre ya no es la tuya, y aunque quisiera verte como hermana, no te miro ya más que como mujer. (*La rechaza.*)

Adela. Aquí no hay ningún remedio. La que tenga que ahogarse que se ahogue. Pepe el Romano es mío. Él me lleva a los **juncos**[287] de la orilla.

Martirio. ¡No será!

---

[285] **embozos**—encubrimientos; falsedades; mentiras para ocultar algo.

[286] **granada**—fruto del granado, del tamaño y de la forma de una manzana, que contiene muchos granos rojos de sabor agridulce.

[287] **juncos**—plantas de tallo largo que se mecen a las orillas de los ríos; en Lorca, tienen un significado sensual por el fluir del agua que los alimenta, manteniéndolos frescos.

Adela. Ya no aguanto el horror de estos techos después de haber probado el sabor de su boca. Seré lo que él quiera que sea. Todo el pueblo contra mí, quemándome con sus dedos de lumbre, perseguida por las que dicen que son decentes, y me pondré delante de todos la corona de espinas[288] que tienen las que son queridas de algún hombre casado.

Martirio. ¡Calla!

Adela. Sí, sí. (*En voz baja.*) Vamos a dormir, vamos a dejar que se case con Angustias, ya no me importa, pero yo me iré a una casita sola donde él me verá cuando quiera, cuando le venga en gana.

Martirio. Eso no pasará mientras yo tenga una gota de sangre en el cuerpo.

Adela. No a ti, que eres débil. A un caballo encabritado[289] soy capaz de poner de rodillas con la fuerza de mi **dedo meñique**.[290]

Martirio. No levantes esa voz que me irrita. Tengo el corazón lleno de una fuerza tan mala, que sin quererlo yo, a mí misma me ahoga.

Adela. Nos enseñan a querer a las hermanas. Dios me ha debido dejar sola en medio de la oscuridad, porque te veo como si no te hubiera visto nunca.

(*Se oye un silbido y* **Adela** *corre a la puerta, pero* **Martirio** *se le pone delante.*)

---

[288] corona de espinas—referencia bíblica a la corona de espinas que ciñó la cabeza de Jesucristo en su pasión.

[289] encabritado—empinado sobre las patas traseras, con las delanteras levantadas.

[290] **dedo meñique**—quinto dedo de la mano.

Martirio. ¿Dónde vas?

Adela. ¡Quítate de la puerta!

Martirio. ¡Pasa si puedes!

Adela. ¡Aparta! (*Lucha.*)

Martirio. (*A voces.*) ¡Madre, madre!

Adela. ¡Déjame!

(*Aparece* **Bernarda**. *Sale en enaguas, con un mantón negro.*)

Bernarda. Quietas, quietas. ¡Qué pobreza la mía no poder tener un rayo entre los dedos!

Martirio. (*Señalando a* **Adela**.) ¡Estaba con él! ¡Mira esas enaguas llenas de paja de trigo!

Bernarda. ¡Ésa es la cama de las mal nacidas![291] (*Se dirige furiosa hacia* **Adela**.)

Adela. (*Haciéndole frente*.)[292] ¡Aquí se acabaron las voces de **presidio**![293] (**Adela** *arrebata el bastón a su Madre y lo parte en dos.*) Esto hago yo con la **vara**[294] de la dominadora. No dé usted un paso más. ¡En mí no manda nadie más que Pepe!

(*Sale* **Magdalena**.)

Magdalena. ¡Adela!

---

[291] las mal nacidas—las mujeres de clase baja; las deshonradas.

[292] *Haciéndole frente*—resistiéndola; oponiéndosele.

[293] **presidio**—fortaleza; o bien, establecimiento penitenciario en que cumplen sus condenas los penados por graves delitos.

[294] **vara**—bastón de mando.

(*Salen la* **Poncia** *y* **Angustias**.)

Adela. Yo soy su mujer. (*A* **Angustias**.) Entérate tú y ve al corral a decírselo. Él dominará toda esta casa. Ahí fuera está, respirando como si fuera un león.

Angustias. ¡Dios mío!

Bernarda. ¡La **escopeta**![295] ¿Dónde está la escopeta? (*Sale corriendo.*)

(*Aparece* **Amelia** *por el fondo, que mira aterrada con la cabeza sobre la pared. Sale detrás* **Martirio**.)

Adela. ¡Nadie podrá conmigo! (*Va a salir.*)

Angustias. (*Sujetándola.*) De aquí no sales tú con tu cuerpo en triunfo, ¡ladrona!, ¡deshonra de nuestra casa!

Magdalena. ¡Déjala que se vaya donde no la veamos nunca más!

(*Suena un **disparo**.*)[296]

Bernarda. (*Entrando.*) Atrévete a buscarlo ahora.

Martirio. (*Entrando.*) Se acabó Pepe el Romano.

Adela. ¡Pepe! ¡Dios mío! ¡Pepe! (*Sale corriendo.*)

Poncia. ¿Pero lo habéis matado?

Martirio. ¡No! ¡Salió corriendo en la jaca!

---

[295] **escopeta**—arma de fuego portátil de uno o dos cañones, usada por cazadores.
[296] *disparo*—tiro de arma de fuego.

Bernarda. Fue culpa mía. <u>Una mujer no sabe apuntar.</u>

Magdalena. ¿Por qué lo has dicho entonces?

Martirio. ¡Por ella! ¡Hubiera volcado un río de sangre sobre su cabeza!

Poncia. Maldita.

Magdalena. ¡Endemoniada!

Bernarda. ¡Aunque es mejor así! (*Se oye como un golpe.*) ¡Adela! ¡Adela!

Poncia. (*En la puerta.*) ¡Abre!

Bernarda. Abre. No creas que los muros defienden de la vergüenza.

Criada. (*Entrando.*) ¡<u>Se han levantado los vecinos</u>!

Bernarda. (*En voz baja como un* **rugido**.)[297] ¡Abre, porque echaré abajo la puerta! (*Pausa. Todo queda en silencio.*) ¡Adela! (*Se retira de la puerta.*) ¡Trae un **martillo**![298] (*La* **Poncia** *da un empujón y entra. Al entrar da un grito y sale.*) ¿Qué?

Poncia. (*Se lleva las manos al cuello.*) ¡Nunca tengamos ese fin!

(*Las* **Hermanas** *se echan hacia atrás. La* **Criada** *se santigua.* **Bernarda** *da un grito y avanza.*)

---

[297] **rugido**—bramido; como la voz del león.
[298] **martillo**—herramienta de percusión, con cabeza de hierro y mango de madera.

Poncia. ¡No entres!

Bernarda. No. ¡Yo no! Pepe; tú irás corriendo vivo por lo oscuro de las **alamedas**,[299] pero otro día caerás. ¡Descolgarla! ¡Mi hija ha muerto virgen! Llevadla a su cuarto y vestirla como si fuera doncella.[300] ¡Nadie dirá nada! ¡Ella ha muerto virgen! ¡Avisad que al amanecer den dos clamores las campanas!

Martirio. **Dichosa**[301] ella mil veces que lo pudo tener.

Bernarda. Y no quiero llantos. La muerte hay que mirarla cara a cara. ¡Silencio! (*A otra* **Hija**.) ¡A callar he dicho! (*A otra* **Hija**.) ¡Las lágrimas cuando estés sola! ¡Nos hundiremos todas en un mar de luto! Ella, la hija menor de Bernarda Alba, ha muerto virgen. ¿Me habéis oído? Silencio, silencio he dicho. ¡Silencio!

(*Telón.*)

---

[299] **alamedas**—terrenos poblados de álamos, árboles de tronco alto y madera blanca, propios de lugares húmedos.

[300] doncella—joven mujer virgen.

[301] **Dichosa**—feliz; venturosa; afortunada.

PREGUNTAS

1. Se puede afirmar que Lorca agudiza el drama de las mujeres de esta obra mediante la exageración. Existen elementos hiperbólicos en muchos aspectos de la trama. Escoge algunos de los más salientes y analiza su función en la trama.

2. ¿Qué colores predominan en esta obra? ¿Qué otros colores desempeñan un papel en la trama? ¿Cómo? ¿Con qué personajes específicos se relacionan y por qué?

3. —¡Silencio!, es la primera palabra que oímos a Bernarda cuando entra en escena por primera vez. Sus últimas palabras, al final de la obra, son

   —¡Silencio! (A otra Hija.) ¡A callar he dicho! (A otra Hija.) ¡Las lágrimas cuando estés sola! . . . ¿Me habéis oído? Silencio, silencio he dicho. ¡Silencio!

   Analiza tú el papel del silencio y la preocupación de Bernarda por el qué dirán, a lo largo de la obra, pero con particular atención a la noche del desenlace.

4. Dos elementos desempeñan un papel recurrente en la obra: uno es el calor; el otro es el agua. Discute la presencia de estos dos elementos y el significado que tienen para los diversos personajes.

5. Explica en tus propias palabras el episodio de la hija de la Librada, y el significado que tiene para la trama central. Por otro lado, ¿qué papel desempeñan las referencias en la obra a Paca la Roseta y a Adelaida?

6. ¿Crees tú que esta obra está bien clasificada como tragedia, en el sentido clásico de la palabra?

El delantal blanco

SERGIO VODANOVIC

Sergio Vodanovic (1926–2001), dramaturgo chileno de ascendencia croata, empezó siendo seguidor del noruego Henrik Ibsen, autor de dramas de conflicto social de fines del siglo XIX. Integrante de la generación literaria intelectual de Chile de los años 50, Vodanovic fue también abogado, periodista y escritor de guiones de teleseries chilenas. Murió en 2001.

Cuando joven, Vodanovic abordó temas psicológicos y sociales, con un enfoque especial sobre la clase media: la justicia social, el conflicto entre generaciones, y las represiones sufridas por el individuo a manos de la sociedad, entre ellas, las que existen entre diferentes estratos socioeconómicos. Adoptó un estilo satírico, con elementos de farsa. Comedia en un solo acto, que forma parte de la pieza tripartita Viña: tres comedias en traje de baño, El delantal blanco (1964) parodia el arribismo—el afán maniático de progresar socialmente por medios rápidos y poco escrupulosos—, y la siutiquería—la presunción de finuras tenidas por propias de las clases altas.

Personajes

La Señora
La Empleada
Dos Jóvenes
La Jovencita
El Caballero Distinguido

La playa.

*Al fondo, una **carpa**.*[1]

Frente a ella, sentadas a su sombra, **La Señora** *y* **La Empleada**.

Desc. **La Señora** *está en traje de baño y, sobre él, usa un blusón de toalla blanca que le cubre hasta las caderas. Su **tez**[2] está tostada por un largo **veraneo**.[3] **La Empleada** viste su uniforme blanco. **La Señora** es una mujer de treinta años, pelo claro, **rostro**[4] **atrayente**[5] aunque algo duro. **La Empleada** tiene veinte años, tez blanca, pelo negro, rostro plácido y agradable.*

La Señora. *(Gritando hacia su pequeño hijo, a quien no ve y que se supone está a la orilla del mar, justamente al borde del escenario.)* ¡Alvarito! ¡Alvarito! ¡No le tire arena a la niñita! ¡Métase al agua! Está rica . . . ¡Alvarito, no! ¡No le deshaga el castillo a la niñita! Juegue con ella . . . Sí, mi hijito . . . juegue . . .

La Empleada. Es tan peleador . . .

---

[1] **carpa**—tienda de campaña; toldo.

[2] **tez** (f.)—cutis; superficie de la piel de la cara.

[3] **veraneo**—temporada de vacaciones.

[4] **rostro**—cara.

[5] **atrayente**—atractivo.

La Señora. Salió al padre . . .[6] Es inútil corregirlo.
Tiene una personalidad dominante que le viene de
su padre, de su abuelo, de su abuela. . . ¡sobre todo
de su abuela!

La Empleada. ¿Vendrá **el caballero**[7] mañana?

La Señora. (*Se encoge de hombros con **desgano**.*[8]) ¡No sé! Rel.
Ya estamos en marzo, todas mis amigas han
regresado y Álvaro me tiene todavía aburriéndome
en la playa. Él dice que quiere que el niño
aproveche[9] las vacaciones, pero para mí que es él
quien está aprovechando. (*Se saca el blusón y se
tiende a tomar sol.*) ¡Sol! ¡Sol! Tres meses tomando
sol. Estoy intoxicada de sol. (*Mirando inspectivamente
a* **La Empleada**.) ¿Qué haces tú para no quemarte?

La Empleada. He salido tan poco de la casa . . . Sueldo

La Señora. ¿Y qué querías? Viniste a trabajar, no a
veranear. Estás recibiendo **sueldo**,[10] ¿no?

La Empleada. Sí, señora. Yo sólo contestaba su
pregunta . . .

(**La Señora** *permanece*[11] *tendida*[12] *recibiendo el sol.* **La
Empleada** *saca de una bolsa de **género**[13] una revista de
historietas fotografiadas y principia a leer.*)

La Señora. ¿Qué haces?

---

[6] **Salió al padre**—Heredó el carácter del padre.

[7] **el caballero**—el señor de la casa; aquí, el marido de La Señora.

[8] *desgano*—indiferencia.

[9] **aproveche**—saque jugo de; goce de.

[10] **sueldo**—pago; remuneración.

[11] *permanece*—queda.

[12] *tendida*—acostada.

[13] *género*—tela.

La Empleada. Leo esta revista.

La Señora. ¿La compraste tú?

La Empleada. Sí, señora.

La Señora. No se te paga tan mal, entonces, si puedes comprarte tus revistas, ¿eh?

Silencio (**La Empleada** *no contesta y vuelve a mirar la revista.*)

La Señora. ¡Claro! Tú leyendo y que Alvarito reviente,[14] que **se ahogue** . . .[15]

La Empleada. Pero si está jugando con la niñita . . .

S-E **La Señora.** Si te traje a la playa es para que **vigilaras**[16] a Alvarito y no para que te pusieras a leer.

(**La Empleada** *deja la revista y **se incorpora**[17] para ir donde está Alvarito.*)

La Señora. ¡No! Lo puedes vigilar desde aquí. Quédate a mi lado, pero observa al niño. ¿Sabes? Me gusta venir contigo a la playa.

La Empleada. ¿Por qué?

La Señora. Bueno . . . no sé . . . Será por lo mismo que me gusta venir en el auto, aunque la casa esté a dos cuadras. Me gusta que vean el auto. Todos los días, hay alguien que se para al lado de él y lo mira y comenta. No cualquiera tiene un auto como el de

---

[14] **reviente**—se haga grave daño; muera.

[15] **se ahogue**—muera asfixiado en el mar.

[16] **vigilaras**—miraras por; cuidaras.

[17] *se incorpora*—se pone de pie.

nosotros . . . Claro, tú no te das cuenta de la diferencia. Estás demasiado acostumbrada a lo bueno . . . Dime . . . ¿Cómo es tu casa?

La Empleada. Yo no tengo casa.

La Señora. No habrás nacido empleada, supongo. Tienes que haberte criado en alguna parte, debes haber tenido padres . . . ¿Eres del campo?

La Empleada. Sí.

La Señora. Y tuviste ganas de conocer la ciudad, ¿ah?

La Empleada. No. Me gustaba allá.

La Señora. ¿Por qué te viniste, entonces?

La Empleada. Tenía que trabajar.

La Señora. No me vengas con ese cuento. Conozco la vida de los **inquilinos**[18] en el campo. Lo pasan bien. Les regalan una cuadra[19] para que cultiven. Tienen **alimentos**[20] gratis y hasta les sobra para vender. Algunos tienen hasta sus vaquitas . . . ¿Tus padres tenían vacas?

La Empleada. Sí, señora. Una.

La Señora. ¿Ves? ¿Qué más quieren? ¡Alvarito! ¡No se meta tan allá, que puede venir una **ola!**[21] ¿Qué edad tienes?

---

[18] **inquilinos**—en Chile, los que comparten la cosecha con el dueño de las tierras que cultivan y de la casa en que viven.

[19] **cuadra**—aquí, pedazo de tierra.

[20] **alimentos**—comida.

[21] **ola**—ondulación en una superficie de agua; aquí, en las aguas del mar al llegar a la playa.

La Empleada. ¿Yo?

La Señora. A ti te estoy hablando. No estoy loca para hablar sola.

La Empleada. Ando en los veintiuno . . .[22]

La Señora. ¡Veintiuno! A los veintiuno yo me casé. ¿No has pensado en casarte?

(**La Empleada** *baja la vista y no contesta.*)

La Señora. ¡Las cosas que se me ocurre preguntar! ¿Para qué querrías casarte? En la casa tienes de todo: comida, una buena **pieza**,[23] delantales limpios . . . Y si te casaras . . . ¿Qué es lo que tendrías? Te llenarías de **chiquillos**,[24] no más.

La Empleada. (*Como para sí.*[25]) Me gustaría casarme.

La Señora. ¡Tonterías! Cosas que se te ocurren por leer historias de amor en las revistas baratas . . . Acuérdate de esto: los **príncipes azules**[26] ya no existen. No es el color lo que importa, sino el bolsillo. Cuando mis padres no me aceptaban un pololo[27] porque no tenía plata, yo me indignaba, pero llegó Álvaro con sus industrias y sus fundos[28] y no quedaron contentos hasta que lo casaron conmigo. A mí no me gustaba porque era gordo y tenía la costumbre

---

[22] ando en los veintiuno—tengo cerca de veintiún años.

[23] **pieza**—cuarto; habitación.

[24] **chiquillos**—niños.

[25] *Como para sí*—como si hablara consigo misma.

[26] **príncipes azules**—caballeros perfectos de las historias románticas que son los amantes y maridos soñados de las jóvenes que las leen.

[27] pololo—en Chile, pretendiente, galán, novio.

[28] fundos—fincas; tierras; heredades.

de **sorberse los mocos**,[29] pero después en el matrimonio, uno se acostumbra a todo. Y llega a la conclusión que todo **da lo mismo**,[30] **salvo**[31] la plata. Sin la plata no somos nada. Yo tengo plata, tú no tienes. Ésa es toda la diferencia entre nosotras. ¿No te parece?

La Empleada. Sí, pero . . .

La Señora. ¡Ah! Lo crees ¿eh? Pero es mentira. Hay algo que es más importante que la plata: la clase. Eso no se compra. Se tiene o no se tiene. Álvaro no tiene clase. Yo sí la tengo. Y podría vivir en una **pocilga**[32] y todos se darían cuenta de que soy alguien. No una cualquiera. Alguien. Te das cuenta, ¿verdad?

La Empleada. Sí, señora.

La Señora. A ver . . . Pásame esa revista. (**La Empleada** *lo hace.* **La Señora** *la hojea. Mira algo y lanza una carcajada.*[33]) ¿Y esto lees tú?

La Empleada. **Me entretengo**,[34] señora.

La Señora. ¡Qué ridículo! ¡Qué ridículo! Mira a este roto[35] vestido de smoking.[36] Cualquiera se da cuenta que está tan incómodo en él como un hipopótamo

---

[29] **sorberse los mocos**—aspirar o absorber los mocos, en vez de sonarse las narices.

[30] **da lo mismo**—tiene la misma importancia, o ninguna; no importa.

[31] **salvo**—excepto; menos.

[32] **pocilga**—establo o terreno donde viven los cerdos (cochinos, puercos).

[33] *lanza una carcajada*—suelta una risotada; se ríe ruidosamente.

[34] **Me entretengo**—me divierto; me paso el tiempo.

[35] roto—hombre pobre; pelado; de la plebe.

[36] smoking—esmoquin; chaqueta de hombre, con cuello de seda; se lleva para actos sociales solemnes.

con **faja** . . .[37] (*Vuelve a mirar en la revista.*) ¡Y es el **conde**[38] de Lamarquina! ¡El conde de Lamarquina! A ver . . . ¿Qué es lo que dice el conde? (*Leyendo.*) «Hija mía, no permitiré jamás que te cases con Roberto. Él es un plebeyo.[39] Recuerda que por nuestras venas corre sangre azul». ¿Y ésta es la hija del conde?

Cuento

La Empleada. Sí. Se llama María. Es una niña sencilla y buena. Está enamorada de Roberto, que es el jardinero del castillo. El conde no lo permite. Pero . . . ¿sabe? Yo creo que todo va a terminar bien. Porque en el número anterior Roberto le dijo a María que no había conocido a sus padres y cuando no se conoce a los padres, es seguro que ellos son gente rica y aristócrata que perdieron al niño de chico o lo **secuestraron** . . .[40]

La Señora. ¿Y tú crees todo eso?

La Empleada. Es bonito, señora.

La Señora. ¿Qué es tan bonito?

La Empleada. Que lleguen a pasar cosas así. Que un día cualquiera, uno sepa que es otra persona, que en vez de ser pobre, se es rica; que en vez de ser nadie se es alguien, así como dice usted. . . .

La Señora. Pero no te das cuenta que no puede ser . . . Mira a la hija . . . ¿Me has visto a mí alguna vez usando unos **aros**[41] así? ¿Has visto a alguna de

---

[37] **faja**—banda de tela que ciñe el cuerpo por la cintura; prenda de vestir que comprime las carnes.

[38] **conde**—título nobiliario, entre vizconde y marqués.

[39] plebeyo—de la plebe; del vulgo, clase social baja.

[40] **secuestraron**—robaron; raptaron.

[41] **aros**—anillos o aretes.

mis amigas con una cosa tan **espantosa?**[42] ¿Y el peinado? Es detestable. ¿No te das cuenta que una mujer así no puede ser aristócrata? . . . ¿ A ver? Sale fotografiado aquí el jardinero . . .

La Empleada. Sí. En los cuadros del final. (*Le muestra en la revista.* **La Señora** *ríe encantada*).

La Señora. ¿Y éste crees tú que puede ser un hijo de aristócrata? ¿Con esa nariz? ¿Con ese pelo? Mira . . . Imagínate que mañana me **rapten**[43] a Alvarito. ¿Crees tú que va a dejar por eso de tener su aire de distinción?

La Empleada. ¡Mire, señora! Alvarito le **botó**[44] el castillo de arena a la niñita de una patada.

Clase

La Señora. ¿Ves? Tiene cuatro años y ya sabe lo que es mandar, lo que es no importarle los demás. Eso no se aprende. Viene en la sangre.

La Empleada. (*Incorporándose.*) Voy a ir a buscarlo.

La Señora. Déjalo. Se está divirtiendo.

(**La Empleada** *se* **desabrocha**[45] *el primer botón de su delantal y hace un gesto en el que muestra estar acalorada.*)

La Señora. ¿Tienes calor?

La Empleada. El sol está picando fuerte.

La Señora. ¿No tienes traje de baño?

---

[42] **espantosa**—que da miedo; aquí, de mal gusto.

[43] **rapten**—roben; secuestren.

[44] **botó**—echó abajo; arruinó; deshizo.

[45] **desabrocha**—desabotona.

La Empleada. No.

La Señora. ¿No te has puesto nunca traje de baño?

La Empleada. ¡Ah, sí!

La Señora. ¿Cuándo?

La Empleada. Antes de emplearme. A veces, los domingos, hacíamos excursiones a la playa en el camión del tío de una amiga.

La Señora. ¿Y se bañaban?

La Empleada. En la playa grande de Cartagena. Arrendábamos[46] trajes de baño y pasábamos todo el día en la playa. Llevábamos de comer y . . .

La Señora. (*Divertida.*) ¿Arrendaban trajes de baño?

La Empleada. Sí. Hay una señora que arrienda en la misma playa.

La Señora. Una vez con Álvaro, nos detuvimos en Cartagena a echar bencina[47] al auto y miramos a la playa. ¡Era tan gracioso! ¡Y esos trajes de baño arrendados! Unos eran tan grandes que hacían bolsas por todos los lados y otros quedaban tan chicos que las mujeres andaban con el traste[48] afuera. ¿De cuáles arrendabas tú? ¿De los grandes o de los chicos?

(**La Empleada** *mira al suelo taimada.*[49])

---

[46] **Arrendábamos**—alquilábamos.

[47] bencina—en Chile, combustible; gasolina; nafta.

[48] traste (m.)—en Chile, trasero; nalgas.

[49] *taimada*—en Chile, terca.

La Señora. Debe ser curioso . . . Mirar el mundo desde *Hmm. . .*
un traje de baño arrendado o envuelta en un vestido
barato . . . o con uniforme de empleada como el que
usas tú . . . Algo parecido le debe suceder a esta
gente que se fotografía para estas historietas: se
ponen smoking o un traje de baile y debe ser
diferente la forma como miran a los demás, como se
sienten ellos mismos . . . Cuando yo me puse mi
primer par de medias, el mundo entero cambió para
mí. Los demás eran diferentes; yo era diferente y el
único cambio efectivo era que tenía puesto un par
de medias . . . Dime . . . ¿Cómo se ve el mundo
cuando se está vestida con un delantal blanco?

La Empleada. (*Tímidamente.*) Igual . . . La arena tiene el
mismo color . . . las nubes son iguales . . . Supongo.

La Señora. Pero no . . . Es diferente. Mira. Yo con este
traje de baño, con este blusón de toalla, tendida
sobre la arena, sé que estoy en «mi lugar», que esto
me pertenece . . .[50] En cambio tú, vestida como
empleada sabes que la playa no es tu lugar, que
eres diferente . . . Y eso, eso te debe hacer ver
todo distinto.

La Empleada. No sé.

La Señora. Mira. Se me ha ocurrido algo. Préstame
tu delantal.

La Empleada. ¿Cómo?

La Señora. Préstame tu delantal.

La Empleada. Pero . . . ¿Para qué?

---

[50] **me pertenece**—es mío.

La Señora. Quiero ver cómo se ve el mundo, qué apariencia tiene la playa cuando se la ve encerrada en un delantal de empleada.

La Empleada. ¿Ahora?

La Señora. Sí, ahora.

La Empleada. Pero es que . . . No tengo un vestido debajo.

La Señora. (*Tirándole el blusón.*) Toma . . . Ponte esto.

La Empleada. Voy a quedar en **calzones**[51]. . .

La Señora. Es lo suficientemente largo como para cubrirte. Y en todo caso vas a mostrar menos que lo que mostrabas con los trajes de baño que arrendabas en Cartagena. (*Se levanta y obliga a levantarse a* **La Empleada**.) Ya. Métete en la carpa y cámbiate. (*Prácticamente obliga a* **La Empleada** *a entrar a la carpa y luego lanza al interior de ella el blusón de toalla. Se dirige al primer plano y le habla a su hijo.*)

La Señora. Alvarito, métase un poco al agua. Mójese las patitas siquiera . . . No sea tan de rulo . . .[52] ¡Eso es! ¿Ves que es rica el agüita? (*Se vuelve hacia la carpa y habla hacia dentro de ella.*) ¿Estás lista? (*Entra a la carpa.*)

Después de un instante, sale **La Empleada** *vestida con el blusón de toalla. Se ha prendido el pelo hacia atrás y su aspecto ya **difiere**[53] algo de la tímida muchacha que conocemos. Con*

---

[51] **calzones** (m.)—ropa interior.

[52] rulo—tierra de labor sin riego, sin agua; la señora da a entender a su hijo que no debe tener aversión al agua.

[53] *difiere*—es diferente.

*delicadeza se tiende **de bruces**[54] sobre la arena. Sale **La Señora** abotonándose aún su delantal blanco. Se va a sentar delante de **La Empleada**, pero vuelve un poco más atrás.*

La Señora. No. Adelante no. Una empleada en la playa se sienta siempre un poco más atrás que su patrona. (*Se sienta sobre sus **pantorrillas**[55] y mira, divertida, en todas direcciones.*)

La Empleada *cambia de postura con **displicencia**.*[56] **La Señora** *toma la revista de **La Empleada** y principia a leerla. Al principio, hay una sonrisa irónica en sus labios que desaparece luego al interesarse por la lectura. Al leer mueve los labios.* **La Empleada,** *con naturalidad, toma de la bolsa de playa de **La Señora** un **frasco**[57] de aceite **bronceador**[58] y principia a extenderlo con lentitud por sus piernas.* **La Señora** *la ve. **Intenta**[59] una reacción **reprobatoria**,[60] pero queda **desconcertada**.*[61]

La Señora. ¿Qué haces?

La Empleada *no contesta.* **La Señora** ***opta por**[62] seguir la lectura, vigilando de vez en vez con la vista lo que hace* **La Empleada.** *Ésta ahora se ha sentado y se mira **detenidamente**[63] las uñas.*

La Señora. ¿Por qué te miras las uñas?

---

[54] **de bruces**—boca abajo.

[55] *pantorrilla(s)*—parte posterior de la pierna, entre la rodilla y el tobillo.

[56] *displicencia*—mal humor.

[57] *frasco*—contenedor, pomo o jarrito.

[58] *aceite bronceador*—loción protectora para evitar que el sol queme la piel.

[59] *Intenta*—prueba; ensaya; inicia.

[60] *reprobatoria*—de reproche; de desaprobación.

[61] **desconcertada**—indecisa; perpleja.

[62] **opta por**—decide.

[63] **detenidamente**—durante largo tiempo.

La Empleada. Tengo que arreglármelas.

La Señora. Nunca te había visto antes mirarte las uñas.

La Empleada. No se me había ocurrido.

La Señora. Este delantal acalora.

La Empleada. Son los mejores y los más durables.

La Señora. Lo sé. Yo los compré.

La Empleada. Le queda bien.

La Señora. (*Divertida.*) Y tú no te ves nada de mal con esa tenida.[64] (*Se ríe.*) Cualquiera se equivocaría. Más de un jovencito te podría hacer la corte . . . ¡Sería como para contarlo!

La Empleada. Alvarito se está metiendo muy adentro. Vaya a vigilarlo.

La Señora. (*Se levanta inmediatamente y se adelanta.*) ¡Alvarito! ¡Alvarito! No se vaya tan adentro . . . Puede venir una ola. (*Recapacita*[65] *de pronto y se vuelve desconcertada hacia* **La Empleada.**)

La Señora. ¿Por qué no fuiste tú?

La Empleada. ¿Adónde?

La Señora. ¿Por qué me dijiste que yo fuera a vigilar a Alvarito?

---

[64] tenida—en Chile, conjunto de artículos de vestir.

[65] *Recapacita*—piensa de nuevo; reflexiona.

La Empleada. (*Con naturalidad.*) Usted lleva el delantal blanco.

La Señora. Te gusta el juego, ¿ah?

Una pelota de **goma,**[66] *impulsada por un niño que juega cerca, ha caído a los pies de* **La Empleada.** *Ella la mira y no hace ningún movimiento. Luego mira a* **La Señora.** *Ésta, instintivamente,* **se dirige**[67] *a la pelota y la tira en la dirección en que vino.* **La Empleada** *busca en la bolsa de playa de* **La Señora** *y se pone sus anteojos para el sol.*

La Señora. (*Molesta.*[68]) ¿Quién te ha autorizado para que uses mis anteojos?

La Empleada. ¿Cómo se ve la playa vestida con un delantal blanco?

La Señora. Es **gracioso.**[69] ¿Y tú? ¿Cómo ves la playa ahora?

La Empleada. Es gracioso.

La Señora. (*Molesta.*) ¿Dónde está la gracia?

La Empleada. En que no hay diferencia.

La Señora. ¿Cómo?

La Empleada. Usted con el delantal blanco es la empleada; yo con este blusón y los anteojos oscuros soy la señora.

---

[66] **goma**—caucho; hule.

[67] *se dirige*—va.

[68] **Molesta**—incómoda; de mal humor.

[69] **gracioso**—divertido; chistoso; cómico.

La Señora. ¿Cómo? . . . ¿Cómo **te atreves**[70] a decir eso?

La Empleada. ¿Se habría molestado en recoger la pelota si no estuviese vestida de empleada?

La Señora. Estamos jugando.

La Empleada. ¿Cuándo?

La Señora. Ahora.

La Empleada. ¿Y antes?

La Señora. ¿Antes?

La Empleada. Sí. Cuando yo estaba vestida de empleada.

Realidad

La Señora. Eso no es juego. Es la realidad.

La Empleada. ¿Por qué?

La Señora. Porque sí.

La Empleada. Un juego . . . un juego más largo . . . como el «pacoladrón». A unos les corresponde ser «pacos»,[71] a otros «**ladrones**».[72]

La Señora. (*Indignada.*) ¡Usted se está insolentando!

La Empleada. ¡No me grites! ¡La insolente eres tú!

---

[70] **te atreves**—presumes; osas; tienes el descaro.

[71] paco(s)—de color rojizo; en Chile, gendarme, por el color del poncho que formaba parte de su uniforme.

[72] **ladrones**—los que roban; malhechores.

La Señora. ¿Qué significa eso? ¿Usted me está **tuteando?**[73]

La Empleada. ¿Y acaso tú no me tratas de tú?

La Señora. ¿Yo?

La Empleada. Sí.

La Señora. ¡Basta ya! ¡Se acabó este juego!

La Empleada. ¡A mí me gusta!

La Señora. ¡Se acabó! (*Se acerca violentamente a* **La Empleada**.)

La Empleada. (*Firme.*) ¡**Retírese!**[74]

(**La Señora** *se detiene sorprendida.*)

La Señora. ¿Te has vuelto loca?

La Empleada. Me he vuelto señora.

La Señora. Te puedo **despedir**[75] en cualquier momento.

La Empleada. (*Explota en grandes carcajadas, como si lo que hubiera oído fuera el chiste más gracioso que jamás ha escuchado.*)

La Señora. ¿Pero de qué te ríes?

La Empleada. (*Sin dejar de reír.*) ¡Es tan ridículo!

---

[73] **tuteando**—tratando de "tú"; usando el trato familiar.

[74] **Retírese**—Aléjese; Apártese.

[75] **despedir**—dejar cesante; dejar sin empleo.

La Señora. ¿Qué? ¿Qué es tan ridículo?

La Empleada. Que me despida . . . ¡Vestida así!
¿Dónde se ha visto a una empleada despedir
a su patrona?

La Señora. ¡Sácate esos anteojos! ¡Sácate el blusón!
¡Son míos!

La Empleada. ¡Vaya a ver al niño!

La Señora. Se acabó el juego, te he dicho. O me
devuelves mis cosas o te las saco.

La Señora. ¡Cuidado! No estamos solas en la playa.

La Señora. ¿Y qué hay con eso? ¿Crees que por estar
vestida con un uniforme blanco no van a reconocer
quién es la empleada y quién la señora?

La Empleada. (*Serena.*) No me levante la voz.

La Señora, *exasperada, se lanza sobre* **La Empleada**, *y trata
de sacarle el blusón a viva fuerza.*

La Señora. (*Mientras forcejea.*)[76] ¡China![77] ¡Ya te voy a
enseñar quién soy! ¿Qué te has creído? ¡Te voy a
meter presa![78]

Un grupo de **bañistas**[79] *ha* **acudido**[80] *al ver la* **riña.**[81] **Dos
Jóvenes**, *una* **Muchacha** *y un* **Señor** *de edad madura y de*

---

[76] *forcejea*—se esfuerza; lucha.

[77] China—en Chile, rota; plebeya; pobre.

[78] **meter presa**—mandar a la cárcel.

[79] *bañistas*—personas en traje de baño, en la playa.

[80] *acudido*—venido; llegado.

[81] *riña*—disputa; pelea.

apariencia muy distinguida. Antes que puedan intervenir **La Empleada** *ya ha dominado la situación, manteniendo bien sujeta*[82] *a* **La Señora** *contra la arena. Ésta sigue gritando ad libitum*[83] *expresiones como:* «*rota cochina*» . . . «*ya te las vas a ver con mi marido*» . . .[84] «*te voy a mandar presa*» . . . «*esto es el colmo*»,[85] *etc., etc.*

Un Joven. ¿Qué sucede?[86]

El Otro Joven. ¿Es un ataque?

La Jovencita. Se volvió loca.

Un Joven. Puede que sea efecto de una **insolación.**[87]

El Otro Joven. ¿Podemos ayudarla?

La Empleada. Sí. Por favor. Llévensela. Hay una posta[88] por aquí cerca . . .

El Otro Joven. Yo soy estudiante de Medicina. Le pondremos una inyección para que se duerma por un buen tiempo.

La Señora. ¡Imbéciles! ¡Yo soy la patrona! Me llamo Patricia Hurtado, mi marido es Álvaro Jiménez, el político . . .

La Jovencita. (*Riéndose.*) Cree ser la señora.

---

[82] **sujeta**—fija; aplastada; afirmada.

[83] *ad libitum*—espontáneamente (frase latina).

[84] *te las vas a ver con mi marido*—vas a tener que explicar tu comportamiento a mi marido.

[85] **colmo**—límite; acabóse.

[86] **sucede**—pasa.

[87] **insolación**—malestar causado por excesiva exposición a los rayos solares.

[88] **posta**—puesto de primeros auxilios.

Un Joven. Está loca.

El Otro Joven. Un ataque de histeria.

Un Joven. Llevémosla.

La Empleada. Yo no los acompaño . . . Tengo que cuidar a mi hijito . . . Está ahí, bañándose . . .

La Señora. ¡Es una mentirosa! ¡Nos cambiamos de vestido sólo por jugar! ¡Ni siquiera tiene traje de baño! ¡Debajo del blusón está en calzones! ¡Mírenla!

El Otro Joven. (*Haciéndole un gesto al* **Joven.**) ¡Vamos! Tú la tomas por los pies y yo por los brazos.

La Jovencita. ¡Qué risa! ¡Dice que está en calzones!

Los **Dos Jóvenes** *toman a* **La Señora** *y se la llevan, mientras ésta se resiste y sigue gritando.*

La Señora. ¡Suéltenme! ¡Yo no estoy loca! ¡Es ella! ¡Llamen a Alvarito! ¡El me reconocerá!

Mutis[89] *de los* **Dos Jóvenes** *llevando en peso*[90] *a* **La Señora**. **La Empleada** *se tiende sobre la arena, como si nada hubiera sucedido, aprontándose*[91] *para un prolongado baño de sol.*

El Caballero Distinguido. ¿Está usted bien, señora? ¿Puedo **serle útil**[92] en algo?

La Empleada. (*Mira inspectivamente al* **Señor Distinguido** y *sonríe con amabilidad.*) Gracias. Estoy bien.

---

[89] *Mutis*—salida del escenario.
[90] *llevando en peso*—cargando.
[91] *aprontándose*—preparándose.
[92] **serle útil**—servirle.

El Caballero Distinguido. Es el símbolo de nuestro
tiempo. Nadie parece darse cuenta, pero a cada
rato, en cada momento sucede algo así.

La Empleada. ¿Qué?

El Caballero Distinguido. La subversión del orden
establecido. Los viejos quieren ser jóvenes; los
jóvenes quieren ser viejos; los pobres quieren ser
ricos y los ricos quieren ser pobres. Sí, señora.
Asómbrese usted. También hay ricos que quieren
ser pobres. Mi **nuera**[93] va todas las tardes a **tejer**[94]
con mujeres de poblaciones callampas.[95] ¡Y le gusta
hacerlo! (*Transición.*) ¿Hace mucho tiempo que está
con usted?

La Empleada. ¿Quién?

El Caballero Distinguido. (*Haciendo un gesto hacia la
dirección en que se llevaron a* **La Señora.**) Su empleada.

La Empleada. (*Dudando, haciendo memoria.*) Poco más
de un año.

El Caballero Distinguido. ¡Y así le paga a usted!
¡Queriéndose hacer pasar por una señora! ¡Como
si no se reconociera a primera vista quién es
quién! (*Transición.*) ¿Sabe usted por qué suceden
estas cosas?

Irónica

La Empleada. ¿Por qué?

El Caballero Distinguido. (*Con aire misterioso.*)
El comunismo . . .

---

[93] **nuera**—esposa del hijo de uno.

[94] **tejer**—entrelazar hilos con agujas para formar una tela.

[95] callampas—casas pobres; chozas; chabolas.

La Empleada. ¡Ah!

El Caballero Distinguido. (*Tranquilizador.*) Pero no nos inquietemos. El orden está restablecido. Al final, siempre el orden se restablece . . . Es un hecho . . . Sobre eso no hay discusión . . . (*Transición.*) Ahora, con permiso, señora. Voy a hacer mi footing diario. Es muy conveniente a mi edad. Para la circulación, ¿sabe? Y usted quede tranquila. El sol es el mejor sedante.[96] (*Ceremoniosamente.*) A sus órdenes, señora. (*Inicia el mutis. Se vuelve.*) Y no sea muy dura con su empleada, después que se haya tranquilizado . . . Después de todo . . . Tal vez tengamos algo de culpa nosotros mismos . . . ¿Quién puede decirlo? (**El Caballero Distinguido** *hace mutis.*)

La Empleada *cambia de posición. Se tiende de espaldas para recibir el sol en la cara. De pronto se acuerda de Alvarito. Mira hacia donde él está.*

La Empleada. ¡Alvarito! ¡Cuidado con sentarse en esa roca! Se puede hacer una nana[97] en el pie . . . Eso es, corra por la arenita . . . Eso es, mi hijito . . . (Y mientras **La Empleada** *mira con ternura y* delectación[98] *maternal cómo Alvarito juega a la orilla del mar, se cierra lentamente el telón.*)

---

[96] sedante—calmante; medicina para calmar los nervios.

[97] nana—en los países del Cono Sur, contusión o herida leve.

[98] *delectación*—placer intenso.

PREGUNTAS

1. ¿Cuáles son los elementos de sátira en esta obra? Justifica tus observaciones con referencia al título y a detalles del texto.

2. Describe tus impresiones del juego verbal que sostienen las dos mujeres. ¿Qué aspectos se revelan del carácter de la señora por su forma de hablar? ¿del de la empleada por la suya?

3. En determinado momento, la señora dice: " . . . todo da lo mismo, salvo la plata. Sin la plata no somos nada. Yo tengo plata, tú no tienes. Ésa es la diferencia entre nosotras. ¿No te parece?" ¿Estás tú de acuerdo con este juicio? En tu respuesta, toma en cuenta la fuente del dinero de la señora, y ten presentes sus opiniones acerca de la gente del campo.

4. ¿Qué papel ideológico desempeña el caballero distinguido? ¿Qué actitud sociopolítica representan sus palabras? ¿Por quién o por quiénes habla?

5. Analiza el porqué del trato cambiante entre "tú" y "usted", en el diálogo entre las dos mujeres. ¿Cómo se diferencia esto del trato de "usted" que emplean las dos mujeres al dirigirse a Alvarito?

Don Juan Prueba de la naturaleza universal e imperecedera de la gran creación de Tirso de Molina es el hecho de que ha seguido respresentándose *El burlador de Sevilla y convidado de piedra* en diversos países y épocas. He aquí una escena de *Don Juan's Last Wager,* en el Teatro "Prince of Wales", en Londres, en el año 1900.

El teatro

▲

El gran dramaturgo irlandés George Bernard Shaw incorporó el personaje de Don Juan a su obra magna *Man and Superman*; el acto de dicha obra al que puso por título "Don Juan in Hell" se representa muchas veces aparte. En la escena de arriba, aparecen Phillip Bosco, Ann Sachs, Richard Woods, y George Grizzard en una producción del año 1978.

◄ A la izquierda, un cartel que anuncia una adaptación cinematográfica del inmortal drama de Tirso. El papel de Don Juan lo representa, naturalmente, Errol Flynn, el sin par galán del cine norteamericano de las décadas 30 y 40. La película se estrenó en 1948.

Aunque Federico García Lorca murió en 1936, la obra literaria del excelso poeta y dramaturgo no pereció con él. En la foto de abajo, las actrices Mia Farrow y Morag Hood actúan en una producción de *La casa de Bernarda Alba*, traducida al inglés por Tom Stoppard. La obra se presentó en Nueva York en 1973.

▲

En la foto de arriba, una escena de otra representación de *La casa de Bernarda Alba*. En esta foto se aprecia la adusta rigidez de la casa de Bernarda, así como la de sus hijas.

◄ Una escena de otra representación de la misma obra, en la que las hijas de Bernarda se divierten bailando. Esta escena es un ejemplo de la libertad estética que se permiten los directores artísticos en la presentación en tablas de obras de teatro, pues semejante escena no existe en el sombrío drama que escribió Lorca.

▲

Una escena de *El delantal blanco*, drama corto del escritor chileno Sergio Vodanovic. Hicieron la representación estudiantes de la Universidad de Virginia, en Charlottesville, Virginia, bajo la dirección del profesor Fernando Operé.

The Spanish Theater Group of the University of Virginia, directed by Fernando Operé.

Desde el Medioevo
hasta el siglo XX

El conde Lucanor

EL INFANTE DON JUAN MANUEL

Se considera que el género novelesco nace, no sólo en España, sino en toda Europa, con El conde Lucanor, también conocido como Libro de Patronio (1335). El infante don Juan Manuel (1282–1348) fue sobrino del ilustre rey de Castilla Alfonso X el Sabio, que durante su reinado emprendió una obra monumental de sistematización del saber jurídico, histórico y lingüístico castellano. Ambicioso, don Juan Manuel vivió una vida de maniobras políticas. Figuró en disputas por el trono de Castilla después de la muerte de su tío. Combatió y venció a los moros de Málaga, pero no vaciló en formar alianzas con los moros de Granada para mejorar su posición política. En medio de todo, creó una abundante obra literaria que le confirmó indiscutiblemente como el mejor prosista de su tiempo.

El conde Lucanor es una colección de cuentos ligados por la continuidad de sus dos protagonistas. Móvil de cada cuento es una duda que el joven e inexperto conde le presenta a su viejo maestro y consejero Patronio. Éste le enseña la adecuada solución, refiriéndole un "ejemplo", término utilizado desde la Antigüedad para significar una historia insertada a manera de testimonio. Don Juan Manuel extrajo de las tradiciones orientales—árabes, y anteriores a éstas, las de Persia y de la India—muchos cuentos de

El conde Lucanor, *libro que escribió en su fortaleza sobre la Hoz de Alarcón. El siguiente ejemplo dio a William Shakespeare la inspiración para su comedia* La fierecilla domada.

Ejemplo XXXV: De lo que aconteció a un mancebo que casó con una mujer muy fuerte y muy brava

Otra vez hablaba el conde Lucanor con Patronio, y díjole:

—Patronio, un mío criado[1] me dijo que le traían casamiento con una mujer muy rica y aun que es más honrada que él; y que es el casamiento muy bueno para él, si no por un embargo que allí hay, y el embargo es éste: díjome que le dijeran[2] que aquella mujer que era la más fuerte y más brava cosa del mundo. Y ahora ruégoos que me aconsejéis si le mandaré que case con aquella mujer, pues sabe de cuál manera es, o si le mandaré que lo no haga.

—Señor conde —dijo Patronio—, si él fuere tal como fue un hijo de un hombre bueno que era moro, aconsejadle que case con ella, mas si no fuere tal, no se lo aconsejéis.

El conde le rogó que le dijese cómo fuera[3] aquello.

Patronio le dijo que en una villa había un hombre bueno que había[4] un hijo, el mejor mancebo que podía ser, mas no era tan rico que pudiese cumplir tantos hechos ni tan grandes como el su corazón le daba a entender que debía cumplir. Y por esto era él en gran cuidado, ca[5] había la voluntad y no había el poder.

Y en aquella villa misma, había otro hombre muy más honrado y más rico que su padre, y había una hija y

---

[1] criado—mancebo criado y educado en una casa sin ser hijo de familia; típicamente un pariente.

[2] dijeran—habían dicho.

[3] fuera—había sido.

[4] había—tenía; del verbo *haber*, que en aquella época equivalía a *tener*.

[5] ca—porque.

no más, y era muy contraria de aquel mancebo; ca cuanto aquel mancebo había de buenas maneras, tanto las había aquella hija del hombre bueno, de malas y revesadas; y por ende, hombre del mundo no quería casar con aquel diablo.

Aquel tan buen mancebo vino un día a su padre y díjole que bien sabía que él no era tan rico que pudiese darle con qué él pudiese vivir a su honra, y que, pues le convenía hacer vida menguada y lazrada,[6] o irse de aquella tierra; que si él por bien tuviese, que le parecía mejor seso de catar[7] algún casamiento con que pudiese haber alguna pasada.[8] Y el padre le dijo que le placía ende[9] mucho si pudiese hallar para él casamiento que le cumpliese.

Entonces le dijo el hijo que, si él quisiese, que podría guisar[10] que aquel hombre bueno que había aquella hija, que se la diese para él. Cuando el padre esto oyó, fue muy maravillado, y díjole que cómo cuidaba[11] en tal cosa: que no había hombre que la conociese que, por pobre que fuese, quisiese casar con ella. El hijo le dijo que le pedía por merced que guisase aquel casamiento. Y tanto le afincó[12] que, como quiera que el padre lo tuvo por extraño, que se lo otorgó.

Y fuése luego para aquel hombre bueno, y ambos eran mucho amigos, y díjole todo lo que pasara[13] con su hijo y rogóle que, pues su hijo se atrevía a casar con su hija, que le pluguiese[14] y se la diese para él. Cuando el hombre bueno esto oyó a aquel su amigo, díjole:

---

[6] lazrada—desgraciada.

[7] catar—buscar; mirar.

[8] pasada—recursos.

[9] ende—de ello.

[10] guisar—disponer; arreglar.

[11] cuidaba—pensaba.

[12] afincó—apremió; insistió.

[13] pasara—había pasado.

[14] pluguiese—complaciese; complaciera.

—Por Dios, amigo, si yo tal cosa hiciese seríaos ya muy falso amigo, ca vos tenéis muy buen hijo, y tendría que hacía muy gran maldad si yo consintiese su mal y su muerte; ca soy cierto que, si con mi hija casase, que o sería muerto o le valdría más la muerte que la vida. Y no entendáis que os digo esto por no cumplir vuestro talante,[15] ca si la quisiereis, a mí mucho me place de la dar a vuestro hijo, o a quienquiera que me la saque de casa.

Y aquel su amigo díjole que le agradecía mucho cuanto le decía, y que pues su hijo quería aquel casamiento, que le rogaba que le pluguiese.

El casamiento se hizo, y llevaron la novia a casa de su marido. Y los moros han por costumbre que adoban[16] de cenar a los novios y pónenles la mesa y déjanlos en su casa hasta otro día. E hiciéronlo así aquéllos; pero estaban los padres y las madres y parientes del novio y de la novia con gran recelo, cuidando que otro día hallarían el novio muerto o muy maltrecho.

Luego que ellos fincaron[17] solos en casa, sentáronse a la mesa, y antes que [ella] uviase[18] a decir cosa, cató el novio en derredor de la mesa, y vio un perro y díjole ya cuanto[19] bravamente:

—¡Perro, danos agua a las manos!

Y el perro no lo hizo. Y él comenzóse a ensañar[20] y díjole más bravamente que les diese agua a las manos. Y el perro no lo hizo. Y desque[21] vio que lo no hacía, levantóse muy sañudo de la mesa y metió mano a la

---

[15] talante (m.)—voluntad.

[16] adoban—preparan.

[17] fincaron—quedaron.

[18] uviase—llegase.

[19] ya cuanto—algún tanto.

[20] ensañar—llenarse de saña, de rabia; ponerse sañudo, furioso.

[21] desque—puesto que; ya que.

espada y enderezó al perro. Cuando el perro lo vio venir contra él, comenzó a huir, y él en pos de él, saltando ambos por la ropa y por la mesa y por el fuego, y tanto anduvo en pos de él hasta que lo alcanzó, y cortóle la cabeza y las piernas y los brazos, e hízolo todo pedazos, y ensangrentó toda la casa y toda la mesa y la ropa.

Y así muy sañudo y todo ensangrentado, tornóse a sentar a la mesa y cató en derredor, y vio un gato y díjole que le diese agua a las manos; y porque no lo hizo, díjole:

—¡Cómo, don falso traidor! ¿No viste lo que hice al perro porque no quiso hacer lo que le mandé yo? Prometo a Dios que, si poco ni más conmigo porfías, que eso mismo haré a ti que al perro.

El gato no lo hizo, ca tampoco es su costumbre de dar agua a las manos, como del perro. Y porque no lo hizo, levantóse y tomólo por las piernas y dio con él a la pared e hizo de él más de cien pedazos, mostrando muy mayor saña que contra el perro.

Y así, bravo y sañudo y haciendo muy malos continentes,[22] tornóse a la mesa y cató a todas partes. La mujer que le vio esto hacer, tuvo que estaba loco o fuera de seso, y no decía nada.

Y desque hubo catado a cada parte, vio un su caballo que estaba en casa, y él no había más de aquél, y díjole bravamente que les diese agua a las manos. Y el caballo no lo hizo. Desque vio que no lo hizo, díjole:

—¡Cómo, don caballo! ¿Cuidáis que porque no he otro caballo, que por eso os dejaré si no hiciereis lo que yo os mandare? De eso os guardad, que si por vuestra mala ventura no hiciereis lo que yo os mandare, yo juro a Dios que tan mala muerte os dé como a los otros; y no hay cosa viva en el mundo que no haga lo que yo mandare, que eso mismo no le haga.

---

[22] malos continentes—mala cara.

El caballo estuvo quedo.[23] Y desque vio que no hacía su mandado, fue a él y cortóle la cabeza y con la mayor saña que podía mostrar, despedazólo todo.

Cuando la mujer vio que mataba el caballo no habiendo otro y que decía que esto haría a quienquiera que su mandado no cumpliese, tuvo que esto ya no se hacía por juego; y hubo tan gran miedo que no sabía si era muerta o viva.

Y él así, bravo y sañudo y ensangrentado, tornóse a la mesa, jurando que si mil caballos y hombres y mujeres hubiese en casa, que le saliesen de mandado, que todos serían muertos. Y sentóse y cató a toda parte, teniendo la espada sangrienta en el regazo; y desque cató a una parte y a otra y no vio cosa viva, volvió los ojos contra su mujer muy bravamente y díjole con gran saña, teniendo la espada en la mano:

—Levantaos y dadme agua a las manos.

Y la mujer, que no esperaba otra cosa sino que la despedazaría toda, levantóse muy aprisa y diole agua a las manos. Y díjole él:

—¡Ah! ¡Cómo agradezco a Dios porque hicisteis lo que os mandé, ca de otra guisa,[24] por el pesar que estos locos me hicieron, eso hubiera hecho a vos que a ellos!

Y después mandóle que le diese de comer; y ella hízolo. Y cada que le decía alguna cosa, tan bravamente se la decía que ya cuidaba que la cabeza era cortada.

Así pasó el hecho entre ellos aquella noche, que nunca ella habló, mas hacía lo que él le mandaba. Y desque hubieron dormido una pieza, díjole él:

—Con esta saña que hube esta noche no pude bien dormir. Catad que no me despierte cras[25] ninguno; y tenedme bien adobado de comer.

---

[23] quedo—quieto.

[24] de otra guisa—de otra manera.

[25] cras—mañana.

Cuando fue gran mañana,[26] los padres y las madres y parientes llegaron a la puerta; y porque no hablaba ninguno, cuidaron que el novio estaba muerto o herido y desque vieron por entre las puertas a la novia y no al novio, cuidáronlo más. Cuando ella los vio a la puerta llegó muy paso[27] y con gran miedo, y comenzóles a decir:

—¡Locos, traidores! ¿Qué hacéis y cómo osáis llegar a la puerta ni hablar? ¡Callad! Si no, también vos como yo, todos somos muertos.

Y cuando todos esto oyeron, fueron maravillados, y desque supieron cómo pasaran[28] aquella noche, apreciaron mucho al mancebo porque así supiera[29] hacer lo que le cumplía y castigar[30] tan bien su casa. Y de aquel día adelante, fue aquella su mujer muy bien mandada y hubieron muy buena vida.

Y dende[31] a pocos días, su suegro quiso hacer así como hiciera[32] su yerno; y por aquella manera mató un gallo. Y díjole su mujer:

—A la fe, don Fulán, tarde os acordasteis ca ya no os valdría nada si mataseis cien caballos: que antes lo hubierais a comenzar, que ya bien nos conocemos.

Y vos, señor conde, si aquel vuestro criado quiere casar con tal mujer, si fuere él tal como aquel mancebo, aconsejadle que case seguramente, ca él sabrá cómo pase en su casa; mas si no fuere tal que entienda lo que debe hacer y lo que le cumple, dejadle pase su ventura. Y aún aconséjoos que con todos los hombres que algo habéis a

---

[26] gran mañana—muy de mañana.

[27] paso—deliberadamente quedo; en voz baja.

[28] pasaran—habían pasado.

[29] supiera—había sabido.

[30] castigar—gobernar, llevar.

[31] dende—desde allí.

[32] hiciera—había hecho.

hacer, que siempre les deis a entender en cuál manera han de pasar convusco.[33]

El conde tuvo éste por buen consejo, e hízolo así, y hallóse ende[34] bien.

Y porque don Juan lo tuvo por buen ejemplo, hízolo escribir en este libro, e hizo estos versos que dicen así:

Si al comienzo no muestras quién eres,
nunca podrás después cuando quisieres.

---

[33] convusco—con vos.
[34] ende—por ello.

PREGUNTAS

1. Esta obra presenta "un cuento dentro de un cuento". Haz un breve resumen de los dos cuentos, identificando a sus personajes. ¿Cuáles son los móviles del conde Lucanor y de su ayo Patronio? ¿Cuáles son los móviles del joven moro que se casó con la mujer muy fuerte y muy brava?

2. ¿Cuál es el resultado de la primera noche de casados del mancebo moro y de su nueva esposa? ¿Por qué no le sirvió después al padre de la novia su esfuerzo por lograr el mismo resultado con su propia esposa?

3. Cualquiera diría que las escenas pintadas en el cuento de Patronio son de una brutalidad desmedida, hasta monstruosa. ¿Cuáles son los toques de humorismo que impiden que este cuento recaiga en terror y degradación para la novia? Detalla tus ideas, basándote en el texto. ¿Crees tú que sea central al cuento el hecho de que la persona que "muestra al comienzo quién es" sea hombre, y que la persona que lo llega a conocer sea mujer? Defiende tu respuesta.

Lazarillo de Tormes

ANÓNIMO

*La picaresca es un género novelesco netamente español, y ésta es
la novela que marca la pauta al género. Tres ediciones de La vida
de Lazarillo de Tormes y de sus fortunas y adversidades (1554)
salieron en el mismo año en tres ciudades. Se cree que existió una
edición anterior, pero no sobrevive ningún ejemplar. El Lazarillo
triunfó inmediatamente. Preparó el camino para la novela de
aventuras, la de costumbres, y la moderna novela realista y
naturalista. Muchos otros novelistas, Cervantes entre ellos, están
endeudados con él.*

*Elementos característicos de la picaresca: es autobiográfica y
episódica; su unidad reside en la presencia del pícaro protagonista,
individuo sin rumbo ni aspiraciones. Su técnica es realista:
Lazarillo, de orígenes vulgares, es abandonado a su suerte, siendo
niño. Observa el medio social, dejando un documento crudo de la
vida de las clases desheredadas de la España de su tiempo. Su
visión es satírica: se burla de las instituciones sociales y del
idealismo de los libros de caballerías. El pícaro sale del paso como
puede, con mañas que entretienen porque todas sus víctimas son
peores que él. Aquí no se busca el amor sino la ventaja, y muchas
veces sin escrúpulos.*

Tratado primero

Cuenta Lázaro su vida y cuyo hijo fue.

Pues sepa Vuestra Merced,[1] ante todas las cosas, que
a mí llaman Lázaro de Tormes, hijo de Tomé González y
de Antonia Pérez, **naturales**[2] de Tejares, **aldea**[3] de
Salamanca. Mi nacimiento fue dentro del río Tormes, por
la cual causa tomé el sobrenombre; y sucedió de esta
manera: mi padre, que Dios perdone, tenía a su cargo
proveer una **molienda**[4] de una **aceña**[5] que está en la
ribera de aquel río, en la cual fue molinero más de
quince años; y estando mi madre una noche en la aceña,
preñada[6] de mí, tomóle el parto y **parióme**[7] allí. De
manera que con verdad me puedo decir nacido en el río.

Pues siendo niño de ocho años, acusaron a mi padre
de ciertas **sangrías**[8] mal hechas en los **costales**[9] de los
que allí a moler venían, por lo cual fue **preso**,[10] confesó
y no negó, y **padeció**[11] persecución por la justicia.
Espero en Dios que esté en la gloria, pues el Evangelio
los llama **bienaventurados**.[12]

En este tiempo se organizó cierta **armada**[13] contra
moros, entre los cuales se alistó mi padre, que **a la
sazón**[14] estaba **desterrado**[15] por el desastre ya dicho, con

---

[1] Vuestra Merced—tratamiento antiguo de cortesía; como "usted" ahora.

[2] **naturales**—originarios; oriundos.

[3] **aldea**—pueblo.

[4] molienda—acción de moler, de triturar; cantidad que se muele.

[5] aceña—molino accionado por una corriente de agua.

[6] preñada—encinta.

[7] parióme—me parió; dio a luz.

[8] sangrías—robos.

[9] **costales**—sacos; bolsos grandes.

[10] **preso**—prisionero.

[11] **padeció**—sufrió.

[12] **bienaventurados**—los que están con Dios en el cielo.

[13] **armada**—expedición militar.

[14] **a la sazón**—en ese tiempo.

[15] **desterrado**—exilado.

cargo[16] de acemilero[17] de un caballero que allá fue. Y allí fue con su señor, como leal criado.

Mi viuda madre, al verse sin marido y sin abrigo, determinó **arrimarse**[18] a los buenos, para ser uno de éllos, vínose a vivir a la ciudad, alquiló una casilla, y dedicóse a **guisar**[19] para ciertos mozos de caballos del comendador[20] de la Magdalena, de manera que fue **frecuentando**[21] las **caballerizas**.[22]

Ella y un hombre moreno de aquéllos que curaban las **bestias**,[23] se hicieron amigos. Éste algunas veces venía a nuestra casa y se iba por la mañana. Otras veces, de día llegaba a la puerta, en achaque de[24] comprar huevos, y entrábase en casa. Yo, al principio de su entrada, le tenía miedo al ver el color y mal gesto[25] que tenía; mas desde que vi que con su venida mejoraba el comer, le fui queriendo bien, porque siempre traía pan, pedazos de carne y en el invierno leños[26] con que nos calentábamos.

De manera que, continuando la posada[27] y conversación, mi madre vino a darme un hermano negrito muy bonito, con el cual yo jugaba y ayudaba a calentar.

Y acuérdome que, estando el negro jugando con el mozuelo, como el niño veía a mi madre y a mí blancos y a él no, **huía**[28] de él, con miedo, para mi madre y, señalando con el dedo, decía:

---

[16] **cargo**—empleo; puesto de trabajo.

[17] acemilero—el que cuida las mulas.

[18] **arrimarse**—acercarse.

[19] **guisar**—cocinar.

[20] comendador—superior de una orden religiosa.

[21] **frecuentando**—yendo a.

[22] **caballerizas**—establos.

[23] **bestias**—animales.

[24] en achaque de—con ganas de.

[25] mal gesto—expresión desagradable.

[26] leños—trozos de madera para quemar.

[27] posada—hospitalidad.

[28] **huía**—se alejaba; se fugaba.

—¡Madre, coco![29]

Respondió él riendo:

—¡Hideputa![30]

Yo, aunque bien muchacho, pensé en aquella palabra de mi hermanico, y dije entre mí:

—¡Cuántos debe de haber en el mundo que huyen de otros porque no se ven a sí mismos!

Quiso nuestra fortuna que la relación con Zaide, que así se llamaba, llegó a oídos del **mayordomo**[31] y, hechas averiguaciones,[32] se descubrió que más de la mitad de la cebada que para las bestias le daban, **hurtaba**,[33] además de salvados,[34] **leña**,[35] almohazas,[36] mandiles,[37] y mantas y sábanas de los caballos; y cuando otra cosa no tenía, las bestias desherraba,[38] y con todo esto **acudía**[39] a mi madre para criar a mi hermanico. No nos maravillemos[40] si a un pobre esclavo el amor le anima a esto, cuando un **clérigo**[41] o fraile hurta de los pobres y el otro de casa para sus **devotos**[42] y para él mismo.

Y se le probó cuanto digo y aún más; porque a mí con amenazas me preguntaban, y, como niño, respondía y descubría cuanto sabía, con miedo hasta acerca de ciertas herraduras que por mandado de mi madre a un **herrero**[43] vendí.

---

[29] coco—persona fea; figura imaginaria de espanto para los niños.

[30] hideputa—hijo de puta, insulto soez.

[31] **mayordomo**—administrador; jefe de la servidumbre de una mansión.

[32] **averiguaciones**—investigaciones.

[33] **hurtaba**—robaba.

[34] salvado(s)—capa externa de los cereales, usada como pienso, o alimento del ganado y de los caballos.

[35] **leña**—madera cortada para quemar.

[36] almohaza—plancha con varios peines metálicos, para la limpieza de las caballerías.

[37] mandil—trapo para limpiar las caballerías.

[38] desherraba—quitaba las herraduras.

[39] **acudía**—venía.

[40] maravillemos—sorprendamos.

[41] **clérigo**—cura; sacerdote.

[42] **devotos**—congregación; fieles.

[43] **herrero**—el que trabaja el hierro; el que pone herraduras a los caballos.

Al triste de mi padrastro **azotaron**[44] y pringaron[45] y a mi madre la justicia castigó con el acostumbrado centenario,[46] y que en casa del sobredicho[47] comendador no entrase, ni **acogiese**[48] al lastimado Zaide en la suya.

Por no echar la soga tras el caldero,[49] la triste se esforzó y cumplió la sentencia. Y por evitar peligro y **librarse**[50] de **malas lenguas**,[51] se fue a servir a los que al presente[52] vivían en el **mesón**[53] de la Solana; y allí, padeciendo mil importunidades, se acabó de criar mi hermanico hasta que supo andar, y a mí hasta ser buen mozuelo, que iba a los huéspedes por vino y candelas y por lo demás que me mandaban.

En este tiempo vino a posar[54] al mesón un ciego, el cual, pareciéndole que yo serviría para guiarle, me pidió a mi madre, y ella me entregó a él, diciéndole que era hijo de un buen hombre, el cual, por ensalzar[55] la fe, había muerto en la batalla de los Gelves,[56] y que ella confiaba en Dios no saldría peor hombre que mi padre y que le rogaba me tratase bien y mirase por mí, pues era huérfano. Él respondió que así lo haría y que me recibía, no por **mozo**,[57] sino por hijo. Y así comencé a servir y adestrar[58] a mi nuevo y viejo amo.

---

[44] **azotaron**—golpearon con látigo.

[45] pringaron—echaron grasa caliente en las heridas de los azotes.

[46] el acostumbrado centenario—los cien azotes de costumbre.

[47] sobredicho—arriba mencionado.

[48] **acogiese**—recibiera.

[49] Por no echar la soga tras el caldero—para no empeorar la situación.

[50] **librarse**—escapar.

[51] **malas lenguas**—personas chismosas, que hablan mal de otras personas.

[52] al presente—entonces.

[53] **mesón**—posada; casa de huéspedes.

[54] posar—hospedarse; alojarse.

[55] ensalzar—enaltecer; poner en alto.

[56] Gelves—Gerba, isla de Tunicia, en la costa norte de África.

[57] **mozo**—criado; sirviente; guía (de un ciego).

[58] adestrar—adiestrar; entrenar.

Como estuvimos en Salamanca algunos días, pareciéndole a mi **amo**[59] que no era la ganancia a su contento, determinó irse de allí; y cuando nos disponíamos a partir, yo fui a ver a mi madre, y, ambos llorando, me dio su bendición y dijo:

Adiós

—Hijo, ya sé que no te veré más. Procura ser bueno, y que Dios te guíe. Te he criado y con buen amo te he puesto; válete por ti solo.[60]

Y así, me fui para mi amo, que estaba esperándome.

Salimos de Salamanca y, llegando al puente que en la entrada del mismo hay un animal de piedra que casi tiene forma de toro, el ciego mandóme que me acercase al animal y allí, puesto, me dijo:

—Lázaro, acerca el oído a este toro y oirás gran ruido dentro de él.

Yo **ingenuamente**[61] así lo hice, creyendo que era verdad. Y como sintió que tenía la cabeza junto a la piedra, afirmó recio la mano y diome una gran calabazada[62] en el diabólico toro que más de tres días me duró el dolor de la cornada,[63] y díjome:

Toro

—**Necio,**[64] aprende que el mozo del ciego un punto ha de saber más que el diablo.

Y rió mucho la burla.

Parecióme que en aquel instante desperté de la simpleza[65] en que, como niño, estaba dormido. Dije entre mí:

—Verdad dice éste, debo abrir más los ojos y estar alerta, pues estoy solo y he de pensar cómo componérmelas.

---

[59] **amo**—dueño; jefe.

[60] válete por ti solo—ayúdate a ti mismo.

[61] **ingenuamente**—inocentemente.

[62] calabazada—golpe en la cabeza.

[63] cornada—herida causada por el cuerno.

[64] **Necio**—tonto.

[65] simpleza—inocencia; falta de astucia.

Comenzamos nuestro camino y en muy pocos días me enseñó la **jerigonza**.[66] Y como me viese de buen **ingenio**,[67] holgábase[68] mucho y decía:

—Yo oro ni plata no te puedo dar; mas avisos y consejos para vivir mucho te mostraré.

Y así fue que, después de Dios, éste me dio la vida y, siendo ciego, me alumbró[69] y adiestró en la carrera de vivir.

Huelgo de contar[70] a Vuestra Merced estas niñerías, para mostrar cuánto cuesta a los hombres subir siendo bajos, y dejarse bajar siendo altos.

Pues, volviendo al bueno de mi ciego y contando sus cosas, Vuestra Merced sepa que, desde que Dios crió[71] el mundo, ninguno formó más astuto ni **sagaz**.[72] En su oficio era un águila. Ciento y tantas **oraciones**[73] sabía de coro.[74] Un tono bajo, **reposado**[75] y muy sonable que hacía resonar la iglesia donde rezaba; un rostro humilde y devoto que con muy buen continente[76] ponía cuando rezaba, sin hacer gestos ni visajes con boca ni ojos como otros **suelen**[77] hacer.

Además de esto, tenía otras mil formas y maneras para sacar dinero. Decía saber oraciones para muchos y diversos efectos: para mujeres que no parían; para las que estaban de parto; para las que eran malcasadas, para que sus maridos las quisiesen bien. Echaba pronósticos a las preñadas: si sería hijo o hija.

---

[66] **jerigonza**—lenguaje particular empleado por un grupo determinado, en este caso, los ciegos.

[67] **ingenio**—inteligencia; astucia.

[68] **holgábase**—se ponía contento.

[69] **alumbró**—dio luz al entendimiento.

[70] **huelgo de contar**—me gusta contar.

[71] **crió**—creó.

[72] **sagaz**—listo; inteligente.

[73] **oraciones**—rezos; peticiones a Dios.

[74] **de coro**—de memoria.

[75] **reposado**—tranquilo; no agitado.

[76] **continente** (m.)—expresión de la cara.

[77] **suelen**—acostumbran.

En cuanto a medicina, decía que Galeno[78] no supo la mitad que él para muela, desmayos, toda clase de males. Finalmente, nadie le decía padecer algún mal que al momento no le dijera:

—Haced esto, haced esto otro, coged tal hierba, tomad tal raíz.

Con esto andábase todo el mundo tras él, especialmente las mujeres, que **cuanto**[79] les decía creían. De éstas sacaba más en un mes que cien ciegos en un año.

Mas también quiero que sepa Vuestra Merced que, con todo lo que adquiría y tenía, jamás tan **avariento**[80] ni **mezquino**[81] hombre vi; tanto, que me mataba a mí de hambre, y así no me proporcionaba[82] ni la mitad de lo necesario. Digo la verdad; si con mi sotileza[83] y buenas **mañas**[84] no me supiera remediar, muchas veces hubiera muerto de hambre; mas con todo su saber y aviso me aprovechaba de tal suerte que siempre, o las más veces cabía lo más y mejor. Para esto le hacía burlas endiabladas, de las cuales contaré algunas, aunque no todas a mi salvo.[85] Él traía el pan y todas las otras cosas en un fardel[86] de lienzo,[87] que por la boca se cerraba con una argolla[88] de hierro y su candado y su llave, y al meter todas las cosas y sacarlas, lo hacía con tan gran vigilancia y tanto por contadero, que no bastara hombre en todo el mundo quitarle ni una migaja. Mas yo tomaba

---

[78] Galeno—famoso médico de la Antigua Grecia, fundador de la ciencia médica.

[79] **cuanto**—todo lo que.

[80] **avariento**—codicioso; que no quiere gastar dinero.

[81] **mezquino**—codo; tacaño.

[82] **proporcionaba**—daba.

[83] sotileza—sutileza; habilidad; ingenio.

[84] **mañas**—trucos.

[85] a mi salvo—sin culpa mía.

[86] fardel—morral; fardo; paquete.

[87] lienzo—tela.

[88] argolla—anilla metálica; aro.

aquella laceria[89] que él me daba, la cual en menos de dos bocados era despachada.

Después que cerraba el candado y se descuidaba, pensando que yo estaba distraído en otras cosas, por un poco de costura, que muchas veces del un lado del fardel descosía y tornaba a coser, sangraba el avariento fardel, sacando no por tasa[90] pan, mas buenos pedazos, torreznos[91] y longaniza.[92] Y así, buscaba conveniente tiempo para rehacer, no la chaza,[93] sino la endiablada falta que el mal ciego me faltaba.

Todo lo que así podía sisar[94] y hurtar traía en medias blancas,[95] y cuando le mandaban rezar y le daban blancas, como él carecía de vista, no había el que se la daba amagado con ella, cuando yo la tenía escondida en la boca y la media blanca aparejada,[96] que por rápido que él echaba la mano, ya iba en mi cambio reducida en la mitad del justo precio. Quejábase el mal ciego, porque al tocarla al momento conocía y sentía que no era blanca entera, y decía:

—¿Qué diablos es esto, que desde que conmigo estás no me dan sino medias blancas y antes una blanca y un maravedí[97] muchas veces me pagaban? En ti debe de estar esta desdicha.

También él abreviaba el rezar y la mitad de la oración no acababa, porque me tenía mandado que en yéndose el que la mandaba rezar, le tirase por el extremo del capuz.[98] Yo así lo hacía. Luego él tornaba a dar voces, diciendo:

---

[89] laceria—pobreza; miseria.

[90] no por tasa—no por medida; no en pequeñas cantidades.

[91] torrezno—trozo de tocino frito.

[92] longaniza—embutido largo, como salchicha o chorizo.

[93] chaza—marca dejada en el fardel por la rotura cosida.

[94] sisar—robar poco a poco.

[95] blanca—moneda antigua.

[96] aparejada—preparada.

[97] maravedí (m.)—moneda antigua, sustituida después por el céntimo.

[98] capuz (m.)—capa; capote.

—¿Mandan rezar tal y tal oración? —como suelen decir.

Usaba poner junto a sí[99] un jarrillo de vino, cuando comíamos, y yo muy de presto[100] le **asía**[101] y daba un par de besos callados y tornábale a su lugar. Mas duróme poco, que en los tragos conocía la falta y, por reservar su vino a salvo, nunca después desamparaba[102] el jarro, antes lo tenía por el asa asido. Mas no había piedra imán que atrayese tanto como yo con una paja larga de centeno que para aquel menester tenía hecha, la cual metiéndola en la boca del jarro, chupando el vino, lo dejaba a buenas noches. Mas, como fuese el traidor[103] tan astuto, pienso que me sintió, y de allí en adelante cambió de propósito y colocaba su jarro entre las piernas y tapábalo con la mano, y así bebía seguro.

Yo, como estaba hecho[104] al vino, moría por él, y viendo que aquel remedio de la paja no me aprovechaba ni valía, decidí en el suelo del jarro hacerle una fuentecilla y agujero sutil, y delicadamente, con una muy delgada tortilla de cera, taparlo; y al tiempo de comer, **fingiendo**[105] tener frío, me colocaba entre las piernas del triste ciego a calentarme en la pobrecilla lumbre que teníamos, y al calor de ella, una vez **derretida**[106] la cera, por ser muy poca, comenzaba la fuentecilla a destilarme[107] en la boca, la cual yo de tal manera ponía, que maldita la gota se perdía. Cuando el pobrete iba a beber, no hallaba nada. Espantábase, maldecíase, daba al diablo el jarro y el vino, no sabiendo qué podía ser.

---

[99] junto a sí—al lado suyo.

[100] de presto—de prisa.

[101] **asía**—agarraba.

[102] desamparaba—descuidaba.

[103] traidor—sinvergüenza.

[104] hecho—acostumbrado; aficionado.

[105] **fingiendo**—aparentando.

[106] **derretida**—convertida en líquido.

[107] destilarme—gotearme; caerme gota a gota.

—No diréis, tío, que os lo bebo yo —decía—, pues no le quitáis la mano.

Tantas vueltas y tientos dio al jarro, que halló la fuente y cayó en la burla;[108] mas así lo disimuló como si no lo hubiera advertido.

Y luego otro día, teniendo yo rezumando[109] mi jarro como solía, ni pensando el daño que me estaba preparado ni que el mal ciego me deseaba, sentéme como solía; estando recibiendo aquellos dulces tragos, mi cara puesta hacia el cielo, un poco cerrados los ojos por mejor gustar el sabroso licor, sintió el desesperado ciego que agora[110] tenía tiempo de tomar venganza, y con toda su fuerza, alzando con dos manos aquel dulce y amargo jarro, le dejó caer sobre mi boca, ayudándose, como digo, con todo su poder, de manera que el pobre Lázaro, que nada de esto se esperaba, sino todo lo contrario, como otras veces, estaba descuidado y gozoso, verdaderamente le pareció que el cielo, con todo lo que en él hay, le había caído encima.

Venganza

Fue tal el golpecillo, que me desatinó[111] y sacó de sentido, y el jarrazo tan grande, que los pedazos de él se me metieron por la cara, rompiéndomela por muchas partes, y me quebró los dientes, sin los cuales hasta hoy día me quedé.

Desde aquella hora quise mal al mal ciego, y, aunque me quería y regalaba y me curaba, bien vi que se había alegrado del cruel castigo. Lavóme con vino las roturas que con pedazos del jarro me había hecho, y, sonriéndose, decía:

—¿Qué te parece, Lázaro? Lo que te enfermó te sana y da salud.

Y otros chistes que a mi parecer no lo eran.

---

[108] cayó en la burla—se dio cuenta del truco.

[109] rezumando—bebiendo el zumo o el jugo; es decir, el vino.

[110] agora—ahora.

[111] desatinó—desorientó.

Cuando estuve medio bueno de mi negra trepa[112] y **cardenales**,[113] considerando que, a pocos golpes tales, el cruel ciego <u>me mataría</u>, quise yo alejarme de él; mas no lo hice tan pronto por hacerlo más <u>a mi gusto y provecho</u>. Y aunque yo quisiera **apaciguar**[114] mi corazón y perdonarle el jarrazo, no daba lugar el maltrato que el mal ciego de allí adelante me hacía, que sin causa ni razón me hería, dándome coscorrones[115] y repelándome.[116]

(anotación manuscrita: Miedo / Plan)

Y si alguno le decía por qué me trataba tan mal, luego contaba el cuento del jarro, diciendo:

—¿Pensaréis que este mi mozo es algún inocente? Pues oíd si el demonio imaginara otra **hazaña**[117] parecida.

Santiguándose los que lo oían, decían:

—¡Mirad quién pensara de un muchacho tan pequeño tal ruindad![118]

Y reían mucho el artificio y decíanle:

—Castigadlo, castigadlo.

Y él, con aquello, nunca otra cosa hacía.

Y en esto yo siempre le llevaba por los peores caminos, y **adrede**,[119] por hacerle mal y daño. Si había piedras, por ellas; si lodo, por lo más alto, que aunque yo no iba por lo más seco, me holgaba quebrarme un ojo por quebrar dos al que ninguno tenía. Con esto, siempre con el cabo alto del tiento[120] me atentaba[121] el colodrillo,[122] el cual siempre traía lleno de tolondrones[123] y pelado de sus manos. Y aunque yo juraba no hacerlo

---

[112] trepa—tunda; paliza; golpiza.

[113] **cardenales**—contusiones.

[114] **apaciguar**—calmar; aplacar; sosegar.

[115] coscorrones—golpes en la cabeza con la mano, que no dejan herida.

[116] repelándome—jalándome los pelos.

[117] **hazaña**—proeza; hecho heroico.

[118] ruindad—bajeza; acción despreciable.

[119] **adrede**—a propósito; intencionadamente.

[120] tiento—bastón.

[121] atentaba—tocaba con tiento.

[122] colodrillo—parte posterior de la cabeza.

[123] tolondrones—chichones.

con malicia, sino por no hallar mejor camino, no me servía de nada ni me creía, tal era el buen sentido y el grandísimo entendimiento del traidor.

Y para que vea Vuestra Merced a cuánto se extendía el ingenio de este astuto ciego, contaré un caso de los muchos que con él me sucedieron, en el cual me parece demostró su gran **astucia**.[124]

Cuando salimos de Salamanca, su motivo fue venir a tierra de Toledo, porque decía que la gente era más rica, aunque no muy limosnera.[125] Confiaba en este refrán: «Más da el duro que el desnudo». Y venimos a este camino por los mejores lugares. Donde hallaba buena acogida y ganancia, deteníamos; donde no, al tercer día hacíamos San Juan.[126]

Acaeció[127] que, llegando a un lugar que llaman Almorox cuando cogían las uvas, un **vendimiador**[128] le dio un racimo de ellas en limosna. Y como suelen ir los cestos maltratados, y también porque la uva en aquel tiempo está muy madura, se desgranaba el racimo en la mano; para echarlo en el fardel tornábase mosto,[129] o algo parecido. Decidió hacer un banquete, más por no poderlo llevar que por contentarme, ya que aquel día me había dado muchos rodillazos y golpes. Sentámonos en un valladar[130] y dijo:

—Agora quiero yo usar contigo de una liberalidad, y es que ambos comamos este racimo de uvas y que tengas tanta parte como yo. Lo partiremos y de esta manera: tú picarás una vez y yo otra, con tal que me prometas no tomar cada vez más de una uva. Yo haré lo mismo hasta que lo acabemos, y de esta manera no habrá engaño.

---

[124] **astucia**—agudeza; ingenio; viveza.

[125] limosnera—generosa; caritativa.

[126] hacíamos San Juan—nos marchábamos; cambiábamos de sitio (la expresión se refiere a la costumbre de renovar los contratos el día de San Juan).

[127] acaeció—aconteció; sucedió; pasó.

[128] **vendimiador**—el que cosecha las uvas.

[129] mosto—zumo de uva sin fermentar.

[130] valladar—valla; cerco; muro.

Hecho ansí el concierto,[131] comenzamos; mas luego ~~UVAS~~
al segundo lance,[132] <u>el traidor cambió de parecer</u> y
<u>comenzó a tomar de dos en dos</u>, considerando que yo
debería hacer lo mismo. Como vi que él cambiaba de
postura, no me contenté con ir **a la par**[133] con él, sino, al
contrario, le pasaba adelante: dos a dos y tres a tres y
como podía las comía. Acabado el racimo, estuvo un
poco con el escobajo[134] en la mano y, meneando la
cabeza, dijo:

—Lázaro, me has engañado. Juraré yo a Dios que
has comido tú las uvas tres a tres.

—No comí —dije yo—; mas ¿por qué sospecháis eso?

Respondió el sagacísimo ciego:

—¿Sabes en qué veo que las comiste de tres a tres? *Razón*
En que comía yo dos a dos y callabas.

A lo cual yo no pude responder nada. Yendo una vez
por debajo de unos **soportales**,[135] en Escalona, pasamos
ante la casa de un zapatero, donde había muchas sogas y
otras cosas que de **esparto**[136] se hacen, y parte de ellas
dieron en mi amo en la cabeza. El cual, alzando la mano,
tocó en ellas, y viendo lo que era, díjome:

—Anda presto, muchacho, salgamos de entre tan
mal **manjar**,[137] que ahoga sin comerlo.

Yo, que bien descuidado iba de aquello, miré lo que
era, y como no vi sino sogas y cinchas[138] que no eran
cosas de comer, díjele:

—Tío, ¿por qué decís eso?

Respondióme:

---

[131] concierto—acuerdo.

[132] lance (m.)—turno.

[133] **a la par**—igual; al mismo paso.

[134] escobajo—racimo sin uvas.

[135] **soportales**—pasajes techados que dan a una plaza.

[136] **esparto**—planta fibrosa, cuyas fibras se usan para fabricar sogas,
cordeles y esteras.

[137] **manjar** (m.)—plato de comida; plato suculento.

[138] cincha—banda de cuero o tela sobre la cual se asegura la silla de montar.

—Calla, sobrino, según las mañas que llevas, lo sabrás y verás como digo verdad.

Y ansí pasamos adelante por el mismo portal y llegamos a un mesón, a la puerta del cual había muchos cuernos en la pared, donde ataban los recueros[139] sus bestias, y como iba **tentando**[140] si era allí el mesón adonde él rezaba cada día por la mesonera la oración de la emparedada,[141] asió de un cuerno y con gran suspiro dijo:

—¡Oh, mala cosa, peor tienes la hechura! ¡De cuántos eres deseado poner tu nombre sobre cabeza ajena y de cuán pocos tenerte ni aun oír tu nombre por ninguna vía!

Como le oí lo que decía, dije:

—Tío, ¿qué es eso que decís?

—Calla, sobrino, que algún día te dará éste que en la mano tengo, alguna mala comida y cena.

—No la comeré yo —dije— y no me la dará.

—Yo te digo verdad; si no, ya lo verás si vives.

Y ansí pasamos adelante hasta la puerta del mesón, adonde ojalá nunca allá llegáramos, según lo que me sucedió en él.

El ciego rezaba en especial por mujeres: mesoneras, bodegoneras y turroneras,[142] vendedoras y otras tales; en cambio, casi nunca le vi decir oración por algún hombre.

Reíme entre mí y, aunque muchacho, noté mucho la discreta consideración del ciego.

Mas, por no ser **prolijo**,[143] dejo de contar muchas cosas, así graciosas como de notar, que con este primer amo me acaecieron, y quiero relatar el último y, con él, acabar.

---

[139] recueros—los que cuidan una recua, o sea, un conjunto de animales de carga.

[140] **tentando**—tanteando con bastón o con la mano, como quien no ve.

[141] emparedada—encerrada; reclusa.

[142] turroneras—fabricantes o vendedoras de turrones, dulces tradicionales.

[143] **prolijo**—palabrero; que habla demasiado.

Estábamos en Escalona, villa del duque de ella, en un mesón, y diome un pedazo de longaniza a que la asase. Ya que la longaniza había pringado[144] y comídose las pringaduras, sacó un maravedí de la bolsa y mandó que fuese por vino a la taberna. Púsome el demonio la ocasión delante de los ojos, el cual, como suelen decir, hace al ladrón, y fue que había junto al fuego un nabo pequeño, larguillo y ruinoso, y tal que por no servir para la olla debió ser echado allí.

Y como en aquel momento no había nadie allí, sino él y yo solos, y yo con un apetito goloso,[145] que me había puesto dentro del cuerpo el sabroso olor de la longaniza; solamente sabía que había de gozar, no mirando qué me podría suceder, apartando todo el temor por cumplir con el deseo, en tanto que el ciego sacaba de la bolsa el dinero, saqué la longaniza y muy presto metí el sobredicho nabo en el asador. El cual, mi amo, dándome el dinero para el vino, tomó y comenzó a dar vueltas al fuego, queriendo asar al que de ser cocido por sus escasos méritos había escapado.

Yo fui por el vino, con el cual no tardé en despachar la longaniza y, cuando vine, hallé al pecador del ciego que tenía entre dos rebanadas apretado el nabo, al cual aún no había conocido, por no haberlo tocado con la mano. Al tomar las rebanadas y morder en ellas pensando también comer parte de la longaniza, hallóse en frío con el frío nabo. Alteróse[146] y dijo:

—¿Qué es esto, Lazarillo?

—¡Lacerado de mí![147]—dije yo— ¿Queréis echarme la culpa de algo? ¿Yo no vengo de traer vino? Alguien estaba ahí y por burlar haría esto.

—No, no —dijo él—, que yo no he dejado el asador de la mano, no es posible.

---

[144] pringado—soltado grasa.

[145] goloso—deseoso de comer.

[146] alteróse—se enojó.

[147] ¡lacerado de mí!—¡pobre de mí!

Yo torné a jurar y perjurar[148] que estaba libre de aquel trueque y cambio; pero no me sirvió de nada, pues a las astucias del maldito ciego nada se le escondía. Se levantó, me asió por la cabeza y se acercó a olerme. Y como debió sentir el aliento como buen podenco,[149] por mejor satisfacerse de la verdad y con la gran agonía que llevaba, asiéndome con las manos, me abría más y más la boca y descuidadamente metía la nariz. La cual él tenía luenga[150] y afilada y a aquella sazón, con el enojo, se había aumentado un palmo; con el pico de la cual me llegó a la garganta.

Y con esto y con el gran miedo que tenía, y con la brevedad del tiempo, la negra longaniza aún no había hecho asiento en el estómago; y lo más principal: con los tientos de la complidísima[151] nariz, medio casi ahogándome, todas estas cosas se juntaron y fueron causa que el hecho y golosina se manifestase y lo suyo fuese vuelto a su dueño. De manera que, antes que el mal ciego sacase de mi boca su trompa, tal alteración sintió mi estómago, que le dio con el hurto en ella, de suerte que su nariz y la negra mal mascada longaniza a un tiempo salieron de mi boca.

Comment ¡Oh gran Dios, quién estuviera aquella hora sepultado,[152] porque muerto ya lo estaba! Fue tal el coraje del perverso ciego, que, si al ruido no acudieran, pienso no me dejara con la vida. Me sacaron de entre sus manos, dejándoselas llenas de aquellos pocos cabellos que tenía, arañada la cara y rasguñado el pescuezo y la garganta. Y esto bien lo merecía, pues por su maldad me venían tantas persecuciones.

Contaba el mal ciego a todos cuantos allí se acercaban mis desastres, y dábales cuenta una y otra vez, así de la

---

[148] **perjurar**—jurar en falso.

[149] podenco—perro que se usa en la caza.

[150] luenga—larga.

[151] complidísima—cumplidísima; larguísima.

[152] sepultado—enterrado.

del jarro como de la del racimo, y agora de lo presente. Era la risa de todos tan grande, que toda la gente que por la calle pasaba entraba a ver la fiesta; mas con tanta gracia y **donaire**[153] recontaba el ciego mis hazañas, que, aunque yo estaba tan maltratado y llorando, me parecía que no le hacía justicia si no se las reía.

Y mientras esto pasaba, a la memoria me vino una cobardía y debilidad que tuve, por la que me maldecía no haberle dejado sin narices, pues tan buen tiempo tuve para ello, que la mitad del camino estaba andado; con sólo apretar los dientes se me quedaban en casa, y, con ser de aquel malvado, por ventura lo retuviera mejor mi estómago que la longaniza, y, no pareciendo ellas, pudiera negar la demanda. ¡Ojalá lo hubiera hecho!

Nos hicieron amigos la mesonera y los que allí estaban, y con el vino que para beber le había traído, me lavaron la cara y la garganta. Sobre el asunto comentaba el mal ciego gracias y chistes, diciendo:

—En verdad, más vino me gasta este mozo en lavatorios al cabo del año, que yo bebo en dos. Por lo menos, Lázaro, debes más al vino que a tu padre, porque él una vez te engendró, mas el vino mil veces te ha dado la vida.

Y luego contaba cuántas veces me había **descalabrado**[154] y arañado la cara y luego sanaba con vino.

—Yo te digo —dijo— que si un hombre en el mundo ha de ser bienaventurado con vino, serás tú.

Y reían mucho los que me lavaban con esto, aunque yo **renegaba**.[155] Mas el pronóstico del ciego no salió mentiroso, y muchas veces me acuerdo ahora de aquel hombre, que sin duda debía tener espíritu de profeta, y me lamento los sinsabores[156] que le hice, aunque bien se

---

[153] **donaire** (m.)—gracia; salero.

[154] **descalabrado**—golpeado o herido en la cabeza.

[155] **renegaba**—protestaba.

[156] sinsabores (m.)—malas pasadas; bromas pesadas.

lo pagué, considerando lo que aquel día me dijo salirme tan verdadero como adelante Vuestra Merced oirá.

Visto esto y las malas burlas que el ciego me hacía, determiné de todo en todo dejarle, y como lo traía pensado y estaba decidido, con este postrer[157] juego que me hizo afirmélo más. Y fue de esta manera. Otro día salimos por la villa a pedir limosna y había llovido mucho la noche antes. Como seguía lloviendo, andaba rezando debajo de unos portales que en aquel pueblo había, donde no nos mojábamos; mas como la noche se venía y el llover no cesaba, díjome el ciego:

—Lázaro, esta agua es muy **porfiada**,[158] y cuanto más anochece, más **arrecia**.[159] Vámonos a la posada con tiempo.

Para ir allá habíamos de pasar un arroyo, que con la mucha agua iba grande.

Yo le dije:

—Tío, el arroyo va muy ancho; mas si queréis, yo veo por donde atravesemos más aína[160] sin mojarnos, porque se estrecha allí mucho, y saltando pasaremos a pie enjuto.[161]

Parecióle buen consejo y dijo:

—Discreto eres, por eso te quiero bien. Llévame a ese lugar donde el arroyo se estrecha, que agora es invierno y sabe mal el agua, y más llevar los pies mojados.

Yo que vi el **aparejo**[162] a mi deseo, saquéle de bajo de los portales y lo llevé derecho a un pilar o poste de piedra que en la plaza estaba, sobre el cual y sobre otros cargaban saledizos[163] de aquellas casas, y dígole:

—Tío, éste es el paso más angosto que en el arroyo hay.

---

[157] postrer—último.

[158] **porfiada**—terca; insistente.

[159] **arrecia**—llueve cada vez más fuerte.

[160] aína—pronto.

[161] a pie enjuto—sin mojarnos los pies.

[162] **aparejo**—conjunto de cosas que se necesitan para lograr algo.

[163] saledizo(s)—parte saliente de un edificio.

Como llovía recio y el triste se mojaba, y con la prisa que llevábamos de salir del agua, que encima nos caía y, lo más principal, porque Dios le cegó aquella hora el entendimiento (quizá para darme de él venganza), confió en mí y dijo:

—Ponme bien derecho y salta tú el arroyo.

Yo le puse bien derecho enfrente del pilar, y doy un salto y póngome detrás del poste, como quien espera tope[164] de toro, y díjele:

—¡Sus! Salte con todas sus fuerzas, a fin de que lleguéis a este lado del agua.

Apenas lo había acabado de decir, cuando se abalanza[165] el pobre ciego como cabrón y de toda su fuerza **arremete**,[166] tomando un paso atrás de la corrida para hacer mayor salto, y da con la cabeza en el poste, que sonó tan recio como si diera con una gran calabaza, y cayó luego para atrás medio muerto y hendida[167] la cabeza.

—¿Cómo, y olistes la longaniza y no el poste? ¡Oled, oled! —le dije yo.

Y dejéle en poder de mucha gente que lo había ido a **socorrer**,[168] y tomé la puerta de la villa en los pies de un trote, y antes que la noche viniese llegué a Torrijos. No supe más lo que Dios de él hizo ni me preocupé en **averiguarlo**.[169]

Tratado segundo

Cómo Lázaro se asentó con un clérigo y de las cosas que con él pasó.

Otro día, no pareciéndome estar allí seguro, fuime a un lugar que llaman Maqueda, adonde me toparon[170]

---

[164] tope (m.)—topetazo; golpe con los cuernos.

[165] abalanza—arroja.

[166] **arremete**—corre; se lanza.

[167] hendida—rota; agrietada.

[168] **socorrer**—ayudar; auxiliar.

[169] **averiguarlo**—investigarlo; saberlo.

[170] toparon—hicieron encontrar.

Sat

mis pecados con un clérigo que, al verme pedir limosna, me preguntó si sabía ayudar a misa. Yo dije que sí, como era verdad; que, aunque maltratado, mil cosas buenas me mostró el pecador del ciego y una de ellas fue ésta. Finalmente, el clérigo me recibió por suyo.

Escapé del trueno y di en[171] el relámpago. Porque era el ciego comparado con éste un Alejandro Magno,[172] a pesar de ser la misma **avaricia**,[173] como he contado. No digo más, sino que toda la laceria del mundo y toda la tacañería estaba encerrada en éste.

El clérigo tenía un arcaz[174] viejo cerrado con su llave, la cual traía atada al cuello con un agujeta[175] del paletoque.[176] Cuando recibía el bodigo[177] de la iglesia, por su mano era al momento guardado allí y tornada a cerrar el arca. Y en toda la casa no había ninguna cosa de comer, como suele haber en otras, algún tocino colgado al humero,[178] algún canastillo con algunos pedazos de pan que de la mesa sobran; que me parece a mí que, aunque de ello no me aprovechara, con la vista de ello me consolara.

Solamente había una horca[179] de cebollas en una cámara,[180] en lo alto de la casa, cerrada con llave. De éstas tenía yo de ración una para cada cuatro días, y cuando le pedía la llave para ir por ella, si alguno estaba

---

[171] di en—entré en; topé con.

[172] Alejandro Magno—Alejandro de Macedonia (356–323 a. de J.C.), afamado conquistador de la Antigüedad, quien, por su liberalidad, llegó a ser símbolo de la generosidad.

[173] **avaricia**—tacañería; codicia.

[174] arcaz (m.)—arca; caja grande.

[175] agujeta—cinta; correa; cordón.

[176] paletoque (m.)—prenda de vestir de una tira de tela, sin mangas, que cuelga sobre el pecho y la espalda y que llega hasta las rodillas.

[177] bodigo—bollo; pan que los fieles ofrecen en las iglesias para sus difuntos, y que queda para el cura.

[178] humero—chimenea.

[179] horca—ristra; sarta; tira; hilera; serie de objetos enlazados.

[180] cámara—cuarto; espacio cerrado.

presente, echaba mano al falsopeto[181] y con gran continencia[182] la desataba y me la daba, diciendo:

—Toma y devuélvela en seguida, y no comas demasiado.

Como si debajo de ella estuvieran todas las conservas de Valencia, a pesar de no haber en la dicha cámara, como dije, maldita otra cosa que las cebollas colgadas de un clavo. De las cuales él llevaba tan bien la cuenta que, si por malos que mis pecados me desmandara a más de mi tasa,[183] me costara caro. En fin, yo me finaba[184] de hambre.

Pues ya que conmigo tenía poca caridad, consigo usaba más. Cinco blancas de carne era su presupuesto[185] para comer y cenar. Verdad es que partía conmigo el caldo, que de la carne ¡ni probarla!, sólo un poco de pan, y pluguiera[186] a Dios que me desmandara.

Los sábados se comen en esta tierra cabeza de carnero. Me envió a por una, que costaba tres maravedís. Luego la cocía y comía los ojos y la lengua y el **cogote**[187] y **sesos**[188] y la carne que en las **quijadas**[189] tenía, y me daba todos los huesos roídos. Y me los ponía en el plato, diciendo:

—Toma, come, triunfa, que para ti es el mundo. Mejor vida tienes que el Papa.

—Tal te la dé Dios —decía yo para mí.

Al cabo de tres semanas que estuve con él sentía tanta flaqueza que no me podía tener en las piernas de pura hambre. Vi claramente que me iba a la sepultura, si Dios y mi saber no me remediaran. No tenía posibilidad

---

[181] falsopeto—falsopecto; bolsillo hecho en el entreforro de un vestido.

[182] continencia—gravedad; seriedad.

[183] tasa—ración; porción designada.

[184] finaba—moría.

[185] presupuesto—cantidad designada.

[186] pluguiera—complaciera.

[187] **cogote** (m.)—parte posterior del cuello, más abajo que la nuca.

[188] **sesos**—cerebro.

[189] **quijada**—mandíbula; hueso en que se afirman los dientes inferiores.

de usar de las astucias que había aprendido del ciego, por no tener en su casa nada para ejercitarlas.[190] Y aunque algo hubiera, éste no era ciego como el otro, al que Dios perdone, si de aquella calabazada murió. Que todavía, aunque astuto, con faltarle aquel preciado[191] sentido, no me sentía y se me presentaba alguna oportunidad para engañarle. Mas este otro, ninguno hay que tan aguda vista tuviese como él tenía.

Cuando estábamos en el ofertorio, ninguna blanca en la concha caía que él no viera: un ojo tenía en la gente y el otro en mis manos. Le bailaban los ojos en el casco como si fueran de azogue;[192] cuantas blancas ofrecían llevaba la cuenta, y acabado el ofrecer, al punto me quitaba la concheta y la ponía sobre el altar.

No era yo señor de asirle una blanca durante todo el tiempo que con él viví o, por mejor decir, morí. De la taberna nunca le traje una blanca de vino; mas aquel poco que de la **ofrenda**[193] había metido en su arcaz lo bebía de tal forma, que le duraba toda la semana.

Y para ocultar su gran **mezquindad**,[194] me decía:

—Mira, mozo, los sacerdotes han de ser muy comedidos en su comer y beber, y por esto yo no me desmando como otros.

Mas el lacerado mentía falsamente, porque en cofradías[195] y mortuorios[196] que rezamos, a costa ajena comía como lobo y bebía más que un **curandero**.[197]

Y acerca de mortuorios, Dios me perdone, que jamás fui enemigo de la naturaleza humana sino entonces. Y

---

[190] ejercitarlas—aplicarlas; utilizarlas.

[191] preciado—valioso.

[192] azogue (m.)—mercurio.

[193] **ofrenda**—ofertorio.

[194] **mezquindad**—tacañería; avaricia.

[195] cofradías—asociaciones religiosas católicas.

[196] mortuorios—ceremonias con motivo de la muerte de alguien.

[197] **curandero**—especie de médico popular, sin título profesional, que cura, o intenta curar, mediante procedimientos naturales, o a base de hierbas o brebajes.

esto era porque gracias a ellos comíamos bien y me hartaban. Deseaba y aun rogaba a Dios que cada día *Sat* muriese uno, y cuando dábamos sacramento a los enfermos, especialmente la Extremaunción, como manda el clérigo rezar a los que están allí, yo cierto no era el postrero[198] de la oración, y con todo mi corazón y buena voluntad rogaba al Señor, no que le salvara su alma, como se suele decir, sino que le llevase de aqueste[199] mundo.

Y cuando alguno de éstos escapaba de la muerte, Dios me lo perdone, que mil veces maldecía al diablo; y el que se moría otras tantas bendiciones llevaba de mí dichas. Porque en todo el tiempo que allí estuve, que serían casi seis meses, sólo veinte personas **fallecieron**,[200] y éstas bien creo que las maté yo o, por mejor decir, murieron por mis ruegos; porque viendo el Señor mi rabiosa y continua muerte, pienso que holgaba *Culpa* de matarlos por darme a mí vida. Mas a lo que padecía, no hallaba remedio; que si el día que enterrábamos yo vivía, los días que no había muerto, por estar bien acostumbrado a la hartura,[201] al sentir la **cotidiana**[202] hambre, más lo sentía. De manera que en nada hallaba alivio, salvo en la muerte, que yo también para mí, como para los otros, deseaba algunas veces; mas no la veía, aunque estaba siempre en mí.

Pensé muchas veces irme de aquel mezquino amo, mas por dos cosas no lo dejaba: la primera, porque no se atrevían mis piernas, por temer la flaqueza que de pura hambre me venía; y la otra, porque consideraba y decía:

«Yo he tenido dos amos: el primero me traía muerto *Comp* de hambre y, al dejarlo, topé con este otro, que me tiene *de los dos*

---

[198] postrero—último.

[199] aqueste—este.

[200] **fallecieron**—murieron.

[201] hartura—condición de estar lleno.

[202] **cotidiana**—diaria.

ya con ella en la sepultura; pues si de éste desisto y doy en otro más bajo, ¿qué será sino la muerte?»

Razones

Con esto no me **osaba**[203] **menear,**[204] porque sabía que todos los que encontrara serían más **ruines.**[205] Y si empeoraba otro punto, no sonara Lázaro ni se oyera en el mundo, pues moriría.

Estando en tal aflicción, que el Señor libre de ella a todo fiel cristiano, y sin saber qué hacer, viéndome ir de mal en peor, un día que el cuitado,[206] ruin y lacerado de mi amo había ido fuera del lugar, llegó a mi puerta un cerrajero,[207] el cual yo creo que fue ángel enviado a mí por la mano de Dios en aquel **disfraz.**[208] Preguntó si tenía algo que arreglar.

Plan

«En mí tendríais mucho que hacer y no habría poco si me pudiera arreglar», dije en voz baja sin que él me oyera.

Mas como no había tiempo para gastarlo en decir gracias, alumbrado por el Espíritu Santo, le dije:

—Tío, he perdido una llave de este arcaz, y temo mi señor me azote. Por vuestra vida, veáis si en ésas que traéis hay alguna que le vaya bien, que yo os lo pagaré.

Comenzó a probar el angélico calderero[209] una y otra de una gran **sarta**[210] que de ellas traía, y yo le ayudaba con mis flacas oraciones. De repente, veo en figura de panes, como dicen, la cara de Dios dentro del arcaz. Y, abierto, díjele:

—Yo no tengo dinero que daros por la llave, mas tomad de ahí dentro el pago.

Él tomó un bodigo de aquéllos, el que mejor le pareció y, dándome mi llave, se fue muy contento, dejándome más a mí.

---

[203] **osaba**—atrevía.

[204] **menear**—mover; mudar.

[205] **ruines**—malos; pésimos.

[206] cuitado—desdichado; triste.

[207] cerrajero—el que hace o compone cerraduras.

[208] **disfraz** (m.)—traje que oculta la verdadera identidad de alguien.

[209] calderero—el que hace o repara calderas, u otros objetos metálicos.

[210] **sarta**—hilera; tira; serie de objetos enlazados.

Mas no toqué nada por el momento, porque no fuese la falta sentida, y como me vi de tanto bien señor, me pareció que el hambre se me calmaba. Vino el mísero de mi amo, y ¡a Dios gracias!, no vio la oblada que el ángel se había llevado. Y otro día, al salir de casa, abro mi paraíso panal y tomo entre las manos y dientes un bodigo, y en dos credos[211] me lo comí, sin dejar el arca abierta. Y comienzo a barrer la casa con mucha alegría, pareciéndome con aquel remedio remediar de allí en adelante la triste vida.

Y así pasé aquel día y otro gozoso;[212] mas no estaba en mi suerte que me durase mucho aquel alivio, porque ya al tercer día me vino el castigo derecho.

Y fue que veo **a deshora**[213] al que me mataba de hambre sobre nuestro arcaz, volviendo y revolviendo, contando y tornando a contar los panes. Yo disimulaba, y en mi secreta oración y devociones y **plegarias**[214] decía:

—¡San Juan, que no encuentre la falta!

Después que estuvo un gran rato echando la cuenta, por días y dedos contando, dijo:

—Si no tuviera a tan buen recado[215] esta arca, yo dijera que me habían tomado de ella panes; pero de hoy en adelante, sólo por cerrar la puerta a la sospecha, quiero tener cuenta de ellos: nueve quedan y un pedazo.

—¡Nuevas malas te dé Dios! —dije yo entre mí.

Me pareció con lo que dijo que me atravesaba el corazón con una flecha, y comenzóme el estómago a **escarbar**[216] de hambre, viéndose puesto en la dieta pasada.

Se fue fuera de casa. Yo, por consolarme, abro el arca, y como vi el pan, comencélo a adorar, no osando

---

[211] en dos credos—en un santiamén; en muy poco tiempo.

[212] gozoso—contento; alegre.

[213] **a deshora**—en momento inoportuno.

[214] **plegarias**—rezos; oraciones; peticiones a Dios.

[215] a tan buen recado—tan protegido; tan bien cuidado.

[216] **escarbar**—remover la superficie de algo con las uñas.

comerlo. Contélos, si por fortuna el lacerado errara, y hallé su cuenta más verdadera de lo que yo quisiera. Lo más que yo pude hacer, fue dar en ellos mil besos, y, lo más delicado que yo pude, partí un poco del que estaba partido, y con aquél pasé aquel día, no tan alegre como el pasado.

Mas como el hambre creciese, mayormente que tenía el estómago acostumbrado a más pan aquellos dos o tres días ya dichos, moría de mala muerte; tanto que otra cosa no hacía, cuando estaba solo, sino abrir y cerrar el arca y contemplar aquella cara de Dios, como dicen los niños. Mas el mismo Dios que socorre a los **afligidos**,[217] viéndome en tal aprieto, trajo a mi memoria un pequeño remedio.

Considerando entre mí dije:

—Este arquetón es viejo y grande y roto; por algunas partes tiene pequeños agujeros. Puédese pensar que los ratones, entrando en él, roen este pan. No es conveniente sacarlo entero, porque verá la falta el que en tanta me hace vivir. Esto bien se sufre.

Y comienzo a **desmigajar**[218] el pan sobre unos no muy costosos manteles que allí estaban, y tomo uno y dejo otro, de manera que en cada pan desmigajé su poco. Después, como quien toma grageas,[219] lo comí, y algo me consolé. Mas él, como viniese a comer y abriese el arca, vio el mal, y sin duda creyó que eran ratones los que el daño habían hecho porque me había preocupado de hacerlo como los ratones lo suelen hacer.

Miró todo el arcaz de un cabo a otro y vio ciertos agujeros por donde sospechaba habían entrado. Llamóme, diciendo:

—¡Lázaro! ¡Mira, mira qué persecución ha venido aquesta noche por nuestro pan!

---

[217] **afligidos**—los que sufren algún mal.

[218] **desmigajar**—quitar pedacitos.

[219] grageas—confites o dulces pequeños.

Yo fingí estar muy maravillado,[220] preguntándole qué sería aquello.

—¡Qué ha de ser! —dijo él—. Ratones, que no dejan cosa con vida.

Pusímonos a comer, y quiso Dios que aun en esto me fue bien: que me cupo más pan que la laceria que me solía dar. Porque rayó con un cuchillo todo lo que pensó ser ratonado, diciendo:

—Cómete eso que el ratón es cosa limpia.

Y así, aquel día, añadiendo la ración del trabajo de mis manos, o de mis uñas, por mejor decir, acabamos de comer, aunque yo nunca empezaba.

Y luego me vino otro **sobresalto**,[221] que fue verle andar solícito quitando clavos de las paredes y buscando tablillas, con las cuales clavó y cerró todos los agujeros de la vieja arca.

—¡Oh Señor mío —dije yo entonces—, a cuánta miseria y fortuna y desastres estamos expuestos los nacidos y cuán poco duran los placeres de esta nuestra trabajosa vida! Heme aquí que pensaba con este pobre y triste remedio remediar y pasar mi miseria y estaba ya más alegre y de buena **ventura**.[222] Mas no; quiso mi **desdicha**,[223] despertando a este lacerado de mi amo y poniéndole más diligencia de la que él de suyo tenía (pues los míseros, por regla general, nunca de aquélla carecen), agora, cerrando los agujeros del arca, cierra la puerta a mi consuelo y la abre a mis trabajos.

Así lamentaba yo, mientras que mi solícito carpintero, con muchos clavos y tablillas, dio fin a sus obras, diciendo:

—Agora, señores traidores ratones, conviéneos mudar propósito,[224] que en esta casa mal negocio tenéis.

---

[220] maravillado—sorprendido; asombrado.

[221] **sobresalto**—sorpresa; susto.

[222] **ventura**—suerte.

[223] **desdicha**—infortunio; infelicidad.

[224] mudar propósito—cambiar de intención.

Desde que salió de su casa, voy a ver la obra, y hallé que no dejó en la triste y vieja arca agujero por donde le pudiese entrar ni un mosquito. Abro con mi desaprovechada llave, sin esperanza de **sacar provecho**,[225] y vi los dos o tres panes comenzados, los que mi amo creyó ser ratonados, y de ellos todavía saqué alguna laceria, tocándolos muy ligeramente, como un espadachín[226] diestro. Como la necesidad sea tan gran maestra, viéndome con tanta siempre, noche y día estaba pensando la manera que tendría en sustentar el vivir. Y pienso, para hallar estos negros remedios, que me era luz el hambre, pues dicen que el ingenio con ella se aviva, y lo contrario sucede con la hartura, y así era por cierto en mí.

Noche

Pero estando una noche **desvelado**[227] en este pensamiento, pensando cómo me podría valer y aprovecharme del arcaz, sentí que mi amo dormía, porque roncaba y oía unos resoplidos[228] grandes que daba cuando estaba durmiendo. Levantéme muy despacito y, habiendo en el día pensado lo que había de hacer y dejado un cuchillo viejo que por allí andaba en parte donde le hallase, me voy al triste arcaz, y por do[229] había mirado tener menos defensa le acometí[230] con el cuchillo, que a manera de barreno[231] de él usé. Y como la antiquísima arca, por ser de tantos años, la hallase sin fuerza y corazón, antes muy blanda y **carcomida**,[232] en seguida se me **rindió**[233] y abrí en su costado, por mi

---

[225] **sacar provecho**—obtener beneficio.

[226] espadachín—hombre hábil en el manejo de la espada.

[227] **desvelado**—despierto; sin poder dormir.

[228] resoplido(s)—ruido que produce la respiración trabajosa.

[229] do—donde.

[230] acometí—ataqué.

[231] barreno—taladro; instrumento que se usa para perforar algo duro.

[232] **carcomida**—roída por comejenes.

[233] **rindió**—entregó.

remedio, un buen agujero. Esto hecho, abro muy paso[234] la llagada[235] arca, y, al tiento,[236] del pan que hallé partido hice según antes está escrito. Y con aquello algo más consolado, tornando a cerrar me volví a mis pajas, en las cuales reposé y dormí un poco. Lo cual yo hacía mal y echábalo al no comer, y ansí sería, porque cierto en aquel tiempo no me debían de quitar el sueño los cuidados del rey de Francia.

Otro día fue visto el daño por el señor mi amo, así del pan como del agujero que yo había hecho, y comenzó a dar a los diablos los ratones y decir:

—¿Qué diremos a esto? ¡Nunca había habido ratones en esta casa sino agora!

Y sin duda decía la verdad. Porque no había motivo para que los ratones se acercaran a esta casa, ya que no suelen morar[237] donde no hay qué comer. Torna a buscar clavos por la casa y por las paredes y tablillas para taparlos. Venida la noche y su reposo, inmediatamente yo me ponía en pie con mi aparejo y cuantos él tapaba de día destapaba yo de noche.

De esta manera fue y tal prisa nos dimos, que sin duda por esto se debió decir: «Donde una puerta se cierra, otra se abre». Finalmente, parecíamos tener a destajo[238] la tela de Penélope,[239] pues cuanto él tejía de día rompía yo de noche. Así en pocos días y noches pusimos la pobre **despensa**[240] de tal forma, que quien quisiera propiamente hablar de ella, más la llamara

Penélope

---

[234] paso—despacio; con cuidado.

[235] llagada—lastimada; herida.

[236] al tiento—con las manos, sin poder guiarlas con la vista.

[237] morar—vivir; residir.

[238] a destajo—aprisa; rápidamente.

[239] la tela de Penélope—Penélope fue la esposa de Ulises en la *Odisea* de Homero; asediada por muchos pretendientes que le aseguraban que Ulises había muerto, Penélope accedió a casarse con uno de ellos, pero sólo después de terminar una tela que tejía. Para seguir fiel a Ulises, cada noche destejía lo que había tejido ese día.

[240] **despensa**—cámara donde se guardan los alimentos.

«corazas[241] viejas de otro tiempo» que no «arcaz», según la clavazón[242] y tachuelas que sobre sí tenía.

Desde que vio que no le aprovechaba nada su remedio, dijo:

—Este arcaz está tan maltratado y es de madera tan vieja y flaca, que es imposible defenderlo de los ratones. El mejor remedio que hallo, pues el de hasta aquí no aprovecha, será instalar unas **ratoneras**[243] dentro del arcaz a ver si de esta manera acabamos con estos malditos ratones.

Al momento buscó prestada una ratonera, y con **cortezas**[244] de queso que pedía a los vecinos, continuamente el gato estaba armado dentro del arca. Lo cual era para mí un buen auxilio, porque, pues aunque yo no necesitaba muchas salsas para comer, todavía me holgaba con las cortezas del queso que de la ratonera sacaba, y sin olvidarme de desmigajar el pan.

Como hallase el pan ratonado y el queso comido y no cayese el ratón que lo comía, dábase al diablo, preguntaba a los vecinos qué podría ser comer el queso y sacarlo de la ratonera y no caer ni quedar dentro el ratón, y hallar caída la trampilla del gato. Acordaron los vecinos que no era el ratón el que este daño hacía, porque ya hubiera caído alguna vez.

Díjole un vecino:

—En vuestra casa yo me acuerdo que solía andar una culebra, y ésta debe de ser, sin duda. Y como es larga, tiene espacio para tomar el cebo,[245] y aunque la coja la trampilla encima, como no entre toda dentro, tórnase a salir.

---

[241] coraza—armadura; capa protectora metálica.

[242] clavazón (f.)—acción y efecto de poner clavos.

[243] **ratoneras**—trampas.

[244] **cortezas**—cáscaras.

[245] cebo—el queso dejado en la ratonera para atraer el ratón.

Cuadró[246] a todos lo que aquél dijo y alteró mucho a mi amo, y en adelante no dormía tan a sueño suelto, que cualquier gusano de la madera que de noche sonase pensaba era la culebra que le roía el arca. Al instante se ponía en pie, y con un **garrote**[247] que a la cabecera, desde que aquello le dijeron, ponía, daba en la pecadora del arca grandes garrotazos, pensando espantar la culebra. Despertaba a los vecinos con el **estruendo**[248] que hacía y a mí no me dejaba dormir. Íbase a mis pajas[249] y trastornábalas, y a mí con ellas, pensando que se iba la culebra para mí y se envolvía en mis pajas o en mi sayo;[250] porque le decían que de noche acaecía a estos animales, buscando calor, irse a las cunas donde están **criaturas**[251] y aun morderlas y hacerles peligrar la vida.

Yo las más veces me fingía dormido, y por la mañana decíame él:

—¿Esta noche, mozo, no oíste nada? Pues tras la culebra anduve, y aun pienso se ha de ir para ti a la cama, que son muy frías y buscan calor.

—¡Quiera Dios que no me muerda! —decía yo—, que harto miedo le tengo.

De esta manera andaba tan muerto de sueño que la culebra o culebro[252] por mejor decir, no osaba roer de noche ni levantar el arca; mas de día mientras mi amo estaba en la iglesia o por el lugar, no paraba de comer. Los cuales daños viendo él, y el poco remedio que les podía poner, andaba de noche, como digo.

Yo cogí miedo que con aquella búsqueda me encontrase la llave, que guardaba debajo de las pajas, y me

---

[246] cuadró—pareció bien.

[247] **garrote**—palo grueso.

[248] **estruendo**—ruido grande.

[249] mis pajas—mi cama; se refiere a las pajas en el suelo que le servían a Lazarillo de cama.

[250] sayo—prenda larga de vestir.

[251] **criaturas**—niños pequeños; bebés.

[252] culebra o culebro—Lazarillo cambia el género de "culebra" por referirse a sí mismo; él era el "culebro".

pareció más seguro meterla de noche en mi boca. Porque ya, desde que viví con el ciego, la tenía tan hecha bolsa,[253] que me acaeció tener en ella doce o quince maravedís, todo en medias blancas, sin que me estorbasen el comer, porque de otra manera no era señor de una blanca que el maldito ciego no cayese con ella, no dejando en mi ropa **costura**[254] ni remiendo[255] sin mirar muy a menudo.

Dormir

Pues, ansí como digo, metía cada noche la llave en la boca y dormía sin **recelo**[256] que el brujo de mi amo la encontrara; mas cuando la desdicha ha de venir, es en vano toda **diligencia.**[257] Quisieron mis hados[258] o, por mejor decir, mis pecados, que una noche que estaba durmiendo, la llave se me puso en la boca, que abierta debía tener, de tal manera y postura, que el aire y resoplo que yo durmiendo echaba, salía por lo hueco de la llave,

Silbato de la llave

que era de las de canuto,[259] y silbaba, según mi desastre quiso, muy recio, de tal manera que el sobresaltado de mi amo lo oyó y creyó sin duda ser el silbo de la culebra y seguramente lo debía parecer.

Se acercó pasito a paso, con su garrote en la mano, y guiado por el sonido de la culebra se llegó a mí con mucha quietud, para no ser sentido por la culebra. Y cuando cerca se vio, pensó que allí, en las pajas do yo estaba echado, al calor mío, se había venido. Levantando

Reyes del clérigo

bien el palo, pensando tenerla debajo y darle tal garrotazo que la matase, con toda su fuerza me descargó en la cabeza un golpe tan grande, que sin ningún sentido y muy mal descalabrado me dejó.

Como sintió que me había dado, según yo debía mostrar gran sentimiento con el **fiero**[260] golpe, contaba él

---

[253] hecha bolsa—convertida en bolsa, para guardar sus monedas.

[254] **costura**—puntos hechos con hilo.

[255] remiendo—parche.

[256] **recelo**—sospecha; desconfianza.

[257] **diligencia**—precaución; cuidado; medida de seguridad.

[258] hado—destino; suerte; fatalidad.

[259] canuto—tubo; caña hueca.

[260] **fiero**—salvaje.

luego que se había llegado a mí y, dándome grandes voces, llamándome, procuró volverme el sentido. Mas como me tocase con las manos, encontró mucha sangre que chorreaba,[261] y comprendió el daño que me había hecho. Y con mucha prisa fue a buscar lumbre,[262] y, llegando con ella, hallóme quejándome, todavía con mi llave en la boca, que nunca la desamparé,[263] la mitad fuera, de la manera que debía estar cuando silbaba con ella de aquel modo.

Espantado el matador de culebras y pensando qué *Set* podía ser aquella llave, miróla, sacándomela del todo de la boca, y vio lo que era, porque en las guardas[264] nada se diferenciaba de la suya. Fue luego a probarla, y con ella comprobó[265] el maleficio.[266]

Debió de decir el cruel cazador: «El ratón y culebra que me daban guerra y comían mi hacienda[267] he hallado».

De lo que sucedió en aquellos tres días siguientes ninguna fe daré,[268] porque los pasé en el vientre de la ballena.

Esto que he contado lo oí decir a mi amo, el cual a cuantos allí venían lo contaba por extenso después que en mí volví.[269]

Al cabo de tres días yo torné en mi sentido, y me hallé echado en mis pajas, la cabeza toda emplastada[270] y llena de aceites y ungüentos y, espantado, dije:

—¿Qué es esto?

Respondióme el cruel sacerdote:

---

[261] **chorreaba**—fluía abundantemente.

[262] **lumbre**—luz.

[263] desamparé—abandoné.

[264] guardas—topes (de una llave); las partes de la llave que impiden que abra la cerradura si no es la llave apropiada.

[265] **comprobó**—confirmó.

[266] maleficio—maldad.

[267] **hacienda**—bienes; posesiones,

[268] ninguna fé daré—no contaré nada.

[269] en mí volví—recobré el sentido.

[270] emplastada—medicada y vendada.

—A fe que[271] los ratones y culebras que me destruían ya los he cazado.

Y me miré y, al verme tan maltratado, en seguida sospeché mi mal.

A esta hora entró una vieja que ensalmaba,[272] y los vecinos; y comienzan a quitarme los trapos de la cabeza y a curarme el garrotazo. Y como me hallaron vuelto en mi sentido se alegraron mucho y dijeron:

—Como ha recuperado el sentido, a Dios gracias no será nada.

Ahí tornaron de nuevo a contar mis **cuitas**[273] y a reírlas, y yo, pecador, a llorarlas. Con todo esto, diéronme de comer, pues estaba transido[274] de hambre, y apenas me pudieron remediar. Y ansí, poco a poco, a los quince días me levanté y estuve sin peligro y medio sano, mas no sin hambre.

Un día después de haberme levantado, el señor mi amo me tomó por la mano y sacóme por la puerta fuera y, puesto en la calle, díjome:

—Lázaro, de hoy en adelante eres tuyo y no mío. Busca amo y vete con Dios, que yo no quiero en mi compañía tan diligente servidor. No es posible sino que hayas sido mozo de ciego.

Y santiguándose de mí, como si yo estuviera endemoniado, se vuelve a meter en casa y cierra su puerta.

Tratado tercero
Cómo Lázaro se asentó con un escudero[275] y de lo que le acaeció con él.

De esta manera tuve que sacar fuerzas de flaqueza, y poco a poco, con ayuda de las buenas gentes, di conmigo

---

[271] a fe que—seguramente.

[272] ensalmaba—componía huesos rotos, o curaba con rezos mágicos.

[273] **cuitas**—infortunios; males; aflicciones.

[274] transido—afligido por un dolor intenso.

[275] escudero—hidalgo; persona de clase noble.

en esta **insigne**[276] ciudad de Toledo, adonde, con la merced de Dios, después de quince días se me cerró la herida. Y mientras estaba malo siempre me daban alguna limosna: mas después que estuve sano todos me decían:

—Tú, bellaco[277] y gallofero[278] eres. Busca, busca un amo a quien sirvas.

—¿Y adónde se hallará ése —decía yo entre mí—, si Dios agora de nuevo, como creó el mundo, no lo criase?

Andando así discurriendo[279] de puerta en puerta, *el escudero* con bien poco remedio, porque ya la caridad se subió al *desc* cielo, encontré un escudero que iba por la calle con razonable vestido, bien peinado, su paso y compás en orden. Miróme, y yo a él, y díjome:

—Muchacho, ¿buscas amo?

Yo le dije:

—Sí, señor.

—Pues vente tras mí —me respondió—, que Dios te ha hecho merced en topar conmigo; alguna buena oración rezaste hoy.

Y seguíle, dando gracias a Dios por lo que le oí, y también que me parecía, según su hábito y continente, ser el que yo había menester.

Era de mañana cuando este mi tercer amo topé; y llevóme tras él gran parte de la ciudad. Pasábamos por las plazas donde se vendían pan y otras provisiones. Yo pensaba, y aun deseaba, que allí me quería cargar de lo que se vendía, porque era hora adecuada para proveerse de lo necesario; mas **pasaba siempre de largo**[280] por estas cosas.

—Quizá no ve nada que le guste —decía yo— y querrá que lo compremos en otro cabo.

---

[276] **insigne**—ilustre; de buena fama.

[277] bellaco—vil; ruin.

[278] gallofero—que vive de la caridad pública.

[279] discurriendo—andando; pasando.

[280] **pasaba de largo**—pasaba sin detenerse.

De esta manera anduvimos hasta que dieron las once. Entonces entró en la iglesia mayor, y yo tras él, y muy devotamente le vi oír misa y los otros oficios divinos, hasta que todo fue acabado y la gente ida. Entonces salimos de la iglesia.

Diferencias

A buen paso tendido comenzamos a ir por una calle abajo. Yo iba el más alegre del mundo al ver que no nos habíamos ocupado en buscar de comer. Bien consideré que debía ser hombre, mi nuevo amo, que se proveía en junto,[281] y que ya la comida estaría a punto[282] y tal como yo la deseaba y aun la había menester.

En este tiempo dio el reloj la una, después de mediodía, y llegamos a una casa, ante la cual mi amo se paró, y yo con él, y, derribando[283] el cabo de la capa sobre el lado izquierdo, sacó una llave de la manga y abrió su puerta y entramos en casa. La cual tenía la entrada oscura y **lóbrega**[284] de tal manera que parece que ponía temor a los que en ella entraban, aunque dentro de ella estaba un patio pequeño y razonables cámaras.

Una vez dentro de la casa, quita de sobre sí su capa, y, preguntando si tenía las manos limpias, la sacudimos y doblamos, y, muy limpiamente soplando un poyo[285] que allí estaba, la puso en él. Y hecho esto, se sentó cabo de ella, preguntándome muy por extenso de dónde era y cómo había venido a aquella ciudad.

Y yo le di más larga cuenta de lo que quisiera, porque me parecía más conveniente hora de mandar poner la mesa y escudillar la olla[286] que de lo que me pedía. Con todo eso, yo le satisfice de mi persona lo mejor que mentir supe, diciendo mis bienes y callando lo demás. Esto hecho, estuvo ansí un poco, y yo luego vi

---

[281] en junto—todo al mismo tiempo.

[282] a punto—listo; hecho.

[283] derribando—echando.

[284] **lóbrega**—triste; sombría.

[285] poyo—banco.

[286] escudillar la olla—sacar y servir lo que había en la olla.

mala señal, por ser casi las dos y no verle más aliento[287] de comer que a un muerto.

Después de esto, consideraba aquel tener cerrada la puerta con llave ni sentir arriba ni abajo pasos de viva persona por la casa. Todo lo que yo había visto eran paredes, sin ver en ella silleta, ni tajo,[288] ni banco, ni mesa, ni aun tal arcaz como el de marras.[289] Finalmente, ella parecía casa **encantada**.[290] Estando así, díjome:

—Tú, mozo, ¿has comido?

No, señor —dije—, que aún no eran dadas las ocho cuando con Vuestra Merced me encontré.

—Pues, aunque de mañana, yo había almorzado, y cuando ansí como algo, hágote saber que hasta la noche me estoy ansí. Por eso, pásate como pudieres, que después cenaremos.

Vuestra Merced crea, cuando esto le oí, que faltó poco para desmayarme, no tanto de hambre como por comprender de todo en todo la fortuna serme adversa. Allí se me representaron de nuevo mis fatigas y torné a llorar mis trabajos. Allí me vino a la memoria la consideración que hacía cuando me pensaba ir del clérigo, diciendo que, aunque aquél era desventurado y **mísero**,[291] por ventura toparía con otro peor. Finalmente, allí lloré mi trabajosa vida pasada y mi cercana muerte venidera.

Y con todo, **disimulando**[292] lo mejor que pude, dije:

—Señor, mozo soy, que no me preocupo mucho por comer, bendito sea Dios. De eso me podré yo **alabar**[293] entre todos mis iguales de tener mejor garganta, y ansí fui yo loado de ella hasta hoy día por los amos que yo he tenido.

---

[287] aliento—deseo; indicio.

[288] tajo—especie de mesa de madera para cortar carne.

[289] el de marras—el que ya conocemos.

[290] **encantada**—de magia; bajo un hechizo.

[291] **mísero**—avaro; tacaño.

[292] **disimulando**—ocultando la verdad.

[293] **alabar**—elogiar; ensalzar; poner por las nubes; loar.

—Virtud es ésa —dijo él—, y por eso te querré yo más. Porque el hartar es de los puercos y el comer regladamente[294] es de los hombres de bien.

—¡Bien te he entendido! —dije yo entre mí—. ¡Maldita sea tanta medicina y bondad como encuentran en el hambre estos amos míos!

Púseme a un extremo del portal y saqué unos pedazos de pan del seno,[295] de los que me habían quedado de limosna. Él al ver esto, díjome:

—Ven acá, mozo. ¿Qué comes?

Yo lleguéme a él y le mostré el pan. Tomó él un pedazo de tres que eran, el mejor y más grande. Y me dijo:

—Por mi vida, que parece éste buen pan.

—¡Y cómo! ¿agora —dije yo—, señor, es bueno?

—Sí, a fe[296] —dijo él— ¿Adónde lo conseguiste? ¿Está amasado[297] por manos limpias?

—No sé yo eso —le dije—; mas a mí no me pone **asco**[298] el sabor de ello.

—Así plega[299] a Dios —dijo el pobre de mi amo.

Y llevándolo a la boca, comenzó a dar en él tan fieros bocados como yo en lo otro.

—Sabrosísimo pan es —dijo—, por Dios.

Y como sentí de qué pie cojeaba,[300] me di prisa, porque le vi en disposición, si acababa antes que yo, iría a ayudarme a comer lo que me quedase. Y con esto acabamos casi a la una.[301] Y mi amo comenzó a sacudir con las manos unas pocas migajas, y bien **menudas**,[302] que en el pecho se le habían quedado, y entró en una

---

[294] regladamente—en forma regulada o controlada.

[295] del seno—de debajo del sayo.

[296] a fe—de veras; sin duda.

[297] amasado—hecho.

[298] **asco**—repugnancia.

[299] plega—plazca; guste.

[300] sentí de qué pie cojeaba—me di cuenta de cuál era su debilidad o defecto.

[301] a la una—al mismo tiempo.

[302] **menudas**—pequeñas.

camareta que había allí, y sacó un jarro desbocado[303] y no muy nuevo, y después que hubo bebido **convidó**[304] con él. Yo, por hacer el **sobrio**,[305] dije:

Agua

—Señor, no bebo vino.

—Es agua —me respondió—, bien puedes beber.

Entonces tomé el jarro y bebí. No mucho, porque no era sed lo que en aquel momento sentía.

Ansí estuvimos hasta la noche, hablando de cosas que me preguntaba, a las cuales yo le respondí lo mejor que supe. En este tiempo metióme en la cámara donde estaba el jarro del que bebimos, y díjome:

—Mozo, párate allí, y verás cómo hacemos esta cama, para que sepas hacerla de aquí adelante.

Púseme de un extremo y él del otro, e hicimos la negra cama, en la cual no había mucho que hacer: había sobre unos bancos un cañizo,[306] sobre el cual estaba tendida la ropa, que, por no lavarse con frecuencia, no parecía colchón, aunque servía de él, con harta menos lana de la que era menester.

Tendimos el colchón, haciendo cuenta de ablandarle, lo cual era imposible, porque mal se puede hacer blando de lo duro. El diablo del colchón maldita la cosa tenía dentro de sí, que, puesto sobre el cañizo, todas las cañas se marcaban y parecían según su forma el espinazo[307] de un flaquísimo puerco. Y sobre aquel hambriento colchón, un alfamar[308] del mismo jaez,[309] del cual el color yo no pude alcanzar.

Hecha la cama y la noche venida, díjome:

—Lázaro, ya es tarde, y de aquí a la plaza hay gran **trecho**.[310] También en esta ciudad andan muchos

---

[303] desbocado—que tiene rota o dañada la boca.

[304] **convidó**—invitó.

[305] **sobrio**—que no toma bebidas alcohólicas.

[306] cañizo—armazón de cañas.

[307] espinazo—columna vertebral.

[308] alfamar (m.)—manta; cobertor.

[309] jaez (m.)—tipo; clase.

[310] **trecho**—distancia.

ladrones, que siendo de noche capean[311]. Pasemos como podamos, y mañana, venido el día, Dios hará merced; porque yo, por estar solo, no tengo provisiones. Estos días he comido por allá fuera. Mas agora lo haremos de otra manera.

—Señor, por mí —dije yo— ninguna pena tenga Vuestra Merced, que sé pasar una noche y aun más, si es menester, sin comer.

—Vivirás más y más sano —me respondió—. Porque, como decíamos hoy, no hay tal cosa en el mundo para vivir mucho que comer poco.

—Si por esa vía es —dije entre mí—, nunca yo moriré, que siempre he guardado[312] esa regla por fuerza, y aun espero, en mi desdicha, tenerla toda mi vida.

Y acostóse en la cama, poniendo por cabecera las calzas[313] y el jubón.[314] Y me mandó echar a sus pies, lo cual yo hice, mas maldito el sueño que yo dormí, porque las cañas y mis salidos huesos en toda la noche dejaron de rifar[315] y encenderse; que con mis trabajos, males y hambres, pienso que en mi cuerpo no había libra de carne; y también, como aquel día no había comido casi nada, rabiaba de hambre, la cual con el sueño no tenía amistad. Maldíjeme mil veces, Dios me lo perdone, y a mi ruin fortuna, allí, durante toda la noche, y lo peor, no osándome[316] revolver por no despertarle, pedí a Dios muchas veces la muerte.

Al día siguiente, levantamos y comienza a limpiar y sacudir sus calzas y jubón y sayo y capa. ¡Y yo que le servía de pelillo![317] Y se viste muy a su placer, despacio.

---

[311] capean—torean; ejercen su oficio; es decir, roban a sus víctimas.

[312] guardado—seguido; acatado; cumplido.

[313] calzas—vestimenta que cubría las piernas.

[314] jubón (m.)—especie de camisa.

[315] rifar—contender; pelear entre sí (las cañas de la cama y los huesos de Lazarillo).

[316] osándome—atreviéndome.

[317] de pelillo—de ceremonia y sólo por cumplir.

Echéle agua a las manos, se peinó y púsose su espada en el talabarte,[318] y, al tiempo que la ponía, díjome:

—¡Oh, si supieses, mozo, qué pieza es ésta! No hay marco[319] de oro en el mundo por que yo la diese. Mas ansí ninguna de cuantas Antonio[320] hizo no acertó a ponerle los aceros tan prestos como ésta los tiene.

Y sacóla de la vaina[321] y la tentó con los dedos, diciendo:

—¿La ves aquí? Yo me obligo con ella cercenar[322] un copo[323] de lana.

Y yo dije entre mí:

—Y yo con mis dientes, aunque no son de acero, cortaría un pan de cuatro libras.

La volvió a meter y ciñósela,[324] y un sartal[325] de cuentas gruesas del talabarte. Y con un paso sosegado y el cuerpo derecho, haciendo con él y con la cabeza muy gentiles[326] meneos, echando el cabo de la capa sobre el hombro y a veces bajo el brazo, y poniendo la mano derecha en el costado, salió por la puerta, diciendo:

—Lázaro, ocúpate de la casa mientras voy a oír misa, y haz la cama y ve por la **vasija**[327] de agua al río, que aquí bajo está, y cierra la puerta con llave, no nos hurten algo, y ponla aquí al **quicio**,[328] porque si yo viniere entre tanto pueda entrar.

Y súbese por la calle arriba con tan gentil semblante y continente,[329] que quien no le conociera pensara que

---

[318] talabarte (m.)—cinturón de cuero que sujeta los tirantes donde se cuelga la espada.

[319] marco—unidad de peso para el oro y la plata (230 gramos).

[320] Antonio—famoso espadero que forjó la espada del rey Fernando el Católico.

[321] vaina—estuche de la espada.

[322] cercenar—cortar; decapitar.

[323] copo—porción pequeña y consistente de algo.

[324] ciñósela—púsosela; se la puso.

[325] sartal (m.)—sarta de cosas metidas en un hilo o una cuerda.

[326] gentiles—apuestos; hermosos.

[327] **vasija**—contenedor; jarro.

[328] **quicio**—ángulo o espacio entre la puerta y la pared.

[329] semblante y continente (m.)—apariencia.

era pariente muy próximo al Conde de Arcos, o a lo menos sirviente que le ayudaba a vestir.

—¡Bendito seáis Vos,[330] Señor[331] —quedé yo diciendo—, que dais la enfermedad y ponéis el remedio! ¿Quién encontrará a aquel mi señor que no piense, según el contento que de sí lleva, haber anoche bien cenado y dormido en buena cama, y, aún agora que es de mañana, no le cuenten por muy bien almorzado? ¡Grandes secretos son, Señor, los que Vos hacéis y las gentes **ignoran**![332] ¿A quién no engañará aquella buena disposición y razonable capa y sayo? ¿Y quién pensará que aquel gentil hombre se pasó ayer todo el día sin comer, con aquel mendrugo[333] de pan que su criado Lázaro trajo un día y una noche en el arca de su seno, do no se le podía pegar mucha limpieza, y hoy, lavándose las manos y cara, a falta de paño de manos utilizaba la falda del sayo? Nadie, por cierto, lo sospechara. ¡Oh, Señor, y cuántos de aquestos debéis Vos tener por el mundo **derramados**,[334] que padecen por la negra que llaman honra lo que por Vos no sufrirán!

Ansí estaba yo a la puerta, mirando y considerando estas cosas y otras muchas hasta que el señor mi amo traspuso[335] la larga y angosta calle. Y cuando lo vi desaparecer, entré en casa, y en un credo la recorrí toda, arriba y bajo, sin hacer represa[336] ni hallar en qué. Hago la negra dura cama y tomo el jarro y doy conmigo en el río, donde en una **huerta**[337] vi a mi amo en gran recuesta[338] con dos rebozadas mujeres, al parecer de las

---

[330] Vos—antiguo tratamiento de respeto (con mayúscula aquí porque va dirigido a Dios).

[331] Señor—Dios.

[332] **ignoran**—no conocen.

[333] mendrugo—pedazo pequeño de pan duro.

[334] **derramados**—regados; esparcidos.

[335] traspuso—cruzó.

[336] represa—retención; parada; detención.

[337] **huerta**—terreno donde se cultivan árboles frutales.

[338] recuesta—requerimiento; intimación; conversación amorosa.

que en aquel lugar no hacen falta, antes muchas tienen *Mujeres* por estilo de irse a las mañanicas del verano a refrescar y almorzar, sin llevar qué, por aquellas frescas **riberas**,[339] con confianza que no ha de faltar quien se lo dé, según las tienen puestas en esta costumbre aquellos **hidalgos**[340] del lugar.

Y como digo, él estaba entre ellas, hecho un Macías,[341] diciéndoles más dulzuras que Ovidio[342] *Lzz–intel* escribió. Pero como sintieron de él que estaba enternecido, no se les hizo de vergüenza de almorzar con el acostumbrado pago.

Él, sintiéndose tan frío de bolsa cuanto estaba caliente de estómago, tomóle tal escalofrío, que le robó la color del gesto,[343] y comenzó a turbarse[344] en la plática y a poner excusas no válidas.

Ellas, que debían ser bien instruidas, como le sintieron la enfermedad, dejáronle por el que era.

Yo, que estaba comiendo ciertos tronchos de berzas,[345] con los cuales desayuné, con mucha diligencia, como mozo nuevo, sin ser visto de mi amo, torné a casa. De la cual pensé barrer alguna parte, que falta hacía; mas no hallé con qué. Púseme a pensar qué haría, y parecióme que lo mejor sería esperar a mi amo hasta el mediodía, y si por ventura traía algo, poder comer al fin; mas en vano fue mi espera.

Desde que vi que eran las dos y no venía y la hambre me aquejaba,[346] cierro mi puerta y pongo la llave do mandó y tórnome a mi menester.[347] Con baja y enferma

---

[339] **riberas**—orillas de un río.

[340] **hidalgos**—hombres de noble alcurnia o linaje.

[341] Macías—llamado *Macías el Enamorado*; poeta gallego del siglo XV, cuyos poemas le dieron fama de enamorado.

[342] Ovidio—Nasón Publio Ovidio (43 a. de J.C.–17 d. de J.C.), poeta de la Antigua Roma, famoso por sus poesías sobre el amor.

[343] gesto—cara.

[344] turbarse—apenarse.

[345] tronchos de berzas—tallos de coles o repollos.

[346] aquejaba—afligía.

[347] menester (m.)—trabajo; oficio.

voz y inclinadas mis manos en los senos, puesto Dios
ante mis ojos y la lengua en su nombre, comienzo a pedir
pan por las puertas y casas más grandes que me parecía.
Mas como yo este oficio lo hubiese mamado en la
leche,[348] quiero decir que con el gran maestro el ciego lo
aprendí, tan buen discípulo[349] salí, que aunque en este
pueblo no había caridad, ni el año fuese muy abundante,
tan buena maña me di, que antes que el reloj diese las
cuatro, ya yo tenía otras tantas libras de pan ensiladas[350]
en el cuerpo y más de otras dos en las mangas y senos.
Volvíme a la posada, y al pasar por la tripería[351] pedí a
una de aquellas mujeres, y diome un pedazo de uña de
vaca, con otras pocas de tripas cocidas.

Cuando llegué a casa, ya el bueno de mi amo estaba
en ella, doblada su capa y puesta en el poyo, y él
paseándose por el patio. Al verme, vínose para mí.
Pensé que me quería **reñir**[352] por la tardanza; mas mejor
lo hizo Dios.

Preguntóme dó venía. Yo le dije:

—Señor, hasta que dio las dos estuve aquí, y desde
que vi que Vuestra Merced no venía, fuime por esa
ciudad a pedir limosna a las buenas gentes, y han dado
esto que veis.

Mostréle el pan y las tripas, que en un cabo de la
falda traía, a la cual él mostró buen semblante,[353] y dijo:

—Pues te he esperado a comer, y al ver que no
venías, comí. Mas tú haces como hombre de bien en eso,
que más vale pedirlo por Dios que no hurtarlo. Y ansí Él
me ayude como ello me parece bien, y solamente te
encomiendo que no sepan que vives conmigo, por lo que

---

[348] mamado en la leche—aprendido desde la infancia.

[349] discípulo—alumno.

[350] ensiladas—guardadas; almacenadas.

[351] tripería—carnicería donde se venden tripas y otros despojos de los
animales cuya carne buena ya se ha aprovechado.

[352] **reñir**—regañar.

[353] semblante (m.)—cara.

toca a mi honra. Aunque bien creo que será secreto, *Sat*
según lo poco que en este pueblo soy conocido. ¡Nunca
a él yo hubiera de venir!

—De eso pierda, señor, cuidado —le dije yo—, que
nadie ha de pedirme cuenta de ello ni yo de darla.

—Agora, pues, come, pecador, que, si a Dios place, *"Pecador"*
pronto nos veremos sin necesidad. Aunque te digo que
después que en esta casa entré, nunca me ha ido bien.
Debe ser de mal suelo, que hay casas desdichadas y de
mal pie, que pegan la desdicha a los que viven en ellas.
Ésta debe de ser, sin duda, de ellas; mas yo te prometo,
acabado el mes, no permaneceré en ella aunque me la
den por mía.

Sentéme al cabo del poyo y, para que no me tuviese
por **glotón**,[354] le callé la merienda que había comido. Y
comienzo a cenar y morder en mis tripas y pan, y
disimuladamente miraba al desventurado señor mío,
que no partía sus ojos de mis faldas, que aquella sazón *Señor y*
servían de plato. Tanta lástima tenga Dios de mí como *hambre*
yo sentía por él porque sentí lo que sentía, y muchas
veces me había pasado lo mismo. Así pues, tanta lástima
me dio ver al señor mío que no apartaba la vista de mis
provisiones, que estuve a punto de invitarle; mas, por *Haz*
haberme dicho que había comido, temí no aceptaría el *piensa*
convite.[355] Finalmente, yo deseaba que aquel pecador me
ayudase a terminar la comida y desayunase como el día
antes hizo, pues había mejor aparejo, por ser mejor la
vianda[356] y menos mi hambre.

Quiso Dios cumplir mi deseo, y aun pienso que el
suyo; porque cuando comencé a comer, él andaba
paseando, se acercó a mí y díjome:

—Digo, Lázaro, que tienes en comer la mejor gracia
que en mi vida vi a hombre, y que nadie te lo verá hacer
sin que le despiertes el apetito, aunque no lo tenga.

---

[354] **glotón**—comelón.

[355] convite (m.)—invitación.

[356] vianda—comida.

—La muy buena hambre que tú tienes —dije yo entre mí— te hace parecer la mía hermosa.

Con todo, me pareció que debía ayudarle, pues se ayudaba y me abría camino para ello, y díjele:

—Señor, el buen aparejo hace buen artífice.[357] Este pan está sabrosísimo, y esta uña de vaca tan bien cocida y **sazonada**,[358] que no habrá a quien no convide con su sabor.

—¿Uña de vaca es?

—Sí, señor.

—Dígote que es el mejor bocado del mundo y que no hay **faisán**[359] que ansí me sepa.

—Pues pruebe, señor, y verá qué tal está.

Póngole en las uñas la otra y tres o cuatro raciones de pan de lo más blanco. Y se sentó al lado y comenzó a comer como aquel que tenía gana, royendo cada huesecillo de aquéllos mejor que lo hiciera un **galgo**[360] suyo.

—Con salsa de almodrote[361] —decía— es éste un manjar exquisito.

—Con mejor salsa lo comes tú —pensaba yo.

—Por Dios, que me ha sabido como si hoy no hubiera comido bocado.

—¡Ansí me vengan los buenos años como es ello! —dije yo entre mí.

Pidióme el jarro del agua, y díselo como lo había traído. No le faltaba el agua, señal era ésta de que no había comido. Bebimos, y muy contentos nos fuimos a dormir, como la noche pasada.

Y por evitar prolijidad,[362] de esta manera estuvimos ocho o diez días, yéndose el pecador por la mañana con

---

[357] artífice (m.)—fabricante; hacedor.

[358] **sazonada**—mejorada de sabor por especias o hierbas.

[359] **faisán** (m.)—ave comestible, algo parecida al pavo.

[360] **galgo**—perro corredor, muy delgado.

[361] almodrote (m.)—salsa de aceite y otros ingredientes para sazonar berenjenas.

[362] prolijidad—exceso de palabras.

aquel contento y paso contado a papar[363] aire por las calles, teniendo en el pobre Lázaro una cabeza de lobo que le proveía la comida.

Contemplaba yo muchas veces mi desastre, que, escapando de los ruines amos que había tenido y buscando mejoría, viniese a topar con quien no sólo no me mantuviese, mas a quien yo había de mantener. Con todo, le quería bien, al ver que no tenía ni podía más, y antes[364] le había lástima que enemistad. Y muchas veces, por llevar a la posada algo para que comiese, yo lo pasaba mal.

Una mañana, levantándose el triste en camisa, subió a lo alto de la casa a hacer sus menesteres, y en tanto yo, por salir de la sospecha, desenvolvíle el jubón y las calzas, que a la cabecera dejó, y hallé una bolsilla de terciopelo raso,[365] hecho cien dobleces y sin maldita la blanca ni señal que la hubiese tenido mucho tiempo.

—Éste —decía yo— es pobre, y nadie da lo que no tiene; mas el avariento ciego y el malaventurado clérigo, que, con dárselo Dios a ambos, me mataban de hambre, aquéllos es justo desamar y éste es digno[366] de lástima.

Dios es testigo de que aún hoy, cuando topo con alguno como él con aquel paso y pompa,[367] siento lástima al pensar si padece lo que aquél sufría. A pesar de toda su pobreza, serviría al escudero más que a los otros por lo que he dicho. Sólo tenía de él un poco de descontento: quisiera yo que no tuviera tanta presunción, sino que bajara un poco su fantasía con lo mucho que subía su necesidad. Mas, según me parece, es regla ya entre ellos usada y guardada. Aunque no tengan ni un real,[368] no ha de faltar el sombrero en su lugar. El Señor lo remedie, que ya con este mal han de morir.

---

[363] papar—introducir en la boca sin usar las manos.

[364] antes—más bien.

[365] terciopelo raso—tela velluda normalmente de seda; en este caso, de raso.

[366] digno—merecedor.

[367] pompa—aires; porte presumido.

[368] real—moneda de escaso valor.

Estando yo en tal estado, pasando la vida que digo, quiso mi mala fortuna, que no se cansaba de perseguirme, que en aquella trabajada y vergonzosa vivienda no durase.

Sucedió que el año en esta tierra fue estéril de pan, acordó el **Ayuntamiento**[369] que todos los pobres **forasteros**[370] se fuesen de la ciudad, con **pregón**[371] que el que de allí adelante topasen fuese castigado con azotes. Y así, ejecutando la ley, a los cuatro días del pregón, vi llevar una procesión de pobres azotados por las Cuatro Calles.[372] Esto me causó tan gran espanto, que nunca más me atreví a salir a **mendigar**[373] por la ciudad.

Aquí empezó la abstinencia de mi casa y la tristeza y silencio de los moradores,[374] tanto, que pasamos dos o tres días sin comer bocado, ni hablar palabra. A mí me dieron la vida unas mujercillas hilanderas[375] de algodón, que hacían bonetes[376] y vivían al lado de nosotros, con las cuales yo tuve vecindad y conocimiento. De la miseria que tenían, me daban alguna cosilla, con la cual me sustentaba pobremente y me permitía seguir malviviendo.

Y tenía más lástima del lastimado de mi amo que de mí mismo, que en ocho días maldito el bocado que comió. A lo menos en casa, bien lo estuvimos sin comer; no sé yo cómo o dónde andaba y qué comía. ¡Y verle venir a mediodía la calle abajo, con estirado[377] cuerpo, más largo que galgo de buena **casta**![378]

---

[369] **Ayuntamiento**—gobierno municipal.

[370] **forasteros**—fuereños; extraños; los que no son naturales del lugar.

[371] **pregón**—aviso al público a viva voz; proclama.

[372] Cuatro Calles—zona o barrio habitado, en aquel tiempo, por judíos.

[373] **mendigar**—pordiosear; pedir limosna.

[374] moradores—residentes.

[375] hilanderas—mujeres que hacen hilo.

[376] bonetes (m.)—gorros.

[377] estirado—erguido; derecho.

[378] **casta**—estirpe; linaje; sangre.

Y por lo que toca a su negra que dicen honra, tomaba una paja, de las que ni aun bastantes había en casa, y salía a la puerta escarbando los dientes, que nada entre sí tenían, quejándose todavía de aquella mala casa, diciendo:

—Mala suerte tenemos, que la desdicha de esta vivienda nos la trae. Como ves, es lóbrega, triste, oscura. Mientras aquí estuviéremos, hemos de padecer. Ya deseo que se acabe este mes por salir de ella.

Estando en esta afligida y hambrienta persecución, un día, no sé por qué dicha o ventura, en el pobre poder de mi amo entró un real. Con el cual él vino a casa tan ufano[379] como si tuviera el tesoro de Venecia,[380] y con gesto muy alegre y risueño me lo dio, diciendo:

—Toma, Lázaro, que Dios ya va abriendo su mano: ve a la plaza, y compra pan y vino y carne; ¡quebremos el ojo al diablo![381] Y más te hago saber, para que te alegres: que he alquilado otra casa y en ésta desastrada no hemos de estar más que hasta fin de mes. ¡Maldita sea ella y el que en ella puso la primera teja,[382] que con mal pie en ella entré! Por nuestro Señor, desde que en ella vivo, gota de vino ni bocado de carne no he comido, ni he tenido descanso ninguno; mas ¡tal vista tiene y tal oscuridad y tristeza! Ve y ven presto, y comamos hoy como condes.

Tomo mi real y jarro y, a los pies dándoles prisa, comienzo a subir mi calle, encaminando mis pasos para la plaza, muy contento y alegre. Mas ¿qué me aprovecha, si está constituido en mi triste fortuna que ningún gozo me venga sin zozobra?[383] Y ansí fue éste.

---

[379] ufano—orgulloso.

[380] tesoro de Venecia—mucho dinero (Venecia tenía fama de ser una ciudad muy rica).

[381] ¡quebremos el ojo al diablo!—¡divirtámonos! (la buena fortuna de hoy nos permite vengarnos del diablo, que nos ha hecho pasar hambre durante tanto tiempo).

[382] teja—pieza de barro cocido que se usa para techar las casas.

[383] zozobra—infortunio.

Porque, yendo por la calle arriba, echando mi cuenta en lo que lo emplearía, para que fuese mejor y más provechosamente gastado, dando infinitas gracias a Dios que a mi amo había hecho con dinero, a deshora me vino al encuentro un muerto, que traían por la calle abajo muchos clérigos y gente en unas andas.[384]

Arriméme a la pared, para dejarles pasar, y desde que el cuerpo pasó, venía luego junto al **lecho**[385] una que debía ser la mujer del difunto, cargada de **luto**,[386] y con ella otras muchas mujeres; la cual iba llorando a grandes voces y diciendo:

—Marido y señor mío, ¿adónde os llevan? ¡A la casa triste y desdichada, a la casa lóbrega y obscura, a la casa donde nunca comen ni beben!

Yo que aquello oí, juntóseme el cielo con la tierra y dije:

—¡Oh desdichado de mí! Para mi casa llevan este muerto.

Dejo el camino que llevaba, y crucé por medio de la gente, y vuelvo por la calle abajo, a todo el más correr que pude, para mi casa. Y, entrando en ella, cierro a grande prisa, invocando el auxilio y favor de mi amo, abrazándome de él, que me venga ayudar y a defender la entrada. El cual, algo alterado, pensando que fuese otra cosa, me dijo:

—¿Qué es eso, mozo? ¿Qué voces das? ¿Qué tienes? ¿Por qué cierras la puerta con tal furia?

—¡Oh señor —dije yo—, acuda aquí, que nos traen acá un muerto!

—¿Cómo así? —respondió él.

—Aquí arriba lo encontré, y venía diciendo su mujer: «Marido y señor mío, ¿adónde os llevan? ¡A la casa lóbrega y obscura, a la casa triste y desdichada, a

---

[384] andas—camilla; catre portátil.

[385] **lecho**—cama.

[386] **luto**—vestidura negra; señal de duelo por la muerte de alguien.

la casa donde nunca comen ni beben!». Acá, señor, nos lo traen.

Y ciertamente cuando mi amo esto oyó, aunque no *Puerta* tenía por qué estar risueño, rió tanto, que muy gran rato estuvo sin poder hablar. En este tiempo tenía ya yo echada la aldaba[387] a la puerta y puesto el hombro en ella por más defensa. Pasó la gente con su muerto, y yo todavía me recelaba[388] que nos lo habían de meter en casa. Y desde que fue ya más harto de reír que de comer, el bueno de mi amo díjome:

—Verdad es, Lázaro: según la viuda lo va diciendo, tú tuviste razón de pensar lo que pensaste; mas, pues Dios lo ha hecho mejor y pasan adelante, abre, abre y ve por comer.

—Déjalos, señor, que acaben de pasar la calle —dije yo.

Al fin vino mi amo a la puerta de la calle, y la abre empujándome hacia fuera, que bien era menester, según el miedo y alteración, y me tornó a encaminar. Mas aunque comimos bien aquel día, maldito el gusto que yo tomaba en ello. Ni en aquellos tres días torné en mi color. Y mi amo, muy risueño todas las veces que se acordaba de aquella mi consideración.[389]

De esta manera estuve con mi tercero y pobre amo, *Refl.* que fue este escudero, algunos días, y en todos deseando saber la intención de su venida y estada en esta tierra; porque desde el primer día que con él asenté, le conocí ser extranjero, por el poco conocimiento y trato que con los naturales de ella tenía.

Al fin se cumplió mi deseo y supe lo que deseaba; *Cuento* porque un día que habíamos comido razonablemente y estaba algo contento, contóme su hacienda, y díjome ser de Castilla la Vieja y que había dejado su tierra para no

---

[387] aldaba—tranca; madero para cerrar bien la puerta contra intrusos.

[388] recelaba—sospechaba; temía.

[389] consideración—pensamiento.

tener que quitarse el sombrero al paso de un caballero vecino suyo.

—Señor —dije yo—, si él era caballero como decís, y tenía más que vos, ¿por qué no os lo quitabais primero, pues decís que él también se lo quitaba al contestar el saludo?

—Sí es, y sí tiene, y también se lo quitaba él a mí, pero tampoco debía esperar a que me lo quitara yo siempre antes que él. Alguna vez debió **anticiparse**[390] por bien de mi honra y ganarme por la mano.

—Paréceme, señor —le dije yo—, que en eso no mirara, mayormente con mis mayores que yo y que tienen más.

—Eres muchacho —me respondió— y no sientes las cosas de la honra, en que el día de hoy está todo el **caudal**[391] de los hombres de bien. Pues te hago saber que yo soy, como ves, un escudero; mas voto a Dios si al Conde encuentro en la calle y no me quita muy bien quitado del todo el sombrero, que otra vez que venga me sepa yo entrar en una casa, fingiendo yo en ella algún negocio, o atravesar otra calle, si la hay, antes que llegue a mí, por no quitárselo. Que un hidalgo no debe a otro que a Dios y al rey nada, ni es justo, siendo hombre de bien, se descuide un punto de tener en mucho su persona. Acuérdome que un día deshonré en mi tierra a un oficial y quise ponerle las manos, porque cada vez que le topaba me decía: «Mantenga Dios a Vuestra Merced». «Vos, don villano ruin —le dije yo—, ¿por qué no sois bien criado? ¿Manténgaos Dios me habéis de decir, como si fuese quienquiera?[392]» De allí adelante, de aquí acullá,[393] me quitaba el bonete y hablaba como debía.

---

[390] **anticiparse**—hacerlo antes.

[391] **caudal** (m.)—fortuna; hacienda.

[392] quienquiera—cualquiera; persona insignificante.

[393] de aquí acullá—en todo lugar; en todo sitio.

—¿Y no es buena manera de saludar uu hombre a otro —dije yo— decirle que le mantenga Dios?

—¡Mira, muchacho del demonio! —dijo él—. A los hombres de poca arte dicen eso; mas a los más importantes, como yo, no les han de hablar menos de «Beso las manos de Vuestra Merced», o, por lo menos «Bésoos, señor, las manos», si el que me habla es caballero. Y ansí, de aquel de mi tierra, nunca más le quise sufrir; ni sufriría ni sufriré a hombre del mundo, de el rey abajo,[394] que «Manténgaos Dios» me diga.

—Pecador de mí —dije yo—, por eso tiene tan poco cuidado de mantenerte, pues no sufres que nadie se lo ruegue.

—Mayormente —dijo— que no soy tan pobre. Tengo en mi tierra un solar[395] de casas que, de estar ellas en pie y bien labradas,[396] a dieciséis leguas[397] de donde nací, en aquella Costanilla de Valladolid, valdrían más de doscientas veces mil maravedís, según se podrían hacer grandes y buenas. Y tengo un palomar que, de no estar derribado como está, daría cada año más de doscientos palominos.[398] Y otras cosas que me callo, que dejé por lo que tocaba a mi honra. Y vine a esta ciudad pensando que hallaría un buen acomodo,[399] mas no me ha sucedido como pensé. Ciertamente muchos caballeros de media talla también me ruegan que les sirva como escudero, pero son gente de poco para mí y servir con éstos es gran trabajo. Porque de hombre os habéis de convertir en malilla,[400] y si no «Andad con Dios» os dicen. Y las más veces los pagamentos son a largos plazos,[401] y las más y las más ciertas debes servirlos sólo

---

[394] de el rey abajo—todos menos el rey.

[395] solar (m.)—terreno.

[396] labradas—construidas.

[397] legua—medida de distancia: unas cuatro millas.

[398] palomino—cría de la paloma.

[399] acomodo—situación; colocación; puesto de trabajo.

[400] malilla—comodín; persona que, de tanto ser usada, llega a ser abusada.

[401] a largos plazos—poco frecuentes.

por una triste comida. Ya cuando asienta un hombre con un señor de título, todavía pasa su laceria. ¿Pues por ventura no hay en mí habilidad para servir y contentar a éstos? Por Dios, si con él topase, muy gran su privado pienso que fuese y que mil servicios le hiciese, porque yo sabría mentirle tan bien como otro agradarle a las mil maravillas.[402] Le reiría mucho sus donaires y costumbres, aunque no fuesen las mejores del mundo; nunca le diría nada que le pesase, aunque mucho le cumpliese.[403] Muy diligente en su persona en dicho y hecho. No me mataría por hacer bien las cosas que él no había de ver y me pondría a reñir, donde él lo oyese, con la gente de servicio, porque pareciese que tomaba gran cuidado de lo que a él tocaba y con las cosas de su casa. Si riñese con algún su criado,[404] daría unos puntillos[405] agudos para le encender la ira, y que pareciesen en favor del culpado. Sabría decirle siempre lo que le gustara oír y, por el contrario, ser malicioso **mofador**,[406] malsinar[407] a los de casa y a los de fuera, pesquisar[408] y procurar saber vidas ajenas para contárselas, y otras muchas cosas de esta calidad, que hoy día se usan en palacio, y a los señores les parecen bien, y no quieren ver en sus casas hombres virtuosos, antes los **aborrecen**[409] y tienen en poco y llaman necios y que no son personas de negocios ni con quien el señor se puede descuidar. Y con éstos los astutos y los mentirosos triunfan, como triunfaría yo si tuviese la suerte de dar con un buen y gran señor; mas no quiere mi ventura que lo halle.

---

[402] a las mil maravillas—muchísimo.

[403] cumpliese—mereciese.

[404] algún su criado—algún criado suyo.

[405] puntillos—cosas del amor propio.

[406] **mofador**—burlador.

[407] malsinar—delatar; traicionar.

[408] pesquisar—investigar; averiguar.

[409] **aborrecen**—odian.

De esta manera lamentaba también su adversa fortuna mi amo, dándome relación de su persona valerosa.

Estando en esto, entró por la puerta un hombre y una vieja. El hombre le pide el alquiler de la casa y la vieja el de la cama. Hacen cuentas y de dos en dos meses le alcanzaron lo que él en un año no alcanzara. Pienso que fueron doce o trece reales. Y él les dio muy buena respuesta: que saldría a la plaza a cambiar una pieza de a dos y que a la tarde volviesen, mas su salida fue sin vuelta ya que no regresó más. De manera que a la tarde ellos volvieron, mas fue en vano. Yo les dije que aún no había venido. Venida la noche y él no, yo tuve miedo de quedar en casa solo, y me fui con las vecinas y contéles el caso, y allí dormí.

Venida la mañana, los **acreedores**[410] vuelven y preguntan por el vecino; mas a esta otra puerta . . . Las mujeres le responden:

—Veis aquí su mozo y la llave de la puerta.

Ellos me preguntaron por él, y díjeles que no sabía adónde estaba, y que tampoco había vuelto a casa desde que salió a cambiar la moneda, y que pensaba que de mí y de ellos se había ido con el **trueque**.[411]

Desde que esto me oyeron, van por un alguacil[412] y un escribano.[413] Y helos[414] do vuelven luego con ellos, y toman la llave, y me llaman, y llaman **testigos**[415] y abren la puerta, y entran a embargar[416] la hacienda de mi amo hasta cobrar su deuda. Recorrieron toda la casa, y la hallaron vacía, como he contado, y me dicen:

---

[410] **acreedores**—personas a quienes se debe dinero.

[411] **trueque** (m.)—canje; cambio de una cosa por otra.

[412] alguacil (m.)—especie de policía municipal.

[413] escribano—secretario oficial.

[414] helos—véanlos.

[415] **testigos**—los que presencian una acción, y dan testimonio de ello.

[416] embargar—tomar posesión de una propiedad la autoridad pública, en espera de un juicio legal sobre su disposición.

—¿Qué es de la hacienda de tu amo, sus arcas y paños de pared y **alhajas**[417] de casa?

—No sé yo eso —le respondí.

—Sin duda —dicen ellos— esta noche lo deben de haber escondido en algún sitio y llevado a alguna parte. Señor alguacil, prended[418] a este mozo, que él sabe dónde está.

En esto vino el alguacil y echóme mano por el collar del jubón, diciendo:

—Muchacho, tú eres preso si no descubres los bienes de este tu amo.

Yo, como en otra tal no me hubiese visto —porque asido del collar sí había sido muchas y infinitas veces, mas era mansamente[419] de él trabado,[420] para que mostrase el camino al que no veía—, yo tuve mucho miedo y, llorando, prometíles decir lo que preguntaban.

—Bien está —dicen ellos—. Pues di todo lo que sabes y no tengas temor.

Sentóse el escribano en un poyo para escribir el **inventario**,[421] preguntándome qué tenía.

—Señores —dije yo—, lo que este mi amo tiene, según él me dijo, es un muy buen solar de casas y un palomar derribado.

—Bien está —dicen ellos—. Por poco que eso valga hay para compensar la deuda. ¿Y a qué parte de la ciudad tiene eso? —me preguntaron.

—En su tierra —les respondí.

—Por Dios, que está bueno el negocio —dijeron ellos—. ¿Y adónde es su tierra?

—De Castilla la Vieja me dijo que él era —les dije yo.

---

[417] **alhajas**—joyas.

[418] prended—aprehenda; arreste; detenga.

[419] mansamente—suavemente.

[420] trabado—cogido; agarrado.

[421] **inventario**—lista de todos los objetos contados en alguna ocasión.

Riéronse mucho el alguacil y el escribano, diciendo:

—Bastante relación es ésta para cobrar vuestra deuda, aunque podría ser.

Las vecinas, que estaban presentes, dijeron:

—Señores, éste es un niño inocente y hace pocos días que está con ese escudero, y no sabe de él más que vuestras mercedes, sino cuánto el pecadorcico se llega aquí a nuestra casa y le damos de comer lo que podemos, por amor de Dios, y por las noches se iba a dormir con él.

Vista mi inocencia, dejáronme, dándome por libre. Y el alguacil y el escribano piden al hombre y a la mujer que les pagaran sus derechos.[422] Sobre lo cual tuvieron gran pelea y ruido, porque ellos alegaron[423] no estar obligados a pagar, pues no había de qué ni se hacía el embargo. Los otros decían que habían dejado de ir a otro negocio, que les importaba más venir a aquél.

Finalmente, después de dadas muchas voces, al final carga un porquerón[424] con el viejo alfamar de la vieja, aunque no iba muy cargado. Allá van todos cinco dando voces.

No sé en qué paró. Creo yo que el pecador alfamar pagara por todos; y bien se empleaba, pues el tiempo que había de reposar y descansar de los trabajos pasados, se andaba alquilando.

Así, como he contado, me dejó mi pobre tercer amo, donde acabé de conocer mi ruin dicha, pues, señalándose todo lo que podría contra mí, hacía mis negocios tan al revés, que los amos, que suelen ser dejados de los mozos, en mí no fuese ansí, sino que mi amo me dejase y huyese de mí.

---

[422] derechos—cuotas; suma cobrada por algún servicio.

[423] alegaron—arguyeron; insistieron.

[424] porquerón—corchete; subordinado del alguacil.

Tratado séptimo

Cómo Lázaro se asentó con un alguacil y de lo que le acaeció con él.

Despedido del capellán,[425] asenté por hombre de justicia con un alguacil; mas muy poco viví con él, por parecerme oficio peligroso, mayormente que una noche nos corrieron a mí y a mi amo a pedradas y a palos unos fugitivos; y a mi amo, que esperó, trataron mal, mas a mí no me alcanzaron. Con esto renegué del trato.

Y pensando un modo de vivir más tranquilo cómo tener descanso y ganar algo para la vejez, quiso Dios alumbrarme y ponerme en camino y manera provechosa. Y con la ayuda que tuve de amigos y señores, todos mis trabajos y fatigas hasta entonces pasados fueron compensados al alcanzar un oficio real,[426] viendo que no hay nadie que medre,[427] sino los que lo tienen.

En el cual el día de hoy vivo y resido a servicio de Dios y de Vuestra Merced. Así pues, tengo cargo de pregonar los vinos que en esta ciudad se venden, y las almonedas[428] y cosas perdidas, acompañar los que padecen persecuciones por justicia y declarar a voces sus **delitos**:[429] pregonero, hablando en buen romance.[430]

En el cual oficio, un día que **ahorcábamos**[431] un apañador[432] en Toledo, y llevaba una buena **soga**[433] de esparto, conocí y caí en la cuenta de la **sentencia**[434] que

---

[425] capellán—sacerdote encargado de una capellanía, una fundación religiosa.

[426] real—perteneciente al rey, o a la monarquía.

[427] medre—prospere.

[428] almoneda—subasta pública.

[429] **delito**—contravención de la ley.

[430] hablando en buen romance—diciendo las cosas claro; llamando al pan, pan, y al vino, vino; hablando llanamente el romance, es decir, el español, en aquellos tiempos.

[431] **ahorcábamos**—colgábamos; ejecutábamos en la horca.

[432] apañador—ladrón.

[433] **soga**—cuerda gruesa.

[434] **sentencia**—dicho sagaz; frase sabia y solemne.

aquel mi ciego amo había dicho en Escalona, y me arrepentí del mal pago que le di, por lo mucho que me enseñó. Que, después de Dios, él me dio industria para llegar al estado que agora estoy.

Me ha ido tan bien, que casi todas las cosas al oficio **tocantes**[435] pasan por mi mano; tanto, que en toda la ciudad, el que ha de poner vino a vender, o algo, si Lázaro de Tormes no les pregona la mercancía, piensan que no han de sacar provecho.

En este tiempo, viendo mi **habilidad**[436] y buen vivir, teniendo noticia de mi persona el señor arcipreste[437] de San Salvador, mi señor, y servidor y amigo de Vuestra Merced, a quien le pregonaba sus vinos, procuró[438] casarme con una criada suya. Y visto que de tal persona no podía venir sino bien y favor, acordé aceptar la boda. Y así, me casé con ella, y hasta agora no estoy arrepentido, porque, allende de[439] ser buena hija y diligente servicial, tengo en mi señor arcipreste todo favor y ayuda. Y siempre en el año le da, en veces, al pie de una carga de trigo; por las Pascuas, carne; y de vez en cuando el par de bodigos, o la ropa vieja que deja. E hízonos alquilar una casilla junto a la suya: los domingos y casi todas las fiestas comíamos en su casa.

Mas malas lenguas, que nunca faltaron ni faltarán, no nos dejan vivir, diciendo no sé qué y sí sé qué de que ven a mi mujer irle a hacer la cama y guisarle de comer. Y mejor les ayude Dios que ellos dicen la verdad.

Aunque en este tiempo siempre he tenido alguna sospechuela y habido algunas malas cenas por esperarla algunas noches hasta las laudes,[440] y aun más, se me ha

---

[435] **tocantes**—relacionadas.

[436] **habilidad**—destreza.

[437] arcipreste—presbítero o sacerdote principal de una iglesia.

[438] procuró—intentó.

[439] allende de—además de.

[440] laudes (f.)—oraciones que se rezan después de maitines. Los maitines se rezaban antes del amanecer.

venido a la memoria lo que mi amo el ciego me dijo en Escalona, estando asido del cuerno. Aunque, de verdad, siempre pienso que el diablo me lo trae a la memoria por hacerme malcasado, y no le aprovecha.

Porque, allende de no ser ella mujer que se pague de[441] estas burlas, mi señor me ha prometido lo que pienso cumplirá. Que él me habló un día muy largo delante de ella y me dijo:

—Lázaro de Tormes, quien ha de mirar a dichos de malas lenguas nunca medrará; digo esto porque no me maravillaría alguno, viendo entrar en mi casa a tu mujer y salir de ella. Ella entra muy a tu honra y suya. Y esto te lo prometo. Por tanto, no mires lo que pueden decir, sino a lo que te toca, digo a tu provecho.

—Señor —le dije—, yo determiné de arrimarme a los buenos. Verdad es que algunos de mis amigos me han dicho algo de eso, y aun por más de tres veces me han certificado[442] que antes que conmigo casase había parido tres veces, hablando con reverencia de Vuestra Merced, porque está ella delante.

Entonces mi mujer echó tantos **juramentos**[443] sobre sí que yo pensé la casa se hundiera con nosotros; y después se puso a llorar y a echar maldiciones sobre quien conmigo la había casado, en tal manera, que quisiera ser muerto antes que se me hubiera soltado aquella palabra de la boca. Mas yo de un extremo y mi señor de otro, tanto le dijimos y otorgamos,[444] que cesó su llanto, con juramento que le hice de nunca más en mi vida mentarle[445] nada de aquello, y que yo holgaba y había por bien de que ella entrase y saliese, de noche y

---

[441] se pague de—se contente de.

[442] certificado—declarado o asegurado con certeza.

[443] **juramento**(s)—declaración enfática de la verdad de lo que se ha dicho.

[444] otorgamos—consentimos.

[445] mentarle—mencionarle.

de día, pues estaba bien seguro de su bondad. Y así quedamos todos tres bien **conformes**.[446]

Hasta el día de hoy nunca nadie nos oyó sobre el caso; antes, cuando alguno siento que quiere decir algo de ella, le atajo[447] y le digo:

—Mirad, si sois mi amigo, no me digáis cosa con que me pese, que no tengo por mi amigo al que me hace pesar. Mayormente, si me quieren meter mal con mi mujer, que es la cosa del mundo que yo más quiero y la amo más que a mí, y me hace Dios con ella mil mercedes y más bien que yo merezco. Que yo juraré sobre la hostia[448] consagrada[449] que es tan buena mujer como vive dentro de las puertas de Toledo. Quien otra cosa me dijere, yo me mataré con él.

De esta manera no me dicen nada, y yo tengo paz en mi casa.

Esto fue el mismo año que nuestro victorioso emperador en esta insigne ciudad de Toledo entró y tuvo en ella **Cortes**,[450] y se hicieron grandes fiestas, como Vuestra Merced habrá oído. Pues en este tiempo estaba en mi prosperidad y en la **cumbre**[451] de toda buena fortuna. De lo que aquí adelante me sucediere, avisaré a Vuestra Merced.

---

[446] **conformes**—de acuerdo; satisfechos.

[447] atajo—paro; corto en seco.

[448] hostia—oblea o galleta redonda ofrecida en el sacrificio de la misa.

[449] consagrada—hecha sagrada; santificada.

[450] **Cortes** (f.)—en España, asambleas políticas con poderes legislativos.

[451] **cumbre** (f.)—punto más alto; cima.

PREGUNTAS

1. Una de las características más señaladas de la novela picaresca es su aguda observación de la realidad y su intención satírica al pintar el medio social en que se mueve el protagonista narrador. ¿Qué papel desempeña la forma episódica en el logro de estas intenciones?

2. Explica en tus propias palabras algunas de las mañas, o engaños, de que se vale Lazarillo para sustentarse mientras sirve a su primer amo, el ciego, y a su segundo, el clérigo.

3. Comenta la sátira social que se elabora en cuanto a la figura del tercer amo de Lazarillo, el escudero.

4. Lazarillo, el prototipo del pícaro, vive una vida que cualquiera calificaría de ruin y desorientada. Sin embargo, los críticos señalan en el *Lazarillo* cierto primitivismo infantil, a la vez delicado, irónico y risueño, muy al contrario de la amargura que uno esperaría ver en una persona en tales circunstancias. A tu parecer, ¿qué características de Lazarillo impiden que le agobie la amargura?

5. Los críticos están en desacuerdo en cuanto a la figura de Lazarillo. Algunos lo creen un antihéroe, una contrafigura del caballero, del conquistador y del santo. Otros lo creen un héroe a su manera. ¿Qué opinas tú? Defiende tu juicio con argumentos basados en el texto.

Álvar Núñez Cabeza de Vaca ▶

Naufragios

ÁLVAR NÚÑEZ CABEZA DE VACA

*Nace un nuevo género literario con el conquistador de México
Hernán Cortés, y sus Cartas de relación, escritas al emperador
Carlos V entre 1519 y 1526. Los aventureros españoles que
vivieron la Conquista y luego narraron sus aventuras, los llamados
cronistas de Indias, no tenían propósito literario. Su afán era
producir documentos históricos. Pero al relatar los sucesos de que
guardaban memoria, traían a sus crónicas una aguda
perspicacia, una frescura, y una naturalidad con relación a las
novedades que habían ido conociendo, cualidades que les
prestaban valores literarios que faltaban en las historias oficiales.
Son relatos vivos y humanos, y los hechos contados son de una
riqueza y una ingenuidad cautivadoras. Éste es el caso del
cronista Álvar Núñez Cabeza de Vaca (¿1507?–1559), nieto del
conquistador de las Islas Canarias. En Naufragios (1541–1555),
Cabeza de Vaca atestigua las primeras penalidades que sufrieron
los españoles de la expedición de Pánfilo de Narváez a la
Florida, que prosiguió por la parte sur de lo que hoy son los
Estados Unidos, hasta México, entre 1527 y 1536. Su relato no
carece de cierto carácter fabuloso.*

Capítulo XII
Cómo los indios nos trujeron de comer

Otro día, saliendo el Sol, que era la hora que los indios nos habían dicho, vinieron a nosotros, como lo habían prometido, y nos trajeron mucho pescado y de unas raíces que ellos comen, y son como nueces, algunas mayores o menores; la mayor parte de ellas se sacan de bajo del agua y con mucho trabajo. A la tarde volvieron y nos trajeron más pescado y de las mismas raíces, y hicieron venir sus mujeres y hijos para que nos viesen, y ansí,[1] se volvieron ricos de cascabeles y cuentas que les dimos, y otros días nos tornaron a visitar con lo mismo que estotras[2] veces. Como nosotros víamos[3] que estábamos proveídos de pescado y de raíces y de agua y de las otras cosas que pedimos, acordamos de tornarnos a embarcar y seguir nuestro camino, y desenterramos la barca de la arena en que estaba metida, y fue menester[4] que nos desnudásemos todos y pasásemos gran trabajo para echarla al agua, porque nosotros estábamos tales, que otras cosas muy más **livianas**[5] bastaban para ponernos en él; y ansí embarcados, a dos tiros de ballesta[6] dentro en la mar, nos dio tal golpe de agua que nos mojó a todos; y como íbamos desnudos y el frío que hacía era muy grande, soltamos los remos de las manos, y a otro golpe que la mar nos dio, trastornó[7] la barca; el veedor[8] y otros dos se **asieron**[9] de ella para escaparse; mas sucedió muy al revés, que la barca los tomó debajo y se ahogaron.

---

[1] ansí—así.

[2] estotras—estas otras.

[3] víamos—veíamos.

[4] menester—necesario.

[5] **livianas**—ligeras; de poco peso.

[6] ballesta—arma portátil que sirve para tirar flechas; arco pesado de madera, con travesaño.

[7] trastornó—volcó; puso al revés.

[8] veedor—inspector; supervisor.

[9] **asieron**—agarraron.

Como la costa es muy brava,[10] el mar de un tumbo echó a todos los otros, envueltos en las olas y medio ahogados, en la costa de la misma isla, sin que faltasen más de los tres que la barca había tomado debajo. Los que quedamos escapados, desnudos como nascimos y perdido todo lo que traíamos, y aunque todo valía poco, para entonces valía mucho. Y como entonces era por noviembre, y el frío muy grande, y nosotros tales que con poca dificultad nos podían contar los huesos, estábamos hechos propria[11] figura de la muerte. De mí sé decir que desde el mes de mayo pasado yo no había comido otra cosa sino maíz tostado, y algunas veces me vi en necesidad de comerlo crudo; porque aunque se mataron los caballos entretanto que las barcas se hacían, yo nunca pude comer de ellos, y no fueron diez veces las que comí pescado. Esto digo por excusar razones, porque pueda cada uno ver qué tales estaríamos.

Y sobre todo lo dicho había sobrevenido viento norte, **de suerte que**[12] más estábamos cerca de la muerte que de la vida. Plugo[13] a nuestro Señor que, buscando los tizones[14] del fuego que allí habíamos hecho, hallamos lumbre, con que hicimos grandes fuegos; y ansí, estuvimos pidiendo a nuestro Señor **misericordia**[15] y perdón de nuestros pecados, derramando muchas lágrimas, habiendo cada uno lástima, no sólo de sí, mas[16] de todos los otros, que en el mismo estado vían. Y a hora de puesto el Sol, los indios, creyendo que no nos habíamos ido, nos volvieron a buscar y a traernos de comer; mas cuando

---

[10] brava—tormentosa.

[11] propria—propia; misma.

[12] **de suerte que**—de manera que.

[13] Plugo—pareció bien.

[14] tizones—leños a medio quemar.

[15] **misericordia**—piedad; compasión.

[16] mas—sino también.

ellos nos vieron ansí en tan diferente hábito[17] del primero y en manera tan extraña, espantáronse[18] tanto que se volvieron atrás. Yo salí a ellos y llamélos, y vinieron muy espantados; hícelos entender **por señas**[19] cómo se nos había hundido una barca y se habían ahogado tres de nosotros, y allí en su presencia ellos mismos vieron dos muertos, y los que quedábamos íbamos aquel camino.

Los indios, de ver el desastre que nos había venido y el desastre en que estábamos, con tanta **desventura**[20] y miseria, se sentaron entre nosotros, y con el gran dolor y lástima que hobieron[21] de vernos en tanta fortuna, comenzaron todos a llorar **recio**,[22] y tan de verdad, que lejos de allí se podía oír, y esto les duró más de media hora; y cierto ver que estos hombres tan sin razón y tan crudos,[23] a manera de brutos, se dolían tanto de nosotros, hizo que en mí y en otros de la compañía cresciese más la pasión, y la consideración de nuestra **desdicha**.[24]

Sosegado[25] ya este llanto, yo pregunté a los cristianos,[26] y dije que, si a ellos parescía, rogaría a aquellos indios que nos llevasen a sus casas; y algunos de ellos que habían estado en la Nueva España[27] respondieron que no se debía hablar en ello, porque si a sus casas nos llevaban, nos sacrificarían a sus ídolos;

---

[17] hábito—vestidura.

[18] espantáronse—se asustaron.

[19] **por señas**—con gestos y movimientos de las manos.

[20] **desventura**—infortunio; mala suerte.

[21] hobieron—hubieron; tuvieron.

[22] **recio**—fuertemente.

[23] crudos—primitivos.

[24] **desdicha**—desventura; mala suerte.

[25] **Sosegado**—calmado.

[26] cristianos—españoles.

[27] Nueva España—México, durante la Colonia.

mas, visto que otro remedio no había, y que por cualquier otro camino estaba más cerca y más cierta la muerte, no curé[28] de lo que decían, **antes**[29] rogué a los indios que nos llevasen a sus casas, y ellos mostraron que habían gran placer de ello, y que esperásemos un poco, que ellos harían lo que queríamos; y luego treinta de ellos se cargaron de leña, y se fueron a sus casas, que estaban lejos de allí, y quedamos con los otros hasta cerca de la noche, que nos tomaron, y llevándonos asidos y con mucha priesa,[30] fuimos a sus casas; y por el gran frío que hacía, y temiendo que en el camino alguno no muriese o desmayase,[31] proveyeron que hobiese cuatro o cinco fuegos muy grandes puestos **a trechos**,[32] y en cada uno de ellos nos escalentaban;[33] y desque[34] vían que habíamos tomado alguna fuerza y calor, nos llevaban hasta el otro tan apriesa, que casi los pies no nos dejaban poner en el suelo; y de esta manera fuimos hasta sus casas, donde hallamos que tenían hecha una casa para nosotros, y muchos fuegos en ella; y desde a un hora[35] que habíamos llegado, comenzaron a bailar y hacer grande fiesta, que duró toda la noche, aunque para nosotros no había placer, fiesta ni sueño, esperando cuándo nos habían de sacrificar; y la mañana nos tornaron a dar pescado y raíces, y hacer tan buen tratamiento, que nos aseguramos [36] algo y perdimos algo el miedo del sacrificio.

---

[28] no curé—no hice caso.

[29] **antes**—al contrario.

[30] priesa—prisa.

[31] desmayase—cayera de cansancio.

[32] **a trechos**—a intervalos.

[33] escalentaban—calentaban.

[34] desque—desde que.

[35] desde a un hora—una hora después.

[36] nos aseguramos—nos sentimos más seguros.

Capítulo XX
De cómo nos huimos

Después de habernos mudado, desde a dos días nos encomendamos a Dios nuestro Señor y nos fuimos huyendo, confiando que, aunque era ya tarde y las **tunas**[37] se acababan, con los frutos que quedarían en el campo podríamos andar buena parte de tierra. Yendo aquel día nuestro camino con **harto**[38] temor que los indios nos habían de seguir, vimos unos humos, y yendo a ellos, después de vísperas[39] llegamos allá, do[40] vimos un indio que como vio que íbamos a él, huyó sin querernos **aguardar**;[41] nosotros enviamos al negro tras él, y como vio que iba solo, aguardólo. El negro le dijo que íbamos a buscar aquella gente que hacía aquellos humos.

Él respondió que cerca de allí estaban las casas, y que nos guiaría allá; y ansí, lo fuimos siguiendo; y él corrió a dar aviso de cómo íbamos, y a puesta del Sol vimos las casas, y dos tiros de ballesta antes que llegásemos a ella hallamos cuatro indios que nos esperaban, y nos rescibieron bien. Dijímosles en lengua de mareames[42] que íbamos a buscallos,[43] y ellos mostraron que se holgaban[44] con nuestra compañía; y ansí, nos llevaron a sus casas, y a Dorantes y al negro aposentaron[45] en casa de un físico,[46] y a mí y a Castillo en casa de otro. Éstos tienen otra lengua y llámanse avavares, y son aquellos que solían llevar los arcos a los nuestros y iban a

---

[37] **tuna**—fruto del nopal, una especie de cacto.

[38] **harto**—mucho.

[39] vísperas—el atardecer.

[40] do—donde.

[41] **aguardar**—esperar.

[42] mareames—nombre de una tribu de indios.

[43] buscallos—buscarlos.

[44] se holgaban—se contentaban.

[45] aposentaron—hospedaron; alojaron.

[46] físico—médico.

contratar con ellos; y aunque son de otra nación y lengua, entienden la lengua de aquéllos con quien antes estábamos, y aquel mismo día habían llegado allí con sus casas. Luego, el pueblo nos ofreció muchas tunas, porque ya ellos tenían noticia de nosotros y cómo curábamos, y de las maravillas que nuestro Señor con nosotros obraba,[47] que, aunque no hubiera otras, harto grandes eran abrirnos caminos por tierra tan **despoblada**,[48] y darnos gente por donde muchos tiempos no la había, y librarnos[49] de tantos peligros, y no permitir que nos matasen, y sustentarnos[50] con tanta hambre, y poner aquellas gentes en corazón que nos tratasen bien, como adelante diremos.

Capítulo XXI
De cómo curamos aquí unos dolientes

Aquella misma noche que llegamos vinieron unos indios a Castillo, y dijéronle que estaban muy malos de la cabeza, rogándole que los curase; y después que los hubo santiaguado[51] y encomendado a Dios,[52] en aquel punto los indios dijeron que todo el mal se les había quitado; y fueron a sus casas y trujeron muchas tunas y un pedazo de carne de venado, cosa que no sabíamos qué cosa era; y como esto entre ellos se publicó, vinieron otros muchos enfermos en aquella noche a que los sanase, y cada uno traía un pedazo de venado; y tantos eran, que no sabíamos adónde poner la carne. Dimos muchas gracias a Dios porque cada día iba cresciendo su misericordia y mercedes;[53] y después que se acabaron las curas

---

[47] obraba—hacía.

[48] **despoblada**—inhabitada.

[49] librarnos—protegernos; sacarnos.

[50] sustentarnos—darnos comida.

[51] santiaguado—santiguado; hecho la señal de la cruz.

[52] encomendado a Dios—puesto en manos de Dios.

[53] mercedes—benevolencia; bondades.

comenzaron a bailar y hacer sus areitos[54] y fiestas, hasta otro día que el Sol salió; y duró la fiesta tres días por haber nosotros venido, y al cabo de ellos les preguntamos por la tierra de adelante, y por la gente que en ella hallaríamos, y los mantenimientos que en ella había. Respondiéronnos que por toda aquella tierra había muchas tunas, mas que ya eran acabadas, y que ninguna gente había, porque todos eran idos a sus casas, con haber ya cogido las tunas; y que la tierra era muy fría y en ella había muy pocos **cueros**.[55] Nosotros viendo esto, que ya el invierno y tiempo frío entraba, acordamos de pasarlo con éstos. A cabo de cinco días que allí habíamos llegado se partieron a buscar otras tunas adonde había otra gente de otras naciones y lenguas; y andadas cinco **jornadas**[56] con muy grande hambre, porque en el camino no había tunas ni otra fruta ninguna, allegamos a un río, donde asentamos nuestras casas, y después de asentadas, fuimos a buscar una fruta de unos árboles, que es como hieros;[57] y como por toda esta tierra no hay caminos, yo me detuve más en buscarla: la gente se volvió, y yo quedé solo, y viniendo a buscarlos aquella noche me perdí, y plugo a Dios que hallé un árbol ardiendo, y al fuego de él pasé aquel frío aquella noche, y a la mañana yo me cargué de **leña**[58] y tomé dos tizones, y volví a buscarlos, y anduve de esta manera cinco días, siempre con mi lumbre y carga de leña, porque si el fuego se me matase en parte donde no tuviese leña, como en muchas partes no la había, tuviese de qué hacer otros tizones y no me quedase sin lumbre, porque para el frío yo no tenía otro remedio, por andar desnudo como nascí; y para las noches yo tenía este remedio, que me iba a las **matas**[59] del

---

[54] areitos—danzas ceremoniales de los indígenas de las Antillas (palabra taína).

[55] **cueros**—pieles.

[56] **jornada**—distancia que se anda en un día.

[57] **hieros**—yeros; árboles de fruto comestible.

[58] **leña**—madera de los árboles, cortada para quemar.

[59] **matas**—arbustos; plantas de poca altura.

monte,[60] que estaba cerca de los ríos, y paraba en ellas antes que el Sol se pusiese, y en la tierra hacía un hoyo y en él echaba mucha leña, que se cría en muchos árboles, de que por allí hay muy gran cantidad, y juntaba mucha leña de la que estaba caída y seca de los árboles, y al derredor[61] de aquel hoyo hacía cuatro fuegos en cruz, y yo tenía cargo y cuidado de rehacer el fuego de rato en rato, y hacía unas gavillas[62] de paja larga que por allí hay, con que me cubría en aquel hoyo, y de esta manera me amparaba del frío de las noches; y una de ellas el fuego cayó en la paja con que yo estaba cubierto, y estando yo durmiendo en el hoyo, comenzó a arder muy recio, y por mucha priesa que yo me di a salir, todavía saqué señal en los cabellos del peligro en que había estado. En todo este tiempo no comí bocado ni hallé cosa que pudiese comer; y como traía los pies descalzos, corrióme de ellos mucha sangre, y Dios usó conmigo de misericordia, que en todo este tiempo no ventó el norte,[63] porque de otra manera ningún remedio había de yo vivir; y a cabo de cinco días llegué a una ribera de un río, donde yo hallé a mis indios, que ellos y los cristianos me contaban ya por muerto, y siempre creían que alguna **víbora**[64] me había mordido. Todos hubieron gran placer de verme, principalmente los cristianos y me dijeron que hasta entonces habían caminado con mucha hambre, que ésta era la causa que no me habían buscado; y aquella noche me dieron de las tunas que tenían, y otro día partimos de allí, y fuimos donde hallamos muchas tunas, con que todos satisficieron su gran hambre, y nosotros dimos muchas gracias a nuestro Señor porque nunca nos faltaba su remedio.

---

[60] **monte** (m.)—terreno silvestre, no cultivado.

[61] al derredor—alrededor.

[62] gavillas—fajos o manojos de ramas o de paja.

[63] ventó el norte—sopló el viento desde el norte.

[64] **víbora**—serpiente venenosa.

Capítulo XXII
Cómo otro día nos trujeron otros enfermos

Otro día de mañana vinieron allí muchos indios y traían cinco enfermos que estaban tollidos[65] y muy malos, y venían en busca de Castillo que los curase, y cada uno de los enfermos ofresció su arco y flechas, y él los rescibió, y a puesta del Sol los santiguó y encomendó a Dios nuestro Señor, y todos le suplicamos con la mejor manera que podíamos les enviase salud, pues él vía que no había otro remedio para que aquella gente nos ayudase y saliésemos de tan miserable vida; y él lo hizo tan misericordiosamente, que venida la mañana, todos amanescieron tan buenos y sanos, y se fueron tan **recios**[66] como si nunca hobieran tenido mal ninguno. Esto causó entre ellos muy gran **admiración**,[67] y a nosotros despertó que diésemos muchas gracias a nuestro Señor, a que más enteramente conosciésemos su bondad y tuviésemos firme esperanza que nos había de librar y traer donde le pudiésemos servir; y de mí sé decir que siempre tuve esperanza en su misericordia que me había de sacar de aquella captividad, y así yo lo hablé siempre a mis compañeros. Como los indios fueron idos y llevaron sus indios sanos, partimos donde estaban otros comiendo tunas y éstos se llaman cutalches y malicones, que son otras lenguas, y junto con ellos había otros que se llamaban coayos y susolas, y de otra parte otros llamados atayos, y éstos tenían guerra con los susolas, con quien se flechaban[68] cada día; y como por toda la tierra no se hablase sino en los misterios que Dios nuestro Señor con nosotros obraba, venían de muchas partes a buscarnos para que los curásemos; y a cabo de dos días que allí

---

[65] tollidos—tullidos; impedidos; minusválidos.

[66] **recios**—sanos y fuertes.

[67] **admiración**—asombro.

[68] flechaban—tiraban flechas.

llegaron, vinieron a nosotros unos indios de los susolas y rogaron a Castillo que fuese a curar un herido y otros enfermos, y dijeron que entre ellos quedaba uno que estaba muy al cabo.[69] Castillo era médico muy temeroso,[70] principalmente cuando las curas eran muy temerosas y peligrosas, y creía que sus pecados habían de estorbar[71] que no todas veces suscediese bien el curar. Los indios me dijeron que yo fuese a curarlos, porque ellos me querían bien y se acordaban que les había curado en las nueces, y por aquello nos habían dado nueces y cueros; y esto había pasado cuando yo vine a juntarme con los cristianos; y así, hube de[72] ir con ellos, y fueron conmigo Dorantes y Estebanico, y cuando llegué cerca de los ranchos[73] que ellos tenían, yo vi el enfermo que íbamos a curar que estaba muerto porque estaba mucha gente al derredor de él llorando y su casa deshecha, que es señal que el dueño estaba muerto; y ansí, cuando yo llegué hallé el indio los ojos vueltos y sin ningún pulso, y con todas señales de muerto, según a mí me paresció, y lo mismo dijo Dorantes. Yo le quité una estera[74] que tenía encima, con que estaba cubierto, y lo mejor que pude supliqué[75] a nuestro Señor fuese servido de dar salud a aquél y a todos los otros que de ella tenían necesidad; y después de santiguado y soplado muchas veces, me trajeron su arco y me lo dieron, y una sera[76] de tunas molidas,[77] y lleváronme a curar otros muchos que estaban malos de modorra,[78] y me dieron otras dos seras

---

[69] al cabo—a punto de morir.

[70] temeroso—cauteloso.

[71] **estorbar**—impedir; obstaculizar.

[72] **hube de**—tuve que.

[73] **ranchos**—chozas; casas humildes.

[74] estera—petate; especie de alfombra de esparto o de palma.

[75] **supliqué**—rogué; pedí.

[76] sera—recipiente hecho de palma o de mimbre.

[77] **molidas**—hechas polvo.

[78] **modorra**—enfermedad o condición que deja soñoliento al afectado.

de tunas, las cuales di a nuestros indios, que con nosotros habían venido; y hecho esto, nos volvimos a nuestro aposento, y nuestros indios, a quien di las tunas, se quedaron allá; y a la noche se volvieron a sus casas, y dijeron que aquel que estaba muerto y yo había curado en presencia de ellos, se había levantado bueno y se había paseado, y comido, y hablado con ellos, y que todos cuantos había curado quedaban sanos y muy alegres.

Esto causó muy gran admiración y espanto, y en toda la tierra no se hablaba en otra cosa. Todos aquellos a quien esta fama llegaba nos venían a buscar para que los curásemos y santiguásemos sus hijos; y cuando los indios que estaban en compañía de los nuestros, que eran los cutalchiches se hubieron de ir a su tierra, antes que se partiesen nos ofrescieron todas las tunas que para su camino tenían, sin que ninguna les quedase, y diéronnos **pedernales**[79] tan largos como palmo y medio, con que ellos cortan, y es entre ellos cosa de muy gran estima. Rogáronnos que nos acordásemos de ellos y rogásemos a Dios que siempre estuviesen buenos, y nosotros se lo prometimos; y con esto partieron los más contentos hombres del mundo, habiéndonos dado todo lo mejor que tenían. Nosotros estuvimos con aquellos indios avavares ocho meses, y esta cuenta hacíamos por las lunas. En todo este tiempo nos venían de muchas partes a buscar, y decían que verdaderamente nosotros éramos hijos del Sol. Dorantes y el negro hasta allí no habían curado; mas por la mucha importunidad que teníamos, viniéndonos de muchas partes a buscar, venimos todos a ser médicos, aunque en atrevimiento y osar acometer[80] cualquier cura era yo más **señalado**[81] entre ellos, y ninguno jamás curamos que no nos dijese

---

[79] **pedernales**—variedad de cuarzo muy duro, del cual se hacen cuchillos.

[80] osar acometer—tener valor para emprender.

[81] **señalado**—sobresaliente; destacado.

que quedaba sano; y tanta confianza tenían que habían de sanar si nosotros los curásemos, que creían que en **tanto que**[82] allí nosotros estuviésemos ninguno de ellos había de morir. Éstos y los de más atrás nos contaron una cosa muy extraña y por la cuenta que nos figuraron parescía que había quince o diez y seis años que había acontescido,[83] que decían que por aquella tierra anduvo un hombre que ellos llaman Mala Cosa, y que era pequeño de cuerpo, y que tenía barbas, aunque nunca claramente le pudieron ver el **rostro**,[84] y que cuando venía a la casa donde estaban, se les levantaban los cabellos y temblaban, y luego parescía a la puerta de la casa un tizón ardiendo; y luego, aquel hombre entraba y tomaba al que quería de ellos, y dábales tres cuchilladas grandes por las ijadas[85] con un pedernal muy agudo, tan ancho como una mano y dos palmos en luengo,[86] y metía la mano por aquellas cuchilladas y sacábales las tripas; y que cortaba de una tripa poco más o menos de un palmo,[87] y aquello que cortaba echaba en las **brasas**;[88] y luego le daba tres cuchilladas en un brazo, y la segunda daba por la sangradura[89] y desconcertábaselo,[90] y dende a poco[91] se lo tornaba a concertar y poníale las manos sobre las heridas, y decíannos que luego quedaban sanos, y que muchas veces cuando bailaban aparescía entre ellos, en hábito de mujer unas veces, y otras como hombre; y cuando él quería, tomaba el buhío[92] o casa y

---

[82] **en tanto que**—mientras que.

[83] acontescido—acontecido; sucedido; pasado.

[84] **rostro**—cara.

[85] ijada—espacio entre las costillas y la cadera.

[86] en luengo—de largo.

[87] palmo—medida de longitud, unos 20 centímetros.

[88] **brasas**—trozos de leña, quemados pero aún rojos y calientes.

[89] sangradura—cara interna de la articulación del codo.

[90] desconcertábaselo—se lo torcía; se lo desarticulaba.

[91] dende a poco—poco después.

[92] buhío—bohío; choza; casa humilde; cabaña. - indig word

subíala en alto, y dende a un poco caía con ella y daba muy gran golpe. También nos contaron que muchas veces le dieron de comer y que nunca jamás comió; y que le preguntaban dónde venía y a qué parte tenía su casa, y que les mostró una hendedura[93] de la tierra, y dijo que su casa era allá debajo. De estas cosas que ellos nos decían, nosotros nos reíamos mucho, burlando de ellas; y como ellos vieron que no lo creíamos, trujeron muchos de aquellos que decían que él había tomado, y vimos las señales de las cuchilladas que él había dado en los lugares en la manera que ellos contaban. Nosotros les dijimos que aquél era un malo, y de la mejor manera que podimos[94] les dábamos a entender que si ellos creyesen en Dios nuestro Señor y fuesen cristianos como nosotros, no ternían[95] miedo de aquél, ni él osaría venir a hacelles[96] aquellas cosas; y que tuviesen por cierto que en tanto que nosotros en la tierra estuviésemos él no osaría parescer[97] en ella. De esto se holgaron ellos mucho y perdieron mucha parte del temor que tenían. Estos indios nos dijeron que habían visto al asturiano[98] y a Figueroa con otros, que adelante en la costa estaban, a quien nosotros llamábamos de los higos. Toda esta gente no conoscían los tiempos por el Sol ni la Luna, ni tienen cuenta del mes y año, y más entienden y saben las diferencias de los tiempos cuando las frutas vienen a madurar, y en tiempo que muere el pescado y el aparescer de las estrellas, en que son muy **diestros**[99] y ejercitados.[100] Con éstos siempre fuimos bien tratados,

---

[93] hendedura—hendidura; grieta.

[94] podimos—pudimos.

[95] ternían—tendrían.

[96] hacelles—hacerles.

[97] parescer—aparecer.

[98] asturiano—natural de Asturias, provincia de España.

[99] **diestros**—habilidosos; expertos.

[100] ejercitados—practicados; experimentados.

aunque lo que habíamos de comer lo **cavábamos**[101] y traíamos nuestras cargas de agua y leña. Sus casas y mantenimientos son como las de los pasados, aunque tienen muy mayor hambre, porque no alcanzan maíz ni **bellotas**[102] ni nueces. Anduvimos siempre **en cueros**[103] como ellos, y de noche nos cubríamos con cueros de venado. De ocho meses que con ellos estuvimos, los seis padescimos[104] mucha hambre, que tampoco alcanzan pescado. Y al cabo de este tiempo ya las tunas comenzaban a madurar, y sin que de ellos fuésemos sentidos nos fuimos a otros que adelante estaban, llamados maliacones; éstos estaban una jornada de allí, donde yo y el negro llegamos. A cabo de los tres días envié que trajese a Castillo y a Dorantes; y venidos, nos partimos todos juntos con los indios, que iban a comer una frutilla de unos árboles, de que se mantienen diez o doce días, entretanto que las tunas vienen; y allí se juntaron con estos otros indios que se llamaban arbadaos, y a éstos hallamos muy enfermos y flacos y hinchados; tanto, que nos maravillamos mucho, y los indios con quien habíamos venido se volvieron por el mismo camino; y nosotros les dijimos que nos queríamos quedar con aquéllos, de que ellos mostraron **pesar;**[105] y así, nos quedamos en el campo con aquéllos, cerca de aquellas casas, y cuando ellos nos vieron, juntáronse después de haber hablado entre sí, y cada uno de ellos tomó el suyo por la mano y nos llevaron a sus casas. Con éstos padescimos más hambre que con los otros, porque en todo el día no comíamos más de dos puños de aquella fruta, la cual estaba verde; tenía tanta leche, que nos quemaba las bocas; y con tener falta de

---

[101] **cavábamos**—sacábamos de la tierra.

[102] **bellotas**—fruto de la encina; especie de nuez.

[103] **en cueros**—desnudos.

[104] padescimos—padecimos; sufrimos.

[105] **pesar**—tristeza.

agua, daba mucha sed a quien la comía; y como la hambre fuese tanta, nosotros comprámosles dos perros[106] y a trueco de[107] ellos les dimos unas redes y otras cosas, y un cuero con que yo me cubría. Ya he dicho cómo por toda esta tierra anduvimos desnudos; y como no estábamos acostumbrados a ello, a manera de serpientes mudábamos los cueros dos veces en el año, y con el Sol y el aire hacíansenos en los pechos y en las espaldas unos empeines[108] muy grandes, de que rescebíamos muy gran pena por razón de las muy grandes cargas que traíamos, que eran muy pesadas; y hacían que las cuerdas se nos metían por los brazos; y la tierra es tan áspera[109] y tan cerrada, que muchas veces hacíamos leña en montes, que cuando la acabábamos de sacar nos corría por muchas partes sangre, de las espinas y matas con que topábamos, que nos rompían por donde alcanzaban. A las veces me acontesció hacer leña donde, después de haberme costado mucha sangre, no la podía sacar ni a cuestas[110] ni arrastrando.[111] No tenía, cuando en estos trabajos me veía, otro remedio ni consuelo sino pensar en la pasión de nuestro redemptor[112] Jesucristo y en la sangre que por mí derramó,[113] y considerar cuánto más sería el tormento[114] que de las espinas él padesció que no aquél que yo entonces sufría. Contrataba con estos indios haciéndoles peines, y con arcos y con flechas y con redes. Hacíamos esteras, que son cosas de que ellos tienen mucha necesidad; y aunque lo saben hacer, no

---

[106] perros—coyotes.

[107] a trueco de—a cambio de.

[108] empeine(s) (m.)—impétigo; brote en la piel que pica.

[109] áspera—ruda; desigual; tosca.

[110] a cuestas—sobre los hombros o la espalda.

[111] arrastrando—tirando; jalando por el suelo.

[112] redemptor—redentor.

[113] derramó—dejó salir; vertió.

[114] tormento—dolor; tortura.

quieren ocuparse en nada, por buscar entretanto qué comer, y cuando entienden en esto pasan muy gran hambre. Otras veces me mandaban raer[115] cueros y **ablandarlos;**[116] y la mayor prosperidad en que yo allí me vi era el día que me daban a raer alguno, porque yo lo raía muy mucho y comía de aquellas raeduras, y aquello me bastaba para dos o tres días. También nos acontesció con éstos y con los que atrás habemos[117] dejado, darnos un pedazo de carne y comérnoslo así **crudo,**[118] porque si lo pusiéramos a **asar,**[119] el primer indio que llegaba se lo llevaba y comía; parescíanos que no era bien ponerla en esta **ventura,**[120] y también nosotros no estábamos tales, que nos dábamos pena comerlo asado, y no lo podíamos tan bien pasar como crudo. Ésta es la vida que allí tuvimos, y aquel poco sustentamiento[121] lo ganábamos con los rescates[122] que por nuestras manos hecimos.[123]

---

[115] raer—raspar; alisar.

[116] **ablandarlos**—suavizarlos.

[117] habemos—hemos.

[118] **crudo**—sin cocer; sin cocinar.

[119] **asar**—cocer al fuego.

[120] **ventura**—suerte; riesgo.

[121] sustentamiento—sustento; alimento.

[122] rescates—cautivos devueltos a los suyos a cambio de algún beneficio.

[123] hecimos—hicimos.

PREGUNTAS

1. Compara la imagen del conquistador español presentada en *Naufragios* con la del abuelo blanco en "Balada de los dos abuelos" de Nicolás Guillén. Cita detalles de los dos textos.

2. ¿Qué males físicos aquejan a los españoles? ¿Qué les falta, y cuáles son los resultados de aquella falta? ¿Con qué pensamientos se consuela el narrador?

3. Describe el estilo narrativo del conquistador Álvar Núñez Cabeza de Vaca, y cita ejemplos específicos de las características que quieres señalar.

4. Lo que tienes aquí es un fragmento de una larga relación de la expedición histórica de Pánfilo de Narváez en la Florida. ¿Qué opinión tienes tú ahora de los conquistadores españoles, particularmente de los que se retratan aquí? ¿Ha cambiado en algo tu opinión a consecuencia de esta lectura?

5. Sabiendo que el narrador sobrevivió a su aventura para poder contarla, ¿qué opinas del valor histórico de este relato? ¿Qué opinas de su valor literario?

Miguel de Cervantes Saavedra ▶

El ingenioso hidalgo¹ don² Quijote de la Mancha

MIGUEL DE CERVANTES SAAVEDRA

Miguel de Cervantes Saavedra (1547–1616) es considerado el genio más grande de los escritores españoles. Aunque escribió también poesía, teatro y otras novelas, su nombre va siempre unido al de su obra maestra, El ingenioso hidalgo don Quijote de la Mancha *(Primera parte, 1605). Cervantes lleva toda España—su paisaje, su vida y su destino—a su novela. Aventuras de su propia vida azarosa y difícil influyeron directamente en su obra. De niño viajó por toda España mientras su padre cirujano buscaba mejor situación, y así el joven Cervantes conoció de modo inmediato al hidalgo pobre, al labrador, al arriero, al artesano, al pequeño burgués, al ventero, al pastor, y a cuantos personajes viven en sus páginas.*

Cervantes supo fundir sus muchos temas en un todo ingenioso, maravilloso y armonioso: el Quijote *es una parodia de los libros de*

---

¹ **hidalgo**—de linaje noble.
² **don**—título que se antepone al primer nombre de un hombre de cierta dignidad.

caballerías, y de otros géneros, como la novela pastoril; rinde culto a los más altos ideales y aspiraciones del alma humana; es una búsqueda de una respuesta a la gran interrogante, ¿qué es la realidad?; es un documental de las inquietudes de la generación de Cervantes, y un testimonio de su momento histórico, en que Europa salía del Medioevo y del Renacimiento, rumbo a un futuro desconocido. Es tal vez la novela más cómica que se ha escrito, y como si esto fuera poco, la prosa diamantina de Cervantes la hace una de las grandes creaciones literarias de la humanidad.

Capítulo I

Que trata de la condición y ejercicio del famoso hidalgo don Quijote de la Mancha

En un lugar de la Mancha, de cuyo nombre no quiero acordarme, no ha[3] mucho tiempo que vivía un hidalgo de los de lanza en astillero,[4] adarga[5] antigua, rocín[6] flaco y **galgo**[7] corredor. Una olla de algo más vaca que carnero, salpicón[8] las más noches, duelos y quebrantos[9] los sábados, lantejas[10] los viernes, algún palomino[11] de añadidura los domingos, consumían las tres partes de su **hacienda**.[12] El resto della concluían sayo[13] de velarte,[14] calzas[15] de velludo[16] para las fiestas, con sus pantuflos[17] de lo mesmo, y los días de

---

[3] ha—hace.

[4] astillero—percha o gancho para colgar picas y lanzas.

[5] adarga—escudo ovalado de cuero.

[6] rocín—caballo pequeño y de mala apariencia.

[7] **galgo**—perro esbelto de musculatura potente, que se utiliza en la caza.

[8] salpicón (m.)—plato de comida que consiste en carne picada condimentada.

[9] duelos y quebrantos—huevos con torreznos, es decir, tocino o panceta.

[10] lantejas—lentejas; legumbres.

[11] palomino—pollo de la paloma brava.

[12] **hacienda**—bienes; capital; haber.

[13] sayo—prenda de vestir larga, sin botones.

[14] velarte (m.)—paño negro usado para confeccionar prendas de abrigo.

[15] calzas—prenda antigua de vestir, que cubría el pie y la pierna hasta el muslo.

[16] velludo—tela de seda, algodón u otra fibra con pelo por una cara.

[17] pantuflos—pantuflas; calzado cómodo sin talón que suele usarse en casa; zapatillas.

entresemana se honraba con su vellorí[18] de lo más fino. Tenía en su casa una ama que pasaba de los cuarenta, y una sobrina que no llegaba a los veinte, y un mozo de campo y plaza, que así ensillaba el rocín como tomaba la **podadera**.[19] Frisaba[20] la edad de nuestro hidalgo con los cincuenta años; era de **complexión**[21] recia, seco de carnes, **enjuto**[22] de rostro, gran **madrugador**[23] y amigo de la caza. Quieren decir que tenía el sobrenombre de Quijada, o Quesada, que en esto hay alguna diferencia en los autores que deste caso escriben; aunque por conjeturas **verosímiles**[24] se deja entender que se llamaba Quejana. Pero esto importa poco a nuestro cuento; basta que en la narración dél no se salga un punto de la verdad.

Es, pues, de saber que este sobredicho hidalgo, los ratos que estaba **ocioso**[25] —que eran los más del año,— se daba a leer libros de **caballerías**[26] con tanta afición y gusto, que olvidó casi de todo punto el ejercicio de la caza, y aun la administración de su hacienda; y llegó a tanto su curiosidad y **desatino**[27] en esto, que vendió muchas hanegas[28] de tierra de sembradura[29] para comprar libros de caballerías en que leer, y así, llevó a su casa todos cuantos pudo haber dellos; y de todos, ningunos le parecían tan bien como los que compuso el famoso Feliciano de Silva,[30] porque la claridad de su

---

[18] vellorí (m.)—paño entrefino pardo.

[19] **podadera**—herramienta cortante que se usa para podar, o cortar, las ramas superfluas de un árbol o de un arbusto.

[20] Frisaba (con)—se aproximaba (a); llegaba (a).

[21] **complexión**—constitución; físico.

[22] **enjuto**—delgado.

[23] **madrugador**—el que habitualmente se levanta temprano.

[24] **verosímiles**—que parecen verdaderas.

[25] **ocioso**—sin empleo o sin deberes.

[26] **caballerías**—andanzas y aventuras de los caballeros de la Edad Media.

[27] **desatino**—desacierto; despropósito; locura.

[28] hanega(s)—fanega(s); medida de volumen de los granos u otros áridos.

[29] sembradura—cultivo.

[30] Feliciano de Silva (1492–c. 1558)—autor de varios libros de caballerías de estilo altisonante, entre ellos el *Amadís de Gaula*.

prosa y aquellas entricadas[31] razones suyas le parecían de perlas, y más cuando llegaba a leer aquellos requiebros[32] y cartas de desafíos[33] donde en muchas partes hallaba escrito: *La razón de la sinrazón que a mi razón se hace de tal manera mi razón enflaquece, que con razón me quejo de la vuestra fermosura.* Y también cuando leía: . . . *los altos cielos que de vuestra divinidad divinamente con las estrellas os fortifican, y os hacen merecedora del merecimiento que merece la vuestra grandeza.*

Con estas razones perdía el pobre caballero el juicio, y desvelábase[34] por entenderlas y desentrañarles[35] el sentido, que no se lo sacara ni las entendiera el mesmo Aristóteles,[36] si resucitara para sólo ello. No estaba muy bien con las heridas que don Belianís[37] daba y recebía, porque se imaginaba que, por grandes maestros que le hubiesen curado, no dejaría de tener el rostro y todo el cuerpo lleno de cicatrices y señales. Pero, con todo, alababa[38] en su autor aquel acabar su libro con la promesa de aquella inacabable aventura, y muchas veces le vino deseo de tomar la pluma y dalle[39] fin al pie de la letra, como allí se promete; y sin duda alguna lo hiciera, y aun saliera con ello, si otros mayores y continuos pensamientos no se lo estorbaran. Tuvo muchas veces competencia con el cura de su lugar —que era hombre docto,[40] graduado

---

[31] entricadas—intrincadas; complicadas.

[32] **requiebros**—dichos o expresiones con que se piropea a una persona, especialmente a una mujer.

[33] **desafíos**—retos; provocaciones.

[34] **desvelábase**—pasaba las noches sin dormir.

[35] **desentrañarles**—descubrir.

[36] Artistóteles (384–322 a. de J.C.)—famoso erudito y filósofo de la Antigua Grecia, alumno de Platón y maestro de Alejandro Magno.

[37] Belianís—protagonista de la novela de caballerías *Belianís de Grecia*, quien recibió más de cien heridas graves en el cuerpo.

[38] **alababa**—elogiaba; ensalzaba; hablaba bien de.

[39] dalle—darle.

[40] docto—erudito; letrado; ilustrado.

en Sigüenza,[41]— sobre cuál había sido mejor caballero: Palmerín de Ingalaterra o Amadís de Gaula; mas maese Nicolás, barbero del mesmo pueblo, decía que ninguno llegaba al Caballero del Febo, y que si alguno se le podía comparar era don Galaor, hermano de Amadís de Gaula, porque tenía muy acomodada condición para todo; que no era caballero **melindroso**,[42] ni tan llorón como su hermano, y que en lo de la valentía no le iba **en zaga**.[43]

En resolución, él se enfrascó[44] tanto en su letura,[45] que se le pasaban las noches leyendo de claro en claro, y los días de turbio en turbio; y así, del poco dormir y del mucho leer se le secó el celebro,[46] de manera que vino a perder el juicio. Llenósele la fantasía de todo aquello que leía en los libros, así de encantamentos como de **pendencias**,[47] batallas, desafíos, heridas, requiebros, amores, tormentas y **disparates**[48] imposibles; y asentósele[49] de tal modo en la imaginación que era verdad toda aquella máquina de aquellas sonadas[50] soñadas invenciones que leía, que para él no había otra historia más cierta en el mundo. Decía él que el Cid Ruy Díaz[51] había sido muy buen caballero, pero que no tenía que ver con el Caballero de la Ardiente Espada,[52] que de sólo un revés[53] había partido por medio dos **fieros**[54] y

---

[41] Sigüenza—universidad española de menor importancia.

[42] **melindroso**—exageradamente delicado en palabras o acciones.

[43] **en zaga**—atrás.

[44] se enfrascó—se envolvió; se metió por completo.

[45] letura—lectura.

[46] celebro—cerebro.

[47] **pendencias**—peleas; pleitos.

[48] **disparates** (m.)—locuras; desatinos.

[49] asentósele—se le quedó.

[50] sonadas—famosas.

[51] Ruy Díaz—El Cid Campeador (1043–1099), afamado guerrero de Castilla, cuyas hazañas fueron cantadas en un célebre poema épico.

[52] Caballero de la Ardiente Espada—Amadís de Grecia; tenía en el pecho la estampa de una espada roja.

[53] revés—golpe con la espada hacia el lado de la mano que sostiene la espada.

[54] **fieros**—feroces.

descomunales[55] gigantes. Mejor estaba con Bernardo del Carpio, porque en Roncesvalles había muerto a Roldán el encantado, valiéndose de la industria de Hércules cuando ahogó a Anteo, el hijo de la Tierra, entre los brazos. Decía mucho bien del gigante Morgante, porque, con ser de aquella generación gigantea, que todos son **soberbios**[56] y **descomedidos**,[57] él solo era afable y bien criado. Pero, sobre todos, estaba bien con Reinaldos de Montalbán, y más cuando le veía salir de su castillo y robar cuantos **topaba**,[58] y cuando en allende[59] robó aquel ídolo de Mahoma[60] que era todo de oro, según dice su historia. Diera él por dar una mano de **coces**[61] al traidor de Galalón, al ama que tenía y aun a su sobrina de añadidura.[62]

En efeto,[63] **rematado**[64] ya su juicio, vino a dar en el más estraño pensamiento que jamás dio loco en el mundo, y fue que le pareció convenible[65] y necesario, así para el aumento de su honra como para el servicio de su república, hacerse caballero andante, y irse por todo el mundo con sus armas y caballo a buscar las aventuras y a ejercitarse[66] en todo aquello que él había leído que los caballeros andantes se ejercitaban, deshaciendo todo género de **agravio**,[67] y poniéndose en ocasiones y

---

[55] **descomunales**—grandísimos.

[56] **soberbios**—orgullosos; presumidos.

[57] **descomedidos**—descorteses.

[58] **topaba**—encontraba.

[59] en allende—al otro lado del mar; en ultramar; en el extranjero.

[60] Mahoma (570–632)—profeta árabe, fundador de la religión musulmana, autor de El Corán, el libro sagrado del Islam.

[61] **coces** (f.)—patadas.

[62] de añadidura—además.

[63] en efeto—en efecto; de hecho; en verdad.

[64] **rematado**—perdido por completo.

[65] convenible—conveniente; apropiado.

[66] ejercitarse—desempeñarse; ocuparse.

[67] **agravio**—ofensa; daño; insulto.

peligros donde, acabándolos, **cobrase**[68] eterno nombre y fama. Imaginábase el pobre ya coronado por el valor de su brazo, por lo menos, del imperio de Trapisonda;[69] y así, con estos tan agradables pensamientos, llevado del estraño gusto que en ellos sentía, se dio priesa a poner en efeto lo que deseaba. Y lo primero que hizo fue limpiar unas armas que habían sido de sus bisabuelos, que, tomadas de orín[70] y llenas de moho,[71] luengos[72] siglos había[73] que estaban puestas y olvidadas en un rincón. Limpiólas y aderezólas[74] lo mejor que pudo; pero vio que tenían una gran falta, y era que no tenían celada[75] de encaje,[76] sino morrión[77] simple; mas a esto suplió su industria, porque de cartones hizo un modo de media celada, que, encajada con el morrión, hacían una apariencia de celada entera. Es verdad que para probar si era fuerte y podía estar al riesgo de una cuchillada, sacó su espada y le dio dos golpes, y con el primero y en un punto deshizo lo que había hecho en una semana; y no dejó de parecerle mal la facilidad con que la había hecho pedazos, y, por asegurarse deste peligro, la tornó a hacer de nuevo, poniéndole unas barras de hierro por de dentro, de tal manera, que él quedó satisfecho de su fortaleza y, sin querer hacer nueva experiencia della, la diputó[78] y tuvo por celada finísima de encaje.

---

[68] **cobrase**—adquiriese; adquiriera.

[69] Trapisonda—imperio ficticio, inventado por Cervantes; pero el nombre significa: riña; lío; embrollo; alboroto.

[70] orín (m.)—óxido de color rojizo; herrumbre.

[71] moho—hongos que crecen sobre los cuerpos orgánicos en manchas blandas; también, como aquí, alteración química que se produce en la superficie de un cuerpo metálico; herrumbre.

[72] luengos—largos.

[73] había—hacía.

[74] aderezólas—las arregló; las compuso.

[75] celada—pieza de armadura que cubre la cabeza.

[76] de encaje—que encajaba sobre la coraza.

[77] morrión (m.)—casco antiguo que cubría solamente la parte superior de la cabeza.

[78] diputó—juzgó apta; comisionó.

Fue luego a ver su rocín, y aunque tenía más cuartos[79] que un **real**[80] y más **tachas**[81] que el caballo de Gonela,[82] que *tantum pellis et ossa fuit,*[83] le pareció que ni el Bucéfalo[84] de Alejandro ni Babieca[85] el del Cid con él se igualaban. Cuatro días se le pasaron en imaginar qué nombre le pondría, porque —según se decía él a sí mesmo— no era razón que caballo de caballero tan famoso, y tan bueno él por sí, estuviese sin nombre conocido; y ansí, procuraba acomodársele de manera que declarase quién había sido antes que fuese de caballero andante, y lo que era entonces; pues estaba muy puesto en razón que, mudando su señor estado, mudase él también el nombre, y le cobrase famoso y de **estruendo**,[86] como convenía a la nueva orden y al nuevo ejercicio que ya profesaba; y así, después de muchos nombres que formó, borró y quitó, añadió, deshizo y tornó a hacer en su memoria e imaginación, al fin le vino a llamar *Rocinante,* nombre, a su parecer, alto, sonoro y significativo de lo que había sido cuando fue rocín, antes de lo que ahora era, que era antes y primero de todos los rocines del mundo.

Puesto nombre, y tan a su gusto, a su caballo, quiso ponérsele a sí mismo, y en este pensamiento duró otros ocho días, y al cabo se vino a llamar *don Quijote,*[87] de donde, como queda dicho, tomaron ocasión los autores desta tan verdadera historia que, sin duda, se debía de

---

[79] cuartos—enfermedad que padecen las caballerías en los cascos.

[80] **real** (m.)—moneda antigua.

[81] **tachas**—defectos.

[82] Gonela—Pietro Gonnella, bufón de la corte de Ferrara, en Italia; su caballo tenía fama por su extraordinaria flaqueza.

[83] *tantum pellis et ossa fuit*—fue todo piel y hueso (frase latina).

[84] Bucéfalo—nombre del caballo que montaba Alejandro Magno.

[85] Babieca—nombre del caballo que montaba Ruy Díaz, el Cid Campeador.

[86] **estruendo**—ruido; resonancia; fama.

[87] *Quijote*—el "quijote" es la pieza de la armadura que cubre el muslo. Pero, puede haber influido también en esto el nombre del hidalgo Camilote, personaje del libro de caballerías *Primaleón y Polendos.*

llamar Quijada, y no Quesada, como otros quisieron decir. Pero, acordándose que el valeroso Amadís no sólo se había contentado con llamarse Amadís **a secas,**[88] sino que añadió el nombre de su reino y patria, por hacerla famosa, y se llamó Amadís de Gaula, así quiso, como buen caballero, añadir al suyo el nombre de la suya y llamarse *don Quijote de la Mancha,* con que, a su parecer, declaraba muy al vivo su linaje y patria, y la honraba con tomar el sobrenombre della.

Limpias, pues, sus armas, hecho del morrión celada, puesto nombre a su rocín y confirmándose a sí mismo, se dio a entender que no le faltaba otra cosa sino buscar una dama de quien enamorarse; porque el caballero andante sin amores era árbol sin hojas y sin fruto y cuerpo sin alma. Decíase él a sí:

—Si yo, por malos de mis pecados, o por mi buena suerte, me encuentro por ahí con algún gigante, como de ordinario les **acontece**[89] a los caballeros andantes, y le **derribo**[90] de un encuentro, o le parto por mitad del cuerpo, o, finalmente, le **venzo**[91] y le rindo,[92] ¿no será bien tener a quien enviarle presentado, y que entre y se hinque[93] de rodillas ante mi dulce señora, y diga con voz humilde y rendido: "Yo, señora, soy el gigante Caraculiambro, señor de la ínsula[94] Malindrania, a quien venció en singular batalla el jamás como se debe alabado caballero don Quijote de la Mancha, el cual me mandó que me presentase ante vuestra merced, para que la vuestra grandeza disponga de mí a su talante"?[95]

---

[88] **a secas**—sin más; nada más.

[89] **acontece**—sucede; pasa; ocurre.

[90] **derribo**—echo abajo; derroto.

[91] **venzo**—conquisto; derroto.

[92] rindo—obligo a aceptar mi dominio.

[93] hinque—ponga.

[94] ínsula—isla.

[95] talante (m.)—voluntad; gusto.

¡Oh, cómo se holgó[96] nuestro buen caballero cuando hubo hecho este discurso, y más cuando halló a quien dar nombre de su dama! Y fue, a lo que se cree, que en un lugar cerca del suyo había una moza labradora de muy buen parecer, de quien él un tiempo anduvo enamorado, aunque, según se entiende, ella jamás lo supo ni se dio cata[97] dello. Llamábase Aldonza[98] Lorenzo, y a ésta le pareció ser bien darle título de señora de sus pensamientos, y, buscándole nombre que no **desdijese**[99] mucho del suyo y que tirase y se encaminase al de princesa y gran señora, vino a llamarla *Dulcinea del Toboso*,[100] porque era natural del Toboso: nombre, a su parecer, músico y **peregrino**[101] y significativo, como todos los demás que a él y a sus cosas había puesto.

Capítulo II

Que trata de la primera salida que de su tierra hizo el ingenioso don Quijote

Hechas, pues, estas prevenciones,[102] no quiso **aguardar**[103] más tiempo a poner en efeto su pensamiento, apretándole a ello la falta que él pensaba que hacía en el mundo su tardanza, según eran los agravios que pensaba deshacer, tuertos[104] que enderezar, sinrazones que emendar,[105] y abusos que mejorar, y

---

[96] holgó—contentó.

[97] cata—cuenta.

[98] Aldonza—nombre considerado vulgar, propio de una mujer rústica.

[99] **desdijese**—contradijera; estuviera en desacuerdo.

[100] *Toboso*—antigua aldea de La Mancha, cerca de Ciudad Real; "toboso" viene de "toba", piedra caliza que se halla en esa región.

[101] **peregrino**—desusado; novedoso; extraño; insólito.

[102] prevenciones—preparativos; medidas preparatorias.

[103] **aguardar**—esperar.

[104] tuertos—injusticias.

[105] emendar—enmendar; corregir.

deudas que satisfacer. Y así, sin dar parte[106] a persona alguna de su intención y sin que nadie le viese, una mañana, antes del día, que era uno de los calurosos del mes de julio, se armó de todas sus armas, subió sobre Rocinante, puesta su mal compuesta celada, embrazó su adarga, tomó su lanza, y por la puerta falsa[107] de un corral salió al campo, con grandísimo contento y **alborozo**[108] de ver con cuánta facilidad había dado principio a su buen deseo. Mas apenas se vio en el campo, cuando le asaltó un pensamiento terrible, y tal, que por poco le hiciera dejar la comenzada **empresa**;[109] y fue que le vino a la memoria que no era armado caballero,[110] y que, conforme a ley de caballería, no podía ni debía tomar armas[111] con ningún caballero; y puesto que lo fuera, había de llevar **armas blancas**,[112] como novel[113] caballero, sin empresa[114] en el escudo, hasta que por su esfuerzo la ganase. Estos pensamientos le hicieron titubear[115] en su propósito; mas, pudiendo más su locura que otra razón alguna, propuso de hacerse armar caballero del primero que topase, a imitación de otros muchos que así lo hicieron, según él había leído en los libros que tal le tenían. En lo de las armas blancas, pensaba limpiarlas de manera, en teniendo lugar,[116] que lo fuesen más que un armino;[117] y con esto se quietó y prosiguió su camino, sin llevar otro que aquel que su caballo quería, creyendo que en aquello consistía la fuerza de las aventuras.

---

[106] dar parte—avisar; informar.

[107] puerta falsa—puerta oculta o disimulada, para evitar que la usen personas ajenas a la propiedad.

[108] **alborozo**—gran alegría.

[109] **empresa**—propósito; proyecto; misión.

[110] armado caballero—debidamente autorizado o comisionado caballero, según las reglas vigentes para el efecto en la Edad Media.

[111] tomar armas—entrar en combate.

[112] **armas blancas**—armas de filo agudo, como la espada o el puñal.

[113] novel—nuevo; novato; principiante.

[114] empresa—aquí, divisa; emblema; insignia.

[115] titubear—dudar; vacilar.

[116] en teniendo lugar—en cuanto pudiera.

Yendo, pues, caminando nuestro **flamante**[118] aventurero, iba hablando consigo mesmo y diciendo:

—¿Quién duda sino que en los venideros tiempos, cuando salga a luz la verdadera historia de mis famosos hechos, que el sabio que los escribiere no ponga, cuando llegue a contar esta mi primera salida tan de mañana, desta manera?: "Apenas había el rubicundo Apolo tendido por la faz de la ancha y espaciosa tierra las doradas hebras de sus hermosos cabellos, y apenas los pequeños y pintados pajarillos con sus harpadas lenguas habían saludado con dulce y meliflua armonía la venida de la rosada aurora, que, dejando la blanda cama del celoso marido, por las puertas y balcones del manchego horizonte a los mortales se mostraba, cuando el famoso caballero don Quijote de la Mancha, dejando las ociosas plumas, subió sobre su famoso caballo Rocinante, y comenzó a caminar por el antiguo y conocido campo de Montiel."[119]

Y era la verdad que por él caminaba. Y añadió diciendo:

—Dichosa edad y siglo dichoso aquel adonde saldrán a luz las famosas **hazañas**[120] mías, dignas de entallarse[121] en bronces, esculpirse[122] en **mármoles**[123] y pintarse en tablas para memoria en lo futuro. ¡Oh tú, sabio encantador, quienquiera que seas, a quien ha de tocar el ser coronista[124] desta peregrina historia! Ruégote

---

[117] armino—armiño; mamífero carnívoro, de piel suave, parda en verano y muy blanca en invierno.

[118] **flamante**—nuevecito; recién estrenado.

[119] Montiel—región de La Mancha; en este pasaje Cervantes parodia, es decir, imita cómicamente el estilo altisonante y grandilocuente de ciertos libros de caballerías.

[120] **hazañas**—proezas; hechos heroicos.

[121] entallarse—grabarse.

[122] esculpirse—labrarse.

[123] **mármol(es)** (m.)—piedra caliza, cristalina, cuya superficie se puede pulir.

[124] coronista—cronista; historiador.

que no te olvides de mi buen Rocinante, compañero eterno mío en todos mis caminos y carreras.[125]

Luego volvía diciendo, como si verdaderamente fuera enamorado:

—¡Oh, princesa Dulcinea, señora deste cautivo corazón! Mucho agravio me habedes fecho en despedirme y reprocharme con el riguroso afincamiento[126] de mandarme no parecer[127] ante la vuestra fermosura. Plégaos,[128] señora, de membraros[129] deste vuestro sujeto corazón, que tantas **cuitas**[130] por vuestro amor padece.

Con éstos iba **ensartando**[131] otros disparates, todos al modo de los que sus libros le habían enseñado, imitando en cuanto podía su lenguaje. Con esto, caminaba tan despacio, y el sol entraba tan apriesa y con tanto ardor, que fuera bastante a **derretirle**[132] los sesos, si algunos tuviera.

Casi todo aquel día caminó sin **acontecerle**[133] cosa que de contar fuese, de lo cual se desesperaba, porque quisiera topar luego luego con quien hacer experiencia del valor de su fuerte brazo. Autores hay que dicen que la primera aventura que le avino[134] fue la del Puerto Lápice; otros dicen que la de los molinos de viento; pero lo que yo he podido averiguar en este caso, y lo que he hallado escrito en los anales de la Mancha, es que él anduvo todo aquel día, y, al anochecer, su rocín y él se hallaron cansados y muertos de hambre; y que, mirando a todas partes por ver si descubriría algún castillo o

---

[125] carreras—andanzas.

[126] afincamiento—congoja; dolor.

[127] parecer—aparecer.

[128] Plégaos—plázcaos; que os complazca.

[129] membraros—acordaros; recordar.

[130] **cuitas**—cuidados; aflicciones.

[131] **ensartando**—ligando; enlazando.

[132] **derretir**(le)—convertir un sólido en líquido aproximándolo al fuego.

[133] **acontecer**(le)—suceder; pasar; ocurrir.

[134] avino—acaeció; sucedió.

alguna majada[135] de pastores donde recogerse y adonde pudiese remediar su mucha hambre y necesidad, vio, no lejos del camino por donde iba, una **venta**,[136] que fue como si viera una estrella que, no a los portales, sino a los **alcázares**[137] de su redención le encaminaba. Diose priesa a caminar, y llegó a ella a tiempo que anochecía.

Estaban acaso a la puerta dos mujeres mozas, destas que llaman del partido,[138] las cuales iban a Sevilla con unos **harrieros**[139] que en la venta aquella noche acertaron[140] a hacer **jornada**,[141] y como a nuestro aventurero todo cuanto pensaba, veía o imaginaba, le parecía ser hecho y pasar al modo de lo que había leído, luego que vio la venta, se le representó que era un castillo con sus cuatro torres y chapiteles[142] de luciente[143] plata, sin faltarle su puente levadiza[144] y honda cava,[145] con todos aquellos adherentes que semejantes castillos se pintan. Fuése llegando a la venta que a él le parecía castillo, y a poco **trecho**[146] della detuvo las riendas a Rocinante, esperando que algún **enano**[147] se pusiese entre las almenas[148] a dar señal con alguna trompeta de que llegaba caballero al castillo.

---

[135] majada—refugio o abrigo nocturno del ganado.

[136] **venta**—casa en un camino para el hospedaje de los viajeros que transitan por el lugar; mesón.

[137] **alcázares** (m.)—fortalezas; castillos; palacios.

[138] del partido—de la vida; prostitutas.

[139] harrieros—arrieros; los que llevan bestias de carga a algún lugar, arreando o estimulándolas para que caminen.

[140] acertaron—hicieron por casualidad.

[141] **jornada**—trabajo o viaje hecho en un día.

[142] chapiteles (m.)—remates de las torres, en forma piramidal.

[143] luciente—brillante.

[144] puente levadiza—puente que se puede levantar por un extremo, para impedir el paso a un enemigo ("Puente" era vocablo femenino en tiempos de Cervantes; hoy es masculino.).

[145] cava—foso; zanja protectora de una fortaleza o castillo.

[146] **trecho**—distancia.

[147] **enano**—diminuto en estatura.

[148] almenas—bloques rectangulares que coronan los muros de una fortaleza.

Pero como vio que se tardaban y que Rocinante se daba priesa por llegar a la caballeriza, se llegó a la puerta de la venta, y vio a las dos destraídas[149] mozas que allí estaban, que a él le parecieron dos hermosas doncellas[150] o dos graciosas damas que delante de la puerta del castillo se estaban solazando.[151] En esto sucedió acaso que un porquero que andaba recogiendo de unos rastrojos[152] una manada[153] de puercos —que, sin perdón, así se llaman— tocó un cuerno, a cuya señal ellos se recogen, y al instante se le representó a don Quijote lo que deseaba, que era que algún enano hacía señal de su venida, y así, con estraño contento llegó a la venta y a las damas, las cuales, como vieron venir un hombre de aquella **suerte**[154] armado, y con lanza y adarga, llenas de miedo se iban a entrar en la venta; pero don Quijote, coligiendo[155] por su **huida**[156] su miedo, alzándose la visera de papelón y descubriendo su seco y polvoroso rostro, con gentil[157] talante y voz reposada les dijo:

—No fuyan las vuestras mercedes ni teman desaguisado[158] alguno; ca[159] a la orden de caballería que profeso non toca ni **atañe**[160] facerle a ninguno, cuanto más a tan altas doncellas como vuestras presencias demuestran.

Mirábanle las mozas, y andaban con los ojos *Pm?* buscándole el rostro, que la mala visera le encubría; mas como se oyeron llamar doncellas, cosa tan fuera de su

---

[149] destraídas—distraídas; aquí, entregadas a la vida licenciosa.

[150] doncellas—señoritas.

[151] solazando—entreteniendo; divirtiendo.

[152] rastrojos—residuos de la cosecha.

[153] manada—grupo de animales como vacas, ovejas o cabras.

[154] **suerte** (f.)—forma; manera.

[155] coligiendo—deduciendo; dándose cuenta.

[156] **huida**—fuga; retirada; retroceso.

[157] gentil—cortés.

[158] desaguisado—agravio; ofensa.

[159] ca—porque.

[160] **atañe**—corresponde; pertenece.

profesión, no pudieron tener[161] la risa, y fue de manera que don Quijote vino a correrse[162] y a decirles:

—Bien parece la **mesura**[163] en las fermosas, y es mucha **sandez**[164] además la risa que de leve causa procede; pero non vos lo digo porque os acuitedes[165] ni mostredes[166] mal talante; que el mío non es de ál[167] que de serviros.

El lenguaje, no entendido de las señoras, y el mal **talle**[168] de nuestro caballero acrecentaba en ellas la risa y en él el enojo, y pasara muy adelante si a aquel punto no saliera el ventero, hombre que, por ser muy gordo, era muy pacífico, el cual, viendo aquella figura contrahecha,[169] armada de armas tan desiguales como eran la **brida**,[170] lanza, adarga y coselete,[171] no estuvo en nada en[172] acompañar a las doncellas en las muestras de su contento. Mas, en efeto, temiendo la máquina[173] de tantos pertrechos,[174] determinó de hablarle comedidamente, y así le dijo:

—Si vuestra merced, señor caballero, busca posada,[175] amén del lecho[176] (porque en esta venta no hay ninguno), todo lo demás se hallará en ella en mucha abundancia.

---

[161] tener—contener; aguantar; reprimir.

[162] correrse—sentirse ofendido o humillado.

[163] **mesura**—prudencia; comedimiento.

[164] **sandez** (f.)—necedad; despropósito; tontería.

[165] acuitedes—acuitéis; aflijáis; preocupéis.

[166] mostredes—mostréis.

[167] ál—otra cosa.

[168] **talle** (m.)—traza; apariencia.

[169] contrahecha—aquí, disfrazada.

[170] **brida**—freno del caballo, con las riendas.

[171] coselete (m.)—coraza ligera de cuero en forma de chaleco.

[172] no estuvo en nada en—estuvo a punto de.

[173] máquina—aquí, abundancia.

[174] pertrechos—armas; instrumentos de guerra.

[175] posada—hospedaje.

[176] amén del lecho—menos la cama.

Viendo don Quijote la humildad del alcaide[177] de la fortaleza, que tal le pareció a él el ventero y la venta, respondió:

—Para mí, señor castellano,[178] cualquiera cosa basta, porque

mis arreos[179] son las armas,
mi descanso el pelear, etc.

Pensó el huésped[180] que el haberle llamado castellano había sido por haberle parecido de los sanos[181] de Castilla, aunque él era andaluz, y de los de la playa de Sanlúcar,[182] no menos ladrón que Caco,[183] ni menos maleante que estudiantado paje,[184] y así le respondió:

—Según eso, las camas de vuestra merced serán duras peñas, y su dormir, siempre velar; y siendo así, bien se puede **apear**,[185] con seguridad de hallar en esta **choza**[186] ocasión y ocasiones para no dormir en todo un año, cuanto más en una noche.

Y diciendo esto, fue a tener el **estribo**[187] a don Quijote, el cual se apeó con mucha dificultad y trabajo, como aquel que en todo aquel día no se había desayunado.

---

[177] alcaide (m.)—encargado de un castillo o fortaleza.

[178] castellano—aquí, señor de un castillo.

[179] arreos—atavíos; guarniciones; equipo; aquí don Quijote cita dos versos de un conocido romance tradicional que empieza: "Mis arreos son las armas,/mi descanso es pelear;/mi cama las duras peñas,/mi dormir siempre velar.".

[180] huésped—ventero; en tiempos de Cervantes "huésped" se refería indistintamente al hospedado y al hospedero.

[181] sanos—hombres honrados, sin malicia.

[182] playa de Sanlúcar—sitio concurrido de vagabundos y maleantes, en tiempos de Cervantes.

[183] Caco—en la mitología de la Antigua Roma, hijo de Vulcano; era mitad hombre y mitad sátiro, y fue estrangulado por Hércules, a quien había robado unos bueyes. Su nombre es sinónimo de ladrón.

[184] paje—criado doméstico; maleante porque se trata de un "estudiantado paje", paje al servicio de un estudiante, donde adquiere todas las malicias de su amo.

[185] **apear**—bajar del caballo; desmontar.

[186] **choza**—casa muy pobre.

[187] **estribo**—pieza, generalmente de metal, en que el jinete apoya los pies.

Dijo luego al huésped que le tuviese mucho cuidado de su caballo, porque era la mejor pieza que comía pan en el mundo. Miróle el ventero, y no le pareció tan bueno como don Quijote decía, ni aun la mitad; y acomodándole en la caballeriza, volvió a ver lo que su huésped mandaba, al cual estaban desarmando las doncellas, que ya se habían reconciliado con él; las cuales, aunque le habían quitado el peto[188] y el espaldar, jamás supieron ni pudieron desencajarle la gola[189] ni quitalle la contrahecha celada, que traía atada con unas cintas verdes, y era menester cortarlas, por no poderse quitar los ñudos; mas él no lo quiso consentir en ninguna manera, y así, se quedó toda aquella noche con la celada puesta, que era la más graciosa y estraña figura que se pudiera pensar; y al desarmarle, como él se imaginaba que aquellas traídas y llevadas que le desarmaban eran algunas principales señoras y damas de aquel castillo, les dijo con mucho **donaire**:[190]

—Nunca fuera caballero
de damas tan bien servido
como fuera don Quijote
cuando de su aldea vino:
doncellas curaban dél;
princesas, del su rocino,[191]

o Rocinante, que éste es el nombre, señoras mías, de mi caballo, y don Quijote de la Mancha el mío; que, puesto que no quisiera descubrirme fasta que las fazañas fechas

---

[188] peto—pieza de armadura que protege el pecho.

[189] gola—pieza de armadura que se pone al cuello, encima del peto.

[190] **donaire** (m.)—gracia.

[191] rocino—rocín; estos versos, un poco alterados por don Quijote para ajustarlos al caso, son del romance de Lanzarote, es decir, de Lancelot du Lac, héroe de novelas bretonas y de las leyendas del Santo Grial.

en vuestro servicio y pro[192] me descubrieran, la fuerza de acomodar al propósito presente este romance viejo de Lanzarote ha sido causa que sepáis mi nombre antes de toda sazón;[193] pero tiempo vendrá en que las vuestras señorías[194] me manden y yo obedezca, y el valor de mi brazo descubra el deseo que tengo de serviros.

Las mozas, que no estaban hechas[195] a oír semejantes retóricas, no respondían palabra; sólo le preguntaron si quería comer alguna cosa.

—Cualquiera yantaría yo[196] —respondió don Quijote,— porque, a lo que entiendo, me haría mucho al caso.[197]

A dicha,[198] acertó a ser viernes aquel día, y no había en toda la venta sino unas raciones de un pescado que en Castilla llaman abadejo, y en Andalucía bacallao, y en otras partes curadillo, y en otras truchuela.[199] Preguntáronle si por ventura comería su merced truchuela, que no había otro pescado que dalle a comer.

—Como haya muchas truchuelas —respondió don Quijote,— podrán servir de una trucha, porque eso se me da[200] que me den ocho reales en sencillos[201] que en una pieza de a ocho. Cuanto más, que podría ser que fuesen estas truchuelas como la ternera, que es mejor que la vaca, y el cabrito[202] que el cabrón.[203] Pero, sea lo

---

[192] pro—provecho.

[193] antes de toda sazón—antes del momento oportuno.

[194] señoría(s)—título de respeto con que se trata a personas de alta dignidad.

[195] hechas—acostumbradas.

[196] cualquiera yantaría yo—yo comería cualquier cosa.

[197] me haría mucho al caso—me vendría muy bien.

[198] A dicha—afortunadamente.

[199] abadejo, bacallao (bacalao), curadillo, truchuela—diferentes tipos de pescado; Cervantes da a entender que el pescado del ventero era difícil de identificar, probablemente por pasado.

[200] eso se me da—me da lo mismo.

[201] sencillos—sueltos; moneda suelta.

[202] cabrito—cría de la cabra, desde que nace hasta que deja de mamar.

[203] cabrón—macho de la cabra; cabro; don Quijote juega aquí con el otro sentido de "cabrón", hombre cuya mujer le ha sido infiel.

que fuere, venga luego; que el trabajo y peso de las armas no se puede llevar sin el gobierno de las tripas.

Pusiéronle la mesa a la puerta de la venta, por el fresco, y trújole[204] el huésped una porción de mal remojado y peor cocido bacallao y un pan tan negro y **mugriento**[205] como sus armas; pero era materia de grande risa verle comer, porque, como tenía puesta la celada y alzada la visera, no podía poner nada en la boca con sus manos si otro no se lo daba y ponía, y ansí, una de aquellas señoras servía deste menester.[206] Mas al darle de beber, no fue posible, ni lo fuera si el ventero no horadara[207] una caña, y puesto el un cabo en la boca, por el otro le iba echando el vino; y todo esto lo recebía en paciencia, a trueco de[208] no romper las cintas de la celada. Estando en esto, llegó acaso a la venta un castrador de puercos, y así como llegó, sonó su **silbato**[209] de cañas cuatro o cinco veces, con lo cual acabó de confirmar don Quijote que estaba en algún famoso castillo, y que le servían con música, y que el abadejo eran truchas, el pan candeal[210] y las rameras[211] damas, y el ventero castellano del castillo, y con esto daba por bien empleada su determinación y salida. Mas lo que más le fatigaba era el no verse armado caballero, por parecerle que no se podría poner legítimamente en aventura alguna sin recibir la orden de caballería.

---

[204] trújole—trájole; le trajo.

[205] **mugriento**—sucio.

[206] menester (m.)—necesidad.

[207] horadara—perforara.

[208] a trueco de—para.

[209] **silbato**—pito.

[210] candeal (m.)—pan de este tipo de trigo, que da harina blanca, con que se hace pan de superior calidad.

[211] rameras—prostitutas.

Capítulo III

Donde se cuenta la graciosa manera que tuvo don Quijote en armarse caballero

Y así, fatigado deste pensamiento, abrevió su venteril[212] y limitada cena; la cual acabada, llamó al ventero y, encerrándose con él en la caballeriza, se hincó[213] de rodillas ante él, diciéndole:

—No me levantaré jamás de donde estoy, **valeroso**[214] caballero, fasta que la vuestra cortesía me **otorgue**[215] un **don**[216] que pedirle quiero, el cual redundará[217] en **alabanza**[218] vuestra y en pro del género humano.

El ventero, que vio a su huésped a sus pies y oyó semejantes razones, estaba confuso mirándole, sin saber qué hacerse ni decirle, y **porfiaba**[219] con él que se levantase, y jamás quiso, hasta que le hubo de decir que él le otorgaba el don que le pedía.

—No esperaba yo menos de la gran magnificencia vuestra, señor mío —respondió don Quijote;— y así, os digo que el don que os he pedido y de vuestra liberalidad me ha sido otorgado, es que mañana en aquel día me habéis de armar caballero, y esta noche en la **capilla**[220] deste vuestro castillo **velaré**[221] las armas; y mañana, como tengo dicho, se cumplirá lo que tanto deseo, para poder, como se debe, ir por todas las cuatro partes del mundo buscando las aventuras, en pro de los

---

[212] venteril—del ventero, quien le había dado la cena; puede ser que Cervantes se permita aquí un juego de palabras, porque "venteril" sugiere también "del vientre", del estómago.

[213] se hincó—se puso.

[214] **valeroso**—valiente.

[215] **otorgue**—conceda; dé.

[216] **don** (m.)—bien; merced; talento.

[217] redundará—resultará; traerá como consecuencia.

[218] **alabanza**—elogio; respeto expresado de palabra o por escrito.

[219] **porfiaba**—insistía.

[220] **capilla**—sala con altar, dedicada al culto religioso.

[221] **velaré**—vigilaré; estaré despierto en presencia de.

menesterosos,[222] como está a cargo de la caballería y de los caballeros andantes, como yo soy, cuyo deseo a semejantes fazañas es inclinado.

El ventero, que, como está dicho, era un poco socarrón[223] y ya tenía algunos barruntos[224] de la falta de juicio de su huésped, acabó de creerlo cuando acabó de oírle semejantes razones, y, por tener que reír aquella noche, determinó de seguirle el humor; y así, le dijo que andaba muy acertado en lo que deseaba y pedía, y que tal prosupuesto[225] era propio y natural de los caballeros tan principales como él parecía y como su **gallarda**[226] presencia mostraba; y que él, ansimesmo, en los años de su **mocedad,**[227] se había dado a aquel honroso ejercicio, andando por diversas partes del mundo, buscando sus aventuras, sin que hubiese dejado los Percheles de Málaga,[228] Islas de Riarán, Compás de Sevilla, Azoguejo de Segovia, la Olivera de Valencia, Rondilla de Granada, playa de Sanlúcar, Potro de Córdoba y las Ventillas de Toledo y otras diversas partes, donde había ejercitado la ligereza de sus pies, sutileza[229] de sus manos, haciendo muchos tuertos, recuestando[230] muchas viudas, deshaciendo[231] algunas doncellas y engañando a algunos pupilos,[232] y, finalmente, dándose a conocer por cuantas audiencias[233] y tribunales hay casi en toda

---

[222] **menesterosos**—necesitados; desamparados.

[223] **socarrón**—burlón.

[224] barruntos—sospechas; premoniciones.

[225] prosupuesto—propósito.

[226] **gallarda**—airosa; valiente; impresionante.

[227] **mocedad**—juventud.

[228] Percheles de Málaga—este paraje, y los enumerados a continuación, eran sitios frecuentados por gente vagabunda y maleante.

[229] sutileza—destreza; habilidad.

[230] recuestando—requiriendo de amores; galanteando; sin duda para apropiarse sus bienes.

[231] deshaciendo—desflorando; desvirgando; quitando la virginidad.

[232] pupilos—huéspedes; los que se hospedan en casa de otro por pago.

[233] audiencias—tribunales de justicia territoriales.

España; y que, a lo último, se había venido a recoger a aquel su castillo donde vivía con su hacienda y con las ajenas, recogiendo en él a todos los caballeros andantes, de cualquier calidad y condición que fuesen, sólo por la mucha afición que les tenía y porque partiesen[234] con él de sus haberes,[235] en pago de su buen deseo.

Díjole también que en aquel su castillo no había capilla alguna donde poder velar las armas, porque estaba **derribada**[236] para hacerla de nuevo; pero que en caso de necesidad él sabía que se podían velar dondequiera, y que aquella noche las podría velar en un patio del castillo; que a la mañana, siendo Dios servido, se harían las debidas ceremonias, de manera que él quedase armado caballero, y tan caballero, que no pudiese ser más en el mundo.

Preguntóle si traía dineros; respondió don Quijote que no traía blanca,[237] porque él nunca había leído en las historias de los caballeros andantes que ninguno los hubiese traído. A esto dijo el ventero que se engañaba: que, puesto caso que[238] en las historias no se escribía, por haberles parecido a los autores dellas que no era menester escrebir una cosa tan clara y tan necesaria, de traerse como eran dineros y camisas limpias, no por eso se había de creer que no los trujeron; y así, tuviese por cierto y averiguado que todos los caballeros andantes, de que tantos libros están llenos y **atestados**,[239] llevaban bien herradas[240] las bolsas, por lo que pudiese sucederles; y que asimismo llevaban camisas y una arqueta[241] pequeña

---

[234] partiesen—compartieran.

[235] haberes (m.)—bienes; hacienda; caudales.

[236] **derribada**—echada abajo; deshecha.

[237] blanca—moneda antigua de cobre, que valía medio maravedí.

[238] puesto caso que—puesto que; aunque.

[239] **atestados**—llenos hasta los topes; henchidos.

[240] herradas—provistas; llenas.

[241] arqueta—arca pequeña; caja cerrada para guardar objetos de valor.

llena de **ungüentos**[242] para curar las heridas que recebían, porque no todas veces en los campos y desiertos donde se combatían y salían heridos había quien los curase, si ya no era que tenían algún sabio **encantador**[243] por amigo, que luego los **socorría**,[244] trayendo por el aire, en alguna nube, alguna doncella o enano con alguna redoma[245] de agua de tal virtud, que, en gustando alguna gota della, luego al punto quedaban sanos de sus **llagas**[246] y heridas, como si mal alguno hubiesen tenido. Mas que en tanto que esto no hubiese, tuvieron los pasados caballeros por cosa acertada que sus **escuderos**[247] fuesen proveídos de dineros y de otras cosas necesarias, como eran hilas[248] y ungüentos para curarse; y cuando sucedía que los tales caballeros no tenían escuderos —que eran pocas y raras veces,— ellos mesmos lo llevaban todo en unas **alforjas**[249] muy sutiles,[250] que casi no se parecían,[251] a las ancas del caballo, como que era otra cosa de más importancia; porque, no siendo por ocasión semejante, esto de llevar alforjas no fue muy admitido entre los caballeros andantes; y por esto le daba por consejo, pues aun se lo podía mandar como a su **ahijado**,[252] que tan presto lo había de ser, que no caminase de allí adelante sin dineros y sin las prevenciones referidas, y que vería cuán bien se hallaba con ellas, cuando menos se pensase.

---

[242] **ungüentos**—medicamentos que se aplican a la superficie del cuerpo.

[243] **encantador**—el que obra maravillas por medio de palabras mágicas.

[244] **socorría**—ayudaba; cuidaba.

[245] redoma—recipiente; vasija de vidrio de fondo ancho y boca estrecha.

[246] **llagas**—heridas abiertas; úlceras.

[247] **escuderos**—pajes; sirvientes.

[248] hilas—hebras de un trapo de lienzo que sirven para tapar las llagas y heridas.

[249] **alforjas**—bolsas en que llevan provisiones los que van a caballo.

[250] sutiles—delgadas.

[251] se parecían—se veían; se percibían.

[252] **ahijado**—muchacho u hombre, en relación con su padrino.

Prometióle don Quijote de hacer lo que se le aconsejaba, con toda puntualidad, y así, se dio luego orden como velase las armas en un corral grande que a un lado de la venta estaba; y recogiéndolas don Quijote todas, las puso sobre una **pila**[253] que junto a un **pozo**[254] estaba y, embrazando su adarga, **asió**[255] de su lanza, y con gentil **continente**[256] se comenzó a pasear delante de la pila; y cuando comenzó el paseo comenzaba a cerrar la noche.

Contó el ventero a todos cuantos estaban en la venta la locura de su huésped, la vela de las armas y la armazón[257] de caballería que esperaba. Admiráronse de tan estraño género de locura y fuéronselo a mirar desde lejos, y vieron que, con sosegado **ademán**,[258] unas veces se paseaba; otras, arrimado a su lanza, ponía los ojos en las armas, sin quitarlos por un buen espacio dellas. Acabó de cerrar la noche; pero con tanta claridad de la luna, que podía competir con el que se la prestaba;[259] de manera que cuanto el novel caballero hacía era bien visto de todos. Antojósele[260] en esto a uno de los harrieros que estaban en la venta ir a dar agua a su **recua**,[261] y fue menester quitar las armas de don Quijote, que estaban sobre la pila; el cual, viéndole llegar, en voz alta le dijo:

—¡Oh tú, quienquiera que seas, atrevido caballero, que llegas a tocar las armas del más valeroso andante que

---

[253] **pila**—pieza grande de piedra, cóncava, en que cae o se echa agua.

[254] **pozo**—hoyo practicado en la tierra para alcanzar una vena de agua.

[255] **asió**—agarró; tomó en la mano.

[256] **continente** (m.)—aspecto; presencia; porte.

[257] armazón (f.)—acción y efecto de armar; o en el sentido de proveer de armas, o en el de construir o componer; pero también puede entenderse en el sentido de "armadura", o "esqueleto"; a todas luces, parece que el uso del término aquí es burlesco.

[258] **ademán** (m.)—movimiento o actitud con que se manifiesta un estado de ánimo.

[259] el que se la prestaba—el que le prestaba (a la luna) su claridad; es decir, el sol.

[260] Antojósele—se le antojó; sintió el impulso de; le entraron ganas de.

[261] **recua**—conjunto de animales de carga.

jamás se ciñó espada! Mira lo que haces y no las toques, si no quieres dejar la vida en pago de tu atrevimiento.

No se curó[262] el harriero destas razones —y fuera mejor que se curara, porque fuera curarse en salud;— antes, trabando de las correas, las arrojó gran trecho de sí. Lo cual, visto por don Quijote, alzó los ojos al cielo y, puesto el pensamiento —a lo que pareció— en su señora Dulcinea, dijo:

—Acorredme,[263] señora mía, en esta primera afrenta que a este vuestro avasallado[264] pecho se le ofrece; no me **desfallezca**[265] en este primero **trance**[266] vuestro favor y **amparo**.[267]

Y diciendo estas y otras semejantes razones, soltando la adarga, alzó la lanza a dos manos y dio con ella tan gran golpe al harriero en la cabeza, que le derribó en el suelo tan **maltrecho**,[268] que si segundara con otro, no tuviera necesidad de maestro[269] que le curara. Hecho esto, recogió sus armas y tornó a pasearse con el mismo reposo que primero. Desde allí a poco, sin saberse lo que había pasado—porque aún estaba aturdido el harriero,— llegó otro con la mesma intención de dar agua a sus mulos y, llegando a quitar las armas para **desembarazar**[270] la pila, sin hablar don Quijote palabra y sin pedir favor a nadie, soltó otra vez la adarga y alzó otra vez la lanza, y, sin hacerla pedazos, hizo más de tres la cabeza del segundo harriero, porque se la abrió por cuatro. Al ruido acudió toda la gente de la venta, y entre

---

[262] se curó—hizo caso; se preocupó.

[263] Acorredme—socorredme; acudid a ayudarme.

[264] avasallado—rendido; entregado; sumiso.

[265] **desfallezca**—desmaye; falle.

[266] **trance** (m.)—momento crítico; combate.

[267] **amparo**—protección; favor.

[268] **maltrecho**—maltratado; malparado; herido.

[269] maestro—cirujano; médico.

[270] **desembarazar**—despejar; quitar estorbos u obstáculos.

[271] cautivo—enamorado; servidor; esclavo por amor.

ellos el ventero. Viendo esto don Quijote, embrazó su adarga y, puesta mano a su espada, dijo:

—¡Oh señora de la fermosura, esfuerzo y vigor del debilitado corazón mío! Ahora es tiempo que vuelvas los ojos de tu grandeza a este tu cautivo[271] caballero, que **tamaña**[272] aventura está atendiendo.[273]

Con esto cobró, a su parecer, tanto ánimo, que si le **acometieran**[274] todos los harrieros del mundo, no volviera el pie atrás. Los compañeros de los heridos, que tales los vieron, comenzaron desde lejos a llover piedras sobre don Quijote, el cual, lo mejor que podía, se reparaba[275] con su adarga, y no se osaba apartar[276] de la pila por no desamparar las armas. El ventero daba voces que le dejasen, porque ya les había dicho como era loco, y que por loco **se libraría**[277] aunque los matase a todos. También don Quijote las daba mayores, llamándolos de **alevosos**[278] y traidores, y que el señor del castillo era un follón[279] y mal nacido caballero, pues de tal manera consentía que se tratasen los andantes caballeros, y que si él hubiera recebido la orden de caballería, que él le diera a entender su alevosía: —Pero de vosotros, **soez**[280] y baja canalla, no hago caso alguno; tirad, llegad, venid y ofendedme en cuanto pudiéredes; que vosotros veréis el pago que lleváis de vuestra sandez y **demasía**.[281]

Decía esto con tanto brío y **denuedo**,[282] que **infundió**[283] un terrible temor en los que le acometían;

---

[272] **tamaña**—tan magna; tan grande.

[273] atendiendo—esperando.

[274] **acometieran**—atacaran.

[275] reparaba—defendía; protegía.

[276] no se osaba apartar—no se atrevía a apartar.

[277] **se libraría**—se escaparía sin castigo.

[278] **alevosos**—desleales; pérfidos; delincuentes.

[279] follón—cobarde; hombre ruin.

[280] **soez**—vil; grosero.

[281] **demasía**—exceso; insolencia; maldad.

[282] **denuedo**—esfuerzo; valor.

[283] **infundió**—inspiró; metió.

y así por esto como por las persuasiones del ventero, le dejaron de tirar, y él dejó retirar a los heridos y tornó a la vela de sus armas con la misma quietud y sosiego que primero.

No le parecieron bien al ventero las burlas de su huésped, y determinó abreviar y darle la negra[284] orden de caballería luego, antes que otra desgracia sucediese. Y así, llegándose a él, se desculpó de la insolencia que aquella gente baja con él había usado, sin que él supiese cosa alguna; pero que bien castigados quedaban de su atrevimiento. Díjole cómo ya le había dicho que en aquel castillo no había capilla, y para lo que **restaba**[285] de hacer tampoco era necesaria; que todo el toque de quedar armado caballero consistía en la pescozada[286] y en el espaldarazo,[287] según él tenía noticia del ceremonial de la orden, y que aquello en mitad de un campo se podía hacer, y que ya había cumplido con lo que tocaba al velar de las armas, que con solas dos horas de vela se cumplía, cuanto más que él había estado más de cuatro. Todo se lo creyó don Quijote, y dijo que él estaba allí pronto para obedecerle, y que concluyese con la mayor brevedad que pudiese; porque si fuese otra vez acometido y se viese armado caballero, no pensaba dejar persona viva en el castillo, eceto[288] aquellas que él le mandase, a quien por su respeto dejaría.

Advertido y medroso[289] desto el castellano, trujo luego un libro donde asentaba la paja y cebada que daba a los harrieros, y con un cabo de vela que le traía un muchacho, y con las dos ya dichas doncellas, se vino adonde don Quijote estaba, al cual mandó hincar de

---

[284] negra—maldita.

[285] **restaba**—quedaba.

[286] pescozada—pescozón; golpe que se da con la mano en el pescuezo o en la cabeza.

[287] espaldarazo—golpe dado en las espaldas con la espada, pero de plano.

[288] eceto—excepto.

[289] medroso—temeroso.

rodillas; y, leyendo en su manual—como que decía alguna devota oración,— en mitad de la leyenda[290] alzó la mano y diole sobre el cuello un buen golpe, y tras él, con su mesma espada, un gentil espaldarazo, siempre murmurando entre dientes, como que rezaba. Hecho esto, mandó a una de aquellas damas que le ciñese la espada, la cual lo hizo con mucha desenvoltura[291] y **discreción**,[292] porque no fue menester poca para no reventar de risa a cada punto de las ceremonias; pero las **proezas**[293] que ya habían visto del novel caballero les tenía la risa a raya.[294] Al ceñirle la espada dijo la buena señora:

—Dios haga a vuestra merced muy venturoso caballero y le dé ventura en **lides**.[295]

Don Quijote le preguntó cómo se llamaba, porque[296] él supiese de allí adelante a quién quedaba obligado por la merced recibida, porque pensaba darle alguna parte de la honra que alcanzase por el valor de su brazo. Ella respondió con mucha humildad que se llamaba la Tolosa, y que era hija de un **remendón**[297] natural de Toledo, que vivía a[298] las tendillas de Sancho Bienaya y que dondequiera que ella estuviese le serviría y le tendría por señor. Don Quijote le replicó que, por su amor, le hiciese merced que de allí adelante se pusiese *don* y se llamase doña Tolosa. Ella se lo

---

[290] leyenda—lectura.

[291] desenvoltura—facilidad; desembarazo; pero también "desvergüenza", especialmente en las mujeres; otra de las muchas ocasiones en que Cervantes juega con la dualidad o multiplicidad de acepciones de muchas palabras.

[292] **discreción**—buen juicio; sensatez; ingenio.

[293] **proezas**—hazañas; hechos heroicos.

[294] a raya—reprimida; refrenada; contenida.

[295] **lides** (f.)—combates; contiendas; batallas.

[296] porque—para que.

[297] **remendón**—el que tiene por oficio remendar o reparar, especialmente zapatos o ropa.

[298] a—cerca de.

prometió, y la otra le **calzó**[299] la espuela, con la cual le pasó casi el mismo **coloquio**[300] que con la de la espada. Preguntóle su nombre, y dijo que se llamaba la Molinera, y que era hija de un honrado molinero de Antequera; a la cual también rogó don Quijote que se pusiese *don*, y se llamase doña Molinera, ofreciéndole nuevos servicios y mercedes.

Hechas, pues, de galope aprisa las hasta allí nunca vistas ceremonias, no vio la hora[301] don Quijote de verse a caballo y salir buscando las aventuras, y, ensillando luego a Rocinante, subió en él, y abrazando a su huésped, le dijo cosas tan estrañas, agradeciéndole la merced de haberle armado caballero, que no es posible acertar a referirlas. El ventero, por[302] verle ya fuera de la venta, con no menos retóricas, aunque con más breves palabras, respondió a las suyas y, sin pedirle la costa[303] de la posada, le dejó ir a la buen hora.[304]

Capítulo IV

De lo que le sucedió a nuestro caballero cuando salió de la venta.

La del alba[305] sería, cuando don Quijote salió de la venta tan contento, tan gallardo, tan alborozado por verse ya armado caballero, que el gozo le reventaba por las cinchas del caballo. Mas viniéndole a la memoria los consejos de su huésped cerca de[306] las prevenciones tan necesarias que había de llevar consigo, especial la de los dineros y camisas, determinó volver a su casa y

---

[299] **calzó**—puso al pie.

[300] **coloquio**—plática; conversación; charla.

[301] no vio la hora (de)—deseó con impaciencia.

[302] por—para; con tal de.

[303] costa—precio.

[304] a la buen hora—enhorabuena; con complacencia.

[305] la del alba—la hora del alba; Cervantes sigue el hilo de la narración, sin tomar en cuenta el epígrafe del Capítulo IV, tal vez agregado después de redactado el texto.

[306] cerca de—acerca de.

acomodarse[307] de todo, y de un escudero, haciendo cuenta de[308] recebir a un labrador vecino suyo, que era pobre y con hijos, pero muy a propósito para el oficio escuderil de la caballería. Con este pensamiento guió a Rocinante hacia su aldea, el cual, casi conociendo la **querencia**[309] con tanta gana comenzó a caminar, que parecía que no ponía los pies en el suelo.

No había andado mucho, cuando le pareció que a su **diestra**[310] mano, de la espesura[311] de un bosque que allí estaba, salían unas voces delicadas, como de persona que se quejaba, y apenas las hubo oído, cuando dijo:

—Gracias doy al cielo por la merced que me hace, pues tan presto me pone ocasiones delante donde yo pueda cumplir con lo que debo a mi profesión, y donde pueda coger el fruto de mis buenos deseos. Estas voces, sin duda, son de algún menesteroso o menesterosa, que ha menester[312] mi favor y ayuda.

Y, volviendo las riendas, encaminó a Rocinante hacia donde le pareció que las voces salían. Y a pocos pasos que entró por el bosque, vio atada una **yegua**[313] a una encina,[314] y atado en otra a un muchacho, desnudo de medio cuerpo arriba, hasta de edad de quince años, que era el que las voces daba, y no sin causa, porque le estaba dando con una pretina[315] muchos azotes un **labrador**[316] de buen talle, y cada azote le acompañaba con una reprehensión y consejo. Porque decía:

---

[307] acomodarse—proveerse; aprovisionarse.

[308] haciendo cuenta de—pensando; planeando.

[309] **querencia**—lugar preferido de un animal.

[310] **diestra**—derecha.

[311] espesura—paraje muy poblado de árboles y matorrales.

[312] ha menester—necesita.

[313] **yegua**—hembra del caballo.

[314] encina—encino; árbol similar al roble, que tiene por fruto bellotas.

[315] pretina—cinturón de cuero.

[316] **labrador**—el que labra, o cultiva, la tierra.

—La lengua **queda**,[317] y los ojos listos.

Y el muchacho respondía:

—No lo haré otra vez, señor mío; por la pasión de Dios que no lo haré otra vez, y yo prometo de tener de aquí adelante más cuidado con el hato.[318]

Y viendo don Quijote lo que pasaba, con voz **airada**[319] dijo:

—Descortés caballero, mal parece tomaros con[320] quien defender no se puede; subid sobre vuestro caballo y tomad vuestra lanza —que también tenía una lanza arrimada[321] a la encina adonde estaba arrimada la yegua,— que yo os haré conocer ser de cobardes lo que estáis haciendo.

El labrador, que vio sobre sí aquella figura llena de armas blandiendo la lanza sobre su rostro, túvose por muerto, y con buenas palabras respondió:

—Señor caballero, este muchacho que estoy castigando es un mi criado, que me sirve de guardar una manada de ovejas que tengo en estos **contornos**,[322] el cual es tan descuidado, que cada día me falta una; y porque castigo su descuido, o **bellaquería**,[323] dice que lo hago de **miserable**,[324] por no pagalle la soldada[325] que le debo, y en Dios y en mi **ánima**[326] que miente.

—¿"Miente" delante de mí, ruin villano?[327] —dijo don Quijote.— Por el sol que nos alumbra que estoy por

---

[317] **queda**—quieta; callada.

[318] **hato**—porción de ganado, como vacas, ovejas, o cabras.

[319] **airada**—enojada; indignada.

[320] **tomaros con**—meteros con; reñir con.

[321] **arrimada**—amarrada; atada.

[322] **contornos**—parajes cercanos; alrededores.

[323] **bellaquería**—picardía; astucia; maldad.

[324] **miserable**—avariento; mezquino; tacaño.

[325] **soldada**—sueldo; salario; estipendio.

[326] **ánima**—alma.

[327] **villano**—vecino no noble de una villa o aldea.

pasaros de parte a parte[328] con esta lanza. Pagadle luego sin más réplica; si no, por el Dios que nos rige que os concluya y aniquile[329] en este punto. Desatadlo luego.

El labrador bajó la cabeza y, sin responder palabra, desató a su criado, al cual preguntó don Quijote que cuánto le debía su amo. Él dijo que nueve meses, a siete reales cada mes. Hizo la cuenta don Quijote y halló que **montaban**[330] setenta y tres reales, y díjole al labrador que al momento los desembolsase,[331] si no quería morir por ello. Respondió el medroso villano que para el paso en que estaba y juramento que había hecho —y aún no había jurado nada,— que no eran tantos; porque se le habían de descontar y recebir en cuenta tres pares de zapatos que le había dado, y un real de dos sangrías[332] que le habían hecho estando enfermo.

—Bien está todo eso —replicó don Quijote;— pero quédense los zapatos y las sangrías por los azotes que sin culpa le habéis dado; que si él rompió el cuero de los zapatos que vos pagastes, vos le habéis rompido el de su cuerpo; y si le sacó el barbero[333] sangre estando enfermo, vos en sanidad[334] se la habéis sacado: ansí que, por esta parte, no os debe nada.

—El daño está, señor caballero, en que no tengo aquí dineros: véngase Andrés conmigo a mi casa, que yo se los pagaré un real sobre otro.

---

[328] de parte a parte—del vientre a la espalda; de un lado a otro.

[329] aniquile—mate; dé muerte.

[330] **montaban**—sumaban; ascendían a.

[331] desembolsase—pagase.

[332] sangría—antiguo tratamiento médico, que consistía en abrir una vena y dejar salir cierta cantidad de sangre, por creer que las enfermedades se debían a exceso de sangre.

[333] barbero—médico practicante; el barbero era el que practicaba las sangrías.

[334] sanidad—salud.

—¿Irme yo con él —dijo el muchacho— más? ¡Mal año! No, señor, ni por pienso;[335] porque en viéndose solo me desuelle[336] como a un San Bartolomé.[337]

—No hará tal —replicó don Quijote:— basta que yo se lo mande, para que me tenga respeto; y con que él me lo jure por la ley de caballería que ha recebido, le dejaré ir libre y aseguraré la paga.

—Mire vuestra merced, señor, lo que dice —dijo el muchacho;— que este mi amo no es caballero ni ha recebido orden de caballería alguna; que es Juan Haldudo el rico, el vecino del Quintanar.[338]

—Importa poco eso —respondió don Quijote;— que Haldudos puede haber caballeros; cuanto más, que cada uno es hijo de sus obras.

—Así es verdad —dijo Andrés;— pero este mi amo, ¿de qué obras es hijo, pues me niega mi soldada y mi sudor y trabajo?

—No niego, hermano Andrés —respondió el labrador;— y hacedme placer de veniros conmigo; que yo juro por todas las órdenes que de caballerías hay en el mundo de pagaros, como tengo dicho, un real sobre otro, y aun sahumados.[339]

—Del sahumerio os hago gracia[340] —dijo don Quijote;— dádselos en reales, que con eso me contento; y mirad que lo cumpláis como lo habéis jurado; si no, por el mismo juramento os juro de volver a buscaros y a castigaros, y que os tengo de hallar, aunque os escondáis más que una **lagartija**.[341] Y si queréis saber quién os manda esto, para quedar con más veras[342] obligado a

---

[335] ni por pienso—ni pensarlo.

[336] desuelle—despelleje; quite la piel.

[337] San Bartolomé—uno de los apóstoles de Jesucristo; murió martirizado.

[338] Quintanar—Quintanar de la Orden, pueblo de la actual provincia de Toledo.

[339] sahumados—perfumados.

[340] os hago gracia—os perdono; os dispenso.

[341] **lagartija**—reptil saurio; especie de lagarto.

[342] veras—verdad.

cumplirlo, sabed que yo soy el valeroso don Quijote de la Mancha, el desfacedor de agravios y sinrazones, y a Dios quedad, y no se os parta de las mientes[343] lo prometido y jurado, **so pena de**[344] la pena pronunciada.

Y en diciendo esto, picó a su Rocinante, y en breve espacio se apartó dellos. Siguióle el labrador con los ojos, y cuando vio que había traspuesto[345] del bosque y que ya no parecía, volvióse a su criado Andrés y díjole:

—Venid acá, hijo mío; que os quiero pagar lo que os debo, como aquel deshacedor de agravios me dejó mandado.

—Eso juro yo —dijo Andrés;— y ¡cómo que andará vuestra merced acertado en cumplir el mandamiento de aquel buen caballero, que mil años viva; que, según es de valeroso y de buen juez, vive Roque,[346] que si no me paga, que vuelva y ejecute lo que dijo!

—También lo juro yo —dijo el labrador;— pero, por lo mucho que os quiero, quiero acrecentar la deuda por acrecentar la paga.

Y asiéndole del brazo le tornó a atar a la encina, donde le dio tantos azotes, que le dejó por muerto.

—Llamad, señor Andrés, ahora —decía el labrador— al desfacedor de agravios; veréis cómo no desface aquéste.[347] Aunque creo que no está acabado de hacer, porque me viene gana de desollaros vivo, como vos temíades.

Pero, al fin, le desató y le dio **licencia**[348] que fuese a buscar su juez, para que ejecutase la pronunciada sentencia. Andrés se partió algo mohíno,[349] jurando de ir

---

[343] mientes (f.)—mente; memoria.

[344] **so pena de**—bajo castigo de.

[345] traspuesto—pasado más allá.

[346] vive Roque—juramento eufemístico.

[347] aquéste—éste.

[348] **licencia**—permiso.

[349] mohíno—triste; malhumorado.

a buscar al valeroso don Quijote de la Mancha y contalle punto por punto lo que había pasado, y que se lo había de pagar con las setenas.[350] Pero con todo esto, él se partió llorando y su amo se quedó riendo.

Y desta manera deshizo el agravio el valeroso don Quijote; el cual, contentísimo de lo sucedido, pareciéndole que había dado felicísimo y alto principio a sus caballerías, con gran satisfacción de sí mismo iba caminando hacia su aldea, diciendo a media voz:

—Bien te puedes llamar dichosa sobre cuantas hoy viven en la tierra, ¡oh sobre las bellas bella Dulcinea del Toboso!, pues te cupo en suerte[351] tener sujeto y rendido a toda tu voluntad e talante a un tan valiente y tan nombrado caballero como lo es y será don Quijote de la Mancha, el cual, como todo el mundo sabe, ayer rescibió la orden de caballería, y hoy ha desfecho el mayor tuerto y agravio que formó la sinrazón y cometió la crueldad: hoy quitó el látigo de la mano a aquel **despiadado**[352] enemigo que tan sin ocasión vapulaba[353] a aquel delicado infante.

En esto, llegó a un camino que en cuatro se dividía, y luego se le vino a la imaginación las encrucejadas[354] donde los caballeros andantes se ponían a pensar cuál camino de aquellos tomarían, y, por imitarlos, estuvo un rato quedo; y al cabo de haberlo muy bien pensado, soltó la rienda a Rocinante, dejando a la voluntad del rocín la suya, el cual siguió su primer intento, que fue el irse camino de su caballeriza.

Y habiendo andado como dos millas, descubrió don Quijote un grande **tropel**[355] de gente, que, como después

---

[350] con las setenas—con creces; originalmente, multa del valor del daño septuplicado.

[351] te cupo en suerte—tuviste la suerte de.

[352] **despiadado**—cruel.

[353] vapulaba—vapuleaba; azotaba; golpeaba.

[354] encrucejadas—encrucijadas; cruces de caminos.

[355] **tropel** (m.)—muchedumbre; multitud.

se supo, eran unos mercaderes toledanos que iban a comprar seda a Murcia. Eran seis, y venían con sus quitasoles, con otros cuatro criados a caballo y tres mozos de mulas a pie. Apenas los **divisó**[356] don Quijote, cuando se imaginó ser cosa de nueva aventura; y, por imitar en todo cuanto a él le parecía posible los pasos que había leído en sus libros, le pareció venir allí de molde[357] uno que pensaba hacer. Y así, con gentil continente y denuedo, se afirmó bien en los estribos, apretó la lanza, llegó la adarga al pecho y, puesto en la mitad del camino, estuvo esperando que aquellos caballeros andantes llegasen, que ya él por tales los tenía y juzgaba; y cuando llegaron a trecho que se pudieron ver y oír, levantó don Quijote la voz, y con ademán arrogante dijo:

—Todo el mundo se tenga,[358] si todo el mundo no confiesa que no hay en el mundo todo doncella más hermosa que la emperatiz de la Mancha, la **sin par**[359] Dulcinea del Toboso.

Paráronse los mercaderes al son[360] destas razones y a ver la estraña figura del que las decía; y por la figura y por las razones luego écharon de ver la locura de su dueño; mas quisieron ver despacio en qué paraba[361] aquella confesión que se les pedía, y uno dellos, que era un poco burlón y muy mucho **discreto**,[362] le dijo:

—Señor caballero, nosotros no conocemos quién sea esa buena señora que decís; mostrádnosla: que si ella fuere de tanta hermosura como significáis, de buena gana y sin **apremio**[363] alguno confesaremos la verdad que por parte vuestra nos es pedida.

---

[356] **divisó**—alcanzó a ver; percibió con la vista.

[357] de molde—de perlas; como anillo al dedo; a la medida.

[358] se tenga—se detenga; haga alto.

[359] **sin par**—sin igual.

[360] son (m.)—sonido.

[361] en qué paraba—el resultado.

[362] **discreto**—que tiene buen juicio; sensato; ingenioso.

[363] **apremio**—presión; prisa.

—Si os la mostrara —replicó don Quijote,— ¿qué hiciérades vosotros en confesar una verdad tan **notoria?**[364] La importancia está en que sin verla lo habéis de creer, confesar, afirmar, jurar y defender; donde no,[365] conmigo sois en batalla, gente descomunal y soberbia. Que, ahora vengáis uno a uno, como pide la orden de caballería, ora todos juntos, como es costumbre y mala usanza de los de vuestra **ralea,**[366] aquí os aguardo y espero, confiado en la razón que de mi parte tengo.

—Señor caballero —replicó el mercader,— suplico a vuestra merced, en nombre de todos estos príncipes que aquí estamos, que, porque no encarguemos[367] nuestras conciencias confesando una cosa por nosotros jamás vista ni oída, y más siendo tan en **perjuicio**[368] de las emperatrices y reinas del Alcarria y Estremadura, que vuestra merced sea servido de mostrarnos algún retrato de esa señora, aunque sea tamaño como un grano de trigo: que por el hilo se sacará el ovillo,[369] y quedaremos con esto satisfechos y seguros, y vuestra merced quedará contento y pagado;[370] y aun creo que estamos ya tan de su parte que, aunque su retrato nos muestre que es tuerta de un ojo y que del otro le **mana**[371] **bermellón**[372] y piedra azufre,[373] con todo eso, por complacer a vuestra merced, diremos en su favor todo lo que quisiere.

---

[364] **notoria**—obvia; evidente; conocida.

[365] donde no—si no.

[366] **ralea**—clase; tipo.

[367] encarguemos—carguemos; ofendamos.

[368] **perjuicio**—daño.

[369] por el hilo se sacará el ovillo—refrán que se refiere a la manera de encontrar un ovillo de hilo que ha rodado debajo de un mueble; es decir, indagando, se llega a la esencia de un asunto.

[370] pagado—satisfecho.

[371] **mana**—emana; sale (un líquido).

[372] **bermellón**—rojo vivo.

[373] piedra azufre—amarillo, por el color del azufre.

—No le mana, **canalla**[374] **infame**[375] —respondió don Quijote, encendido en **cólera**;[376]— no le mana, digo, eso que decís, sino ámbar y **algalia**[377] entre algodones; y no es tuerta ni **corcovada**,[378] sino más derecha que un **huso**[379] de **Guadarrama**.[380] Pero ¡vosotros pagaréis la grande blasfemia que habéis dicho contra tamaña **beldad**[381] como es la de mi señora!

Y en diciendo esto, **arremetió**[382] con la lanza baja contra el que lo había dicho, con tanta furia y enojo, que si la buena suerte no hiciera que en la mitad del camino tropezara y cayera Rocinante, lo pasara mal el atrevido mercader. Cayó Rocinante, y fue rodando su amo una buena pieza por el campo; y queriéndose levantar, jamás pudo: tal **embarazo**[383] le causaban la lanza, adarga, espuelas y celada, con el peso de las antiguas armas. Y entretanto que **pugnaba**[384] por levantarse y no podía, estaba diciendo:

—Non fuyáis, gente cobarde; gente **cautiva**,[385] atended; que no por culpa mía, sino de mi caballo, estoy aquí tendido.

Un mozo de mulas de los que allí venían, que no debía de ser muy bien intencionado, oyendo decir al pobre caído tantas arrogancias, no lo pudo **sufrir**[386] sin

---

[374] **canalla** (m.)—hombre despreciable, malo.

[375] **infame**—vil; malísimo; sin honra.

[376] **cólera** (f.)—ira; rabia.

[377] algalia—sustancia aromática con que se confeccionaban perfumes.

[378] corcovada—encorvada; jorobada.

[379] huso—instrumento más o menos largo, cilíndrico, de madera que sirve para hilar y devanar hebras.

[380] de Guadarrama—aquí, Cervantes compara el talle derecho de Dulcinea a un huso de Guadarrama, por venir los husos de los pinos rectos de la Sierra de Guadarrama.

[381] **beldad**—belleza.

[382] **arremetió**—acometió; se lanzó.

[383] embarazo—dificultad; obstáculo.

[384] **pugnaba**—se esforzaba; forcejeaba.

[385] cautiva—baja; vil; miserable.

[386] **sufrir**—aguantar; soportar; tolerar.

darle la respuesta en las costillas. Y llegándose a él, tomó la lanza y, después de haberla hecho pedazos, con uno dellos comenzó a dar a nuestro don Quijote tantos palos, que, a despecho y pesar de sus armas, le molió como cibera.[387] Dábanle voces sus amos que no le diese tanto y que le dejase; pero estaba ya el mozo picado y no quiso dejar el juego hasta envidar[388] todo el resto de su cólera, y acudiendo por los demás trozos de la lanza, los acabó de deshacer sobre el miserable caído, que, con toda aquella tempestad de palos que sobre él vía, no cerraba la boca, amenazando al cielo y a la tierra, y a los malandrines,[389] que tal le parecían.

Cansóse el mozo, y los mercaderes siguieron su camino, llevando que contar en todo él del pobre apaleado. El cual, después que se vio solo, tornó a probar si podía levantarse; pero si no lo pudo hacer cuando sano y bueno, ¿cómo lo haría molido y casi deshecho? Y aun se tenía por dichoso, pareciéndole que aquélla era propia desgracia de caballeros andantes, y toda la atribuía a la falta de su caballo, y no era posible levantarse, según tenía brumado[390] todo el cuerpo.

Capítulo V

Donde se prosigue la narración de la desgracia de nuestro caballero

Viendo, pues, que, en efeto, no podía **menearse**,[391] acordó de acogerse a su ordinario remedio, que era pensar en algún paso de sus libros, y trújole su locura a la memoria aquel de Valdovinos[392] y del marqués de

---

[387] cibera—el grano que se echa en la tolva del molino para cebar la piedra.

[388] envidar—vaciar; descargar.

[389] malandrines—malignos; perversos.

[390] brumado—quebrantado; molido.

[391] **menearse**—moverse.

[392] Valdovinos—personaje, como también el marqués de Mantua y Carloto, de romances derivados de una leyenda francesa; Lope de Vega escribió en 1604 una comedia titulada *El marqués de Mantua, o Baldovinos y Carloto.*

Mantua, cuando Carloto le dejó herido en la montiña,[393] *leyenda historia* sabida de los niños, no ignorada de los mozos, celebrada y aun creída de los viejos, y, con todo esto, no más verdadera que los milagros de Mahoma. Ésta, pues, le pareció a él que le venía de molde para el paso en que se hallaba; y así, con muestras de grande sentimiento, se comenzó a volcar por la tierra, y a decir con debilitado aliento lo mesmo que dicen decía el herido caballero del bosque:

—¿Dónde estás, señora mía,
que no te duele mi mal?
O no lo sabes, señora,
o eres falsa y desleal.

Y desta manera fue prosiguiendo el romance, hasta aquellos versos que dicen:

—¡Oh noble marqués de Mantua,
mi tío y señor **carnal**![394]

Y quiso la suerte que, cuando llegó a este verso, acertó a pasar por allí un labrador de su mesmo lugar y vecino suyo, que venía de llevar una carga de trigo al molino; el cual, viendo aquel hombre allí tendido, se llegó a él y le preguntó que quién era y qué mal sentía, que tan tristemente se quejaba. Don Quijote creyó, sin duda, que aquél era el marqués de Mantua, su tío, y así, no le respondió otra cosa si no fue proseguir en su romance, donde le daba cuenta de su desgracia y de los amores del hijo del Emperante[395] con su esposa, todo de la misma manera que el romance lo canta.

---

[393] montiña—montaña.

[394] **carnal**—relativo a la carne; dado a los placeres de la carne; mundano; pero también, pariente.

[395] Emperante—Emperador (Carlomagno, rey de los francos desde 768 hasta 814).

El labrador estaba admirado oyendo aquellos disparates; y quitándole la visera, que ya estaba hecha pedazos, de los palos, le limpió el rostro, que le tenía cubierto de polvo, y apenas le hubo limpiado, cuando le conoció y le dijo:

—Señor Quijana —que así se debía de llamar cuando él tenía juicio y no había pasado de hidalgo sosegado a caballero andante,— ¿quién ha puesto a vuestra merced desta suerte?

Pero él seguía con su romance a cuanto le preguntaba. Viendo esto el buen hombre, lo mejor que pudo le quitó el peto y espaldar, para ver si tenía alguna herida; pero no vio sangre ni señal alguna. Procuró levantarle del suelo, y no con poco trabajo le subió sobre su **jumento**,[396] por parecer caballería más sosegada. Recogió las armas, hasta las astillas de la lanza, y liólas[397] sobre Rocinante, al cual tomó de la rienda, y del cabestro[398] al asno, y se encaminó hacia su pueblo, bien pensativo de oír los disparates que don Quijote decía; y no menos iba don Quijote, que, de puro molido y quebrantado, no se podía tener sobre el **borrico**,[399] y de cuando en cuando daba unos suspiros que los ponía en el cielo; de modo que de nuevo obligó a que el labrador le preguntase[400] le dijese qué mal sentía; y no parece sino que el diablo le traía a la memoria los cuentos acomodados a sus sucesos: porque en aquel punto, olvidándose de Valdovinos, se acordó del moro Abindarráez, cuando el alcaide de Antequera, Rodrigo de Narváez, le prendió y llevó cautivo a su alcaidía.[401] De suerte que, cuando el labrador le volvió a preguntar

Leyendas

---

[396] **jumento**—asno; borrico.

[397] liólas—las lió; las ató.

[398] cabestro—rienda para sujetar o llevar un caballo o asno.

[399] **borrico**—asno; jumento.

[400] preguntase—pidiese.

[401] alcaidía—casa u oficina del alcaide, o el territorio de su jurisdicción.

que cómo estaba y qué sentía, le respondió las mesmas palabras y razones que el cautivo abencerraje[402] respondía a Rodrigo de Narváez, del mesmo modo que él había leído la historia en *La Diana*, de Jorge de Montemayor, donde se escribe; aprovechándose della tan a propósito, que el labrador se iba dando al diablo de oír tanta máquina de necedades; por donde conoció que su vecino estaba loco, y dábale priesa a llegar al pueblo, por escusar[403] el enfado que don Quijote le causaba con su larga **arenga**.[404] Al cabo de lo cual dijo:

—Sepa vuestra merced, señor don Rodrigo de Narváez, que esta hermosa Jarifa que he dicho es ahora la linda Dulcinea del Toboso, por quien yo he hecho, hago y haré los más famosos hechos de caballerías que se han visto, vean y verán en el mundo.

A esto respondió el labrador:

—Mire vuestra merced, señor, pecador de mí, que yo no soy don Rodrigo de Narváez, ni el marqués de Mantua, sino Pedro Alonso, su vecino; ni vuestra merced es Valdovinos, ni Abindarráez, sino el honrado hidalgo del señor Quijana.

—Yo sé quién soy —respondió don Quijote,— y sé que puedo ser no sólo los que he dicho, sino todos los doce[405] Pares de Francia, y aun todos los nueve de la Fama,[406] pues a todas las hazañas que ellos todos juntos y cada uno por sí hicieron, se aventajarán[407] las mías.

---

[402] abencerraje—Abencerraje, nombre de una ilustre familia musulmana en el reino de Granada, familia que se menciona como enemiga del rey Abu I-Hasan en el "Romance del rey moro que perdió Alhama".

[403] escusar—evitar.

[404] **arenga**—discurso largo y didáctico.

[405] los doce Pares de Francia—doce caballeros escogidos por los reyes de Francia, pares, o iguales entre sí, en valor.

[406] los nueve de la Fama—nueve hombres ilustres de la historia universal: Josué, David, y Judas Macabeo, judíos; Alejandro Magno, Héctor, y Julio César, paganos; y el rey Artús, Carlomagno, y Godofredo de Bouillon, cristianos.

[407] se aventajarán—superarán; serán superiores.

En estas pláticas y en otras semejantes llegaron al lugar, a la hora que anochecía; pero el labrador aguardó a que fuese algo más noche, porque no viesen al molido hidalgo tan mal caballero. Llegada, pues, la hora que le pareció, entró en el pueblo, y en la casa de don Quijote, la cual halló toda **alborotada**;[408] y estaban en ella el cura y el barbero del lugar, que eran grandes amigos de don Quijote, que estaba diciéndoles su ama a voces:

—¿Qué le parece a vuestra merced, señor licenciado Pero Pérez —que así se llamaba el cura,— de la desgracia de mi señor? Tres días ha que no parecen él, ni el rocín, ni la adarga, ni la lanza, ni las armas. ¡**Desventurada**[409] de mí!, que me doy a entender, y así es ello la verdad como nací para morir, que estos malditos libros de caballerías que él tiene y suele leer tan de ordinario le han vuelto[410]el juicio; que ahora me acuerdo haberle oído decir muchas veces, hablando entre sí, que quería hacerse caballero andante, e irse a buscar las aventuras por esos mundos. Encomendados sean a Satanás y a Barrabás[411] tales libros, que así han echado a perder el más delicado entendimiento que había en toda la Mancha.

La sobrina decía lo mesmo, y aun decía más:

—Sepa, señor maese Nicolás —que éste era el nombre del barbero,— que muchas veces le aconteció a mi señor tío estarse leyendo en estos **desalmados**[412] libros de desventuras dos días con sus noches, al cabo de los cuales arrojaba el libro de las manos, y ponía mano a la espada, y andaba a cuchilladas con las paredes, y

---

[408] **alborotada**—perturbada; inquietada.

[409] **Desventurada**—infeliz; desafortunada.

[410] vuelto—revuelto; trastornado.

[411] Barrabás—personaje bíblico; según la tradición cristiana, Barrabás, encarcelado en Jerusalén por los romanos, fue puesto en libertad el día de la Crucifixión de Jesucristo; su nombre ahora es sinónimo de "hombre malo".

[412] **desalmados**—sin alma; sin conciencia; crueles; inhumanos.

cuando estaba muy cansado decía que había muerto a cuatro gigantes como cuatro torres, y el sudor que sudaba del cansancio decía que era sangre de las feridas que había recebido en la batalla, y bebíase luego un gran jarro de agua fría, y quedaba sano y sosegado, diciendo que aquella agua era una preciosísima bebida que le había traído el sabio Esquife,[413] un grande encantador y amigo suyo. Mas yo me tengo la culpa de todo, que no avisé a vuestras mercedes de los disparates de mi señor tío, para que lo remediaran antes de llegar a lo que ha llegado, y quemaran todos estos descomulgados[414] libros, que tiene muchos, que bien merecen ser **abrasados**,[415] como si fuesen de **herejes**.[416]

—Esto digo yo también —dijo el cura,— y a fee[417] que no se pase el día de mañana sin que dellos no se haga acto público,[418] y sean condenados al fuego, porque no den ocasión a quien los leyere de hacer lo que mi buen amigo debe de haber hecho.

Auto de fe

Todo esto estaban oyendo el labrador y don Quijote, con que acabó de entender el labrador la enfermedad de su vecino, y así, comenzó a decir a voces:

—Abran vuestras mercedes al señor Valdovinos y al señor marqués de Mantua, que viene mal ferido, y al señor moro Abindarráez, que trae cautivo el valeroso Rodrigo de Narváez, alcaide de Antequera.

A estas voces salieron todos, y como conocieron los unos a su amigo, las otras a su amo y tío, que aún no se había apeado del jumento, porque no podía, corrieron a abrazarle. Él dijo:

---

[413] Esquife—Alquife, el supuesto autor del *Amadís de Grecia*; la sobrina pronuncia mal el nombre, confundiéndolo con "esquife", barco pequeño.

[414] descomulgados—excomulgados; malvados; perversos.

[415] **abrasados**—quemados.

[416] **herejes**—los que se apartan de la doctrina oficial de la Iglesia Católica.

[417] fee—fe.

[418] acto público—auto de fe en tiempos de la Inquisición; castigo público de herejes y la quema de sus libros, si los había.

—Ténganse todos, que vengo malferido por la culpa de mi caballo. Llévenme a mi lecho y llámese, si fuere posible, a la sabia Urganda,[419] que cure y cate[420] de mis feridas.

—¡Mirá, en hora maza[421] —dijo a este punto el ama,— si me decía a mí bien mi corazón del pie que cojeaba[422] mi señor! Suba vuestra merced en buen hora, que, sin que venga esa hurgada,[423] le sabremos aquí curar. ¡Malditos, digo, sean otra vez y otras ciento estos libros de caballerías, que tal han parado a vuestra merced!

Lleváronle luego a la cama, y, catándole las feridas, no le hallaron ninguna; y él dijo que todo era molimiento, por haber dado una gran caída con Rocinante, su caballo, combatiéndose con diez jayanes,[424] los más desaforados[425] y atrevidos que se pudieran fallar en gran parte de la tierra.

—¡Ta, ta![426] —dijo el cura.— ¿Jayanes hay en la danza? Para mi santiguada[427] que yo los queme mañana antes que llegue la noche.

Hiciéronle a don Quijote mil preguntas, y a ninguna quiso responder otra cosa sino que le diesen de comer y le dejasen dormir, que era lo que más le importaba. Hízose así, y el cura se informó muy a la larga[428] del labrador del modo que había hallado a don Quijote. Éste se lo contó todo, con los disparates que al hallarle y al

---

[419] Urganda—esposa de Alquife, arriba mencionado.

[420] cate—examine.

[421] en hora maza—eufemismo por "enhoramala"; se emplea para denotar disgusto.

[422] del pie que cojeaba—el punto débil de.

[423] hurgada—Urganda, mal pronunciada; parece que Cervantes juega con el sentido de la palabra "hurgada", manoseada, sobada.

[424] jayanes—hombres grandes y fuertes.

[425] desaforados—los que actúan sin ley, cometiendo atropellos.

[426] ¡Ta, ta!—interjección que expresa sorpresa.

[427] Para mi santiguada—por la señal de la cruz; fórmula de juramento.

[428] a la larga—con lujo de detalles; minuciosamente.

traerle había dicho, que fue poner más deseo en el licenciado[429] de hacer lo que otro día[430] hizo, que fue llamar a su amigo el barbero maese Nicolás, con el cual se vino a casa de don Quijote.

Capítulo VIII
Del buen suceso que el valeroso don Quijote tuvo en la espantable y jamás imaginada aventura de los molinos de viento, con otros sucesos dignos de felice recordación

En esto, descubrieron treinta o cuarenta molinos de viento que hay en aquel campo, y así como don Quijote los vio, dijo a su escudero:

—La ventura va guiando nuestras cosas mejor de lo que acertáramos a desear; porque ves allí, amigo Sancho Panza, donde se descubren[431] treinta o pocos más desaforados gigantes, con quien pienso hacer batalla y quitarles a todos las vidas, con cuyos despojos comenzaremos a enriquecer; que ésta es buena guerra, y es gran servicio de Dios quitar tan mala **simiente**[432] de sobre la faz de la tierra.

—¿Qué gigantes? —dijo Sancho Panza.

—Aquellos que allí ves —respondió su amo— de los brazos largos, que los suelen tener algunos de casi dos leguas.

—Mire vuestra merced —respondió Sancho— que aquellos que allí se parecen no son gigantes, sino molinos de viento, y lo que en ellos parecen brazos son las **aspas**,[433] que, volteadas del viento, hacen andar la piedra del molino.

---

[429] licenciado—el que posee título profesional; aquí, el cura.

[430] otro día—al día siguiente.

[431] se descubren—se ven.

[432] **simiente** (f.)—semilla; estirpe.

[433] **aspas**—brazos de los molinos de viento.

—Bien parece —respondió don Quijote— que no estás cursado[434] en esto de las aventuras: ellos son gigantes; y si tienes miedo, quítate de ahí, y ponte en oración en el espacio que yo voy a entrar con ellos en **fiera**[435] y desigual batalla.

Y diciendo esto, dio de espuelas a su caballo Rocinante, sin atender a las voces que su escudero Sancho le daba, advirtiéndole que, sin duda alguna, eran molinos de viento, y no gigantes, aquellos que iba a acometer. Pero él iba tan puesto en[436] que eran gigantes, que ni oía las voces de su escudero Sancho, ni echaba de ver, aunque estaba ya bien cerca, lo que eran; antes iba diciendo en voces altas:

—Non fuyades,[437] cobardes y viles criaturas, que un solo caballero es el que os acomete.

Levantóse en esto un poco de viento, y las grandes aspas comenzaron a moverse, lo cual visto por don Quijote, dijo:

—Pues aunque mováis más brazos que los del gigante Briareo[438] me lo habéis de pagar.

Y en diciendo esto, y encomendándose de todo corazón a su señora Dulcinea, pidiéndole que en tal trance le socorriese, bien cubierto de su rodela,[439] con la lanza en el ristre,[440] arremetió a todo el galope de Rocinante y **embistió**[441] con el primero molino que estaba delante; y dándole una lanzada en el aspa, la volvió el viento con tanta furia, que hizo la lanza pedazos, llevándose tras sí al caballo y al caballero, que

---

[434] cursado—instruido; informado.

[435] **fiera**—feroz; encarnizada.

[436] puesto en—convencido de.

[437] Non fuyades—no huyáis.

[438] Briareo—titán de la mitología griega y romana de la Antigüedad; tenía cien brazos, y luchó contra los dioses.

[439] rodela—escudo redondo y delgado; adarga.

[440] ristre (m.)—parte del peto de la armadura, que sirve para afianzar la lanza.

[441] **embistió**—arremetió.

fue rodando muy maltrecho por el campo. Acudió Sancho Panza a socorrerle, a todo el correr de su asno, y cuando llegó halló que no se podía menear: tal fue el golpe que dio con él Rocinante.

—¡Válame Dios![442] —dijo Sancho.— ¿No le dije yo a vuestra merced que mirase bien lo que hacía, que no eran sino molinos de viento, y no lo podía **ignorar**[443] sino quien llevase otros tales en la cabeza?

—Calla, amigo Sancho —respondió don Quijote;— que las cosas de la guerra, más que otras, están sujetas a continua mudanza; cuanto más, que yo pienso, y es así verdad, que aquel sabio Frestón,[444] que me robó el aposento y los libros, ha vuelto[445] estos gigantes en molinos por quitarme la gloria de su vencimiento:[446] tal es la enemistad que me tiene; mas, al cabo al cabo, han de poder poco sus malas artes contra la bondad de mi espada.

—Dios lo haga como puede —respondió Sancho Panza.

Y, ayudándole a levantar, tornó a subir sobre Rocinante, que medio despaldado[447] estaba. Y, hablando en[448] la pasada aventura, siguieron el camino del Puerto Lápice,[449] porque allí decía don Quijote que no era posible dejar de hallarse muchas y diversas aventuras, por ser lugar muy pasajero;[450] sino que iba muy pesaroso por haberle faltado la lanza; y diciéndoselo a su escudero, le dijo:

—Yo me acuerdo haber leído que un caballero español llamado Diego Pérez de Vargas, habiéndosele en

---

[442] ¡Válame Dios!—¡Válgame Dios!

[443] **ignorar**—no saber.

[444] Frestón—Fristón, supuesto autor de *Don Belianís de Grecia.*

[445] vuelto—convertido.

[446] vencimiento—conquista.

[447] despaldado—desespaldado; lastimado en la espalda.

[448] hablando en—comentando.

[449] Puerto Lápice—población en la actual provincia de Ciudad Real, sobre la carretera de Madrid a Andalucía.

[450] pasajero—transitado.

una batalla roto la espada, **desgajó**[451] de una encina un pesado ramo o tronco, y con él hizo tales cosas aquel día y **machacó**[452] tantos moros, que le quedó por sobrenombre Machuca, y así él como sus decendientes se llamaron desde aquel día en adelante Vargas y Machuca. Hete dicho esto, porque de la primera encina o roble que se me depare[453] pienso desgajar otro tronco tal y tan bueno como aquel que me imagino, y pienso hacer con él tales hazañas que tú te tengas por bien afortunado de haber merecido venir a vellas y a ser testigo de cosas que apenas podrán ser creídas.

—A la mano de Dios —dijo Sancho;— yo lo creo todo así como vuestra merced lo dice; pero enderécese un poco, que parece que va de medio lado, y debe de ser del molimiento de la caída.

—Así es la verdad —respondió don Quijote;— y si no me quejo del dolor es porque no es dado a los caballeros andantes quejarse de herida alguna, aunque se le salgan las tripas por ella.

—Si eso es así, no tengo yo que replicar —respondió Sancho;— pero sabe Dios si yo me holgara que vuestra merced se quejara cuando alguna cosa le doliera. De mí sé decir que me he de quejar del más pequeño dolor que tenga si ya no se entiende también con los escuderos de los caballeros andantes eso del no quejarse.

No se dejó de reír don Quijote de la **simplicidad**[454] de su escudero; y así, le declaró que podía muy bien quejarse como y cuando quisiese, sin gana o con ella; que hasta entonces no había leído cosa en contrario en la orden de caballería. Díjole Sancho que mirase que era hora de comer. Respondióle su amo que por entonces no le hacía menester; que comiese él cuando se le antojase.

---

[451] **desgajó**—arrancó.

[452] **machacó**—machucó; hizo pedazos.

[453] depare—presente; aparezca.

[454] **simplicidad**—ingenuidad; simpleza.

Con esta licencia se acomodó Sancho lo mejor que pudo sobre su jumento, y, sacando de las alforjas lo que en ellas había puesto, iba caminando y comiendo detrás de su amo muy de su espacio,[455] y de cuando en cuando empinaba la bota,[456] con tanto gusto que le pudiera envidiar el más regalado bodegonero[457] de Málaga.[458] Y en tanto que él iba de aquella manera menudeando tragos,[459] no se le acordaba de ninguna promesa que su amo le hubiese hecho, ni tenía por ningún trabajo, sino por mucho descanso, andar buscando las aventuras, por peligrosas que fuesen.

En resolución, aquella noche la pasaron entre unos árboles, y del uno dellos desgajó don Quijote un ramo seco que casi le podía servir de lanza, y puso en él el hierro que quitó de la que se le había quebrado. Toda aquella noche no durmió don Quijote, pensando en su señora Dulcinea, por acomodarse a lo que había leído en sus libros, cuando los caballeros pasaban sin dormir muchas noches en las florestas y despoblados, entretenidos con las memorias de sus señoras. No la pasó ansí Sancho Panza; que, como tenía el estómago lleno, y no de agua de chicoria,[460] de un sueño se la llevó toda, y no fueran parte[461] para despertarle, si su amo no lo llamara, los rayos del sol, que le daban en el rostro, ni el canto de las aves, que, muchas y muy regocijadamente,[462] la venida del nuevo día saludaban. Al levantarse dio un tiento[463] a la bota, y hallóla algo más flaca que la noche

---

[455] de su espacio—a sus anchas; cómodamente.

[456] empinaba la bota—alzaba la bolsa de cuero para tomar un trago de vino.

[457] bodegonero—propietario de un bodegón, o taberna.

[458] Málaga—ciudad y provincia andaluza, situada en la costa del Mediterráneo; era famosa por sus vinos.

[459] menudeando tragos—tomando tragos con frecuencia.

[460] agua de chicoria—té de achicoria, planta cuyas hojas se emplean en infusiones tónicas.

[461] parte (f.)—motivo suficiente.

[462] regocijadamente—alegremente.

[463] tiento—toque; intento de tomar un trago de la bota.

antes; y afligiósele el corazón, por parecerle que no llevaban camino de remediar tan presto su falta. No quiso desayunarse don Quijote, porque, como está dicho, dio en sustentarse de sabrosas memorias. Tornaron a su comenzado camino del Puerto Lápice, y a obra de[464] las tres del día le descubrieron.

—Aquí —dijo en viéndole don Quijote— podemos, hermano Sancho Panza, meter las manos hasta los codos en esto que llaman aventuras. Mas advierte que, aunque me veas en los mayores peligros del mundo, no has de poner mano a tu espada para defenderme, si ya no vieres que los que me ofenden es canalla y gente baja, que en tal caso bien puedes ayudarme; pero si fueren caballeros, en ninguna manera te es lícito ni concedido por las leyes de caballería que me ayudes, hasta que seas armado caballero.

—Por cierto, señor —respondió Sancho,— que vuestra merced sea muy bien obedecido en esto; y más, que yo de mío[465] me soy pacífico y enemigo de meterme en ruidos ni pendencias. Bien es verdad que en lo que tocare a defender mi persona no tendré mucha cuenta con esas leyes, pues las divinas y humanas permiten que cada uno se defienda de quien quisiere agraviarle.

—No digo yo menos —respondió don Quijote;— pero en esto de contra caballeros has de tener a raya tus naturales ímpetus.

—Digo que así lo haré —respondió Sancho,— y que guardaré ese preceto[466] tan bien como el día del domingo.

Estando en estas razones, asomaron por el camino dos frailes de la orden de San Benito, caballeros sobre dos dromedarios:[467] que no eran más pequeñas dos

---

[464] a obra de—a eso de; cerca de.

[465] de mío—por naturaleza.

[466] preceto—precepto.

[467] dromedario(s)—animal muy semejante al camello, pero que tiene una sola giba en el dorso.

mulas en que venían. Traían sus antojos de camino[468] y sus quitasoles. Detrás dellos venía un coche, con cuatro o cinco de a caballo que le acompañaban y dos mozos de mulas a pie. Venía en el coche, como después se supo, una señora vizcaína[469] que iba a Sevilla, donde estaba su marido, que pasaba a las Indias[470] con un muy honroso cargo. No venían los frailes con ella, aunque iban el mesmo camino; mas apenas los divisó don Quijote, cuando dijo a su escudero:

—O yo me engaño, o ésta ha de ser la más famosa aventura que se haya visto; porque aquellos bultos negros que allí parecen deben de ser, y son, sin duda, algunos encantadores que llevan hurtada alguna princesa en aquel coche, y es menester deshacer este tuerto a todo mi **poderío**.[471]

—Peor será esto que los molinos de viento —dijo Sancho.— Mire, señor, que aquéllos son frailes de San Benito, y el coche debe de ser de alguna gente pasajera. Mire que digo que mire bien lo que hace, no sea el diablo que le engañe.

—Ya te he dicho, Sancho —respondió don Quijote,— que sabes poco de achaque[472] de aventuras; lo que yo digo es verdad, y ahora lo verás.

Y diciendo esto, se adelantó y se puso en la mitad del camino por donde los frailes venían, y, en llegando tan cerca que a él le pareció que le podrían oír lo que dijese, en alta voz dijo:

—Gente endiablada y descomunal, dejad luego al punto las altas princesas que en ese coche lleváis

---

[468] antojos de camino—anteojos; especie de máscara de viajero para protegerse contra los rayos solares y el polvo.

[469] vizcaína—de Vizcaya, provincia en el norte de España, en el País Vasco.

[470] las Indias—la América española, en tiempos coloniales.

[471] **poderío**—fuerza; capacidad.

[472] achaque (m.)—materia; asunto.

forzadas; si no, aparejaos[473] a recebir presta muerte, por justo castigo de vuestras malas obras.

Detuvieron los frailes las riendas, y quedaron admirados, así de la figura de don Quijote como de sus razones, a las cuales respondieron:

—Señor caballero, nosotros no somos endiablados ni descomunales, sino dos religiosos de San Benito que vamos nuestro camino, y no sabemos si en este coche vienen, o no, ningunas forzadas princesas.

—Para conmigo no hay palabras blandas; que ya yo os conozco, fementida[474] canalla —dijo don Quijote.

Y sin esperar más respuesta, picó a Rocinante y, la lanza baja, arremetió contra el primero fraile, con tanta furia y denuedo, que si el fraile no se dejara caer de la mula, él le hiciera venir al suelo mal de su grado,[475] y aun mal ferido, si no cayera muerto. El segundo religioso, que vio del modo que trataban a su compañero, puso piernas al castillo de su buena mula,[476] y comenzó a correr por aquella campaña,[477] más ligero que el mesmo viento.

Sancho Panza, que vio en el suelo al fraile, apeándose ligeramente de su asno, arremetió a él y le comenzó a quitar los **hábitos**.[478] Llegaron en esto dos mozos[479] de los frailes y preguntáronle que por qué le desnudaba. Respondióles Sancho que aquello le tocaba a él legítimamente, como despojos de la batalla que su señor don Quijote había ganado. Los mozos, que no sabían de burlas, ni entendían aquello de despojos ni batallas, viendo que ya don Quijote estaba desviado[480]

---

[473] aparejaos—preparaos.

[474] fementida—falsa; engañosa.

[475] mal de su grado—contra su voluntad; aunque no quisiera.

[476] puso piernas al castillo de su buena mula—espoleó su gigantesca mula.

[477] campaña—terreno llano.

[478] **hábitos**—ropa propia de frailes.

[479] mozos—criados.

[480] desviado—apartado.

de allí, hablando con las que en el coche venían, arremetieron con Sancho y dieron con él en el suelo, y, sin dejarle pelo en las barbas, le molieron a coces y le dejaron tendido en el suelo, sin aliento ni sentido. Y, sin detenerse un punto, tornó a subir el fraile, todo temeroso y acobardado y sin color en el rostro; y cuando se vio a caballo, picó tras su compañero, que un buen espacio de allí le estaba aguardando, y esperando en qué paraba aquel **sobresalto**,[481] y, sin querer aguardar el fin de todo aquel comenzado suceso, siguieron su camino, haciéndose más cruces que si llevaran al diablo a las espaldas.

Don Quijote estaba, como se ha dicho, hablando con la señora del coche, diciéndole:

—La vuestra fermosura, señora mía, puede facer de su persona lo que más le viniere en talante, porque ya la **soberbia**[482] de vuestros robadores yace[483] por el suelo, derribada por este mi fuerte brazo; y porque no penéis[484] por saber el nombre de vuestro libertador, sabed que yo _Intro_ me llamo don Quijote de la Mancha, caballero andante y aventurero, y cautivo de la sin par y hermosa doña Dulcinea del Toboso, y en pago del beneficio que de mí habéis recebido, no quiero otra cosa sino que volváis[485] al Toboso, y que de mi parte os presentéis ante esta señora y le digáis lo que por vuestra libertad he fecho.

Todo esto que don Quijote decía escuchaba un escudero de los que el coche acompañaban, que era vizcaíno; el cual, viendo que no quería dejar pasar el coche adelante, sino que decía que luego había de dar la vuelta al Toboso, se fue para don Quijote y, asiéndole de la lanza, le dijo, en mala lengua castellana y peor vizcaína, desta manera:

---

[481] **sobresalto**—susto.

[482] **soberbia**—arrogancia.

[483] yace—está tendida.

[484] penéis—sufráis; tengáis ansia.

[485] volváis—torzáis; toméis el camino.

—Anda, caballero que mal andes; que el Dios que crióme, que, si no dejas coche, así te matas como estás ahí vizcaíno.[486]

Entendióle muy bien don Quijote, y con mucho sosiego le respondió:

—Si fueras caballero, como no lo eres, ya yo hubiera castigado tu sandez y atrevimiento, cautiva criatura.

A lo cual replicó el vizcaíno:

—¿Yo no caballero? Juro a Dios tan mientes como cristiano. Si lanza arrojas y espada sacas, ¡el agua cuán presto verás que al gato llevas![487] Vizcaíno por tierra, hidalgo por mar, hidalgo por el diablo, y mientes que mira si otra dices cosa.

—Ahora lo veredes, dijo Agrajes[488] —respondió don Quijote.

Y arrojando la lanza en el suelo, sacó su espada y embrazó su rodela, y arremetió al vizcaíno, con determinación de quitarle la vida. El vizcaíno, que así le vio venir, aunque quisiera apearse de la mula, que, por ser de las malas de alquiler, no había que fiar[489] en ella, no pudo hacer otra cosa sino sacar su espada; pero avínole[490] bien que se halló junto al coche, de donde pudo tomar una almohada que le sirvió de escudo, y luego se fueron el uno para el otro, como si fueran dos mortales enemigos. La demás gente quisiera ponerlos en paz; mas no pudo, porque decía el vizcaíno en sus mal trabadas razones que si no le dejaban acabar su batalla, que él había de matar a su ama y a toda la gente

---

[486] así te matas como estás ahí vizcaíno—es tan cierto que te matará este vizcaíno como que estás tú ahí; el vizcaíno no hablaba bien el castellano, porque no era la lengua natal de los vascos.

[487] ¡el agua cuán presto verás que al gato llevas!—¡qué pronto verás que llevo el gato al agua!; "llevar el gato al agua" significa "salirse con la suya", es decir, hacer uno su voluntad contra un adversario.

[488] Agrajes—personaje del *Amadís de Gaula*, que solía decir "ahora lo veredes" a los que iba a combatir.

[489] fiar—confiar.

[490] avínole—le vino.

que se lo **estorbase**.[491] La señora del coche, admirada y _Batalla_
temerosa de lo que veía, hizo al cochero que se desviase
de allí algún poco y desde lejos se puso a mirar la
rigurosa **contienda**,[492] en el discurso[493] de la cual dio el
vizcaíno una gran cuchillada a don Quijote encima de
un hombro, por encima de la rodela, que, a dársela[494] sin
defensa, le abriera hasta la cintura. Don Quijote, que
sintió la pesadumbre de aquel desaforado golpe, dio
una gran voz, diciendo:

—¡Oh señora de mi alma, Dulcinea, flor de la
fermosura, socorred a este vuestro caballero, que, por
satisfacer a la vuestra mucha bondad, en este riguroso
trance se halla!

El decir esto, y el apretar la espada, y el cubrirse
bien de su rodela, y el arremeter al vizcaíno, todo fue en
un tiempo, llevando determinación de **aventurarlo**[495]
todo a la[496] de un golpe solo.

El vizcaíno, que así le vio venir contra él, bien
entendió por su denuedo su coraje, y determinó de
hacer lo mesmo que don Quijote. Y así, le aguardó bien
cubierto de su almohada, sin poder rodear la mula a una
ni a otra parte; que ya, de puro cansada y no hecha a
semejantes niñerías, no podía dar un paso.

Venía, pues, como se ha dicho, don Quijote contra el
cauto[497] vizcaíno, con la espada en alto, con
determinación de abrirle por medio, y el vizcaíno le
aguardaba ansimesmo levantada la espada y aforrado[498]
con su almohada, y todos los circunstantes[499] estaban

---

[491] **estorbase**—impidiese; pusiese obstáculos.

[492] **contienda**—pelea; batalla.

[493] discurso—transcurso.

[494] a dársela—de habérsela dado; si se la hubiera dado.

[495] **aventurarlo**—arriesgarlo.

[496] la—aquí la ventura; la suerte.

[497] cauto—cauteloso; prevenido.

[498] aforrado—cubierto; protegido.

[499] circunstantes—presentes; observadores.

temerosos y colgados[500] de lo que había de suceder de aquellos tamaños golpes con que se amenazaban; y la señora del coche y las demás criadas suyas estaban haciendo mil **votos**[501] y ofrecimientos a todas las imágenes y casas de devoción de España, porque Dios librase a su escudero y a ellas de aquel tan grande peligro en que se hallaban.

Pero está el daño de todo esto que en este punto y término deja pendiente el autor desta historia esta batalla, disculpándose que no halló más escrito, destas hazañas de don Quijote, de las que deja referidas. Bien es verdad que el segundo autor[502] desta obra no quiso creer que tan curiosa historia estuviese entregada a las leyes del olvido, ni que hubiesen sido tan poco curiosos los ingenios de la Mancha, que no tuviesen en sus archivos o en sus escritorios algunos papeles que deste famoso caballero tratasen; y así, con esta imaginación, no se desesperó de hallar el fin desta apacible[503] historia, el cual, siéndole el cielo favorable, le halló del modo que se contará en la segunda parte.

---

[500] colgados—pendientes; sobre ascuas.

[501] **votos**—promesas; rezos.

[502] el segundo autor—Cervantes, porque finge que él no es el autor del *Quijote*, sino sólo el que lo traduce del árabe; el verdadero autor, dice Cervantes, es Cide Hamete Benengeli.

[503] apacible—grata; placentera.

PREGUNTAS

1. Retrata, en tus propias palabras, la vida y la figura del protagonista antes de que éste pierda el juicio. Al convertirse este "honrado hidalgo del señor Quijana" en don Quijote de la Mancha, ¿cómo cambia su aspecto físico? ¿Por qué es una figura anacrónica don Quijote en la España de su tiempo? ¿Qué haría uno hoy si quisiera convertirse en una figura paralela, surgida de una época de hace un par de siglos?

2. ¿Cómo se relaciona la figura de Dulcinea del Toboso con la condición de don Quijote como caballero andante? Ten en cuenta, al responder, la función del amor cortesano en los libros de caballerías. ¿Qué papel desempeña Dulcinea del Toboso en el encuentro de don Quijote con los mercaderes? ¿Qué problema tiene don Quijote con ellos? ¿Qué opinas tú de esta forma de razonar?

3. ¿Cuáles son los varios planos de la realidad sobre los que operan don Quijote, por un lado, y Sancho Panza por otro, en la aventura de los molinos de viento?

4. Señala la diferencia entre el lenguaje que usa don Quijote al hablar, y el lenguaje de la narración. ¿A qué se debe esta diferencia? Ilustra tus observaciones con ejemplos específicos del texto, señalando las cualidades de cada uno de estos niveles de lenguaje.

5. Compara y contrasta el *Quijote* y el *Lazarillo de Tormes* en términos de su organización episódica y su visión satírica.

— menos tiempo — char same

El Quijote

Sancho Panza contempla a su amo, don Quijote, quien yace en el suelo, muy maltrecho a consecuencia de su arremetida contra los molinos de viento.

EL INGENIOSO
HIDALGO DON QVI-
XOTE DE LA MANCHA,

*Compuesto por Miguel de Cervantes
Saauedra.*

DIRIGIDO AL DVQVE DE BEIAR,
Marques de Gibraleon, Conde de Benalcaçar, y Baña-
res, Vizconde de la Puebla de Alcozer, Señor de
las villas de Capilla, Curiel, y
Burguilios.

Año, 1605.

CON PRIVILEGIO,
EN MADRID, Por Iuan de la Cuesta.

Véndese en casa de Francisco de Robles, librero del Rey nro señor.

◀ La portada de la primera edición de la novela más famosa del mundo, *El ingenioso hidalgo don Quijote de la Mancha,* publicada en Madrid en 1605. Nótese que, en la Edad de Oro, "Quixote" se escribía en español con "x".

El conocido actor y comediante norteamericano John Lithgow, hizo el papel de don Quijote en una película hecha para el canal de televisión por cable TNT, en 1999.
▼

▲ En esta versión cinematográfica de *Don Quijote*, filmada en 1932, George Robey hace el papel de don Quijote, y Fedor Chapliapin el de Sancho Panza.

◄ Cartel que anuncia una producción francesa de *Don Quichotte* por el Cirque Nouveau, o Circo Nuevo: se trata de una "bufonería ecuestre".

El actor británico Keith Mitchell representando el papel de don Quijote en una producción de *Man of La Mancha*, en Londres. En esta popular tragicomedia musical, se desdoblan las esencias de Miguel de Cervantes, autor, y su creación ficticia, don Quijote. Keith Mitchell ganó el premio otorgado por los críticos de teatro de Londres, en octubre de 1970.

▲
Desde que se publicó, el *Quijote* ha sido
campo fértil para las artes plásticas. En
el siglo XX, el afamado pintor surreal-
ista catalán, Salvador Dalí, se inspiró en
el episodio de los molinos de viento,
de la novela de Cervantes, para crear
este deslumbrante cuadro.

Pablo Picasso, pintor español de fama
universal, creó su propia visión del
episodio de los molinos de viento, en
este cuadro espectral de don Quijote
y Sancho, pintado en 1955. ▶

Mariano José de Larra ▶

Vuelva usted mañana

MARIANO JOSÉ DE LARRA

Nacido en Madrid, Mariano José de Larra (1809–1837) pasó su primera niñez en Francia, donde se le olvidó casi por completo el español. Volvió para formarse en colegios y universidades de España, y triunfó casi de inmediato con su labor periodística. Escribiendo bajo el seudónimo de "Fígaro", Larra critica con punzante humor las costumbres, los prejuicios y las debilidades de la España de su época. Al retratar lo peculiar del ambiente español, toma el típico cuadro costumbrista y lo convierte en arma de ataque social. Afirmó alguna vez que usar la palabra para alterar la sociedad existente equivale a preparar futuros cambios de carácter revolucionario.

Larra abrazó con vehemencia tal el desolado pesimismo de la ideología romántica, que se suicidó antes de cumplir los 28 años de edad. Su dolorosa visión de la realidad española se cifra en "Vuelva Ud. mañana" (1833), crítica mordaz de la costumbre de la burocracia española de no hacer nunca hoy lo que se puede dejar para mañana.

Gran persona debió de ser el primero que llamó pecado mortal a la **pereza**.[1] Nosotros, que ya en uno de nuestros artículos anteriores estuvimos más serios de lo que nunca nos habíamos propuesto, no entraremos ahora en largas y profundas investigaciones acerca de la historia de este pecado, por más que conozcamos que hay pecados que pican en historia, y que la historia de los pecados sería un tanto cuanto[2] divertida. **Convengamos**[3] solamente en que esta institución ha cerrado y cerrará las puertas del cielo a más de un cristiano.

Estas reflexiones hacía yo casualmente no hace muchos días, cuando se presentó en mi casa un extranjero de estos que, en buena o en mala parte, han de tener siempre de nuestro país una idea exagerada e **hiperbólica**;[4] de estos que, o creen que los hombres aquí son todavia los espléndidos, francos, generosos y caballerescos seres de hace dos siglos, o que son aún las tribus nómadas del otro lado del Atlante:[5] en el primer caso vienen imaginando que nuestro carácter se conserva tan intacto como nuestras ruinas; en el segundo vienen temblando por esos caminos, y preguntan si son los ladrones que los han de **despojar**[6] los individuos de algún cuerpo de guardia establecido precisamente para defenderlos de los **azares**[7] de un camino, comunes a todos las países.

Verdad es que nuestro país no es de aquellos que se conocen a primera ni a segunda vista, y si no temiéramos que nos llamasen **atrevidos**,[8] lo comparáramos de buena gana a esos juegos de manos sorprendentes e

---

[1] **pereza**—flojera; ociosidad; desidia.

[2] un tanto cuanto—un poco.

[3] **Convengamos**—pongámonos de acuerdo.

[4] **hiperbólica**—excesiva en algún aspecto; excesivamente exagerada.

[5] Atlante (m.)—océano Atlántico.

[6] **despojar**—quitar; robar.

[7] **azares** (m.)—posibles contratiempos o peligros; riesgos.

[8] **atrevidos**—provocativos; osados.

inescrutables[9] para el que ignora su **artificio**,[10] que estribando[11] en una grandísima **bagatela**,[12] suelen después de sabidos dejar **asombrado**[13] de su poca **perspicacia**[14] al mismo que se devanó los sesos[15] por buscarles causas extrañas. Muchas veces la falta de una causa determinante en las cosas nos hace creer que debe de haberlas profundas para mantenerlas **al abrigo de**[16] nuestra **penetración**.[17] Tal es el orgullo del hombre, que más quiere declarar en alta voz que las cosas son incomprensibles cuando no las comprende él, que confesar que el ignorarlas puede depender de su **torpeza**.[18]

Esto **no obstante**,[19] comoquiera que entre nosotros mismos se hallen muchos en esta ignorancia de los verdaderos resortes[20] que nos mueven, no tendremos derecho para extrañar que los extranjeros no los puedan tan fácilmente penetrar.

Un extranjero de éstos fue el que se presentó en mi casa, **provisto**[21] de competentes cartas de recomendación para mi persona. Asuntos **intrincados**[22] de familia, **reclamaciones**[23] futuras, y aun proyectos

---

[9] **inescrutables**—indescifrables; misteriosos.

[10] **artificio**—truco; maña.

[11] **estribando**—descansando; basándose.

[12] **bagatela**—nimiedad; cosa de poca importancia.

[13] **asombrado**—sorprendido.

[14] **perspicacia**—viveza; inteligencia; agudeza; penetración.

[15] **se devanó los sesos**—expresión figurada que significa, "se fatigó el cerebro".

[16] **al abrigo de**—protegido de; al amparo de.

[17] **penetración**—perspicacia; agudeza.

[18] **torpeza**—falta de perspicacia; tardanza en comprender.

[19] **no obstante**—sin embargo.

[20] **resortes** (m.)—móviles; motivos; causas.

[21] **provisto**—armado; equipado; con provisiones.

[22] **intrincados**—complejos; complicados.

[23] **reclamaciones**—quejas formales; peticiones; instancias.

vastos concebidos en París de invertir[24] aquí sus **cuantiosos**[25] **caudales**[26] en tal cual especulación industrial o mercantil, eran los motivos que a nuestra patria le conducían.

Acostumbrado a la actividad en que viven nuestros vecinos, me aseguró formalmente que pensaba **permanecer**[27] aquí muy poco tiempo, sobre todo si no encontraba pronto objeto seguro en que invertir su capital. Parecióme el extranjero **digno**[28] de alguna consideración, trabé presto amistad con él,[29] y lleno de lástima, traté de persuadirle a que se volviese a su casa **cuanto antes**,[30] siempre que seriamente trajese otro **fin**[31] que no fuese el de pasearse. Admiróle[32] la proposición, y fue preciso explicarme más claro.

Sarcástica —Mirad —le dije— monsieur Sans-délai[33] —que así se llamaba—; vos venís decidido a pasar quince días, y a **solventar**[34] en ellos vuestros asuntos.

—Ciertamente —me contestó—. Quince días, y es mucho. Mañana por la mañana buscamos un genealogista para mis asuntos de familia; por la tarde revuelve sus libros, busca mis **ascendientes**,[35] y por la noche ya sé quién soy. En cuanto a mis reclamaciones, pasado mañana las presento **fundadas**[36] en los datos que aquél me dé, legalizados en debida forma; y como será

---

[24] **invertir**—comprar algo de valor con la intención de venderlo más tarde a mayor precio.

[25] **cuantiosos**—grandes.

[26] **caudales** (m.)—riqueza; dinero; capital; fortuna.

[27] **permanecer**—pasar; quedar.

[28] **digno**—merecedor.

[29] trabé presto amistad con él—pronto me hice amigo de él.

[30] **cuanto antes**—lo más pronto posible.

[31] **fin** (m.)—propósito; intención.

[32] Admiróle—le causó extrañeza; le asombró.

[33] monsieur Sans-délai—señor Sin-demora; señor Sin-tardanza.

[34] **solventar**—resolver; solucionar; llevar a feliz término.

[35] **ascendientes**—antepasados.

[36] **fundadas**—basadas.

una cosa clara y de justicia innegable (pues sólo en este caso haré valer mis derechos), al tercer día se juzga el caso y soy dueño de lo mío. En cuanto a mis especulaciones, en que pienso invertir mis caudales, al cuarto día ya habré presentado mis proposiciones. Serán buenas o malas, y **admitidas**[37] o desechadas **en el acto**,[38] y son cinco días; en el sexto, séptimo y octavo, veo lo que hay que ver en Madrid; descanso el noveno; el décimo tomo mi asiento en la **diligencia**,[39] si no me conviene estar más tiempo aquí, y me vuelvo a mi casa; aún me sobran de los quince, cinco días.

Al llegar aquí monsieur Sans-délai, traté de **reprimir**[40] una **carcajada**[41] que me andaba **retozando**[42] ya hacía rato en el cuerpo, y si mi **educación**[43] logró sofocar mi inoportuna jovialidad, no fue bastante a impedir que se asomase a mis labios una suave sonrisa de asombro y de lástima que sus planes ejecutivos me sacaban al rostro, mal de mi grado.[44]

—Permitidme, monsieur Sans-délai —le dije entre **socarrón**[45] y formal—, permitidme que os **convide**[46] a comer para el día en que llevéis quince meses de estancia[47] en Madrid.

—¿Cómo?

—Dentro de quince meses estáis aquí todavía.

—¿Os burláis?

—No, por cierto.

---

[37] **admitidas**—aceptadas; juzgadas válidas.

[38] **en el acto**—inmediatamente.

[39] **diligencia**—coche tirado por caballos; carruaje.

[40] **reprimir**—sofocar.

[41] **carcajada**—risotada; explosión de risa.

[42] **retozando**—saltando; dando brincos.

[43] **educación**—cortesía.

[44] mal de mi grado—a pesar mío; contra mi voluntad.

[45] **socarrón**—sarcástico; aparentemente correcto, pero malicioso.

[46] **convide**—invite.

[47] **estancia**—estadía; tiempo pasado en un sitio.

—¿No me podré marchar cuando quiera? ¡Cierto que la idea es **graciosa**![48]

—Sabed que no estáis en vuestro país, activo y trabajador.

—¡Oh! Los españoles que han viajado por el extranjero han adquirido la costumbre de hablar mal siempre de su país por hacerse superiores a sus **compatriotas**.[49]

—Os aseguro que en los quince días con que contáis no habréis podido hablar siquiera a una sola de las personas cuya cooperación necesitáis.

—¡Hipérboles! Yo les comunicaré a todos mi actividad.

—Todos os comunicarán su inercia.

Conocí que no estaba el señor de Sans-délai muy **dispuesto a**[50] dejarse convencer sino por la experiencia, y callé por entonces, bien seguro de que no tardarían mucho los hechos en hablar por mí.

Amaneció el día siguiente, y salimos entrambos[51] a buscar un genealogista, lo cual sólo se pudo hacer preguntando de amigo en amigo y de conocido en conocido: encontrámoslo por fin, y, el buen señor, **aturdido**[52] de ver nuestra **precipitación**,[53] declaró francamente que necesitaba tomarse algún tiempo; instósele,[54] y por mucho favor nos dijo definitivamente que nos diéramos una vuelta por allí dentro de unos días. Sonreíme y marchámonos. Pasaron tres días; fuimos.

—Vuelva usted mañana —nos respondió la **criada**[55]—, porque el señor no se ha levantado todavía.

---

[48] **graciosa**—chistosa; que mueve a risa.

[49] **compatriotas**—ciudadanos del mismo país; paisanos.

[50] **dispuesto a**—inclinado a; con ánimo o intención de.

[51] entrambos—ambos; los dos.

[52] **aturdido**—asombrado; pasmado; perplejo.

[53] **precipitación**—urgencia; prisa.

[54] instósele—se le apremió; se le pidió con insistencia.

[55] **criada**—sirvienta; empleada doméstica.

—Vuelva usted mañana —nos dijo al siguiente día—, porque el **amo**[56] acaba de salir.

—Vuelva usted mañana —nos respondió al otro—, porque el amo está durmiendo la siesta.

—Vuelva usted mañana —nos respondió al lunes siguiente—, porque hoy ha ido a los toros.

¿Qué día, a qué hora se ve a un español? Vímosle por fin, y —vuelva usted mañana —nos dijo—, porque se me ha olvidado. Vuelva usted mañana, porque no está **en limpio**.[57]

A los quince días ya estuvo; pero mi amigo le había pedido una noticia del apellido Díez, y él había entendido Díaz, y la noticia no servía. Esperando nuevas pruebas, nada dije a mi amigo, desesperado ya de **dar** jamás **con**[58] sus abuelos.

Es claro que faltando este principio no tuvieron lugar las reclamaciones.

Para las proposiciones que acerca de varios establecimientos y **empresas**[59] utilísimas pensaba hacer, había sido preciso buscar un traductor; por los mismos pasos que el genealogista nos hizo pasar el traductor; de mañana en mañana nos llevó hasta el fin del mes. **Averiguamos**[60] que necesitaba dinero diariamente para comer, con la mayor urgencia; sin embargo, nunca encontraba momento oportuno para trabajar. El escribiente[61] hizo después otro tanto con las copias, sobre llenarlas de mentiras, porque un escribiente que sepa escribir no le hay en este país.

El escribiente

---

[56] **amo**—jefe; dueño.

[57] **en limpio**—tratándose de un documento, sin borrones, erratas, tachaduras, ni otra alteración alguna; en su forma definitiva.

[58] **dar** (jamás) **con**—(nunca) encontrar.

[59] **empresas**—compañías; corporaciones.

[60] **Averiguamos**—nos enteramos; descubrimos.

[61] escribiente—empleado de oficina que transcribe datos o hace copias de documentos.

No paró aquí; un **sastre**[62] tardó veinte días en hacerle un **frac**,[63] que le había mandado llevarle en veinticuatro horas; el zapatero le obligó con su tardanza a comprar botas hechas; la planchadora necesitó quince días para plancharle una camisola,[64] y el sombrero, a quien le había enviado su sombrero a variar el ala, le tuvo dos días con la cabeza al aire y sin salir de casa.

Sus conocidos y amigos no le asistían a una sola cita, ni avisaban cuando faltaban, ni respondían a sus **esquelas**.[65] ¡Qué formalidad y qué exactitud!

—¿Qué os parece de esta tierra, monsieur Sansdélai? —le dije al llegar a estas pruebas.

—Me parece que son hombres singulares . . .

—Pues así son todos. No comerán por no llevar la comida a la boca.

Presentóse, con todo, yendo y viniendo días, una proposición de mejoras para un ramo[66] que no **citaré**,[67] quedando recomendada eficacísimamente.[68] A los cuatro días volvimos a saber el éxito de nuestra **pretensión**.[69]

—Vuelva usted mañana —nos dijo el portero—. El oficial de la mesa no ha venido hoy.

—Grande causa le habrá detenido —dije yo **entre mí**.[70]

Fuímonos a dar un paseo, y nos encontramos ¡qué casualidad! al oficial de la mesa en el Retiro,[71] ocupadísimo en dar una vuelta con su señora al hermoso sol de los inviernos claros de Madrid. Martes era el día siguiente, y nos dijo el portero:

---

[62] **sastre**—el que hace artículos de ropa a la medida del cliente.

[63] **frac** (m.)—traje formal de hombre, cuya chaqueta es corta por delante y tiene dos faldones por detrás.

[64] camisola—camisa fina con cuello y puños de encaje.

[65] **esquelas**—avisos funerarios; aquí, cartas breves, o notas.

[66] ramo—departamento; sección.

[67] citaré—haré alusión a; mencionaré.

[68] eficacísimamente—de manera muy eficiente.

[69] **pretensión**—esfuerzo; intento; petición.

[70] **entre mí**—a mí mismo; a mis adentros.

[71] el Retiro—parque público muy grande en Madrid.

—Vuelva usted mañana, porque el señor oficial de la mesa no da audiencia hoy.

—Grandes negocios habrán cargado sobre él —dije yo.

Como soy el diablo y aun he sido duende,[72] busqué ocasión de echar una ojeada por el agujero de una cerradura. Su señoría[73] estaba echando un cigarrito al brasero[74] y con una charada[75] del *Correo* entre manos, que le debía costar trabajo **acertar**.[76]

—Es imposible verle hoy —le dije a mi compañero—; su señoría está, en efecto, ocupadísimo.

Dionos audiencia el miércoles inmediato, y ¡qué fatalidad! el **expediente**[77] había pasado a informe,[78] **por desgracia**,[79] a la única persona enemiga indispensable de monsieur y de su plan, porque era quien debía salir en él **perjudicado**.[80] Vivió el expediente dos meses en informe, y vino tan informado como era de esperar. Verdad es que nosotros no habíamos podido encontrar empeño[81] para una persona muy amiga del informante. Esta persona tenía unos ojos muy hermosos, los cuales sin duda alguna le hubieran convencido en sus ratos perdidos de la justicia de nuestra causa.

Vuelto de informe, se cayó en la cuenta en la sección de nuestra bendita oficina de que el tal expediente no correspondía a aquel ramo; era preciso rectificar este pequeño error; pasóse al ramo, establecimiento y mesa

---

[72] duende (m.)—espíritu travieso; por extensión, persona que aparece en un sitio de imprevisto.

[73] Su señoría—título de respeto aplicado a los que ocupan altos cargos.

[74] brasero—recipiente circular de metal en el que se echan brasas para calentar la habitación.

[75] charada—adivinanza de palabras, algo parecida al crucigrama.

[76] acertar—tener razón; dar en el blanco; hallar la respuesta apropiada.

[77] expediente (m.)—conjunto de documentos sobre un asunto determinado.

[78] informe (m.)—aquí, sección encargada de archivos y datos.

[79] por desgracia—desafortunadamente.

[80] perjudicado—dañado.

[81] empeño—aquí, persona de quien se obtiene una recomendación.

correspondiente, y hétenos[82] caminando después de tres meses a la cola siempre de nuestro expediente, como hurón[83] que busca al conejo, y sin poderlo sacar muerto ni vivo de la huronera.[84] Fue el caso al llegar aquí que el expediente salió del primer establecimiento y nunca llegó al otro.

—De aquí **se remitió**[85] con fecha tantos —decían en uno.

—Aquí no ha llegado nada —decían en otro.

—¡Voto va![86] —dije yo a monsieur Sans-délai—, ¿sabéis que nuestro expediente se ha quedado en el aire como el alma de Garibay,[87] y que debe de estar ahora posado como una paloma sobre algún tejado de esta activa población?

Hubo que hacer otro. ¡Vuelta a los empeños! ¡Vuelta a la prisa! ¡Qué delirio!

—Es indispensable —dijo el oficial con voz campanuda[88]— que esas cosas vayan por sus **trámites**[89] regulares.

Es decir, que el toque[90] estaba, como el toque del ejercicio militar, en llevar nuestro expediente tantos o cuantos años de servicio.

Por último, después de cerca de medio año de subir y bajar, y estar a la firma o al informe, o a la aprobación, o al despacho, o debajo de la mesa y de

---

[82] hétenos—véasenos; allí estamos.

[83] hurón (m.)—mamífero carnívoro, de pelaje amarillento, usado en la caza de conejos.

[84] huronera—guarida o madriguera del hurón.

[85] **se remitió**—se pasó; se envió.

[86] ¡Voto va!—exclamación que sirve de eufemismo por una maldición.

[87] como el alma de Garibay—frase proverbial para aludir a alguien o algo que anda inquieto de un lado a otro; alude a un célebre cronista de Guipúzcoa del siglo XVI, Garibay, de quien decían las gentes que su alma no había ido ni al cielo y ni al infierno y que andaba vagando convertida en fantasma.

[88] campanuda—altisonante; como producida por una campana.

[89] **trámites** (m.)—procesos o etapas burocráticas; papeleo.

[90] toque (m.)—aquí, punto esencial o dificultad en que estriba una cosa; clave.

volver siempre mañana, salió con una notita al margen que decía: "A pesar de la justicia y utilidad del plan del exponente,[91] negado."

—¡Ah, ah, monsieur Sans-délai! —exclamé riéndome a carcajadas—, éste es nuestro negocio.

Pero monsieur Sans-délai se daba[92] a todos los oficinistas, que es como si dijéramos a todos los diablos.

—¿Para esto he echado yo viaje tan largo? *S—D enojado* ¿Después de seis meses no habré conseguido sino que me digan en todas partes diariamente: *Vuelva usted mañana?* ¿Y cuando este **dichoso**[93] *mañana* llega, en fin, nos dicen redondamente que no? ¿Y vengo a darles dinero? ¿Y vengo a hacerles favor? Preciso es que la intriga más **enredada**[94] se haya **fraguado**[95] para oponerse a nuestras **miras**.[96]

—¿Intriga, monsieur Sans-délai? No hay hombre capaz de seguir dos horas una intriga. La pereza es la verdadera intriga; os juro que no hay otra: ésa es la gran causa oculta: es más fácil negar las cosas que enterarse de ellas.

Al llegar aquí, no quiero pasar en silencio algunas razones de las que me dieron para la anterior negativa, aunque sea una pequeña digresión.

—Ese hombre se va a perder —me decía un personaje muy grave y muy patriótico.

—Ésa no es una razón —le repuse—; si él se arruina nada se habrá perdido en concederle lo que pide; él llevará el castigo de su **osadía**[97] o de su ignorancia.

—¿Cómo ha de salir con su intención?

---

[91] exponente—solicitante; peticionario.

[92] se daba—maldecía; juraba; echaba pestes.

[93] **dichoso**—feliz; aquí, es irónico por maldito.

[94] **enredada**—compleja; intrincada.

[95] **fraguado**—construido; elaborado.

[96] **miras**—fines; intenciones; propósitos.

[97] **osadía**—atrevimiento; presunción.

—Y suponga usted que quiere tirar su dinero y perderse; ¿no puede uno aquí morirse siquiera sin tener un empeño para el oficial de la mesa?

—Puede perjudicar a los que hasta ahora han hecho de otra manera eso mismo que ese señor extranjero quiere hacer.

—¿A los que lo han hecho de otra manera, es decir, peor?

—Sí, pero lo han hecho.

—Sería lástima que se acabara el modo de hacer mal las cosas. Con que, porque siempre se han hecho las cosas del modo peor posible, ¿será preciso tener consideraciones con los perpetuadores del mal? Antes se debiera mirar si podrían perjudicar los antiguos al moderno.

—Así está establecido; así se ha hecho hasta aquí; así lo seguiremos haciendo.

—Por esa razón deberían darle a usted **papilla**[98] todavía como cuando nació.

—En fin, señor Bachiller, es un extranjero.

—¿Y por qué no lo hacen los **naturales**[99] del país?

—Con esas socaliñas[100] vienen a sacarnos la sangre.

—Señor mío —exclamé, sin llevar más adelante mi paciencia—; está usted en un error harto general. Usted es como muchos que tienen la diabólica manía de empezar siempre por poner obstáculos a todo lo bueno, y el que pueda que los **venza**.[101] Aquí tenemos el loco orgullo de no saber nada, de quererlo adivinar todo y no reconocer maestros. Las naciones que han tenido, ya que no el saber, deseos de él, no han encontrado otro medio que el de **recurrir**[102] a los que sabían más que ellas.

---

[98] **papilla**—comida triturada o licuada para bebés.

[99] **naturales**—nativos; oriundos.

[100] socaliñas—mañas; ardides; trucos.

[101] **venza**—derrote; subyugue; rinda.

[102] **recurrir**—acudir; buscar ayuda.

—Un extranjero —seguí— que corre a un país que le es desconocido para **arriesgar**[103] en él sus caudales, pone en circulación un capital nuevo, contribuye a la sociedad, a quien hace un inmenso beneficio con su talento y su dinero. Si pierde, es un héroe; si gana, es muy justo que logre el premio de su trabajo, pues nos **proporciona**[104] ventajas que no podíamos acarrearnos[105] solos. Ese extranjero que se establece en este país no viene a sacar de él dinero, como usted supone: necesariamente se establece y **se arraiga**[106] en él, y a la vuelta de media docena de años ni es extranjero ya, ni puede serlo; sus más **caros**[107] intereses y su familia le ligan al nuevo país que ha adoptado; toma cariño al suelo donde ha hecho su fortuna, al pueblo donde ha escogido acaso una compañera; sus hijos son españoles, y sus nietos lo serán; en vez de extraer el dinero, ha venido a dejar un capital suyo que traía, invirtiéndole y haciéndole producir; ha dejado otro capital de talento, que vale por lo menos tanto como el del dinero; ha dado de comer a los pocos o muchos naturales de quien ha tenido necesariamente que valerse[108]; ha hecho una mejora, y hasta ha contribuido al aumento de la población con su nueva familia. Convencidos de estas importantes verdades, todos los gobiernos sabios y prudentes han llamado así a los extranjeros: a su grande hospitalidad ha debido siempre la Francia en gran parte su alto grado de esplendor; a los extranjeros de todo el mundo que ha llamado la Rusia ha debido el llegar a ser una de las primeras naciones en muchísimo menos tiempo que el que han tardado otras en llegar a ser las últimas; a los

---

[103] **arriesgar**—exponer a posibles peligros.

[104] **proporciona**—da.

[105] acarrearnos—traernos; causarnos.

[106] **se arraiga**—se radica; se establece permanentemente.

[107] **caros**—preciados; estimados.

[108] valerse (de)—emplear a.

extranjeros han debido los Estados Unidos . . . Pero veo por gestos de usted —concluí interrumpiéndome oportunamente a mí mismo— que es muy difícil convencer al que está persuadido de que no se debe convencer. ¡Por cierto, si usted mandara, podríamos fundar en usted grandes esperanzas! La fortuna es que hay hombres que mandan más **ilustrados**[109] que usted, que desean el bien de su país y dicen: "hágase el milagro y hágalo el diablo."[110] Con el gobierno que en el día tenemos no estamos ya en el caso de sucumbir a los ignorantes o a los mal intencionados y quizá ahora se logre que las cosas vayan a mejor, aunque despacio, mal que les pese[111] a los batuecos.[112]

Concluida esta filípica,[113] fuime en busca de mi Sans-délai.

—Me marcho, señor Bachiller —me dijo—; en este país no hay tiempo para hacer nada; sólo me limitaré a ver lo que haya en la capital de más notable.

—¡Ay, mi amigo! —le dije—; idos[114] en paz, y no queráis acabar con vuestra poca paciencia; mirad que la mayor parte de nuestras cosas no se ven.

—¿Es posible?

—¿Nunca me habéis de creer? Acordaos de los quince días . . .

Un gesto de monsieur Sans-délai me indicó que no le había gustado el recuerdo.

—*Vuelva usted mañana* —nos decían en todas partes—, porque hoy no se ve. Ponga usted un memorialito[115] para que le den a usted un permiso especial.

---

[109] **ilustrados**—instruidos; doctos; cultos.

[110] "hágase el milagro y hágalo el diablo"—expresión que significa, "con tal que se haga una cosa de beneficio, no importa que la haga el diablo, o quien sea"; alude aquí a los beneficios que han aportado al país los extranjeros.

[111] mal que les pese—aunque no les guste.

[112] batuecos—bobalicones; ignorantes; bobos.

[113] filípica—discurso fuerte en contra de algo o de alguien.

[114] idos—váyanse; aquí, váyase.

[115] memorialito—memorial breve; resumen; memorándum.

Era cosa de ver la cara de mi amigo al oír lo del memorialito: representábasele en la imaginación el informe, y el empeño, y los seis meses, y . . . Contentóse con decir: *Soy un extranjero*. ¡Buena recomendación entre los amables compatriotas míos! Aturdíase mi amigo cada vez más, y cada vez nos comprendía menos. Días y días tardamos en ver, a fuerza de esquelas y de *volver*, las pocas rarezas que tenemos guardadas. Finalmente, después de medio año largo, si es que puede haber un medio año más largo que otro, **se restituyó**[116] mi recomendado a su patria maldiciendo de esta tierra, dándome la razón que yo ya antes me tenía y llevando al extranjero noticias excelentes de nuestros batuecos; diciendo, sobre todo, que en seis meses no había podido hacer otra cosa sino *volver* siempre *mañana*, y que a la vuelta de tanto *mañana*, enteramente futuro, lo mejor, o más bien lo único que había podido hacer bueno, había sido marcharse.

¿Tendrá razón, perezoso lector (si es que has llegado ya a esto que estoy escribiendo), tendrá razón el buen monsieur Sans-délai en hablar mal de nosotros y de nuestra pereza? ¿Será cosa de que vuelva el día de mañana con gusto a visitar nuestros hogares? Dejemos esta cuestión para mañana, porque ya estarás cansado de leer hoy; si mañana u otro día no tienes, como sueles, pereza de volver a la librería, pereza de sacar tu bolsillo y pereza de abrir los ojos para hojear los pocos folletos que tengo que darte ya, te contaré cómo a mí mismo, que todo esto veo y conozco y callo mucho más, me ha sucedido muchas veces, llevado de esta influencia, hija del clima y *de otras causas*, perder de pereza más de una conquista amorosa; abandonar más de una pretensión empezada y las esperanzas de más de un empleo, que me hubiera sido acaso, con más actividad, poco menos que **asequible**;[117] renunciar, en fin, por pereza de hacer

---

[116] **se restituyó**—volvió; regresó.
[117] **asequible**—accesible; al alcance.

una visita justa o necesaria, a relaciones sociales que hubieran podido valerme de mucho en el **transcurso**[118] de mi vida; te confesaré que no hay negocio que no pueda hacer hoy que no deje para mañana; te **referiré**[119] que me levanto a las once, y duermo siesta; que paso haciendo el quinto pie de la mesa de un café hablando o roncando, como buen batueco, las siete y las ocho horas seguidas; te añadiré que cuando cierran el café, me arrastro lentamente a mi **tertulia**[120] diaria (porque de pereza no tengo más que una), y un cigarrito tras otro me alcanzan **clavado**[121] en un sitial,[122] y bostezando sin cesar, las doce o la una de la madrugada; que muchas noches no ceno de pereza, y de pereza no me acuesto; en fin, lector de mi alma, te declararé que de tantas veces como estuve en esta vida desesperado **ninguna me ahorqué**[123] y siempre fue de pereza. Y concluyo por hoy confesándote que ha[124] más de tres meses que tengo, como la primera entre mis apuntaciones,[125] el título de este artículo, que llamé: *Vuelva usted mañana;* que todas las noches y muchas tardes he querido durante este tiempo escribir algo en él, y todas las noches apagaba mi luz diciéndome a mí mismo con la más **pueril**[126] credulidad en mis propias resoluciones: *¡Eh, mañana le escribiré!* Da gracias a que llegó por fin este mañana,[127] que no es del todo malo; pero ¡ay de aquel *mañana* que no ha de llegar jamás!

(De *El Pobrecito Hablador,* núm II. Enero de 1833.)

---

[118] **transcurso**—duración; tránsito.

[119] **referiré**—contaré.

[120] **tertulia**—reunión de amigos para platicar.

[121] **clavado**—amarrado; fijo.

[122] sitial (m.)—asiento.

[123] **ninguna (vez) me ahorqué**—nunca me puse una soga al cuello para colgarme.

[124] ha—hace.

[125] apuntaciones—apuntes; notas.

[126] **pueril**—infantil; inocente; ingenua.

[127] este mañana—este día de mañana.

PREGUNTAS

1. En su obra, Larra combina una pasión por España, por un lado, con un desprecio del ambiente español de su tiempo, por otro. Pesimista, el escritor pone de manifiesto los males de su patria, y se desespera ante el futuro de España. Describe en tus propias palabras el mal que aqueja al ambiente español en "Vuelva usted mañana".

2. ¿Con qué intenciones específicas llega a España el monsieur Sans-délai?

3. Originalmente un ensayo periodístico, esta pieza se categoriza dentro del campo de los artículos de costumbres; a la vez presenta características típicas de la narrativa. Comenta tú las razones por las cuales este texto, "Vuelva usted mañana", puede categorizarse por un lado como ensayo y por otro como cuento.

4. ¿Sería posible aplicar la queja de Larra tocante a la burocracia española del siglo XIX a las burocracias que existen hoy día en otros países? ¿Has tenido algún encuentro propio, al estilo del amigo de Larra, con la burocracia?

Miguel de Unamuno ▶

San Manuel Bueno, mártir

MIGUEL DE UNAMUNO

*Miguel de Unamuno (1864–1936) fue ensayista, novelista,
cuentista, poeta, profesor, filólogo, crítico, periodista, y dramaturgo.
Nació en Bilbao de una familia vasca, pero vivió casi toda la vida
en Castilla, al principio dedicado a los estudios en Madrid, luego
como catedrático de griego en la Universidad de Salamanca, y
después como rector de la misma. Hablaba nueve idiomas, entre
ellos el danés, que aprendió sólo para leer las obras de Sören
Kierkegaard en el idioma original. Fue un hombre de espíritu
independiente y rebelde, que vivió de acuerdo con sus ideas, y
sufrió la destitución y el destierro por no callarlas.*

*San Manuel Bueno, mártir es una novela de ideas, y su
trama consiste en las tempestades y torbellinos espirituales de sus
personajes. En esta breve novela, Unamuno hizo encarnar en su
protagonista la desesperación y angustia que él mismo sentía en
carne viva por el ansia de inmortalidad, y el conflicto irreconciliable
nacido de la duda. El autor anhelaba, sin lograrla jamás, una fe de
niño en la perdurabilidad de su yo más allá de la muerte.*

El protagonista de San Manuel Bueno, mártir—íntimamente ligado a la esencia de su autor—, se esfuerza por ahogar, mediante una incansable obra de amor y servicio al prójimo, la verdad terrible de su propia duda sobre la vida eterna que promete la fe cristiana.

Si sólo en esta vida esperamos en Cristo, somos los más miserables de los hombres todos.
(San Pablo: I Cor., XV, 19.)[1]

Ahora que el obispo[2] de la diócesis[3] de Renada, a la que pertenece esta mi querida aldea de Valverde de Lucerna, anda, a lo que se dice, promoviendo el proceso para la beatificación[4] de nuestro don Manuel, o, mejor, San Manuel Bueno, que fue en ésta **párroco**,[5] quiero dejar aquí consignado, a modo de confesión y sólo Dios sabe, que no yo, con qué destino, todo lo que sé y recuerdo de aquel **varón**[6] matriarcal[7] que llenó toda la más **entrañada**[8] vida de mi alma, que fue mi verdadero padre espiritual,[9] el padre de mi espíritu, del mío, el de Ángela Carballino.

Al otro, a mi padre carnal[10] y temporal,[11] apenas si le conocí, pues se me murió siendo yo muy niña. Sé que

---

[1] San Pablo: I Cor., XV, 19—algunas traducciones contemporáneas difieren de ésta; una reza: "Si la esperanza que tenemos en Cristo fuera sólo para esta vida, seríamos los más desdichados de todos los mortales."

[2] obispo—sacerdote encargado de la dirección de una diócesis; autoridad máxima dentro de ella.

[3] diócesis—región que abarca varias parroquias, regiones de extensión limitada cuyo enfoque de vida es la iglesia parroquial.

[4] el proceso para la beatificación—indagación en la vida y milagros de una persona a quien se le atribuye santidad, para averiguar si la merece.

[5] **párroco**—sacerdote encargado de una parroquia.

[6] **varón**—hombre de respeto, autoridad u otras cualidades.

[7] matriarcal—propio del predominio o fuerte ascendiente femenino.

[8] **entrañada**—introducida en lo más hondo.

[9] padre espiritual—sacerdote católico confesor que dirige el espíritu y conciencia del penitente.

[10] padre carnal—el que la engendró.

[11] temporal—impermanente o perecedero, en oposición a perpetuo o eterno; también, secular, en oposición al que ha recibido órdenes clericales.

había llegado de forastero a nuestra Valverde de Lucerna, que aquí **arraigó**[12] al casarse con mi madre. Trajo consigo unos cuantos libros, el *Quijote*, obras de teatro clásico,[13] algunas novelas, historias, el *Bertoldo*,[14] todo revuelto, y de esos libros, los únicos casi que había en toda la aldea, devoré yo **ensueños**[15] siendo niña. Mi buena madre apenas si me contaba hechos o dichos de mi padre. Los de don Manuel, a quien, como todo el pueblo, adoraba, de quien estaba enamorada —claro que castísimamente—,[16] le habían borrado el recuerdo de los de su marido. A quien encomendaba a Dios, y fervorosamente, cada día al rezar el rosario.[17]

De nuestro don Manuel me acuerdo como si fuese de cosa de ayer, siendo yo niña, a mis diez años, antes de que me llevaran al colegio de religiosas[18] de la ciudad catedralicia[19] de Renada. Tendría él, nuestro santo, entonces unos treinta y siete años. Era alto, delgado, **erguido**,[20] llevaba la cabeza como nuestra Peña del Buitre[21] lleva su cresta, y había en sus ojos toda la hondura azul de nuestro lago. Se llevaba las miradas de todos, y tras ellas los corazones, y él, al mirarnos, parecía, traspasando la carne como un cristal, mirarnos al corazón. Todos le queríamos, pero sobre todo los

---

niños. ¡Qué cosas nos decía! Eran cosas, no palabras. Empezaba el pueblo a olerle la **santidad;**[22] se sentía lleno y embriagado de su aroma.

Entonces fue cuando mi hermano Lázaro, que estaba en América,[23] de donde nos mandaba regularmente dinero, con que vivíamos en decorosa **holgura,**[24] hizo que mi madre me mandase al colegio de religiosas a que se completara, fuera de la aldea, mi educación, y esto aunque a él, a Lázaro, no le hiciesen mucha gracia las monjas. "Pero como ahí —nos escribía— no hay hasta ahora, que yo sepa, colegios **laicos**[25] y progresivos,[26] y menos para señoritas, hay que **atenerse**[27] a lo que haya. Lo importante es que Angelita se pula y que no siga entre esas zafias[28] aldeanas." Y entré en el colegio pensando en un principio hacerme en él maestra; pero luego se me atragantó[29] la pedagogía.[30]

Cap 2

En el colegio conocí a niñas de la ciudad e intimé[31] con algunas de ellas. Pero seguía atenta a las cosas y a las gentes de nuestra aldea, de la que recibía frecuentes noticias y tal vez alguna visita. Y hasta al colegio llegaba la fama de nuestro párroco, de quien empezaba a

---

[22] **santidad**—perfección; estado de especial virtud y ejemplo; consagración a Dios.

[23] América—se refiere al continente americano, de norte a sur; probablemente, a la América hispánica.

[24] **holgura**—bienestar; comodidad.

[25] **laicos**—que omiten la instrucción religiosa; legos; seculares; seglares.

[26] progresivos—adeptos del progresismo, movimiento filosófico surgido en la segunda mitad del siglo XIX, que abrazaba avances en el orden socioeconómico y político; derivado de las ideas científicas de la época, principalmente de la doctrina evolucionista de Charles Darwin, tendía al materialismo, al agnosticismo, y al anticlericalismo.

[27] **atenerse**—ajustarse.

[28] zafias—incultas, toscas; aquí, las niñas de Valverde de Lucerna.

[29] atragantó—atravesó en la garganta; hizo difícil de tomar, por fastidio.

[30] pedagogía—instrucción formal; enseñanza escolar.

[31] intimé—forjé amistad.

hablarse en la ciudad episcopal.[32] Las monjas no hacían sino interrogarme respecto a él.

Desde muy niña alimenté, no sé bien cómo, curiosidades, preocupaciones e inquietudes, debidas, en parte al menos, a aquel **revoltijo**[33] de libros de mi padre, y todo ello se me medró[34] en el colegio, en el trato, sobre todo, con una compañera que se me aficionó desmedidamente, y que unas veces me proponía que entrásemos juntas a la vez en un mismo convento, jurándonos, y hasta firmando el juramento con nuestra sangre, hermandad perpetua, y otras veces me hablaba, con los ojos semicerrados, de novios y de aventuras matrimoniales. Por cierto que no he vuelto a saber de ella ni de su suerte. Y eso que cuando se hablaba de nuestro don Manuel, o cuando mi madre me decía algo de él en sus cartas —y era en casi todas—, que yo leía a mi amiga, ésta exclamaba como en **arrobo**:[35] "¡Qué suerte, chica, la de poder vivir cerca de un santo así, de un santo vivo, de carne y hueso, y poder besarle la mano! Cuando vuelvas a tu pueblo escríbeme mucho, mucho, y cuéntame de él."

Pasé en el colegio unos cinco años, que ahora se me pierden como un sueño de madrugada en la lejanía del recuerdo, y a los quince volví a mi Valverde de Lucerna. Ya toda ella era don Manuel; don Manuel con el lago y con la montaña. Llegué ansiosa de conocerle, de ponerme bajo su protección, de que él me marcara el sendero de mi vida.

Decíase que había entrado en el seminario[36] para hacerse cura, con el fin de atender a los hijos de una su

---

[32] ciudad episcopal—ciudad catedralicia; ciudad donde reside el obispo de una diócesis.

[33] **revoltijo**—conjunto desordenado.

[34] se me medró—se me robusteció; se me puso más nutrido.

[35] **arrobo**—éxtasis.

[36] seminario—lugar destinado a la enseñanza de jóvenes que quieren hacerse sacerdotes.

hermana recién viuda, de servirles de padre; que en el seminario se había distinguido por su agudeza mental y su talento, y que había rechazado ofertas de brillante carrera eclesiástica[37] porque él no quería ser sino de su Valverde de Lucerna, de su aldea perdida como un broche entre el lago y la montaña que se mira en él.

[anotación manuscrita: Más ayudante, menos sacerdote]

Y ¡cómo quería a los suyos! Su vida era arreglar matrimonios desavenidos,[38] reducir a[39] sus padres hijos indómitos o reducir los padres a sus hijos, y, sobre todo, consolar a los amargados y atediados y ayudar a todos a bien morir.[40]

Me acuerdo, entre otras cosas, de que al volver de la ciudad la desgraciada[41] hija de la tía Rabona, que se había perdido[42] y volvió, soltera y desahuciada,[43] trayendo un hijito consigo, don Manuel no paró hasta que hizo que se casase con ella su antiguo novio Perote y reconociese como suya a la criaturita, diciéndole:

—Mira, da padre a este pobre **crío**,[44] que no le tiene más que en el cielo.

—¡Pero, don Manuel, si no es mía la culpa . . . !

—¡Quién lo sabe, hijo, quién lo sabe . . . ! Y, sobre todo, no se trata de culpa.

Y hoy el pobre Perote, inválido, paralítico, tiene como báculo y consuelo[45] de su vida al hijo aquel que, contagiado de la santidad de don Manuel, reconoció por suyo no siéndolo.

---

[37] carrera eclesiástica—trayectoria ascendente de los rangos de autoridad eclesiástica en la Iglesia Católica; por ejemplo, de sacerdote a obispo, de obispo a arzobispo, etc.

[38] desavenidos—en discordia.

[39] reducir a—sujetar a la obediencia de.

[40] ayudar a todos a bien morir—ayudar y animar a las personas gravemente enfermas, oyendo su confesión si es posible, ungiéndolas para pedir una curación, si Dios quiere, y asegurándoles el perdón divino.

[41] desgraciada—desafortunada; también, que inspira compasión o menosprecio.

[42] se había perdido—no había ido por buen camino.

[43] desahuciada—sin esperanzas.

[44] **crío**—niño.

[45] báculo y consuelo—apoyo; sostén y alivio.

En la noche de San Juan,[46] la más breve del año, solían y suelen acudir a nuestro lago todas las pobres mujerucas y no pocos hombrecillos que se creen poseídos, endemoniados,[47] y que parece no son sino histéricos[48] y a las veces epilépticos, y don Manuel emprendió la tarea de hacer él de lago,[49] de piscina probática,[50] y tratar de aliviarles y, si era posible, de curarles. Y era tal la acción de su presencia, de sus miradas, y tal, sobre todo, la dulcísima autoridad de sus palabras y, sobre todo, de su voz —¡qué milagro de voz!—, que consiguió curaciones sorprendentes.[51] Con lo que creció su fama, que atraía a nuestro lago y a él a todos los enfermos del **contorno**.[52] Y alguna vez llegó una madre pidiéndole que hiciese un milagro en su hijo, a lo que contestó sonriendo tristemente:

—No tengo licencia del señor obispo para hacer milagros.

Le preocupaba, sobre todo, que anduviesen todos limpios. Si alguno llevaba un roto en su vestidura, le decía: "Anda a ver al sacristán[53] y que te remiende eso."

---

[46] la noche de San Juan—el 24 de junio, que coincide más o menos con el solsticio estival, el día 21; antiguamente, se celebraba con rituales asociados con la vida agrícola, y se dedicaban al santo las fuentes de agua, creyendo que así producían curaciones particularmente eficaces en la noche de San Juan, con la virtud curativa de las aguas del río Jordán, en tierras bíblicas del Medio Oriente.

[47] poseídos, endemoniados—los que ejecutan acciones furiosas, malas o perversas.

[48] histéricos—los que sufren de parálisis, convulsiones, o sofocaciones, por falta de estabilidad emocional o por excitaciones no percibidas por la conciencia.

[49] hacer él de lago—hacer el papel de lago don Manuel; analogía entre el cura y el lago en que, queriendo sanarse, se lavan los poseídos, los endemoniados, los histéricos.

[50] piscina probática—la que se hallaba en Jerusalén, donde se lavaban los enfermos, queriendo curarse de sus enfermedades.

[51] curaciones sorprendentes—curaciones al parecer eficaces mediante el poder de sugestión nacido de los atractivos de la personalidad de don Manuel.

[52] **contorno**—región.

[53] sacristán (m.)—persona encargada de cuidar de la limpieza y del aseo de la iglesia y de ayudar en el servicio del altar.

El sacristán era sastre. Y cuando el día primero de año[54] iban a felicitarle por ser el de su santo —su santo patrono era el mismo Jesús Nuestro Señor—, quería don Manuel que todos se le presentasen con camisa nueva, y al que no la tenía se la regalaba él mismo.

Por todos mostraba el mismo afecto, y si a algunos distinguía más con él era a los más desgraciados y a los que aparecían como más **díscolos**.[55] Y como hubiera en el pueblo un pobre idiota de nacimiento, Blasillo el bobo, a éste es a quien más acariciaba, y hasta llegó a enseñarle cosas que parecía milagro que las hubiese podido aprender. Y es que el pequeño **rescoldo**[56] de inteligencia que aún quedaba en el bobo se le encendía en imitar, como un pobre mono, a su don Manuel.

Su maravilla era la voz, una voz divina, que hacía llorar. Cuando al oficiar en misa mayor o solemne,[57] entonaba el prefacio, estremecíase la iglesia, y todos los que le oían sentíanse conmovidos en sus entrañas. Su canto, saliendo del templo, iba a quedarse dormido sobre el lago y al pie de la montaña. Y cuando en el sermón de Viernes Santo[58] clamaba aquello de "¡Dios mío, Dios mío!, ¿por qué me has abandonado?",[59] pasaba por el pueblo todo un temblor hondo como por

---

[54] el día primero de año—el 1° de enero se celebra la ocasión en que al niño Jesús se le puso nombre; tradicionalmente, el santo de uno es el del nombre que se le pone en su bautismo; don Manuel, en un paralelo con Cristo, lleva uno de los nombres de Cristo, Emanuel: "Dios con nosotros."

[55] **díscolos**—desobedientes; rebeldes.

[56] **rescoldo**—ascuas o brasas apagadas pero todavía calientes.

[57] misa mayor o solemne—la misa principal del domingo; en la misa ocurre el acto central de la Iglesia Católica: la consagración de pan y vino por el sacerdote; según las enseñanzas de la Iglesia, se convierten en el cuerpo y la sangre de Cristo, no simbólicamente sino en realidad, por las palabras de consagración pronunciadas por el sacerdote; siguen siendo sólo en apariencia pan y vino.

[58] el sermón de Viernes Santo—el discurso que pronuncia el sacerdote en observancia del día en que murió Jesús crucificado.

[59] "¡Dios mío, Dios mío!, ¿por qué me has abandonado?"—véase Mateo 27:46 y Salmo 22:2; palabras que rezó Cristo, que reflejan la angustia interior de don Manuel.

sobre las aguas del lago en días de cierzo de hostigo.[60] Y era como si oyesen a Nuestro Señor Jesucristo mismo, como si la voz brotara de aquel viejo crucifijo[61] a cuyos pies tantas generaciones de madres habían depositado sus **congojas**.[62] Como que una vez, al oírlo su madre, la de don Manuel, no pudo contenerse, y desde el suelo del templo, en que se sentaba, gritó: "¡Hijo mío!"[63] Y fue un chaparrón de lágrimas entre todos. Creeríase que el grito maternal había brotado de la boca entreabierta de aquella Dolorosa[64] —el corazón traspasado por siete espadas— que había en una de las capillas del templo. Luego, Blasillo el tonto iba repitiendo en tono **patético**[65] por las callejas, y como en eco, el "¡Dios mío, Dios mío!, ¿por qué me has abandonado?", y de tal manera, que al oírselo se les saltaban a todos las lágrimas, con gran regocijo del bobo por su triunfo imitativo.

Su acción sobre las gentes era tal, que nadie se atrevía a mentir ante él, y todos, sin tener que ir al confesonario,[66] se le confesaban. A tal punto que, como hubiese una vez ocurrido un repugnante crimen en una aldea próxima, el juez, un insensato que conocía mal a don Manuel, le llamó y le dijo:

—A ver si usted, don Manuel, consigue que este bandido declare la verdad.

---

[60] cierzo de hostigo—viento fuerte y frío que sopla del norte.

[61] crucifijo—una representación en madera, metal, etc., de Jesús crucificado.

[62] **congojas**—aflicciones del ánimo.

[63] "¡Hijo mío!"—otro paralelo trazado entre el sacerdote y Cristo; palabras de la madre de don Manuel, quien está presente en la iglesia, mostrándole su compasión (alusión a Juan 19:25).

[64] aquella Dolorosa—el corazón traspasado por siete espadas—imagen de la Virgen María afligida por la muerte de Cristo.

[65] **patético**—capaz de conmover con dolor profundo, de mover a melancolía.

[66] confesonario, o confesionario—lugar destinado a la confesión, acto en que el penitente confiesa sus pecados al confesor.

—¿Para que luego pueda castigársele? —replicó el santo varón[67]—. No, señor juez, no; yo no saco a nadie una verdad que le lleve acaso a la muerte. Allá entre él y Dios . . . La justicia humana no me concierne. "No juzguéis para no ser juzgados", dijo Nuestro Señor.

—Pero es que yo, señor cura . . .

—Comprendido; dé usted, señor juez, al César lo que es del César,[68] que yo daré a Dios lo que es de Dios.

Y al salir, mirando fijamente al presunto **reo**,[69] le dijo:

—Mira bien si Dios te ha perdonado, que es lo único que importa.

En el pueblo todos acudían a misa, aunque sólo fuese por oírle y por verle en el altar, donde parecía transfigurarse,[70] encendiéndosele el rostro. Había un santo ejercicio que introdujo en el **culto**[71] popular, y es que, reuniendo en el templo a todo el pueblo, hombres y mujeres, viejos y niños, unas mil personas, recitábamos al unísono, en una sola voz, el Credo: "Creo en Dios Padre Todopoderoso, Creador del Cielo y de la Tierra . . .,"[72] y lo que sigue. Y no era un coro, sino una sola voz, una voz simple y unida, fundidas todas en una y haciendo como una montaña, cuya cumbre, perdida a las veces en nubes, era don Manuel. Y al llegar a lo de "creo en la resurrección de la carne y la vida perdurable",[73] la voz de don Manuel **se zambullía**,[74]

---

[67] santo varón—hombre muy bondadoso y sencillo; sin embargo, Ángela también alude, con las varias menciones de este término, a la supuesta santidad de don Manuel.

[68] dé usted . . . al César lo que es del César—palabras de Cristo en que aconseja acatar las leyes de la entidad política en que se vive.

[69] **reo**—criminal.

[70] parecía transfigurarse—otro paralelo, por la transfiguración de Cristo en el monte Tabor.

[71] **culto**—conjunto de actos de reverente homenaje a Dios.

[72] "Creo en Dios Padre Todopoderoso, Creador del Cielo y de la Tierra . . ."—palabras que inician el Credo, declaración corta de las creencias religiosas del católico.

[73] "creo en la resurrección de la carne y la vida perdurable"—palabras contenidas en el Credo.

[74] **se zambullía**—se hundía.

como en un lago, en la del pueblo todo, y era que él se callaba. Y yo oía las campanas de la villa que se dice aquí que está sumergida en el lecho del lago —campanadas que se dice también se oyen la noche de San Juan—, y eran las de la villa sumergida en el lago espiritual de nuestro pueblo; oía la voz de nuestros muertos que en nosotros resucitaban en la comunión de los santos. Después, al llegar a conocer el secreto de nuestro santo, he comprendido que era como si una caravana en marcha por el desierto, desfallecido el caudillo al acercarse al término de su carrera, le tomaran en hombros los suyos para meter su cuerpo sin vida en la tierra de promisión.[75]

Los más no querían morirse sino cogidos de su mano como de un ancla.

Jamás en sus sermones se ponía a declamar contra impíos,[76] masones,[77] liberales[78] o herejes.[79] ¿Para qué, si no los había en la aldea? Ni menos contra la mala prensa. En cambio, uno de los más frecuentes temas de sus sermones era contra la **mala lengua**.[80] Porque él lo disculpaba todo y a todos disculpaba. No quería creer en la mala intención de nadie.

—La envidia —gustaba repetir— la mantienen los que se empeñan en creerse envidiados, y las más de las persecuciones son efecto más de la manía persecutoria que no de la perseguidora.

---

[75] tierra de promisión—tierra prometida al pueblo judío por Dios, en el Antiguo Testamento; aunque Moisés guió allá al pueblo israelita, Dios no le permitió entrar porque Moisés le había ofendido.

[76] impíos—los que no creen, o no practican su fe.

[77] masones—miembros de una sociedad secreta condenada por la Iglesia por sus actitudes anticatólicas.

[78] liberales—entendido el término como se entendía a principios del siglo XX, los que se oponían a ciertas enseñanzas de la Iglesia, o a todas ellas en conjunto.

[79] herejes—los que niegan alguna enseñanza de la Iglesia, generalmente proponiendo otra en su lugar.

[80] **mala lengua**—murmuraciones y calumnias de unos contra otros.

—Pero fíjese, don Manuel, en lo que me han querido decir . . .

Y él:

—No debe importarnos tanto lo que uno quiera decir como lo que diga sin querer.

Su vida era activa, y no contemplativa,[81] huyendo cuanto podía de no tener nada que hacer. Cuando oía eso de que la ociosidad es la madre de todos los vicios, contestaba: "Y del peor de todos, que es el pensar ocioso." Y como yo le preguntara una vez qué es lo que con eso quería decir, me contestó: "Pensar ocioso es pensar para no hacer nada o pensar demasiado en lo que se ha hecho y no en lo que hay que hacer. **A lo hecho pecho,**[82] y a otra cosa, que no hay peor que remordimiento sin enmienda." ¡Hacer!, ¡hacer! Bien comprendí yo ya desde entonces que don Manuel huía de pensar ocioso y a solas, que algún pensamiento le perseguía.

Así es que estaba siempre ocupado, y no pocas veces en inventar ocupaciones. Escribía muy poco para sí, de tal modo que apenas nos ha dejado escritos o notas; mas, en cambio, hacía de memorialista[83] para los demás, y a las madres, sobre todo, les redactaba las cartas para sus hijos ausentes.

Trabajaba también manualmente, ayudando con sus brazos a ciertas labores del pueblo. En la temporada de trilla[84] íbase a la era[85] a trillar y aventar, y en tanto aleccionaba o distraía a los labradores, a quienes ayudaba en estas faenas. Sustituía a las veces a

---

[81] vida activa, y no contemplativa—el catolicismo destaca dos maneras de llevar una vida cristiana: la activa, en que se pasa relativamente poco tiempo rezando y meditando, y más sirviendo las necesidades de los demás; y la contemplativa, dedicada principalmente a la oración.

[82] **A lo hecho pecho**—dicho que aconseja hacer frente a las consecuencias de un error o falta cometidos, sin perder tiempo en lamentaciones.

[83] memorialista—escribano; secretario.

[84] trilla—separación del grano de la paja.

[85] era—espacio descubierto y llano en una granja, donde se separa el grano de la paja.

algún enfermo en su tarea. Un día del más crudo invierno se encontró con un niño, muertito de frío, a quien su padre le enviaba a recoger una res a larga distancia, en el monte.

—Mira —le dijo al niño—, vuélvete a casa a calentarte, y dile a tu padre que yo voy a hacer el encargo.

Y al volver con la res se encontró con el padre, todo confuso, que iba a su encuentro. En invierno partía leña para los pobres. Cuando se secó aquel magnífico **nogal**[86] —"un nogal matriarcal" le llamaba—, a cuya sombra había jugado de niño y con cuyas nueces se había durante tantos años regalado, pidió el tronco, se lo llevó a su casa y, después de labrar en él seis tablas, que guardaba al pie de su lecho, hizo del resto leña para calentar a los pobres. Solía hacer también las pelotas para que jugaran los mozos y no pocos juguetes para los niños.

Solía acompañar al médico en su visita, y recalcaba las prescripciones de éste. Se interesaba, sobre todo, en los **embarazos**[87] y en la crianza de los niños, y estimaba como una de las mayores blasfemias aquello de "¡teta y gloria!" y lo otro de "angelitos al cielo"[88] Le conmovía profundamente la muerte de los niños.

—Un niño que nace muerto o que se muere recién nacido y un suicidio —me dijo una vez— son para mí de los más terribles misterios: ¡un niño en cruz!

Y como una vez, por haberse quitado uno la vida, le preguntara el padre del suicida, un forastero, si le daría tierra sagrada, le contestó:

—Seguramente, pues en el último momento, en el segundo de la agonía, se arrepintió sin duda alguna.

---

[86] **nogal** (m.)—árbol de abundante ramaje, que da nueces.

[87] **embarazo(s)**—estado de la mujer encinta, desde la concepción hasta el parto.

[88] "¡teta y gloria!" y lo otro de "angelitos al cielo"—dichos que declaran que los niños tiernos, al morir, van directamente al cielo.

Iba también a menudo a la escuela a ayudar al maestro, a enseñar con él, y no sólo el catecismo.[89] Y es que huía de la ociosidad y de la soledad. De tal modo, que por estar con el pueblo, y sobre todo con el mocerío y la chiquillería, solía ir al baile. Y más de una vez se puso en él a tocar el tamboril para que los mozos y las mozas bailasen, y esto, que en otro hubiera parecido grotesca profanación del sacerdocio, en él tomaba un sagrado carácter y como de rito religioso. Sonaba el *Ángelus*, dejaba el tamboril y el palillo, se descubría, y todos con él, y rezaba: "El ángel del Señor anunció a María: Ave María . . ." Y luego:

—Y ahora a descansar para mañana.

—Lo primero —decía— es que el pueblo esté contento, que estén todos contentos de vivir. El contentamiento de vivir es lo primero de todo. Nadie debe querer morirse hasta que Dios quiera.

—Pues yo sí —le dijo una vez una recién viuda—; yo quiero seguir a mi marido . . .

—¿Y para qué? —le respondió—. Quédate aquí para encomendar su alma a Dios.

En una boda dijo una vez: "¡Ay, si pudiese cambiar el agua toda de nuestro lago en vino, en un vinillo que, por mucho que de él se bebiera, alegrara siempre, sin emborrachar nunca . . . o por lo menos con una borrachera alegre!"

Una vez pasó por el pueblo una banda de pobres **titiriteros**.[90] El jefe de ella, que llegó con la mujer gravemente enferma y embarazada, y con tres hijos que le ayudaban, hacía de payaso. Mientras él estaba en la plaza del pueblo, haciendo reír a los niños y aun a los grandes, ella, sintiéndose de pronto gravemente indispuesta, se tuvo que retirar, y se retiró escoltada por

---

[89] catecismo—libro que contiene la explicación sucinta de los preceptos de la fe cristiana, en forma de preguntas y respuestas.

[90] **titiriteros**—acróbatas o artistas circenses.

una mirada de congoja del payaso y una risotada de los niños. Y escoltada por don Manuel, que luego, en un rincón de la cuadra[91] de la posada, le ayudó a bien morir. Y cuando acabada la fiesta, supo el pueblo y supo el payaso la tragedia, fuéronse todos a la posada, y el pobre hombre, diciendo con llanto en la voz: "Bien se dice, señor cura, que es usted todo un santo", se acercó a éste, queriendo tomarle la mano para besársela; pero don Manuel se adelantó y, tomándosela al payaso, pronunció ante todos:

—El santo eres tú, honrado payaso; te vi trabajar, y comprendí que no sólo lo haces para dar pan a tus hijos, sino también para dar alegría a los de los otros, y yo te digo que tu mujer, la madre de tus hijos, a quien he despedido a Dios mientras trabajabas y alegrabas, descansa en el Señor, y que tú irás a juntarte con ella y a que te paguen riendo los ángeles, a los que haces reír en el cielo de contento.

Y todos, niños y grandes, lloraban y lloraban tanto de pena como de un misterioso contento en que la pena se ahogaba. Y más tarde, recordando aquel solemne rato, he comprendido que la alegría imperturbable de don Manuel era la forma temporal y terrena de una infinita y eterna tristeza que con heroica santidad recataba a los ojos y a los oídos de los demás.

Con aquella su constante actividad, con aquel mezclarse en las tareas y en las diversiones de todos, parecía querer huir de sí mismo, querer huir de su soledad. "Le temo a la soledad", repetía. Mas, aun así, de cuando en cuando se iba solo, orilla del lago, a las ruinas de aquella vieja abadía[92] donde aún parecen reposar las almas de los piadosos cistercienses a quienes ha sepultado en el olvido la Historia. Allí está la celda del llamado Padre Capitán, y en sus paredes se dice que aún

---

[91] cuadra—sala espaciosa en que duermen muchas personas.

quedan señales de las gotas de sangre con que las salpicó al mortificarse.[93] ¿Qué pensaría allí nuestro don Manuel? Lo que sí recuerdo es que como una vez, hablando de la abadía, le preguntase yo cómo era que no se le había ocurrido ir al claustro, me contestó:

—No es, sobre todo, porque tenga, como tengo, mi hermana viuda y mis sobrinos a quienes sostener, que Dios ayuda a sus pobres, sino porque yo no nací para ermitaño, para anacoreta;[94] la soledad me mataría el alma, y en cuanto a un monasterio, mi monasterio es Valverde de Lucerna. Yo no debo vivir solo; yo no debo morir solo. Debo vivir para mi pueblo, morir para mi pueblo. ¿Cómo voy a salvar mi alma si no salvo la de mi pueblo?

—Pero es que ha habido santos ermitaños solitarios . . . —le dije.

—Sí, a ellos les dio el Señor la gracia de soledad que a mí me ha negado, y tengo que resignarme. Yo no puedo perder a mi pueblo para ganarme el alma. Así me ha hecho Dios. Yo no podría soportar las tentaciones del desierto.[95] Yo no podría llevar solo la cruz del nacimiento.[96]

He querido con estos recuerdos, de los que vive mi fe, retratar a nuestro don Manuel tal como era cuando

---

[92] abadía—monasterio regido por un abad; la abadía aquí quedó abandonada por la orden religiosa fundada por San Benito, la cisterciense, que tuvo su mayor florecimiento en el siglo XI.

[93] mortificarse—privarse de la comodidad, por ejemplo, ayunando para disciplinar las tendencias al pecado y para encaminar el alma a Dios.

[94] para ermitaño, para anacoreta—para asceta religioso que vive en un lugar solitario, muchas veces una ermita, entregado a la contemplación y a la penitencia.

[95] tentaciones del desierto—otra referencia a Cristo, tentado por Satanás en el desierto.

[96] la cruz del nacimiento—figuradamente, "cruz" es cualquier cosa que causa un sufrimiento prolongado; don Manuel insinúa que la causa de su sufrimiento es haber nacido.

yo, mocita de cerca de dieciséis años, volví del colegio de religiosas de Renada a nuestro monasterio[97] de Valverde de Lucerna. Y volví a ponerme a los pies de su abad.[98]

—¡Hola, la hija de la Simona —me dijo en cuanto me vio—, y hecha ya toda una moza y sabiendo francés, y bordar y tocar el piano, y qué sé yo qué más! Ahora, a prepararte para darnos otra familia. Y tu hermano Lázaro, ¿cuándo vuelve? Sigue en el Nuevo Mundo, ¿no es así?

—Si, señor; sigue en América . . .

—¡El Nuevo Mundo! Y nosotros en el Viejo. Pues bueno: cuando le escribas, dile de mi parte, de parte del cura, que estoy deseando saber cuándo vuelve del Nuevo Mundo a este Viejo, trayéndome las novedades de por allá. Y dile que encontrará al lago y a la montaña como les dejó.

Cuando me fui a confesar con él, mi turbación era tanta, que no acertaba a articular palabra. Recé el "yo pecadora",[99] balbuciendo,[100] casi sollozando. Y él, que lo observó, me dijo:

—Pero ¿qué te pasa, corderilla? ¿De qué o de quién tienes miedo? Porque tú no tiemblas ahora al peso de tus pecados ni por temor de Dios, no; tú tiemblas de mí, ¿no es eso?

Me eché a llorar.

---

[97] monasterio—casa, generalmente fuera de un poblado, donde vive una comunidad de monjes; aquí, figuradamente, Valverde de Lucerna, para don Manuel y Ángela; después Ángela dirá que la aldea es su convento, o sea, residencia de monjas.

[98] abad—superior de un monasterio con facultad de conferir órdenes menores a sus monjes; la analogía trazada por Ángela aquí, es que Valverde de Lucerna es un monasterio a cargo del abad don Manuel, quien tiene facultad de conferir órdenes menores a sus monjes.

[99] "yo pecador"—oración ritual con que se inicia la confesión; a continuación del "yo pecador", el penitente declara al confesor todos aquellos actos suyos que ofenden a Dios y que le separan de Él, o sea, sus pecados; de por sí, las inquietudes, dudas y tristezas de Ángela, en este caso, no constituyen pecado.

[100] balbuciendo—hablando sin articular bien las palabras, a causa de la emoción.

—Pero ¿qué es lo que te han dicho de mí? ¿Qué leyendas son ésas? ¿Acaso tu madre? Vamos, vamos, cálmate y haz cuenta que estás hablando con tu hermano . . .

Me animé y empecé a confiarle mis inquietudes, mis dudas, mis tristezas.

—¡Bah, bah, bah! ¿Y dónde has leído eso, marisabidilla?[101] Todo eso es literatura. No te des demasiado a ella, ni siquiera a Santa Teresa.[102] Y si quieres distraerte, lee el *Bertoldo,* que leía tu padre.

Salí de aquella mi primera confesión con el santo hombre profundamente consolada. Y aquel mi temor primero, aquel más que respeto miedo, con que me acerqué a él, trocóse[103] en una lástima profunda. Era yo entonces una mocita, una niña casi; pero empezaba a ser mujer, sentía en mis entrañas el jugo de la maternidad, y al encontrarme en el confesonario junto al santo varón, sentí como una callada confesión suya en el susurro sumiso de su voz, y recordé cómo cuando, al clamar él en la iglesia las palabras de Jesucristo: "¡Dios mío, Dios mío!, ¿por qué me has abandonado?" su madre, la de don Manuel, respondió desde el suelo: "¡Hijo mío!" y oí este grito, que desgarraba la quietud del templo. Y volví a confesarme con él para consolarle.

Una vez que en el confesonario le expuse una de aquellas dudas, me contestó:

---

[101] marisabidilla—mujer que se presume de sabia; aquí, dicho cariñosamente.

[102] Santa Teresa—Santa Teresa de Jesús (1515–1582), también conocida como Santa Teresa de Ávila; célebre reformadora de los conventos carmelitas; llevó una vida de oración muy profunda en la que tuvo visiones y otras experiencias místicas; sobre ellas dejó muchos escritos, y don Manuel le advierte a Ángela que no los lea mucho, probablemente porque promueven la vida interior, que tanto lo atormenta a él.

[103] trocóse—se cambió; se convirtió.

—A eso, ya sabes, lo del Catecismo: "Eso no me lo preguntéis a mí, que soy ignorante, doctores[104] tiene la Santa Madre Iglesia que os sabrán responder."

—Pero ¡si el doctor aquí es usted, don Manuel! . . .

—¿Yo, yo doctor? ¿Doctor yo? ¡Ni por pienso! Yo, doctorcilla, no soy más que un pobre cura de aldea. Y esas preguntas, ¿sabes quién te las insinúa, quién te las dirige? Pues . . . ¡el Demonio!

Y entonces, envalentonándome, le espeté a boca de jarro:[105]

—¿Y si se las dirigiese a usted, don Manuel?

—¿A quién? ¿A mí? ¿Y el Demonio? No nos conocemos, hija, no nos conocemos.

—¿Y si se las dirigiera?

—No le haría caso. Y basta, ¿eh?, despachemos,[106] que me están esperando unos enfermos[107] de verdad.

Me retiré, pensando, no sé por qué, que nuestro don Manuel, tan afamado curandero de endemoniados, no creía en el Demonio. Y al irme hacia mi casa topé con Blasillo el bobo, que acaso **rondaba**[108] el templo, y que al verme, para **agasajarme**[109] con sus habilidades, repitió —¡y de qué modo!— lo de "¡Dios mío, Dios mío!, ¿por qué me has abandonado?" Llegué a casa acongojadísima y me encerré en mi cuarto para llorar, hasta que llegó mi madre.

—Me parece, Angelita, con tantas confesiones, que tú te me vas a ir monja.[110]

---

[104] doctores—título que da la Iglesia a algunos santos—Santa Teresa, San Agustín, San Francisco de Sales, Santo Tomás, y otros—que con mayor profundidad de doctrina defendieron y enseñaron la fe católica.

[105] le espeté a boca de jarro—le solté abruptamente.

[106] despachemos—dejemos el asunto; demos por terminado el asunto.

[107] enfermos—término que utiliza don Manuel para referirse a los aldeanos que buscan reconfortarse espiritualmente con él.

[108] **rondaba**—daba vueltas alrededor de.

[109] **agasajarme**—complacerme.

[110] ir monja—meterte monja; entrar en un convento.

—No lo tema, madre —le contesté—, pues tengo harto que hacer aquí, en el pueblo, que es mi convento.

—Hasta que te cases.

—No pienso en ello —le repliqué.

Y otra vez que me encontré con don Manuel, le pregunté, mirándole derechamente a los ojos:

—¿Es que hay Infierno, don Manuel?

Y él, sin inmutarse:

—Para ti, hija? No.

—¿Y para los otros, le hay?

—¿Y a ti qué te importa, si no has de ir a él?

—Me importa por los otros. ¿Le hay?

—Cree en el cielo, en el cielo que vemos. Míralo.

Y me lo mostraba sobre la montaña y abajo, reflejado en el lago.

—Pero hay que creer en el Infierno como en el Cielo —le repliqué.

—Sí, hay que creer todo lo que enseña a creer la Santa Madre Iglesia Católica Apostólica Romana. ¡Y basta!

Leí no sé qué honda tristeza en sus ojos, azules como las aguas del lago.

Aquellos años pasaron como un sueño. La imagen de don Manuel iba creciendo en mí sin que yo de ello me diese cuenta, pues era un varón tan cotidiano, tan de cada día como el pan que a diario pedimos en el Padrenuestro.[111] Yo le ayudaba cuanto podía en sus menesteres, visitaba a sus enfermos, a nuestros enfermos, a las niñas de la escuela, arreglaba el ropero de la iglesia y le hacía como me llamaba él, de diaconisa.[112] Fui unos días, invitada por una compañera de colegio, a la ciudad, y tuve que volverme, pues en la ciudad me ahogaba, me faltaba algo, sentía sed de la vista de las aguas del lago,

---

[111] padrenuestro—oración que Cristo enseñó a rezar: "Padre nuestro, que estás en los cielos . . .".

[112] diaconisa—mujer que en los primeros siglos del cristianismo se dedicaba al servicio de la iglesia.

hambre de la vista de las peñas de la montaña; sentía, sobre todo, la falta de mi don Manuel y como si su ausencia me llamara, como si corriese un peligro lejos de mí, como si me necesitara. Empezaba yo a sentir una especie de afecto maternal hacia mi padre espiritual; quería aliviarle del peso de su cruz del nacimiento.

Cap. III

Así fui llegando a mis veinticuatro años, que es cuando volvió de América, con un caudalillo[113] ahorrado, mi hermano Lázaro. Llegó acá, a Valverde de Lucerna, con el propósito de llevarnos a mí y a nuestra madre a vivir a la ciudad, acaso a Madrid.

—En la aldea —decía— se entontece, se embrutece y se empobrece uno.

Y añadía:

2 Esp.

—Civilización es lo contrario de ruralización. ¡Aldeanerías, no!, que no hice que fueras al colegio para que te pudras luego aquí, entre estos zafios **patanes**.[114]

Yo callaba, aun dispuesta a resistir la emigración; pero nuestra madre, que pasaba ya de la sesentena, se opuso desde un principio: "¡A mi edad, cambiar de aguas!", dijo primero; mas luego dio a conocer claramente que ella no podría vivir fuera de la vista de su lago, de su montaña y, sobre todo, de su don Manuel.

—¡Sois como las gatas, que os apegáis a la casa! —repetía mi hermano.

Cuando se percató de todo el **imperio**[115] que sobre el pueblo todo y en especial sobre nosotras, sobre mi madre y sobre mí, ejercía el santo varón evangélico, se irritó contra éste. Le pareció un ejemplo de la oscura teocracia[116] en que él suponía hundida a España. Y empezó a barbotar

---

[113] caudalillo—pequeño capital; pequeña cantidad de dinero acumulado.

[114] **patanes** (m.)—rústicos; toscos.

[115] **imperio**—dominio; mando, con autoridad absoluta.

[116] teocracia—gobierno ejercido directamente por Dios o por sus sacerdotes.

sin descanso todos los viejos lugares comunes anticlericales[117] y hasta antirreligiosos y progresistas que había traído renovados del Nuevo Mundo.

—En esta España de calzonazos[118] —decía—, los curas manejan a las mujeres y las mujeres a los hombres . . . , ¡y luego el campo!, ¡el campo!, este campo feudal . . .

Para él, feudal era un término pavoroso; "feudal" y "medieval" eran los dos calificativos que prodigaba cuando quería condenar algo. Le desconcertaba el ningún efecto que sobre nosotras hacían sus diatribas y el casi ningún efecto que hacían en el pueblo, donde se le oía con respetuosa indiferencia. "A estos patanes no hay quien los conmueva." Pero como era bueno, por ser inteligente, pronto se dio cuenta de la clase de imperio que don Manuel ejercía sobre el pueblo, pronto se enteró de la obra del cura de su aldea.

—¡No, no es como los otros —decía—, es un santo!

—Pero ¿tú sabes cómo son los otros curas? —le decía yo; y él:

—Me lo figuro.

Mas aun así ni entraba en la iglesia ni dejaba de hacer alarde[119] en todas partes de su incredulidad, aunque procurando siempre dejar a salvo a don Manuel. Y ya en el pueblo se fue formando, no sé como, una expectativa, la de una especie de duelo entre mi hermano Lázaro y don Manuel, o más bien se esperaba la conversión de aquél por éste. Nadie dudaba de que al cabo el párroco le llevaría a su parroquia. Lázaro, por su parte, ardía en deseos —me lo dijo luego— de ir a oír a don Manuel, de verle y oírle en la iglesia, de acercarse a él y con él conversar, de conocer el secreto de aquel su

---

[117] lugares comunes anticlericales—expresiones convencionales en contra de los sacerdotes.

[118] calzonazos—hombres débiles y flojos.

[119] hacer alarde—gloriarse de; hacer gala.

imperio espiritual sobre las almas. Y se hacía de rogar para ello, hasta que, al fin, por curiosidad —decía—, fue a oírle.

—Sí, esto es otra cosa —me dijo luego de haberle oído—; no es como los otros, pero a mí no me la da; es demasiado inteligente para creer todo lo que tiene que enseñar.

—Pero ¿es que le crees un hipócrita? —le dije.

—¡Hipócrita . . . no!, pero es el **oficio**[120] del que tiene que vivir.

En cuanto a mí, mi hermano se empeñaba en que yo leyese de libros que él trajo y de otros que me incitaba a comprar.

—¿**Conque**[121] tu hermano Lázaro —me decía don Manuel— se empeña en que leas? Pues lee, hija mía, lee y dale así gusto. Sé que no has de leer sino cosa buena; lee aunque sean novelas. No son mejores las historias que llaman verdaderas. Vale más que leas que no el que te alimentes de chismes y comadrerías[122] del pueblo. Pero lee, sobre todo, libros de piedad que te den contento de vivir, un contento apacible y silencioso.

¿Le tenía él?

Por entonces enfermó de muerte y se nos murió nuestra madre, y en sus últimos días todo su hipo[123] era que don Manuel convirtiese a Lázaro, a quien esperaba volver a ver un día en el cielo, en un rincón de las estrellas desde donde se viese el lago y la montaña de Valverde de Lucerna. Ella se iba ya, a ver a Dios.

—Usted no se va —le decía don Manuel—, usted se queda. Su cuerpo aquí, en esta tierra, y su alma también aquí, en esta casa, viendo y oyendo a sus hijos, aunque éstos ni le vean ni le oigan.

---

[120] **oficio**—cargo; trabajo; puesto, que sirve para ganarse la vida.

[121] **Conque**—así es que.

[122] comadrerías—chismes; cuentos propios de los chismosos.

[123] hipo—deseo vehemente.

—Pero yo, padre —dijo—, voy a ver a Dios.

—Dios, hija mía, está aquí como en todas partes, y le Cielo? verá usted desde aquí. Y a todos nosotros en Él, y a Él en nosotros.

—Dios se lo pague[124]—le dije.

—El contento con que tu madre se muera —me dijo— será su eterna vida.

Y volviéndose a mi hermano Lázaro:

—Su cielo es seguir viéndote, y ahora es cuando hay que salvarla. Dile que rezarás por ella.

—Pero . . .

—¿Pero . . . ? Dile que rezarás por ella, a quien debes la vida, y sé que una vez que se lo prometas rezarás, y sé que luego que reces . . .

Mi hermano, acercándose, arrasados[125] sus ojos en lágrimas, a nuestra madre agonizante, le prometió solemnemente rezar por ella.

—Y yo en el cielo por ti, por vosotros —respondió mi madre, besando el crucifijo, y puestos sus ojos en los de don Manuel, entregó su alma a Dios.

—"¡En tus manos encomiendo mi espíritu!"[126] —rezó el santo varón.

Quedamos mi hermano y yo solos en la casa. Lo que pasó en la muerte de nuestra madre puso a Lázaro en Cap. V relación con don Manuel, que pareció descuidar algo a sus demás pacientes, a sus demás menesterosos, para atender a mi hermano. Íbanse por las tardes de paseo, orilla del lago, o hacia las ruinas, vestidas de **hiedra**,[127] de la vieja abadía de cistercienses.

—Es un hombre maravilloso —me decía Lázaro—. Ya sabes que dicen que en el fondo de este lago hay una

---

[124] Dios se lo pague—expresión de agradecimiento.

[125] arrasados—llenos hasta los bordes.

[126] "¡En tus manos encomiendo mi espíritu!"—palabras de Cristo, dichas a Dios, al momento de morir en la cruz.

[127] **hiedra**—yedra; planta trepadora muy común.

villa sumergida y que en la noche de San Juan, a las doce, se oyen las campanadas de su iglesia.

—Sí —le contestaba yo—, una villa feudal y medieval . . .

—Y creo —añadía— que en el fondo del alma de nuestro don Manuel hay también sumergida, ahogada, una villa y que alguna vez se oyen sus campanadas.

—Sí —le dije—, esa villa sumergida en el alma de don Manuel, ¿y por qué no también en la tuya?, es el cementerio de las almas de nuestros abuelos, los de esta nuestra Valverde de Lucerna . . . ¡feudal y medieval!

Acabó mi hermano por ir a misa siempre, a oír a don Manuel, y cuando se dijo que cumpliría con la parroquia, que comulgaría[128] cuando los demás comulgasen, recorrió un íntimo **regocijo**[129] al pueblo todo, que creyó haberle recobrado. Pero fue un regocijo tal, tan limpio, que Lázaro no se sintió vencido ni disminuido.

Y llegó el día de su comunión, ante el pueblo todo, con el pueblo todo. Cuando llegó la vez a mi hermano pude ver que don Manuel, tan blanco como la nieve de enero en la montaña, y temblando como tiembla el lago cuando le hostiga el cierzo, se le acercó con la sagrada forma[130] en la mano, y de tal modo le temblaba ésta al arrimarla a la boca de Lázaro, que se le cayó la forma a tiempo que le daba un vahído.[131] Y fue mi hermano mismo quien recogió la hostia[132] y se la llevó a la boca. Y el pueblo, al ver llorar a don Manuel, lloró, diciéndose: "¡Cómo le quiere!" Y entonces, pues era la madrugada, cantó un gallo.[133]

---

[128] comulgaría—tomaría la comunión.

[129] **regocijo**—júbilo; alegría muy grande.

[130] la sagrada forma—el pan, en forma de oblea blanca, que consagra el sacerdote con las palabras de consagración en el sacrificio de la misa; para el católico, el cuerpo de Cristo.

[131] vahído—turbación breve del sentido; desmayo momentáneo.

[132] la hostia—la oblea blanca consagrada.

[133] cantó un gallo—alusión al gallo que cantó después de que San Pedro había negado tres veces a Jesús (Mateo 26:69); recuerda la traición a Cristo.

Al volver a casa y encerrarme en ella con mi hermano, le eché los brazos al cuello y besándole le dije:

—¡Ay, Lázaro, Lázaro! ¡Qué alegría nos has dado a todos, a todos, a todo el pueblo, a todos, a los vivos y a los muertos, y sobre todo a mamá, a nuestra madre! ¿Viste? El pobre don Manuel lloraba de alegría. ¡Qué alegría nos has dado a todos!

—Por eso lo he hecho —me contestó.

—¿Por eso? ¿Por darnos alegría? Lo habrás hecho ante todo por ti mismo, por conversión.

Y entonces Lázaro, mi hermano, tan pálido y tan tembloroso como don Manuel cuando le dio la comunión, me hizo sentarme, en el sillón mismo donde solía sentarse nuestra madre, tomó huelgo,[134] y luego, como en íntima confesión doméstica y familiar, me dijo:

—Mira, Angelita, ha llegado la hora de decirte la verdad, toda la verdad, y te la voy a decir, porque debo decírtela, porque a ti no puedo, no debo callártela y porque además habrías de adivinarla, y a medias, que es lo peor, más tarde o más temprano.

Y entonces, serena y tranquilamente, a media voz, me contó una historia que me sumergió en un lago de tristeza. Cómo don Manuel le había venido trabajando, sobre todo en aquellos paseos a las ruinas de la vieja abadía cisterciense, para que no escandalizase,[135] para que diese buen ejemplo, para que se incorporase a la vida religiosa del pueblo, para que fingiese creer si no creía, para que ocultase sus ideas al respecto, mas sin intentar siquiera catequizarle,[136] convertirle de otra manera.

—Pero ¿es posible? —exclamé, consternada.

---

[134] huelgo—aliento; aire.

[135] para que no escandalizase—para que el incrédulo Lázaro no desviara de sus creencias católicas al pueblo, mediante sus actos o palabras.

[136] catequizarle—tomarle la lección sobre el catecismo; hacerle las preguntas del catecismo, requiriéndole fidelidad en las respuestas dadas.

—¡Y tan posible, hermana, y tan posible! Y cuando yo le decía: "Pero ¿es usted, usted, el sacerdote, el que me aconseja que finja?", él, balbuciente: "¿Fingir? ¡Fingir, no!, ¡eso no es fingir! Toma agua bendita,[137] que dijo alguien, y acabarás creyendo." Y como yo, mirándole a los ojos, le dijese: "¿Y usted celebrando misa ha acabado por creer?", él bajó la mirada y se le llenaron los ojos de lágrimas. Y así es como le arranqué su secreto.

—¡Lázaro! —gemí.

Y en aquel momento pasó por la calle Blasillo el bobo, clamando su "¡Dios mío, Dios mío!, ¿por qué me has abandonado?" Y Lázaro se estremeció creyendo oír la voz de don Manuel, acaso la de Nuestro Señor Jesucristo.

—Entonces —prosiguió mi hermano— comprendí sus móviles y con esto comprendí su santidad; porque es un santo, hermana, todo un santo. No trataba, al emprender ganarme para su santa causa —porque es una causa santa, santísima—, arrogarse[138] un triunfo, sino que lo hacía por la paz, por la felicidad, por la ilusión si quieres, de los que le están encomendados; comprendí que si los engaña así —si es que esto es engaño— no es por medrar.[139] Me rendí a sus razones, y he aquí mi conversión. Y no me olvidaré jamás del día en que diciéndole yo: "Pero, don Manuel, la verdad, la verdad ante todo", él temblando, me susurró al oído —y eso que estábamos solos en medio del campo—: "¿La verdad? La verdad, Lázaro, es acaso algo terrible, algo intolerable, algo mortal; la gente sencilla no podría vivir con ella." "Y ¿por qué me la deja entrever[140] ahora aquí, como en confesión", le dije. Y él: "Porque si no, me atormentaría tanto, tanto, que acabaría gritándola en medio de la

---

[137] **Toma agua bendita**—traza sobre ti la señal de la cruz con un poquito de agua bendita, para recordar tu bautismo.

[138] **arrogarse**—atribuirse; apropiarse.

[139] **medrar**—mejorar de fortuna; adelantarse.

[140] **entrever**—adivinar; ver confusamente.

plaza, y eso jamás, jamás, jamás. Yo estoy para hacer vivir a las almas de mis feligreses,[141] para hacerlos felices, para hacerles que se sueñen inmortales y no para matarlos. Lo que aquí hace falta es que vivan sanamente, que vivan en unanimidad de sentido, y con la verdad, con mi verdad, no vivirían. Que vivan. Y esto hace la Iglesia, hacerlos vivir. ¿Religión verdadera? Todas las religiones son verdaderas en cuanto hacen vivir espiritualmente a los pueblos que las profesan, en cuanto les consuelan de haber tenido que nacer para morir, y para cada pueblo la religión más verdadera es la suya, la que le ha hecho. ¿Y la mía? La mía es consolarme en consolar a los demás, aunque el consuelo que les doy no sea el mío." Jamás olvidaré estas sus palabras.

—¡Pero esa comunión tuya ha sido un sacrilegio![142] —me atreví a insinuar, arrepintiéndome al punto de haberlo insinuado.

—¿Sacrilegio? ¿Y él, que me la dio? ¿Y sus misas?

—¡Qué martirio![143] —exclamé.

—Y ahora —añadió mi hermano— hay otro más para consolar al pueblo.

—¿Para engañarle? —dije.

—Para engañarle, no —me replicó—, sino para corroborarle en su fe.

—Y el pueblo —dije—, ¿cree de veras?

—¡Qué sé yo . . . ! Cree sin querer, por hábito, por tradición. Y lo que hace falta es no despertarle. Y que viva en su pobreza de sentimientos para que no adquiera torturas de lujo. ¡Bienaventurados los pobres de espíritu![144]

---

[141] feligreses—fieles; los que asisten a misa.

[142] sacrilegio—abuso intencional de una cosa sagrada.

[143] martirio—acto de una persona que acepta la muerte, sacrificando su vida antes que renunciar a la fe cristiana; "martirio", en su sentido figurado, "sufrimiento", no es suficiente para la condición de santo.

[144] "¡Bienaventurados los pobres de espíritu!"—palabras de Cristo; una de las ocho Bienaventuranzas que enunció en el Sermón en la Montaña.

—Eso, hermano, lo has aprendido de don Manuel. Y ahora, dime, ¿has cumplido aquello que le prometiste a nuestra madre cuando ella se nos iba a morir, aquello de que rezarías por ella?

—¡Pues no se lo había de cumplir![145] Pero ¿por quién me has tomado, hermana? ¿Me crees capaz de faltar a mi palabra, a una promesa solemne, y a una promesa hecha, y en el lecho de muerte, a una madre?

—¡Qué sé yo . . . ! Pudiste querer engañarla para que muriese consolada.

—Es que si yo no hubiese cumplido la promesa viviría sin consuelo.

—¿Entonces?

—Cumplí la promesa y no he dejado de rezar ni un solo día por ella.

—¿Sólo por ella?

—Pues ¿por quién más?

—¡Por ti mismo! Y de ahora en adelante, por don Manuel.

Nos separamos para irnos cada uno a su cuarto, yo a llorar toda la noche, a pedir por la conversión de mi hermano y de don Manuel, y él, Lázaro, no sé bien a qué.

Cap. VII Después de aquel día temblaba yo de encontrarme a solas con don Manuel, a quien seguía asistiendo en sus piadosos menesteres. Y él pareció percatarse de mi estado íntimo y adivinar su causa. Y cuando al fin me acerqué a él en el tribunal de la penitencia[146] —¿quién era el juez y quién el reo?—, los dos, él y yo, doblamos en silencio la cabeza y nos pusimos a llorar. Y fue él, don Manuel, quien rompió el tremendo silencio para decirme con voz que parecía salir de una huesa:[147]

---

[145] ¡Pues no se lo había de cumplir!—¿Acaso no era mi intención cumplirlo? ¿Cómo no lo iba a cumplir?

[146] tribunal de la penitencia—el sacramento de reconciliación, la confesión.

[147] huesa—sepultura.

—Pero tú, Angelina, tú crees como a los diez años, ¿no es así? ¿Tú crees?

—Sí creo, padre.

—Pues sigue creyendo. Y si se te ocurren dudas, cállatelas a ti misma. Hay que vivir . . .

Me atreví, y toda temblorosa le dije:

—Pero usted, padre, ¿cree usted?

Vaciló un momento y, reponiéndose, me dijo:

—¡Creo!

—Pero ¿en qué, padre, en qué? ¿Cree usted en la otra vida?, ¿cree usted que al morir no nos morimos del todo?, ¿cree que volveremos a vernos, a querernos en otro mundo venidero?, ¿cree en la otra vida?

El pobre santo sollozaba.

—¡Mira, hija, dejemos eso!

Y ahora, al escribir esta memoria, me digo: ¿Por qué no me engañó? ¿Por qué no me engañó entonces como engañaba a los demás? ¿Por qué se acongojó? ¿Por qué no podía engañarse a sí mismo, o por qué no podía engañarme? Y quiero creer que se acongojaba porque no podía engañarse para engañarme.

—Y ahora —añadió—, reza por mí, por tu hermano, por ti misma, por todos. Hay que vivir. Y hay que dar vida.

Y después de una pausa:

—Y ¿por qué no te casas, Angelina?

—Ya sabe usted, padre mío, por qué.

—Pero no, no; tienes que casarte. Entre Lázaro y yo te buscaremos un novio. Porque a ti te conviene casarte para que se te curen esas preocupaciones.

—¿Preocupaciones, don Manuel?

—Yo sé bien lo que me digo. Y no te acongojes demasiado por los demás, que harto tiene cada cual con tener que responder de sí mismo.

—¡Y que sea usted, don Manuel, el que me diga eso! ¡Que sea usted el que aconseje que me case para responder de mí y no acuitarme[148] por los demás!, ¡que sea usted!

—Tienes razón, Angelina, no sé ya lo que me digo; no sé ya lo que me digo desde que estoy confesándome contigo. Y sí, sí, hay que vivir, hay que vivir.

Y cuando yo iba a levantarme para salir del templo, me dijo:

—Y ahora, Angelina, en nombre del pueblo, ¿me absuelves?[149]

Me sentí como penetrada de un misterioso sacerdocio y le dije:

—En nombre de Dios Padre, Hijo y Espíritu Santo, le absuelvo, padre.

Y salimos de la iglesia, y al salir se me estremecían las entrañas maternales.

Cap. VIII   Mi hermano, puesto ya del todo al servicio de la obra de don Manuel, era su más asiduo colaborador y compañero. Los anudaba, además, el común secreto. Le acompañaba en sus visitas a los enfermos, a las escuelas, y ponía su dinero a disposición del santo varón. Y poco faltó para que no aprendiera a ayudarle a misa. E iba entrando cada vez más en el alma insondable de don Manuel.

—¡Qué hombre! —me decía—. Mira, ayer, paseando a orillas del lago, me dijo: "He aquí mi tentación mayor." Y como yo le interrogase con la mirada, añadió: "Mi pobre padre, que murió de cerca de noventa años, se pasó la vida, según me lo confesó él mismo, torturado por la tentación del suicidio, que le venía no recordaba desde cuándo, de nación,[150] decía, y defendiéndose de

---

[148] acuitarme—afligirme; preocuparme.

[149] ¿me absuelves?—el perdón de los pecados está en manos de Dios, y en el sacramento de reconciliación, el sacerdote lo aplica en nombre de Dios. Cuando el padre Manuel le pide a Ángela una absolución "en nombre del pueblo", efectivamente pone de cabeza la fe católica.

[150] de nación—desde que nació.

ella. Y esa defensa fue su vida. Para no sucumbir a tal tentación extremaba los cuidados por conservar la vida. Me contó escenas terribles. Me parecía como una locura. Y yo la he heredado. ¡Y cómo me llama esa agua con su aparente quietud —la corriente va por dentro— espeja[151] al cielo! ¡Mi vida, Lázaro, es una especie de suicidio continuo, un combate contra el suicidio, que es igual; pero que vivan ellos, que vivan los nuestros!" Y luego añadió: "Aquí se remansa el río en lago, para luego, bajando a la meseta, **precipitarse**[152] en cascadas, saltos y torrenteras,[153] por las hoces[154] y encañadas,[155] junto a la ciudad, y así remansa la vida, aquí en la aldea. Pero la tentación del suicidio es mayor aquí, junto al remanso que espeja la noche de estrellas, que no junto a las cascadas que dan miedo. Mira, Lázaro, he asistido a bien morir a pobres aldeanos, ignorantes, analfabetos que apenas si habían salido de la aldea, y he podido saber de sus labios, y cuando no adivinarlo, la verdadera causa de su enfermedad de muerte, y he podido mirar, allí, a la cabecera de su lecho de muerte, toda la negrura de la **sima**[156] del tedio de vivir. ¡Mil veces peor que el hambre! Sigamos, pues, Lázaro, suicidándonos en nuestra obra y en nuestro pueblo, y que sueñe éste su vida como el lago sueña el cielo."

—Otra vez —me decía también mi hermano—, cuando volvíamos acá, vimos a una zagala,[157] una cabrera,[158] que **enhiesta**[159] sobre un picacho[160] de la

---

[151] espeja—refleja.

[152] **precipitarse**—caerse.

[153] torrenteras—lechos de corrientes de agua rápida e intermitente.

[154] hoces (f.)—valles angostos y precipitados, formados por ríos que corren entre sierras.

[155] encañadas—pasos entre montañas.

[156] **sima**—cavidad grande y muy profunda en la tierra.

[157] zagala—moza pastora.

[158] cabrera—pastora de cabras.

[159] **enhiesta**—erguida; levantada; derecha.

[160] picacho—cúspide; punta aguda en la cumbre de una montaña.

falda de la montaña, a la vista del lago, estaba cantando con una voz más fresca que las aguas de éste. Don Manuel me detuvo, y señalándomela, dijo: "Mira, parece como si se hubiera acabado el tiempo, como si esa zagala hubiese estado ahí siempre, y como está, y cantando como está, y como si hubiera de seguir estando así siempre, como estuvo cuando empezó mi conciencia, como estará cuando se me acabe. Esa zagala forma parte, con las rocas, las nubes, los árboles, las aguas, de la Naturaleza y no de la Historia." ¡Cómo siente, cómo anima don Manuel a la Naturaleza! Nunca olvidaré el día de la nevada, en que me dijo: "¿Has visto, Lázaro, misterio mayor que el de la nieve cayendo en el lago y muriendo en él mientras cubre con su toca[161] a la montaña?"

Don Manuel tenía que contener a mi hermano en su celo[162] y en su inexperiencia de neófito.[163] Y como supiese que éste andaba predicando contra ciertas supersticiones populares, hubo de decirle:

—¡Déjalos! ¡Es tan difícil hacerles comprender dónde acaba la creencia ortodoxa[164] y dónde empieza la superstición! Y más para nosotros. Déjalos, pues, mientras se consuelen. Vale más que lo crean todo, aun cosas contradictorias entre sí, a no que no crean nada. Eso de que el que cree demasiado acaba por no creer nada, es cosa de protestantes. No protestemos. La protesta mata el contento.

Una noche de plenilunio[165] —me contaba también mi hermano— volvían a la aldea por la orilla del lago, a

---

[161] toca—prenda de lienzo blanco usada por las monjas para cubrir la cabeza.

[162] celo—cuidado y esmero en el cumplimiento de los deberes.

[163] neófito—novato; novel; el que es nuevo en cualquier actividad.

[164] creencia ortodoxa—creencia conforme con el dogma católico.

[165] plenilunio—luna llena.

cuya sobrehaz[166] rizaba[167] entonces la brisa montañosa y en el rizo cabrilleaban[168] las razas[169] de la luna llena, y don Manuel le dijo a Lázaro.

—¡Mira, el agua está rezando la letanía[170] y ahora dice: *Ianua caeli, ora pro nobis,* puerta del cielo, ruega por nosotros!

Y cayeron temblando de sus pestañas a la yerba del suelo dos huideras lágrimas en que también, como en rocío, se bañó temblorosa la lumbre de la luna llena.

E iba corriendo el tiempo y observábamos mi hermano y yo que las fuerzas de don Manuel empezaban a decaer, que ya no lograba contener del todo la insondable tristeza que le consumía, que acaso una enfermedad traidora le iba minando el cuerpo y el alma. Y Lázaro, acaso para distraerle más, le propuso si no estaría bien que fundasen en la iglesia algo así como un **sindicato**[171] católico agrario.

—¿Sindicato? —respondió tristemente don Manuel—. ¿Sindicato? Y ¿qué es eso? Yo no conozco más sindicato que la Iglesia, y ya sabes aquello de "mi reino no es de este mundo". Nuestro reino, Lázaro, no es de este mundo . . .

—¿Y del otro?

---

[166] sobrehaz (f.)—superficie.

[167] rizaba—movía el viento, formando olas pequeñas.

[168] cabrilleaban—se formaban pequeñas olas blancas y espumosas.

[169] razas—rayos de luz.

[170] letanía—plegaria formada por una serie de invocaciones y súplicas, cada una de las cuales es dicha o cantada por uno y repetida, contestada o completada por otro; en la primera mitad del siglo XX, la misa se celebraba en latín.

[171] **sindicato**—asociación formada para la defensa de los intereses económicos comunes a todos los miembros.

[172] "mi reino no es de este mundo"—palabras de Cristo, al referirse al reino del Cielo; irónicas, pues don Manuel las cita para descontar la noción de Lázaro de que un esfuerzo por mejorar las condiciones económicas de Valverde de Lucerna traería mayor felicidad al pueblo.

Don Manuel bajó la cabeza:

—El otro, Lázaro, está aquí también, porque hay dos reinos en este mundo. O mejor, el otro mundo . . . , vamos, que no sé lo que me digo. Y en cuanto a eso del sindicato, es en ti un resabio[173] de tu época de progresismo. No, Lázaro, no; la religión no es para resolver los conflictos económicos o políticos de este mundo que Dios entregó a las disputas de los hombres. Piensen los hombres y obren los hombres como pensaren y como obraren, que se consuelen de haber nacido, que vivan lo más contentos que puedan en la ilusión de que todo esto tiene una finalidad. Yo no he venido a someter los pobres a los ricos, ni a predicar a éstos que se sometan a aquéllos. Resignación y caridad en todos y para todos. Porque también el rico tiene que resignarse a su riqueza, y a la vida, y también el pobre tiene que tener caridad para con el rico. ¿Cuestión social? Deja eso, eso no nos concierne. Que traen una nueva sociedad, en que no haya ya ni ricos ni pobres, en que esté justamente repartida la riqueza, en que todo sea de todos, ¿y qué? ¿Y no crees que del bienestar general surgirá más fuerte el tedio de la vida? Sí, ya sé que uno de esos caudillos de la que llaman la revolución social ha dicho que la religión es el opio del pueblo. Opio . . . , opio . . . Opio, sí. Démosle opio, y que duerma y que sueñe. Yo mismo, con esta mi loca actividad, me estoy administrando opio. Y no logro dormir bien, y menos soñar bien . . . ¡Esta terrible pesadilla! Y yo también puedo decir con el Divino Maestro: "Mi alma está triste hasta la muerte.[174] No, Lázaro, no; nada de sindicatos por nuestra parte. Si lo forman ellos, me parecerá bien, pues que así se distraen. Que jueguen al sindicato, si eso les contenta.

---

[173] resabio—mala inclinación que perdura y reaparece.

[174] "Mi alma está triste hasta la muerte."—palabras de Cristo, dichas a Pedro, a Jacobo y a Juan, estando ellos en Getsemaní, en vísperas de la Pasión.

El pueblo todo observó que a don Manuel le menguaban[175] las fuerzas, que se fatigaba. Su voz *cambia* misma, aquella voz que era un milagro, adquirió un cierto temblor íntimo. Se le asomaban las lágrimas con cualquier motivo. Y sobre todo cuando hablaba al pueblo del otro mundo, de la otra vida, tenía que detenerse a ratos cerrando los ojos. "Es que lo está viendo", decían. Y en aquellos momentos era Blasillo el bobo el que con más cuajo[176] lloraba. Porque ya Blasillo lloraba más que reía, y hasta sus risas sonaban a lloros.

Al llegar la última Semana de Pasión[177] que con nosotros, en nuestro mundo, en nuestra aldea celebró don Manuel, el pueblo todo presintió el fin de la tragedia. ¡Y cómo sonó entonces aquel "¡Dios mío, Dios mío!, ¿por qué me has abandonado?", el último que en público sollozó don Manuel! Y cuando dijo lo del Divino Maestro al buen bandolero[178] —"todos los bandoleros son buenos", solía decir nuestro don Manuel—, aquello de: "Mañana estarás conmigo en el paraíso." ¡Y la última comunión general que repartió nuestro santo! Cuando llegó a dársela a mi hermano, esta vez con mano segura, después del litúrgico . . . *in vitam aeternam,* se le inclinó al oído y le dijo: "No hay más vida eterna que ésta . . . , que la sueñen eterna . . . eterna de unos pocos años . . ." Y cuando me la dio a mí me dijo: "Reza, hija mía, reza por nosotros." Y luego, algo tan extraordinario que lo llevo en el corazón como el más grande misterio, y fue que me dijo con voz que parecía de otro mundo: ". . . y reza también por Nuestro Señor Jesucristo . . ."

---

[175] **menguaban**—disminuían; bajaban.

[176] cuajo—calma.

[177] Semana de Pasión—Semana Santa, celebrada por los cristianos en la primavera, entre el Domingo de Ramos y el Domingo de Gloria; conmemora la pasión, la muerte y la resurrección de Cristo.

[178] buen bandolero—Cristo fue crucificado al lado de dos otros; a uno de los dos se le ha llamado el buen bandolero, porque tuvo fe; Cristo le dijo, "Hoy estarás conmigo en el paraíso".

Me levanté sin fuerzas y como **sonámbula**.[179] Y todo en torno me pareció un sueño. Y pensé: "Habré de rezar también por el lago y por la montaña." Y luego: "¿Es que estaré endemoniada?" Y en casa ya, cogí el crucifijo con el cual en las manos había entregado a Dios su alma mi madre, y mirándolo a través de mis lágrimas y recordando el "¡Dios mío, Dios mío!, ¿por qué me has abandonado?" de nuestros dos Cristos, el de esta Tierra y el de esta aldea, recé: "Hágase tu voluntad así en la tierra como en el cielo", primero, y después: "Y no nos dejes caer en la tentación, amén."[180] Luego me volví a aquella imagen de la Dolorosa, con su corazón traspasado por siete espadas, que había sido el más doloroso consuelo de mi pobre madre, y recé: "Santa María, madre de Dios, ruega por nosotros, pecadores, ahora y en la hora de nuestra muerte, amén." Y apenas lo había rezado cuando me dije: "¿Pecadores?, ¿nosotros pecadores?, ¿y cuál es nuestro pecado, cuál?" Y anduve todo el día acongojada por esta pregunta.

Al día siguiente acudí a don Manuel, que iba adquiriendo una solemnidad de religioso **ocaso**,[181] y le dije:

—¿Recuerda, padre mío, cuando hace ya años, al dirigirle yo una pregunta me contestó: "Eso no me lo preguntéis a mí que soy ignorante; doctores tiene la Santa Madre Iglesia que os sabrán responder?"

—¡Que si me acuerdo! . . . Y me acuerdo que te dije que ésas eran preguntas que te dictaba el Demonio.

—Pues bien, padre: hoy vuelvo yo, la endemoniada, a dirigirle otra pregunta que me dicta mi demonio de la guarda.[182]

---

[179] **sonámbula**—que camina dormida.

[180] "Hágase tu voluntad así en la tierra como en el cielo", "Y no nos dejes caer en la tentación", y "Santa María, madre de Dios, ruega por nosotros, pecadores, ahora y en la hora de nuestra muerte, amén"—frases del padrenuestro y del avemaría, oraciones del rito católico.

[181] **ocaso**—puesta del sol; anochecer; figuradamente, fin de la vida.

[182] demonio de la guarda—frase irónica basada en "ángel de la guarda"; según enseña la Iglesia Católica, Dios proporciona a cada ser humano un ángel para que lo vigile durante toda su vida; Ángela, desconsolada, cree estar endemoniada.

—Pregunta.

—Ayer, al darme de comulgar, me pidió que rezara por todos nosotros y hasta por . . .

—Bien, cállalo y sigue.

—Llegué a casa y me puse a rezar, y al llegar a aquello de "ruega por nosotros, pecadores, ahora y en la hora de nuestra muerte", una voz íntima me dijo: "¿Pecadores?, ¿pecadores nosotros?, ¿y cuál es nuestro pecado?" ¿Cuál es nuestro, pecado, padre?

—¿Cuál? —me respondió—. Ya lo dijo un gran doctor de la Iglesia Católica Apostólica Española, ya lo dijo el gran doctor de *La vida es sueño*,[183] ya dijo que "el delito mayor del hombre es haber nacido". Ése es, hija, nuestro pecado: el de haber nacido.[184]

—¿Y se cura, padre?

—¡Vete y vuelve a rezar! Vuelve a rezar por nosotros, pecadores, ahora y en la hora de nuestra muerte . . . Sí, al fin se cura el sueño . . . , y al fin se cura la vida . . . , al fin se acaba la cruz del nacimiento . . . Y como dijo Calderón, el hacer bien, y el engañar bien, ni aun en sueños se pierde . . .

Y la hora de su muerte llegó, por fin. Todo el pueblo la veía llegar. Y fue su más grande lección. No quiso morirse ni solo ni ocioso. Se murió predicando al pueblo, en el templo. Primero, antes de mandar que le llevasen a él, pues no podía ya moverse por la perlesía,[185] nos llamó a su casa a Lázaro y a mi. Y allí los tres a solas, nos dijo:

---

[183] gran doctor de *La vida es sueño*—se refiere a Pedro Calderón de la Barca, dramaturgo del Siglo de Oro, que escribió en dicha obra los célebres versos: "¿Qué es la vida?/Un frenesí./¿Qué es la vida? Una ilusión./Una sombra, una ficción . . ."; fue sacerdote.

[184] nuestro pecado: el de haber nacido—en el catolicismo, "pecado" es cualquier acto que ofende a Dios, y que separa el ser humano de Él; esta afirmación de don Manuel revela hasta qué punto el sacerdote se ha apartado de las creencias de su Iglesia.

[185] perlesía—parálisis.

—Oíd: cuidad de estas pobres ovejas, que se consuelen de vivir, que crean lo que yo no he podido creer. Y tú, Lázaro, cuando hayas de morir, muere como yo, como morirá nuestra Ángela, en el seno de la Santa Madre Católica Apostólica Romana, de la Santa Madre Iglesia de Valverde de Lucerna, bien entendido. Y hasta nunca más ver, pues se acaba este sueño de la vida...

—¡Padre, padre! —gemí yo.

—No te aflijas, Ángela, y sigue rezando por todos los pecadores, por todos los nacidos. Y que sueñen, que sueñen. ¡Qué ganas tengo de dormir, dormir, dormir sin fin, dormir por toda una eternidad y sin soñar!, ¡olvidando el sueño! Cuando me entierren, que sea en una caja hecha con aquellas seis tablas que tallé del viejo nogal, ¡pobrecillo!, a cuya sombra jugué de niño, cuando empezaba a soñar... ¡Y entonces sí que creía en la vida perdurable! Es decir, me figuro ahora que creía entonces. Para un niño, creer no es más que soñar. Y para un pueblo. Esas seis tablas que tallé con mis propias manos, las encontraréis al pie de mi cama.

Le dio un ahogo y, repuesto de él, prosiguió:

—Recordaréis que cuando rezábamos todos en uno, en unanimidad de sentido, hechos pueblo, el Credo, al llegar al final yo me callaba. Cuando los israelitas iban llegando al fin de su peregrinación por el desierto, el Señor les dijo a Aarón y a Moisés que por no haberle creído no meterían a su pueblo en la tierra prometida, y les hizo subir al monte de Hor,[186] donde Moisés hizo desnudar a Aarón, que allí murió, y luego subió Moisés desde las llanuras de Moab al monte Nebo, a la cumbre del Frasga, enfrente de Jericó, y el Señor le mostró toda la tierra prometida a su pueblo, pero diciéndole a él:

Moisés

---

[186] Aarón... Moisés... monte de Hor... llanuras de Moab... monte Nebo... cumbre del Frasga... Jericó... Josué—personajes y lugares bíblicos aludidos en Deuteronomio 33:48, y en el libro de Josué; don Manuel compara su situación con las de ellos.

"¡No pasarás allá!" Y allí murió Moisés y nadie supo su sepultura. Y dejó por caudillo a Josué. Sé tú, Lázaro, mi Josué, y si puedes detener al sol deténle y no te importe del progreso. Como Moisés, he conocido al Señor, nuestro supremo ensueño, cara a cara, y ya sabes que dice la Escritura que el que le ve la cara a Dios,[187] que el que le ve al sueño los ojos de la cara con que nos mira, se muere sin remedio y para siempre. Que no le vea, pues, la cara a Dios este nuestro pueblo mientras viva, que después de muerto ya no hay cuidado, pues no verá nada . . .

—¡Padre, padre, padre! —volví a gemir. Y él:

—Tú, Ángela, reza siempre, sigue rezando para que los pecadores todos sueñen hasta morir la resurrección de la carne y la vida perdurable . . .

Yo esperaba un "¿y quién sabe . . . ?", cuando le dio otro ahogo a don Manuel.

—Y ahora —añadió—, ahora, en la hora de mi muerte, es hora de que hagáis que se me lleve, en este mismo sillón, a la iglesia, para despedirme allí de mi pueblo que me espera.

Se le llevó a la iglesia y se le puso, en el sillón, en el presbiterio,[188] al pie del altar. Tenía entre sus manos un crucifijo. Mi hermano y yo nos pusimos junto a él, pero fue Blasillo el bobo quien más se arrimó. Quería coger de la mano a don Manuel, besársela. Y como algunos trataran de impedírselo, don Manuel les reprendió, diciéndoles:

—Dejadle que se me acerque.[189] Ven, Blasillo, dame la mano.

El bobo lloraba de alegría. Y luego don Manuel dijo:

—Muy pocas palabras, hijos míos, pues apenas me siento con fuerzas sino para morir. Y nada nuevo tengo

Blasillo y el beso

---

[187] el que ve la cara a Dios . . . se muere—referencia a Éxodo 33:20.

[188] presbiterio—área del altar mayor en la iglesia.

[189] Dejadle que se me acerque—otro paralelo con palabras de Cristo, cuando éste dijo, "Dejadles a los niños que vengan a mí".

Deseos finales que deciros. Ya os lo dije todo. Vivid en paz y contentos y esperando que todos nos veamos un día en la Valverde de Lucerna que hay allí, entre las estrellas de la noche que se reflejan en el lago, sobre la montaña. Y rezad, rezad a María Santísima, rezad a Nuestro Señor. Sed buenos, que esto basta. Perdonadme el mal que haya podido haceros sin quererlo y sin saberlo. Y ahora, después que os dé mi bendición, rezad todos a una el Padrenuestro, el Avemaría, la Salve y, por último, el Credo.

Luego, con el crucifijo que tenía en la mano, dio la bendición al pueblo, llorando las mujeres y los niños y no pocos hombres, y en seguida empezaron las oraciones, que don Manuel oía en silencio y cogido de la mano por Blasillo, que al son del ruego se iba durmiendo. Primero, el Padrenuestro, con su "hágase tu voluntad así en la tierra como en el cielo"; luego, el Santa María, con su "ruega por nosotros, pecadores, ahora y en la hora de nuestra muerte"; a seguida, la Salve, con su "gimiendo y llorando en este valle de lágrimas",[190] y, por último, el Credo. Y al llegar a la "resurrección de la carne y la vida perdurable", todo el pueblo sintió que su santo había entregado su alma a Dios. Y no hubo que cerrarle *Se murieron* los ojos, porque se murió con ellos cerrados. Y al ir a despertar a Blasillo nos encontramos con que se había dormido en el Señor para siempre. Así que hubo que enterrar dos cuerpos.

El pueblo todo se fue en seguida a la casa del santo a recoger reliquias,[191] a repartirse retazos de sus vestiduras, a llevarse lo que pudieran como reliquia y

---

[190] "gimiendo y llorando en este valle de lágrimas"—frase de la salve regina, otra oración del rito católico.

[191] reliquias—cosas materiales asociadas con la vida de un santo por haber sido de su uso personal; su cuerpo mismo constituye la reliquia más importante, pero pueden incluir prendas de vestir, libros, etc., o trozos de estas cosas. Se consideran sagradas, conservándose con veneración.

recuerdo del bendito mártir. Mi hermano guardó su breviario,[192] entre cuyas hojas encontró, desecada y como en un herbario,[193] una clavellina[194] pegada a un papel, y en éste, una cruz con una fecha.

Nadie en el pueblo quiso creer en la muerte de don Manuel; todos esperaban verle a diario, y acaso le veían, pasar a lo largo del lago y espejado en él o teniendo por fondo la montaña; todos seguían oyendo su voz, y todos acudían a su sepultura, en torno a la cual surgió todo un culto. Las endemoniadas venían ahora a tocar la cruz de nogal, hecha también por sus manos y sacada del mismo árbol de donde sacó las seis tablas en que fue enterrado. Y los que menos queríamos creer que se hubiese muerto éramos mi hermano y yo.

Él, Lázaro, continuaba la tradición del santo y empezó a redactar lo que le había oído, notas de que me he servido para esta mi memoria.

—Él me hizo un hombre nuevo, un verdadero Lázaro, un resucitado —me decía—. Él me dio fe.

—¿Fe? —le interrumpía yo.

—Sí, fe, fe en el consuelo de la vida, fe en el contento de la vida. Él me curó de mi progresismo. Porque hay, Ángela, dos clases de hombres peligrosos y nocivos: los que convencidos de la vida de ultratumba, de la resurrección de la carne, atormentan, como inquisidores que son, a los demás para que, despreciando esta vida como transitoria, se ganen la otra; y los que no creyendo más que en este . . .

—Como acaso tú . . . —le decía yo.

—Y sí, y como don Manuel. Pero no creyendo más que en este mundo esperan no sé qué sociedad futura y

---

[192] breviario—libro que tiene el rezo eclesiástico de todo el año.
[193] herbario—colección de plantas secas ordenadas sistemáticamente entre papeles.

se esfuerzan en negarle al pueblo el consuelo de creer en otro . . .

—De modo que . . .

—De modo que hay que hacer que vivan de la ilusión.

Cap XIV

El pobre cura que llegó a sustituir a don Manuel en el curato entró en Valverde de Lucerna abrumado por el recuerdo del santo y se entregó a mi hermano y a mí para que le guiásemos. No quería sino seguir las huellas del santo. Y mi hermano le decía: "Poca teología,[195] ¿eh?, poca teología; religión, religión." Y yo al oírselo me sonreía, pensando si es que no era también teología lo nuestro.

Yo empecé entonces a temer por mi pobre hermano. Desde que se nos murió don Manuel no cabía decir que viviese. Visitaba a diario su tumba y se pasaba horas muertas contemplando el lago. Sentía morriña[196] de la paz verdadera.

—No mires tanto al lago —le decía yo.

—No, hermana, no temas. Es otro el lago que me llama; es otra la montaña. No puedo vivir sin él.

—¿Y el contento de vivir, Lázaro, el contento de vivir?

—Eso para otros pecadores, no para nosotros, que le hemos visto la cara a Dios, a quienes nos ha mirado con sus ojos el sueño de la vida.

—¿Qué?, ¿te preparas a ir a ver a don Manuel?

—No, hermana, no; ahora y aquí en casa, entre nosotros solos, toda la verdad, por amarga que sea, amarga como el mar a que van a parar las aguas de este dulce lago, toda la verdad para ti, que estás **abroquelada**[197] contra ella . . .

—¡No, no, Lázaro; ésa no es la verdad!

—La mía, sí.

---

[194] clavellina—flor muy parecida al clavel, pero con flores y tallo más pequeños.

[195] teología—ramo del saber humano que trata de la existencia, la esencia y los atributos de Dios.

[196] morriña—tristeza; melancolía.

[197] **abroquelada**—fortalecida.

—La tuya, pero ¿y la de . . . ?

—También la de él.

—¡Ahora no, Lázaro; ahora no! Ahora cree otra cosa, ahora cree . . .

—Mira, Ángela, una de las veces en que al decirme don Manuel que hay cosas que aunque se las diga uno a sí mismo debe callárselas a los demás, le repliqué que me decía eso por decírselas a él, esas mismas, a sí mismo, acabó confesándome que creía que más de uno de los más grandes santos, acaso el mayor,[198] había muerto sin creer en la otra vida.

Cristo sin fe

—¿Es posible?

—¡Y tan posible! Y ahora, hermana, cuida que no sospechen siquiera aquí, en el pueblo, nuestro secreto. . .

—¿Sospecharlo? —le dije—. Si intentase, por locura, explicárselo, no lo entenderían. El pueblo no entiende de palabras; el pueblo no ha entendido más que vuestras obras. Querer exponerles eso sería como leer a unos niños de ocho años unas páginas de Santo Tomás de Aquino . . .[199] en latín.

—Bueno, pues cuando yo me vaya, reza por mí y por él y por todos.

Y por fin le llegó también su hora. Una enfermedad que iba minando su robusta naturaleza pareció exacerbársele con la muerte de don Manuel.

—No siento tanto tener que morir —me decía en sus últimos días—, como que conmigo se muere otro pedazo del alma de don Manuel. Pero lo demás de él vivirá contigo. Hasta que un día hasta los muertos nos moriremos del todo.

Cuando se hallaba agonizando entraron, como se acostumbra en nuestras aldeas, los del pueblo a verle agonizar; y encomendaban su alma a don Manuel, a San

---

[198] acaso el mayor—se refiere a Cristo mismo.

[199] Santo Tomás de Aquino (1225–1274)—dominico y maestro en teología, llamado el Doctor Angelical; el tema central de su obra magna, *Suma teológica*, es la conciliación entre la razón y la fe.

Manuel Bueno, el mártir. Mi hermano no les dijo nada, no tenía ya nada que decirles; les dejaba dicho todo, todo lo que queda dicho. Era otra laña[200] más entre las dos Valverdes de Lucerna, la del fondo del lago y la que en su sobrehaz se mira; era ya uno de nuestros muertos de vida, uno también, a su modo, de nuestros santos.

Cap. XV Quedé más que desolada, pero en mi pueblo y con mi pueblo. Y ahora, al haber perdido a mi San Manuel, al padre de mi alma, y a mi Lázaro, mi hermano aún más que carnal, espiritual, ahora es cuando me doy cuenta de que he envejecido y de cómo he envejecido. Pero ¿es que los he perdido?, ¿es que he envejecido?, ¿es que me acerco a mi muerte?

¡Hay que vivir! Y él me enseñó a vivir, él nos enseñó a vivir, a sentir la vida, a sentir el sentido de la vida, a sumergirnos en el alma de la montaña, en el alma del lago, en el alma del pueblo de la aldea, a perdernos en ellas para quedar en ellas. Él me enseñó con su vida a perderme en la vida del pueblo de mi aldea, y no sentía yo más pasar las horas y los días y *Lago = tiempo.* los años, que no sentía pasar el agua del lago. Me parecía como si mi vida hubiese de ser siempre igual. No me sentía envejecer. No vivía yo ya en mí, sino que vivía en mi pueblo y mi pueblo vivía en mí. Yo quería decir lo que ellos, los míos, decían sin querer. Salía a la calle, que era la carretera, y como conocía a todos, vivía en ellos y me olvidaba de mí, mientras que en Madrid, donde estuve alguna vez con mi hermano, como a nadie conocía, sentíame en terrible soledad y torturada por tantos desconocidos.

Y ahora, al escribir esta memoria, esta confesión íntima de mi experiencia de la santidad **ajena**,[201] creo

---

[200] laña—grapa que se clava para sujetar las cosas; figuradamente, lazo.
[201] **ajena**—no propia; de otro u otros.

que don Manuel Bueno, que mi San Manuel y que mi hermano Lázaro se murieron creyendo no creer lo que más nos interesa, pero sin creer creerlo, creyéndolo en una desolación activa y resignada.

Pero ¿por qué —me he preguntado muchas veces— no trató don Manuel de convertir a mi hermano también con un engaño, con una mentira, fingiéndose creyente sin serlo? Y he comprendido que fue porque comprendió que no le engañaría, que para con él no le serviría el engaño, que sólo con la verdad, con su verdad, le convertiría; que no habría conseguido nada si hubiese **pretendido**[202] representar para con él una comedia —tragedia más bien—, la que representaba para salvar al pueblo. Y así le ganó, en efecto, para su piadoso fraude; así le ganó con la verdad de muerte a la razón de vida. Y así me ganó a mí, que nunca dejé transparentar a los otros su divino, su santísimo juego. Y es que creía y creo que Dios Nuestro Señor, por no sé qué sagrados y no escudriñaderos[203] designios, les hizo creerse incrédulos. Y que acaso en el acabamiento de su tránsito se les cayó la venda. Y yo, ¿creo?

Y al escribir esto ahora, aquí, en mi vieja casa *Cap XVI* materna, a mis más que cincuenta años, cuando empiezan a blanquear con mi cabeza mis recuerdos, está nevando, nevando sobre el lago, nevando sobre la montaña, nevando sobre las memorias de mi padre, el forastero; de mi madre, de mi hermano Lázaro, de mi pueblo, de mi San Manuel, y también sobre la memoria del pobre Blasillo, de mi San Blasillo,[204] y que él me ampare desde el cielo. Y esta nieve borra esquinas y borra sombras, pues hasta de noche la nieve alumbra. Y yo no sé lo que es verdad y lo que es mentira, ni lo que *Duda* vi y lo que sólo soñé —o mejor lo que soñé y lo que sólo

---

[202] **pretendido**—intentado; procurado.

[203] escudriñaderos—investigables; examinables; averiguables.

[204] mi San Blasillo—Ángela aprecia la gran inocencia de Blasillo el bobo, ya muerto.

vi—, ni lo que supe ni lo que creí. Ni sé si estoy traspasando a este papel, tan blanco como la nieve, mi conciencia, que en él se ha de quedar, quedándome yo sin ella. ¿Para qué tenerla ya . . . ? ¿Es que sé algo?, ¿es que creo algo? ¿Es que esto que estoy aquí contando ha pasado y ha pasado tal y como lo cuento? ¿Es que pueden pasar estas cosas? ¿Es que todo esto es más que un sueño soñado dentro de otro sueño? ¿Seré yo, Ángela Carballino, hoy cincuentona, la única persona que en esta aldea se ve **acometida de**[205] estos pensamientos extraños para los demás? ¿Y éstos, los otros, los que me rodean, creen? ¿Qué es eso de creer? Por lo menos, viven. Y ahora creen en San Manuel Bueno, mártir, que sin esperar la inmortalidad los mantuvo en la esperanza de ella.

Parece que el ilustrísimo señor obispo, el que ha promovido el proceso de beatificación de nuestro santo de Valverde de Lucerna, se propone escribir su vida, una especie de manual del perfecto párroco, y recoge para ello toda clase de noticias. A mí me las ha pedido con insistencia, ha tenido entrevistas conmigo, le he dado toda clase de datos, pero me he callado siempre el secreto trágico de don Manuel y de mi hermano. Y es curioso que él no lo haya sospechado. Y confío en que no llegue a su conocimiento todo lo que en esta memoria dejo consignado. Les temo a las autoridades de la tierra, a las autoridades temporales, aunque sean las de la Iglesia.

Pero aquí queda esto, y sea de su suerte lo que fuere.

¿Cómo vino a parar a mis manos este documento, esta memoria de Ángela Carballino? He aquí algo, lector, algo que debo guardar en secreto. Te la doy tal y como a mí ha llegado, sin más que corregir pocas, muy pocas

---

[205] **acometida de**—atacada por; perseguida por.

particularidades de redacción. ¿Que se parece mucho a otras cosas que yo he escrito? Esto nada prueba contra su objetividad, su originalidad. ¿Y sé yo, además, si no he creado fuera de mí seres reales y efectivos, de alma inmortal? ¿Sé yo si aquel Augusto Pérez, el de mi nivola *Niebla*,[206] no tenía razón al pretender ser más real, más objetivo que yo mismo, que creía haberle inventado? De la realidad de este San Manuel Bueno, mártir, tal como me lo ha revelado su discípula e hija espiritual Ángela Carballino, de esta realidad no se me ocurre dudar. Creo en ella más que creía el mismo santo; creo en ella más que creo en mi propia realidad.

Y ahora, antes de cerrar este epílogo, quiero recordarte, lector paciente, el versillo noveno de la Epístola del olvidado apóstol San Judas[207] —¡lo que hace un nombre!—, donde se nos dice cómo mi celestial patrono, San Miguel Arcángel —Miguel quiere decir: "¿Quién como Dios?", y arcángel, archimensajero—, disputó con el Diablo —Diablo quiere decir acusador fiscal— por el cuerpo de Moisés y no toleró que se lo llevase en juicio de maldición, sino que le dijo al Diablo: "El Señor te reprenda." Y el que quiera entender, que entienda.

Quiero también, ya que Ángela Carballino mezcló a su relato sus propios sentimientos, ni sé qué otra cosa quepa, comentar yo aquí lo que ella dejó dicho de que, si don Manuel y su discípulo Lázaro hubiesen confesado al pueblo su estado de creencia, éste, el

---

[206] Augusto Pérez, el de mi nivola *Niebla*—protagonista de *Niebla*, otra insigne novela unamuniana; *Niebla* culmina en una confrontación entre Augusto Pérez y su autor, en la que los dos discuten cuál de ellos es real: Unamuno, creador de Augusto Pérez, o Augusto Pérez, ente de ficción.

[207] San Judas—se refiere a Judas 9; Unamuno parece querer rechazar, con estas palabras enigmáticas, cualquier crítica que le venga a él, o que les venga a los personajes de esta novela por parte de católicos que se ofendan a causa de desviaciones en ella de las enseñanzas católicas ortodoxas; nótese que esta novela, *San Manuel Bueno, mártir*, fue proscrita por la Iglesia, y constaba durante años en el Índice de Libros Prohibidos.

pueblo, no los habría entendido. Ni los habría creído, añado yo. Habrían creído a sus obras y no a sus palabras, porque las palabras no sirven para apoyar las obras, sino que las obras se bastan. Y para un pueblo como el de Valverde de Lucerna no hay más confesión que la conducta. Ni sabe el pueblo qué cosa es fe, ni acaso le importa mucho.

Bien sé que en lo que se cuenta en este relato, si se quiere novelesco —y la novela es la más íntima historia, la más verdadera, por lo que no me explico que haya quien se indigne de que se llame novela al Evangelio, lo que es elevarle, en realidad, sobre un cronicón cualquiera—, bien sé que en lo que se cuenta en este relato no pasa nada; mas espero que sea porque en ello todo se queda, como se quedan los lagos y las montañas y las santas almas sencillas, asentadas más allá de la fe y de la desesperación, que en ellos, en los lagos y las montañas, fuera de la historia, en divina novela, se cobijaron.

Salamanca, noviembre de 1930.

PREGUNTAS

1. Señala y comenta un mínimo de tres de las muchas oportunidades de que se vale don Manuel para lograr el bienestar del pueblo en su ministerio en Valverde de Lucerna. ¿De qué manera revelan estos incidentes el carácter de don Manuel?

2. Caminando los dos hombres a orillas del lago, Lázaro le escucha la verdad a don Manuel. Lázaro, en estos momentos, se deja instruir en el ministerio del párroco. En tus propias palabras, describe en qué consiste, en el fondo, aquel ministerio y la fe que fervientemente posee don Manuel. ¿En qué cree y en qué no cree don Manuel? Justifica tus comentarios con citas textuales.

3. Al final de sus memorias, Ángela concluye: " . . . creo que don Manuel Bueno, que mi San Manuel y que mi hermano Lázaro se murieron creyendo no creer lo que más nos interesa, pero sin creer creerlo, creyéndolo en una desolación activa y resignada". Analiza lo que dice Ángela con esto.

4. Ángela escribe sus memorias a petición del obispo, quien busca datos para apoyar la beatificación de don Manuel. ¿Crees tú que la respuesta del obispo a lo narrado aquí será seguir con el proceso de beatificación? ¿Por qué? ¿Por qué no?

5. Comenta las connotaciones y las analogías que puedes trazar entre las cuatro palabras que forman el título de esta novela, *San Manuel Bueno, mártir,* y la historia del hombre aquí relatada.

El norte de España es la llamada España Verde. En ella se goza de paisajes tan diversos como las Rías Baixas (Rías Bajas) de Galicia, al oeste, y el Camino de Santiago, que parte desde los Pirineos, al este, en la frontera con Francia.

Los impresionantes Picos de Europa, vistos aquí, y las playas blancas de Asturias y Cantabria, se suman al encanto total. Los senderistas que visitan la España Verde disponen de un sinnúmero de senderos que explorar.

Paisajes culturales

La meseta central de Castilla-La Mancha quedó inmortalizada por Cervantes con las andanzas del ingenioso hidalgo y de su escudero Sancho.

La herencia cultural de Castilla-La Mancha se arraiga en la histórica convivencia de sus tres grandes tradiciones: la cristiana, la judía y la musulmana. Se destacan en ella la ciudad de Toledo, que fue sede de la cultura visigoda, y, sobre dos profundas hoces, la ciudad de Cuenca, con sus inimitables casas colgadas. Cerca de Toledo se encuentra el Castillo de Oropesa *(visto abajo)*, que data de los siglos XV y XVI. Oropesa ostenta un esplendor medieval a la vez que renacentista, y se halla rodeado de campos de fértil producción agraria, a pesar de la aridez del clima.

▲

Las islas Baleares se ubican en el mar Mediterráneo, al este de la Península Ibérica. Son cuatro: Mallorca *(vista arriba)*, Menorca, Ibiza y Formentera. Las Baleares eran un cruce de caminos para varios pueblos invasores, y por turnos fueron colonizadas por los fenicios, los griegos, los cartagineses, los romanos, los musulmanes y los turcos. Hoy en día, llegan turistas del mundo entero a tomar el sol y a gozar del ambiente tranquilo que ofrecen estas idílicas islas.

◀ **La Costa del Sol** Vista panorámica de un pueblo español situado en la Costa del Sol, en el sur de España. Los habitantes de este pueblo tienen doble ventaja: por un lado, el mar; por el otro, las montañas. En Andalucía se encuentran los llamados Pueblos Blancos, cuyas paredes encaladas reflejan la luz del sol. El color blanco mitiga el calor, haciendo más agradables los cálidos días del verano andaluz.

▲

El jamón El Museo del Jamón, en Madrid, es a la vez carnicería, salchichonería, y restaurante. En esta foto, se ven sólo unos cuantos de los centenares de jamones curados que cuelgan del techo de este fabuloso "museo", donde se puede cenar cómodamente a precios módicos.

El queso Los españoles comen mucho queso, frecuentemente con jamón, en el famoso bocadillo, una especie de sandwich. El país produce gran cantidad de quesos regionales, como por ejemplo el queso manchego, de La Mancha, fabricado con leche de oveja. ▶

La paella Estos jóvenes disfrutan de una comida de paella, una de las más conocidas especialidades de la cocina española. Aunque este manjar varía de una región a otra, los principales ingredientes siempre son el arroz, el azafrán, y o mariscos o carne. Tradicionalmente se prepara la paella en grandes paelleras metálicas, al aire libre, sobre una fogata, en días de campo.

▲

El vino En España, como en los demás países del Mediterráneo, el vino, sobre todo el tinto, forma parte integral de casi toda comida. Los vinos de La Rioja gozan de mucho prestigio dentro y fuera del país, y el jerez español es mundialmente famoso.

El aceite de oliva Andalucía, en el sur de España, produce gran cantidad de aceitunas y de aceite de oliva, tanto para el mercado internacional como para el consumo nacional. El aceite de oliva no falta en ninguna cocina española, donde se usa en la preparación de gran variedad de platos. A la derecha, una huerta de olivos, y a la derecha, arriba, un miembro de la familia Núñez inspecciona el aceite de oliva durante el proceso de fabricación. ▶

El flamenco El baile que se denomina "flamenco" se considera típico de Andalucía. Se cree hoy que nació en el siglo XVIII, a base de influencias orientales y gitanas que se originaron en la India, pasando después por Egipto.

Arriba, un espectáculo en el Café de Chinitas, en Madrid. El poeta Federico García Lorca escribió la letra de una canción a la que puso por título "En el Café de Chinitas". La grabó en 1930, tocando él el piano y cantando la Argentinita, insigne intérprete del baile andaluz.

▲

Arriba, dos jóvenes, vistosamente ataviadas de lunares y volantes, bailan por sevillanas, acompañandose con castañuelas, mientras sus compañeras de baile las animan batiendo palmas. Es la Feria de abril, celebración que tiene lugar durante dos semanas cada año en Sevilla, para celebrar la vida andaluza. Aunque es un baile tradicional de parejas, nuevas sevillanas se estrenan cada año.

◀ A la izquierda, el director de la Escuela del Flamenco de Sevilla, Antonio Marín, perfecciona los movimientos de sus alumnas de baile.

Antoni (Antonio) Gaudí (1852–1926), famoso arquitecto catalán, diseñó algunas de las obras arquitectónicas más sorprendentes y originales de su época. Abandonó el estilo rectilineal para crear construcciones curvilíneas, buscando la sensualidad de la forma. La ciudad de Barcelona conserva muchos de sus tesoros arquitectónicos, tres de los cuales se aprecian en estas fotografías.

▲

El Prado Ubicado en el centro de Madrid, el museo del Prado se comenzó a construir en 1785. Su arquitecto fue Juan de Villanueva, máximo exponente del neoclasicismo en la arquitectura, que sirvió como arquitecto oficial bajo Carlos III y Carlos IV. El exterior de El Prado refleja el estilo neoclásico, pero las obras adentro abarcan muchos siglos. Sólo falta el arte moderno y contemporáneo, que se ha trasladado al museo Reina Sofía, no lejos de El Prado. Entre las obras más famosas exhibidas en El Prado, se incluyen *Las meninas* y *Las hilanderas* de Diego de Velázquez, *El caballero de la mano en el pecho* de El Greco, *La familia de Carlos IV* y *El dos de mayo* de Francisco José de Goya, y *La sagrada familia del pajarito* de Bartolomé Murillo. También se expone allí arte flamenco, italiano, holandés y alemán.

El Escorial, conocido también como el monasterio de San Lorenzo el Real de El Escorial, palacio que se hizo construir el rey Felipe II a poca distancia de Madrid en la Sierra de Guadarrama, a fines del siglo XVI, fue concebido como lugar de retiro y contemplación. La severidad de su arquitectura, de un estilo llamado desornamentado, atestigua la vida ascética y mística que buscaba el rey al construirla. Aunque contiene hoy objetos de arte de una riqueza sin medida, los aposentos y las tumbas del panteón para la familia real son notablemente humildes. Sin embargo, para los últimos años del reinado de Felipe II, El Escorial se había convertido en el centro del poder político del Imperio español, el más extenso del mundo en aquel entonces.

▲
La Alhambra fue construida en los altos de Granada después de proclamarse sultán de Granada a Muhammad Ibn Yusuf Ibn Nasr, dando comienzo así al reino nazrí. En 1237 se dio comienzo al trabajo de construcción de la Alhambra, cuya ejemplar arquitectura palaciega y militar sigue hasta hoy día maravillando a turistas e inspirando a poetas.

▲

El Alcázar de los Reyes Cristianos en Córdoba fue construido en 1328. Ubicada cerca de la afamada Mezquita y frente al río Guadalquivir, fue fortaleza y residencia del rey Alfonso XI. Durante la Reconquista, albergó a los Reyes Católicos, quienes se despidieron aquí de Cristóbal Colón al partir éste en su primer viaje hacia el oeste. Sirvió como sede de la Inquisición Española de 1490 a 1821, y también como presidio. Dentro alberga baños árabes, mosaicos romanos y un sarcófago romano que data del siglo III. Los jardines, las terrazas y las fuentes aseguran un paseo tranquilo a los visitantes.

◄ **La catedral de Sevilla** se comenzó a construir en el siglo XV sobre los despojos de una mezquita almohade del siglo XII destruida por los reconquistadores. Su construcción duró más de un siglo. Dentro se encuentra el posible sepulcro de Cristóbal Colón, aunque muchos creen que los restos de Colón se encuentran en las Américas.

Entre las catedrales cristianas del mundo, la catedral de Sevilla ocupa el tercer lugar en cuanto a su extensión, y es la catedral gótica más grande del mundo.

Hispanoamérica es una tierra de contrastes, y para encontrarlos, no hay que ir más lejos que sus detalles topográficos: lozanas selvas tropicales, imponentes cordilleras, áridas sabanas y fríos altiplanos. También se contrastan entre sí las dinámicas ciudades cosmopolitas y la vida de los pueblos pequeños. De no menor importancia es la diversidad de sus habitantes y de sus culturas.

A la izquierda, el lago Pátzcuaro, en el estado de Michoacán, México, presencia hasta hoy día la salida de los pescadores muy de mañana a pescar, con vistosas redes a la usanza de sus antepasados.

A la izquierda, abajo, olas tranquilas del mar acarician la playa en un recinto apartado de la República Dominicana, patria del cantante Juan Luis Guerra.

Las selvas tropicales, como la que se ve abajo, empiezan a escasear a causa de la explotación devastadora de sus riquezas, hasta quedar amenazadas por la expoliación, fenómeno que ha encontrado oposición por parte de grupos activistas que se dedican a la defensa de las selvas que quedan.

▲

Colombia Numerosos rascacielos, símbolos de la vida contemporánea, se alzan sobre la ciudad de Bogotá, Colombia. Los edificios impresionantes que se perfilan en esta foto ponen de manifiesto la pujanza de esta capital hispanoamericana.

Perú La cordillera blanca, de magnífico perfil, en los Andes del Perú. A lo largo de los Andes, los incas establecieron una gran civilización caracterizada por notables conocimientos en medicina, comercio, y métodos de comunicación. El imperio Incaico abarcaba territorios de lo que hoy día son Ecuador, Perú, Bolivia y Chile. ▶

Argentina goza de un clima que varía con la latitud, desde el tropical en el extremo norte, hasta el antártico en el extremo sur. Aquí, un cacto solitario se dibuja contra el horizonte en este paisaje argentino. ▶

La herencia española se refleja en este patio interior central de una hacienda mexicana, ejemplo de la influencia arquitectónica que legó la colonia española a sus herederos americanos.

La colonia española produjo también maravillas arquitectónicas como la que se aprecia abajo: la Iglesia de San Francisco de Quito, donde fray Jodoco Ricke, padre franciscano de Flandes, sembró el primer trigo en América del Sur.

▲

La época precolombina, es decir, antes de la llegada de Cristóbal Colón, dio lugar a fenómenos deslumbrantes. Uno de ellos es Machu Picchu, al parecer una ciudadela defensiva ubicada no lejos de Cuzco, Perú, en la cordillera de los Andes, a una altura de 2.350 metros sobre el nivel del mar. Fue abandonada poco después de la conquista española y quedó sepultada en el olvido hasta su redescubrimiento en 1911. Hasta el día de hoy se sabe poco de su función y de sus habitantes.

Hoy día La ciudad de México es una de las más grandes del mundo. Su población de unos veinte millones de habitantes es diez veces mayor que hace apenas medio siglo. Como se puede apreciar en las dos fotos de arriba, es una gran urbe moderna, con el consecuente congestionamiento.

Buenos Aires, cuyo conocido obelisco se ve en la foto a la izquierda, al igual que la ciudad de México, procura lograr la armoniosa convivencia de lo antiguo y lo contemporáneo. El área metropolitana bonaerense, de grandísima extensión, cuenta actualmente con una población de más de once millones, pero hay zonas de la ciudad, algo apartados del centro, como los conocidos barrios del tango—el barrio de Boedo es uno—donde se puede vivir apaciblemente. El ilustre escritor argentino Jorge Luis Borges se crió en el barrio bonaerense de Palermo, donde fraguó ensueños siendo niño.

El tango es un fenómeno que todo el mundo asocia con Argentina. El tango es a la vez música y baile. Surgió entre las clases populares, en los burdeles de Buenos Aires, hacia fines del siglo XIX. Escandalizaba tanto al comienzo, que las mujeres se negaban a bailarlo, y se bailó por un tiempo sólo entre hombres. Sin embargo, el tango no tardó en popularizarse, no sólo en la Argentina, sino en el mundo entero.

Aunque los argentinos de hoy gustan de toda clase de música, el tango sigue muy vivo, como se ve en la foto de abajo, en la cual una pareja ensaya una versión callejera en el barrio de San Telmo.

▲

La marinera es una danza popular peruana que se baila acompañada por el palmoteo de los espectadores. Aquí, los danzantes celebran la llegada de la primavera a la ciudad costeña de Trujillo, al norte de Lima. El vestido de la mujer difiere sólo en pequeños detalles del vestido de una bailadora flamenca, indicio de las raíces que comparten la danza hispanoamericana y el baile español.

La música aporta su imprescindible voz a celebraciones de la América Hispana, tanto en lo tradicional como en lo contemporáneo. Se percibe una influencia autóctona en los ritmos y las melodías de artistas como Shakira *(a la derecha)* y Ricky Martin, y en los de la banda Maná.

La popularidad de la música conocida como latina, va creciendo en el mundo entero, pero, en verdad, como género, exhibe toda una gama de expresión musical. Abajo, un músico toca flauta y tambor en una banda de pueblo al celebrar la Fiesta de Corpus Christi, en Pujilí, cantón del Ecuador.

▼

▲

La música "pop" hispanoamericana se lanzó hace varias décadas con un grupo de jóvenes, puertorriqueños en su mayoría, siempre menores de 15 años de edad. El conjunto se puso por nombre Menudo. Aunque por los requisitos de la edad, sus miembros se cambiaban de cuando en cuando, el sonido y el estilo del grupo, suaves y livianos, eran indelebles. Nació con Menudo el fenómeno de la llamada "música chicle bomba". Pegó con particular éxito en 1985, cuando el conjunto consistía en *(arriba, de izquierda a derecha)*: Ricky Martin, de 13 años, Charlie River, Roy Rossello, Robby Rosa, y Ray Acevedo. Para cuando cumplían 15 años y se salían del grupo, los muchachitos de Menudo ya se habían vuelto millonarios, y su futuro artístico se había forjado.

El Día de los Muertos se observa en Hispanoamérica el día dos de noviembre. Al confluir las creencias indígenas con la fe católica traída por los españoles, se originó, particularmente en México, una serie de costumbres que incluyen el rendir homenaje cada familia a sus seres queridos difuntos, preparándoles manjares predilectos. Los camposantos se vuelven focos de gran actividad. Allí se reúnen las familias para agasajar a sus muertos y comer una merienda al lado de sus tumbas.

La Epifanía se celebra el día 6 de enero. Se conoce también como la Fiesta de los Reyes Magos, y es el día que recuerda la llegada de los tres reyes, Melchor, Gaspar y Baltasar, para ver al Niño Jesús recién nacido. Según la tradición, vinieron trayendo regalos—oro, incienso y mirra—, y es por eso que Reyes Magos es el día en que se dan regalos, como en la Navidad o en Chanukah, en otras culturas. Los niños pequeñitos creen que son los Reyes Magos quienes les traen los regalos. Tres actores que desempeñan el papel de los reyes aquí posan para una foto en el Parque de la Alameda en la ciudad de México. A los niños que acuden con sus padres a las festividades en el parque, también les gusta hacerse sacar la foto con los tres reyes.

◀ **El maíz** ha sido fundamental en la comida de Mesoamérica desde mucho antes de la llegada de los españoles. Tan importante era este alimento para los indígenas que, según una leyenda maya, los Creadores hicieron los primeros seres humanos de maíz. Hoy el maíz sigue siendo el elemento imprescindible de la comida de las clases populares en México y Centroamérica. A la izquierda, una indígena maya prepara, en un metate, la masa para hacer tortillas, cocinándolas luego en el comal que se ve a su lado.

La carne, en Argentina, es el plato preferido, sobre todo la carne asada a la parrilla, que resulta en la popular parrillada argentina. No falta, por supuesto, el maíz, aunque en los países andinos tiene otro nombre, el choclo, del que se preparan humitas, sancocho, pastel de choclo, y otros guisados sabrosos.
▼

Texto

8 Acknowledgement is made to Professor Raymond R. MacCurdy for permission to use the text of his edition of Tirso de Molina, *El burlador de Sevilla y convidado de piedra*, in Spanish Drama of the Golden Age: Twelve Plays (New York: Appleton-Century-Crofts, 1971).

148 *La casa de Bernalda Alba* by Federico García Lorca from *Obras Completas* (Galaxia Gutenberg, 1996 edition) © Herederos de Federico García Lorca. All rights reserved. Enquiries regarding rights and permissions for works by Federico García Lorca shoud be addressed to lorca@artslaw.co.uk or to William Peter Kosmas, Esq., 8 Franklin Square, London W14 9UU, England.

239 *El delantal blanco* by Sergio Vodanovic. © Herederos de Sergio Vodanovic. © Pehuen Editores, 1990. Reprinted by permission.

276 *Lazarillo de Tormes:* Tratados 1,2,3,7 Anónimo. Adaptación de Caritat Oriol Serres, 1989. Reimprimido con permiso de Lluís Verón Jané.

438 From *San Manuel Bueno, Mártir.* © Heirs of Miguel de Unamuno 2002. Reprinted by permission.

Fotos

8 © Courtesy of The Hispanic Society of America, New York

148 *Federico García Lorca, age eighteen* (1916) © Herederos de Federico García Lorca. All rights reserved. For information regarding rights and permissions, please contact lorca@artslaw.co.uk or William Peter Kosmas, Esq.,8 Franklin Square, London, W14 9UU.

262, 264 *top,* **339, 357, 515** *bottom* © Hulton/ Archive by Getty Images

263 *top* © Martha Swope/ TimePix

263 *bottom* © Kobal Collection/ Warner Bros/First National

264 *bottom,* **265** © Carol Rosegg/ Carol Rosegg Photography

266 The Spanish Theater Group of the University of Virginia, directed by Fernando Operé

416, 417 *top,* **419** © Bettmann/Corbis

417 *bottom* © Kobal Collection / TNT

418 *top* © Kobal Collection/Nelson-Vandor/UA

418 *bottom* © Private Collection/Barbara Singer/Bridgeman Art Library

420 *top* © 2002 Salvador Dali, Gala-Salvador Dali Foundation/ Artists Rights Society (ARS), New York © Archivo Iconografico, S.A/Corbis

Índice alfabético